Annejet Rümke
Burnout-Sprechstunde

Annejet Rümke

BURNOUT-
SPRECHSTUNDE

- Frühsymptome erkennen
- Wirksam vorbeugen
- Neu leben lernen

Urachhaus

Die niederländische Originalausgabe erschien 2008 unter dem Titel
Als een feniks uit de as. Herstellen en voorkomen van burnout. Een oefenboek
bei Uitgeverij Christofoor, Zeist.

Übersetzung aus dem Niederländischen:
IMF Textdienste, Lohr am Main

ISBN 978-3-8251-7689-1

Erschienen 2012 im Verlag Urachhaus
www.urachhaus.de

© 2012 Verlag Freies Geistesleben & Urachhaus GmbH, Stuttgart
© 2008 Uitgeverij Christofoor, Zeist *(Als een feniks uit de as)*
Die Übungen in Teil IV dieses Buches entstanden unter Mitwirkung
von Natalie Peters.
Interviews: Arianne Collee
Umschlagabbildungen: © plainpicture
Die Fotos auf den Seiten 30, 78, 244 und 320 stammen von
Wolfgang Schmidt, Ammerbuch.
Gesamtherstellung: Freiburger Graphische Betriebe, Freiburg

Die Mythe vom Vogel Phönix

Vor langer Zeit, es ist so lange her, dass die Geschichten davon schon fast ganz vergessen sind, wohnte im Paradies ein Vogel. Simurgh oder Senmurv hieß er, auch nannte man ihn den Saenavogel.

Dieser Vogel ist der einzige seiner Art; er ist sowohl männlich als auch weiblich. Seine Flügel sind so breit wie die Wolken, und seine Federn rot und golden wie das lebendige Feuer. Er ist allweise und kennt alle Wörter der Welt.

Mitten im Paradies, im Herzen der Welt, hat er sein Nest, hoch oben im heiligen Saenabaum, dem Lebensbaum, der Mutter aller Bäume. Aus diesem Baum strömt alles Leben, und es wachsen sämtliche Samen aller Pflanzen, die die Welt kennt, in ihm. Wenn Simurgh mit seinen breiten und glänzenden Flügeln schlägt, verbreiten sich die Samen des Lebensbaums über die ganze Erde. Neben dem Saenabaum wächst ein Strauch, der bei dem, der von ihm isst, alle Wunden und Krankheiten zu heilen vermag.

Im Paradies kannte man nicht den Unterschied zwischen Leben und Tod. Sterben und Geborenwerden waren nicht mehr als eine Art von Ein- und Ausatmen. Erst als der Mensch das Paradies verließ und anfing, sich tiefer mit der Erde zu verbinden, lernte er den Tod kennen, und außerdem Krankheit, Schmerz und Leid. Nur der Vogel Simurgh unterlag nicht den Gesetzen der Sterblichkeit, und darum war er den Menschen besonders teuer. Voller Hoffnung sehnten sie sich danach, einen Schimmer von ihm zu erhaschen. Wer einige seiner glühend-goldroten Federn fand, auf den wartete ein großes Glück, denn diese Federn besaßen magische Heilkräfte. Doch nur selten ward einem Sterblichen dieses Glück zuteil.

Fast alle Völker kannten diesen Vogel. Im alten Persien wussten die Menschen noch, dass der Vogel Senmurv mit dem Sonnengott Ahura Mazdao verwandt war. Im alten Ägypten hieß der Vogel Benu, er war mit der Seele des Sonnengottes Ra verwandt und verfügte über Schöpferkraft. Der heilige Benubaum, auf dem Benu sich niederließ, galt als

der heiligste Ort der Erde. In der jüdischen Mythologie ist der Vogel
männlich und trägt den Namen Milchar; in Russland ist er der Feuervogel, in China ein Drache.

Wir kennen diesen magischen Vogel unter dem Namen, den ihm die
alten Griechen gaben: Phönix.

Alle fünfhundert Jahre spürt er, dass seine Kräfte nachlassen. Er
sammelt dann würzige Kräuter, Weihrauch, Zimt und Myrrhe, und
baut daraus ein Nest. In dieses Nest setzt er sich. Wenn die Sonne am
heißesten ist, facht der Vogel Phönix die Hitze mit seinen Flügeln so
lange an, bis sein Nest in Flammen aufgeht. Hoch lodern sie, und sie
verbrennen alles.

Manche Überlieferungen sagen, dass der Phönix ein Ei legt und es
in der Hitze des Feuers ausbrütet, andere, dass er sein Nest befruchtet. Wie auch immer: Wenn alles zu Asche verbrannt ist, die Flammen
zu Ende gewütet haben und erloschen sind, wenn die letzte glühende
Schlacke schwarz und alles grau und kalt geworden ist, bewegt sich etwas in der Asche. Der neue Phönix erhebt sich aus der Asche, und aufs
Neue breitet er die Flügel aus. Er lässt alles Alte hinter sich und steigt
auf, neugeboren, erfüllt von neuem Leben und neuer Kraft.

Flamme in mir, lod're wieder auf;
Herz in mir, hab Geduld,
Verdopple das Vertrauen –
Vogel in mir, lass aufs Neue sich entfalten
Die Flügel, die jetzt noch müd und grau;
O, heb dich nun aus den verbrannten Ästen
Und lass den Mut und deinen Schwung nicht lahmen;
Das Nest ist gut, weiter jedoch und grenzenlos das All.

Hendrik Marsman (1899–1940)

Inhalt

Einleitung 21

Teil I
Zu Asche verbrennen. Was geschieht bei einem Burnout?

1	Burnout – ausgebrannt und heruntergewirtschaftet	33
1.1	Was ist Burnout?	33
1.2	Burnout und Stress	34
	Positiver und negativer Stress	34
1.3	Ist Burnout eine Kulturkrankheit?	36
1.4	Burnout als persönliche Krise	38
1.5	Burnout – eine gestörte Balance zwischen Aufbau und Abbau	38

2	Erschöpfung auf unterschiedlichen Lebensebenen	48
2.1	Die Warnsignale des Körpers	48
2.2	Vitale Erschöpfung	51
	Ermüdung	51
	Schlafstörungen	52
	Zunahme der Reizempfindlichkeit	53
	Vergesslichkeit und Konzentrationsprobleme	54
	Fernsehen, Computer, Alkohol und Pillen als »Rettungsring«	55
	Die »Bruchstelle«	56
2.3	Gestörtes Erleben	58
	Verflachung und Leere	58
	Düstere Gefühle und Gedanken	59
	Durchdrehen und innere Unruhe	59

Inhalt

	Auf und ab wogende Emotionen	60
	Wütend auf die ganze Welt	62
	Schuldgefühle	63
	Leugnen	64
	Was bin ich noch wert? – Verletzung des Selbstbilds	65
2.4	Verlust der eigenen Steuerungsfähigkeit und Motivation	67
	Durchhalten um des Ideales willen	67
	Verlust der Motivation	68
	Gegen Windmühlen kämpfen	70
	Nicht mehr aufhören können	71
	Übersicht der Stressbeschwerden	73
2.5	Leiden Sie wirklich an einem Burnout, oder handelt es sich um etwas anderes?	75
	Überarbeitung	75
	Körperliche Krankheiten	75
	Abgrenzung zum Chronischen Erschöpfungssyndrom und zur Fibromyalgie	76
	Burnout und Depression	76

TEIL II
Brennstoff für das Feuer
Hintergründe der Burnout-Erkrankung

	Einführung	81
3	Ihre Arbeit: Regenerationsquelle oder Verschleißfaktor?	82
3.1	Berufe mit erhöhtem Risiko	83
3.2	(Un-)gesunder Rhythmus von Arbeit und Ruhe	84
3.3	Organisationsstruktur und Qualität des Führungspersonals	86
	Die Stellung innerhalb des Betriebs	88
	Autonomie in der Arbeitssituation erleben können	89
	Arbeiten mit Protokollen	92
3.4	Mangel an positivem Feedback und Unterstützung	93

Inhalt

	Die Bedeutung von Unterstützung und Solidarität	93
	Mobbing	94
3.5	Berufsbezogene Traumata	98
3.6	Reorganisationen und Konflikte	100
3.7	Stagnation und zu geringe Karrierechancen	100
3.8	Wenn ständig ein wenig zu viel von Ihnen verlangt wird	101
3.9	Wenn sich die Grenzen zwischen Arbeits- und Privatleben verwischen	103

4	Stressregulierung: Die komplexen Wechselwirkungen zwischen Gehirn und Körper	106
4.1	Das Gehirn	107
4.2	Botenstoffe: Hormone, Neurotransmitter und Zytokine	112
	Hormone	112
	Neurotransmitter	113
	Zytokine	113
	Wichtige Botenstoffe bei der Stressregulierung	114
	Adrenalin und Noradrenalin	114
	Das Corticotropin-releasing Hormone (CRH) und das adrenocorticotrope Hormon (ACTH)	115
	Cortisol	115
	Cortisol und chronischer Stress	116
4.3	Das autonome Nervensystem: Unser »Autopilot«	117
	Sympathikus und Parasympathikus: Nervensysteme im Dienst von Aktivität und Entspannung	118
	Das limbische System	119
	Hypothalamus und Hypophyse: Steuerzentralen zwischen Gehirn und Körper	121
	Der Hypothalamus	121
	Die Hypophyse	121
4.4	Die HHN-Achse	122
	Hormonkreisläufe zwischen Gehirn und Körper	122
4.5	Regulierung mittels der höheren menschlichen Funktionen des Bewusstseins	124
4.6	Das Immunsystem in Stresszeiten	126
	Das Immunsystem	126

Inhalt

	Widerstand und Stress	128
	Die sickness response	129
4.7	Das Herz als Vermittler	130
	Variabilität im Herzrhythmus	131
4.8	Stressregulierung: Ein fein abgestimmtes Gleichgewicht	133

5	Das Versagen der Vitalität	135
5.1	Die vitale Energie	136
	Der Lebensleib	136
	Unterschiedliche Anlagen im Bereich des Lebensleibes	138
	Zu starke Offenheit: Sensible Menschen	140
	»Störsender« im Bereich der Lebensenergie	142
	Nahrung für den Lebensleib	144

6	Seelendramen	146
6.1	Die Wechselwirkung zwischen dem Inneren und der Umgebung	147
6.2	Frühere Erfahrungen als unbewusstes Drehbuch für das Leben	148
6.3	Teilpersönlichkeiten im Dialog: Wer hat das Sagen?	155
	Unterschiedliche Typen	158
	Dominante und verstoßene Persönlichkeitsteile	158
6.4	Dominante oder primäre Selbste bei Menschen mit Burnout	161
	Die fleißige Ameise: »Ich leiste etwas, also bin ich«	161
	Der Idealist: »Verbessere die Welt und beginne bei dir selbst«	163
	Der Perfektionist: »Nur das Beste ist gut genug«	164
	Der Kritiker: »Du machst Fehler. Du machst auch nie etwas richtig«	165
	Der Regelfanatiker: »Ich mach das lieber selbst!«	166
	Der Sklaventreiber: »Man kann immer noch einen Gang zulegen«	168
	Der Angepasste: »Du? Du bist überhaupt nicht wichtig, die anderen gehen vor!«	169
	Der Terrier: »Bei Rückschlägen die Zähne zusammenbeißen und weitermachen«	170

Der Gepanzerte: »Nur Schwache zeigen ihre Gefühle« . 171
Der Riese Atlas: »Ich trage die Last der ganzen Welt
auf meinen Schultern« 172
Der Retter: »Wenn ich anderen helfe,
fühle ich mich stark« 173
Der Liebling (everybody's darling): »Wenn ich Nein sage,
enttäusche ich dich« 174
Der Schuldige: »Es ist deine Schuld,
dass es wieder schiefgeht« 175

6.5   Unterdrückte oder verstoßene Selbste
bei Menschen mit Burnout 177
Der Leichtfuß: »Genieße das Leben und
mach dir keinen Kopf« 178
Der Zufriedene: »So, wie es ist, ist es gut« 179
Der Träumer: »Planen macht mehr Spaß als Ausführen« 180
Der Narr: »Lach mal wieder mehr über dich selbst« 181
Der Eremit: »In der Ruhe entfaltet sich der Geist« 182
Der Sensible: »Ich spüre einfach alles« 183
Der Zweifler: »Die Qual der Wahl« 185
Der Kläger: »Mach aus deinem Herzen
keine Mördergrube« 186
Der Abhängige: »Hilf mir!« 187
Der Rebell: »Egal, was kommt – ich gehe
meinen eigenen Weg!« 188
Der Grenzwächter: »Der Einzige, der auf dich
aufpassen kann, bist du selbst« 190
Das Opfer: »Hört das denn nie auf?« 191

6.6   Auf die inneren Selbste hören: Nach Ausgleich streben ... 192

7   Das Ich: Den Kurs des eigenen Lebens bestimmen 193
7.1   Reflexion, Selbstreflexion und die Fähigkeit, sich zu ändern 194
7.2   Motivation, ein innerer Vitalisator 194
Enttäuschung als »Energiefresser« 196
7.3   Die Fähigkeit, zu steuern und sich zurückzunehmen 197
7.4   Empathie versus Zynismus und Gleichgültigkeit 198

Inhalt

8	Persönliche Verhältnisse, die ein Burnout beeinflussen ...	200
8.1	Unser Privatleben: Lust oder Last	200
8.2	Eine Problematik, die zu einer bestimmten Lebensphase gehört	202
	Jung und trotzdem ausgebrannt	202
	Jugendliche mit Persönlichkeitsproblematik	203
	Zu früh zu viel Verantwortung tragen müssen	204
	Die mittlere Phase des Lebens zwischen 35 und 50 Jahren	204
	Burnout im späteren Alter	206
	Knotenpunkte in der Biografie	208
9	Auch eine emanzipierte Frau ist kein Mann	211
9.1	Frauen erleiden häufiger ein Burnout als Männer	211
	Was wirft uns aus dem Gleichgewicht?	212
9.2	Biologische Unterschiede	213
	Hormone und ihre Auswirkungen	214
	Unterschiede bei der Gehirnentwicklung und dem Einfühlungsvermögen	215
	Schwangerschaft und Entbindung	216
	Die Folgen von Stress für das ungeborene Kind	217
	Möglichst rasch wieder arbeiten, und das Kind kommt in eine Krippe – weiterleben, als ob nichts passiert sei	218
9.3	Gibt es eine typisch weibliche Psyche?	218
	Das weibliche Selbst: Stärker sozial engagiert, weniger auf sich bezogen	218
9.4	Soziale Rollenmuster	221
	Das Aufbauen einer Karriere mit kleinen Kindern – eine doppelte Belastung?	221
	Frauen in einer Männerwelt	221
	Berufstätige Frauen bekommen zu Hause häufig wenig Unterstützung	225
10	»Wenn du nicht viel zu tun hast, bist du nicht wichtig.« Der Einfluss unserer Kultur	227
10.1	Kurze Geschichte eines Begriffs	227

Inhalt

10.2	Expansion und zunehmender Leistungsdruck	228
10.3	Lebensstil	229
10.4	Immer wach, immer in Bereitschaft	231
10.5	Die Zunahme der Angst in unserer Kultur	231
10.6	Die Bildschirmkultur	233
	Gewalt in Fernsehen und Computerspielen	234
	Angst	236
	Aggressivität	237
	Abstumpfung gegenüber Gewalt	237
10.7	Kinder und Stress	238
	Bindung, Sicherheit und Stress	239
	Zeit zum Träumen und die Kunst, sich langweilen zu können	239
	Kinder in sich ändernden Familienstrukturen: Der Anpassungsstand	240
	Gestresste Kinder – überforderte Eltern	242

Teil III
Aufstieg aus verbrannten Trümmern
Auf dem Weg zur Erholung

11	Schritt für Schritt zur Besserung	247
11.1	Sich genügend Zeit zur Erholung nehmen	247
11.2	Coaching und Unterstützung	248
11.3	Der Körper: Bei manchen Krankheiten muss man zum Arzt gehen	251
11.4	Aktiv Ruhe schaffen	252
	Der Arbeitsplatz	253
	Zu Hause	254

Intermezzo:
Aus einem Interview von Arianne Collee
mit Jaap van de Weg ... 256

Inhalt

12	Die Lebenskräfte nähren, begrenzen und schützen	261
12.1	Was ist Nahrung für Ihre Lebenskräfte?	261
12.2	Leben in einem gesunden Rhythmus	263
	Den Tag abschließen	263
	Genügend Schlaf	264
	Momente innerer Konzentration	264
12.3	Ernährung und Aufputschmittel	265
12.4	Sinnvolle Bewegung	267
12.5	Genießen Sie, was Sie tun	269
	Sinnvolle Tageseinteilung	270
12.6	Aufmerksam im Hier und Jetzt leben	273
12.7	Gesunde innere Bilder	274
12.8	Therapien zur Stärkung der Lebenskräfte	275
	Medikamente und Substanzen, die die Lebenskräfte stärken	275
	Äußere Anwendungen	276
	Kunsttherapie	277

Intermezzo:
Aus einem Interview von Arianne Collee
mit Josephine Levelt 279

13	Die Seele: Eine gesunde Balance finden	283
13.1	Die verborgene Bedeutung unserer Arbeit	283
13.2	Mit Stress umgehen lernen	285
13.3	Negativität überwinden	287
	Positivität üben	288
13.4	Im Gespräch mit den eigenen Selbsten: Auf die inneren Stimmen hören	289
13.5	Therapien, die sich an die Seele wenden: Psychotherapie und expressive Kunsttherapie	290
	Psychotherapie	290
	Expressive Kunsttherapie	292

Intermezzo:
Aus einem Interview von Arianne Collee mit Leo Beth ... 294

14	Das Ich: Auf der Suche nach neuer Motivation	299
14.1	Gleichgewicht üben	299
14.2	Tun Sie, was Sie wollen, und wollen Sie, was Sie tun	300
14.3	Von der Machtlosigkeit zur Autonomie	301
14.4	Die Kunst, im Lebenslauf das Steuer zu übernehmen	304
	Der Umgang mit Enttäuschungen	304
	Geistesgegenwart üben	305
14.5	Therapien, die sich an das Ich wenden: Von der Therapie zur inneren Entwicklung	306
15	Burnout als Herausforderung zur Wandlung	308
15.1	Wieder an die Arbeit gehen – mit allen Höhen und Tiefen	308
15.2	Den eigenen Kurs verfolgen: Eine neue Richtung finden	312
15.3	Wie kann ich ein (neues) Burnout vermeiden?	317

Teil IV
Übungen

16	Grundübungen	323
16.1	Sich erden	324
16.2	Erdungsübung, um sich mit Erde und Himmel und dem eigenen Herzen als Zentrum zu verbinden	325
16.3	Entspannungsübung	326
16.4	Entspannungsübung in sieben Schritten	326
16.5	Die Übung in sieben Schritten, verbunden mit einem meditativen Text	328
16.6	Wahrnehmen	330
16.7	Gezielte Konzentration oder ungeteilte Aufmerksamkeit	332
16.8	Visualisieren	332
17	Sich selbst wahrnehmen: Registrierübungen	336
17.1	Übung: Fragen zur Selbstanalyse: Bin ich (fast) im Burnout?	337

Inhalt

	Checkliste Stressbelastung	338
17.2	Übung: Aktiv zur Ruhe kommen – Aufgaben trennen	341
17.3	Übung: Überprüfung von Energie und Lebensstil	345
17.4	Test: Wie stark saugt der Bildschirm?	347

18	Übungen für die Lebenskräfte: Inneres Wahrnehmen und Aufbau der Lebenskräfte	349
18.1	Übung: Bewusstwerdung der Auswirkungen von Stress und guten Erinnerungen auf den Körper	349
18.2	Übung: Energieleck	350
18.3	Übung: Energiebalance	351
18.4	Übung: Angenehme Dinge tun	355
18.5	Test: Verborgene Energiefresser	357
18.6	Test: Schlafen Sie genug?	358
	Hilfen für das Einschlafen	361
18.7	Übung: Ruhemomente in den Alltag einbauen	362
18.8	»Innere Nahrung« durch Bilder aus Märchen und Geschichten	364
18.9	Affirmationen: Bilder in den Lebensleib einsenken	364
18.10	Das Nährbad und andere Anwendungen	366

19	Übungen für die Seele: Verarbeiten und verwandeln	369
19.1	Test: Was hindert Sie daran, gut für sich zu sorgen?	369
19.2	Übung: Meine Erwartungen an mich selbst und andere	370
19.3	Übung: Fehler machen dürfen	372
19.4	Übung: Gedankenstopp	374
19.5	Test: Dominante Selbste	376
19.6	Test: Unterdrückte und verstoßene Selbste	379
19.7	Übung: Ihre »inneren Kinder«	381
19.8	Übung: Aufspüren alter Muster im Jetzt	388

20	Übungen für die Selbststeuerung, Sinngebung, geistige Substanzbildung	392
20.1	Übung: Reflexion – Bin ich noch auf Kurs?	392
20.2	Übung: Positivität	393

20.3	Übung: Vom Sinn der kleinen Dinge –	
	eine Übung zum aktiven Erzeugen von Motivation	395
20.4	Meditation	396
20.5	Sich mit einem Inhalt verbinden, der Ihr Interesse findet	399
20.6	Übung: Aktives Staunen	400
20.7	Übung: Aufmerksam mit offenen Sinnen spazieren gehen	401
20.8	Übung: Zeichnend wahrnehmen	401
20.9	Übung: Vorausblick und Rückblick	403
20.10	Leben im Jetzt: Geistesgegenwart üben	404
20.11	Wenn Sie Synchronizität erleben wollen,	
	ziehen Sie eine Karte	405
21	»Notfallkoffer« bei Stress	407
21.1	Wahrnehmen und eine eigene Realität schaffen	
	in Wartesituationen	407
21.2	Reise-Nahrung für die Seele	408
21.3	Aufspüren und Zurückgeben von Projektionen	408
	Und was geschieht danach?	413
	Wie Sie aufhören können, etwas auf andere	
	zu projizieren	414
21.4	Tief durchatmen, ein Lied singen und lächeln	415
21.5	Herzbalance	415
21.6	Sich gegen die Umgebung schützen	415
21.7	Konzentrieren Sie sich auf Ihr Ziel	416
21.8	Humor	417
	Danksagung	419
	Übersicht über die Fallbeispiele	421
	Anmerkungen	422
	Literatur	431
	Adressen	433

Einleitung

Burnout bedeutet »ausgebrannt«. Doch was ist das eigentlich, dieses Ausgebranntsein, und wie kommt es so weit? Wie gelingt es mir, wenn ich ausgebrannt bin, mich zu erholen und aus der Asche aufzusteigen? Und zwar möglichst nicht als der, der ich früher war, sondern mit neuer Kraft und neuen Fähigkeiten? Dies sind die Fragen, denen Sie in diesem Buch begegnen werden.

Es handelt vom Burnout-Syndrom, einer typischen Krankheit unserer Zeit, die mit unserem Lebensstil und unserer Arbeitskultur, aber auch mit individuellen Charaktereigenschaften und Gewohnheiten zusammenhängt. Besondere Berücksichtigung finden die biologischen und psychologischen Faktoren, die bei einem Burnout eine Rolle spielen, sowie die Unterschiede zwischen Männern und Frauen beim Durchleben dieser Problematik. Der letzte Teil dieses Buches enthält viele Übungen, die Ihnen helfen können, sich nach einem Burnout zu erholen beziehungsweise erst gar kein Burnout zu bekommen.

Ich habe dieses Buch in erster Linie für Menschen geschrieben, die an einem Burnout leiden oder auf dem Weg dorthin sind. Es will alle ansprechen, die sich in dem langen Prozess einer Burnout-Erkrankung befinden: diejenigen, die bereits starke Beeinträchtigungen erleben müssen, ebenso wie Menschen, die an der Grenze zu einem Burnout stehen.

Wenn Sie ins Burnout geraten sind, ist das eine einschneidende Erfahrung. Dennoch kommt es immer noch vor, dass solche Menschen monatelang ohne nennenswerte Hilfe trübselig und müde zu Hause sitzen. Das wirkt verunsichernd und verzögert überdies den Genesungsprozess. Gezielte Arbeit an der Heilung bedeutet ja auch, dass wir darangehen, aus dem Loch herauszuklettern, in das wir geraten sind, und uns bewusst werden, dass eine berechtigte Hoffnung auf Besserung im wahrsten Sinne des Wortes existiert: dass es uns irgendwann wieder besser geht als vor dem Burnout. Burnout ist eine Krise, doch sie bietet, wenn wir richtig mit ihr umgehen, auch Möglichkeiten für Wandlung

22 Einleitung

und Wachstum. Wachstum und Wandlung, weil wir uns besser kennenlernen, weil wir uns einen anderen Lebensstil antrainieren, der besser zu uns passt als das gehetzte Leben, das wir davor führten, und weil wir möglicherweise andere, neue Werte in unser Leben integrieren.

Dieses Buch wurde für Menschen geschrieben, die verstehen wollen, was ein Burnout ist, wie es entsteht und auf welchem Weg eine Heilung möglich ist, vor allem aber, wie es sich vermeiden lässt, ein Burnout zu erleiden. Ich selbst habe einmal ein Burnout durchgemacht und entschied mich in dieser Lebensphase, mein Leben als Ärztin und meine Praxis konsequent anders zu organisieren: Ich machte keine Zugeständnisse mehr und blieb meinen eigenen Werten viel treuer als zuvor. Heute blicke ich auf diese Zeit als auf eine schwierige, aber auch bereichernde Phase in meinem Leben zurück, die ganz entscheidend für die Richtung war, die ich letztendlich einschlug.

Während der vergangenen 15 Jahre habe ich in meiner Praxis viele Menschen mit Burnout und anderen Stressbeschwerden behandelt und begleitet. Am Beginn der Behandlung steht immer die Aufklärung über die Prozesse, die sich bei einem Burnout im Körper und in der Seele abspielen. Das gemeinsame Abstecken eines deutlichen Weges bietet Hoffnung und Perspektiven, übend zu gesunden. Es ist eine schöne Erfahrung, wenn man Zeuge sein darf, wie sich ein Mensch, der erschöpft und perspektivlos in die Sprechstunde kam, innerhalb von wenigen Monaten bis maximal einem Jahr wie ein Phönix aus der Asche erhebt und eine neue, individuelle Lebensorientierung findet.

Diese »Burnout-Sprechstunde« zielt vor allem auf Heilung und Vorbeugung. Deswegen sind zahlreiche Fallbeispiele eingestreut. Die Übungen am Ende des Buches möchten die Fähigkeit zur Selbstheilung, der »Salutogenese«, stärken.

In den vergangenen 15 Jahren habe ich im In- und Ausland viele Kurse in Psychiatrie und Berufshaltung für Therapeuten verschiedener Fachgebiete gegeben. Psychotherapeuten, Gesprächstherapeuten, Ärzte, Kunst- und Bewegungstherapeuten, Menschen, die in der Behindertenfürsorge tätig sind – kurz, Menschen, die anderen Menschen professionelle Hilfestellung leisten und nach Gesichtspunkten für die Arbeit mit ihren Klienten suchen, die an einem Burnout leiden, die aber auch selbst zu einer Hochrisikogruppe gehören, die keineswegs gegen diese

Krankheit gefeit ist. Die Burnout-Sprechstunde bietet außer vielen sachlichen Erkenntnissen auch konkrete Anhaltspunkte, wie sich Menschen, die von einem Burnout betroffen sind, besser verstehen und begleiten lassen. Die Übungen können nicht nur in der Praxis angewandt werden, sondern, so hoffe ich, den Leser dazu anregen, eigene Variationen und weitere Übungen zu entwickeln.

In den eingestreuten Fallbeispielen werden Menschen »aus Fleisch und Blut« beschrieben, die mit ihren Stressbeschwerden und ihrem Burnout ringen. Wir verfolgen im Verlauf des Buches ihren Weg und erleben ihren Prozess und ihre Heilung mit. Durch diese Lebensgeschichten bekommt die Theorie ein Gesicht, und wir können uns in anderen Menschen wiedererkennen, die etwas durchgemacht haben, was jeder, der in einem Burnout steckt, durchlebt. Denjenigen, die berufsmäßig Klienten mit einem Burnout begleiten, bieten die Beispiele eine Möglichkeit, sich in die Problematik einzuleben; daneben zeigen sie Richtlinien für das therapeutische Handeln auf.

Im Folgenden soll kurz der Aufbau dieses Buches skizziert werden, um den Weg durch die einzelnen Kapitel zu vereinfachen. Am Ende des Buches (Seite 421) findet sich eine Übersicht aller Fallbeispiele und der jeweiligen Seiten, wo sie zu finden sind.

Teil I, »Zu Asche verbrennen«, beschreibt im ersten Kapitel, wie sich die Erfahrung eines Burnouts anfühlt, und vermittelt einen ersten Überblick über den gesellschaftlichen und persönlichen Kontext dieser Erkrankung.

Die Symptome eines Burnouts werden im zweiten Kapitel auf vier Ebenen dargestellt:

1. Welche körperlichen Beschwerden und Symptome sind charakteristisch?
2. Wie wird die Lebensenergie beeinträchtigt, und welche Konsequenzen hat dies?
3. Welche seelischen Veränderungen treten auf?
4. Und zum Schluss: Inwieweit wird die Fähigkeit, den Kurs des eigenen Lebens zu bestimmen, in Mitleidenschaft gezogen?

Des Weiteren wird das Burnout-Syndrom mit anderen Erschöpfungskrankheiten verglichen.

24 Einleitung

Teil II, »Brennstoff für das Feuer«, beschreibt die Hintergründe eines Burnouts aus einer umfassenderen Perspektive. Diesen Teil können Sie fortlaufend lesen oder auch diejenigen Kapitel herausgreifen, die für Sie persönlich im jeweiligen Moment relevant sind. Sie können Teil II zunächst auch überspringen und im dritten Teil nachlesen, auf welche Weise Sie an der Heilung arbeiten können, und die Übungen im vierten Teil durchführen. Wenn es Ihnen besser geht, können Sie sich eingehender mit den Hintergründen befassen.

Im ersten Kapitel des zweiten Teils, »Ihre Arbeit: Regenerationsquelle oder Verschleißfaktor?«, richtet sich der Blick auf das Arbeitsleben und die Faktoren, die das Risiko eines Burnouts erhöhen oder aber mindern. In bestimmten Berufen und bei betrieblichen Reorganisationsmaßnahmen ist das Risiko, ein Burnout zu erleiden, erhöht, aber auch die Organisation des Arbeitsplatzes, Ihre Position im Betrieb sowie der Führungsstil der Vorgesetzten bilden gemeinsam entscheidende Faktoren im Zusammenhang mit Stress oder Freude am Arbeitsplatz. Besondere Aufmerksamkeit gilt dem Thema der Unterstützung und Solidarität zwischen Kollegen sowie den Folgen von Mobbing und traumatischen Erfahrungen am Arbeitsplatz.

Auch das Überwachen der Grenzen zwischen persönlichem Leben und Arbeitsleben wird behandelt.

Im vierten Kapitel, »Stressregulierung: Die komplexen Wechselwirkungen zwischen Gehirn und Körper«, werden die biologischen Prozesse, die die Stressregulierung unterstützen, und deren Störungen bei Menschen, die chronisch unter Stress leben, in übersichtlicher Weise beschrieben. Hierdurch lässt sich genauer verstehen, wie unser Gehirn mittels unterschiedlicher neurologischer und hormoneller Kreisläufe im Dienst unseres körperlichen und seelischen Wohlbefindens steht und wie unbewusste und bewusste seelische Prozesse dabei einander beeinflussen. Es wird dargestellt, wie auch das Herz eine aktive und ausgleichende Rolle bei unserer Stressregulierung spielt und wie es kommt, dass chronischer Stress unsere Widerstandsfähigkeit beeinträchtigt.

In den Kapiteln 5 bis 8 kommen die in uns selbst liegenden Faktoren zur Sprache: Anlagen, Gewohnheiten, seelische Prozesse und Motivation, die alle an einem Burnout beteiligt sind.

Kapitel 5, »Das Versagen der Vitalität«, beschreibt den sogenannten Lebensleib als den Träger unserer Vitalität. Was wirkt stärkend und was wirkt schwächend auf unsere Lebensenergie? Wie verhält es sich mit den unterschiedlichen Veranlagungen auf dem Gebiet dieser vitalen Energie, und wie kann ich mich selbst schützen und stärken?

Das sechste Kapitel, »Seelendramen«, handelt von den psychischen Hintergründen des Burnouts. Welche Rolle spielt unsere Persönlichkeit? Wie wirken alte Muster in neue Situationen hinein, und welche Rolle spielen diese festgelegten Muster bei einem Burnout? Wir können unsere Persönlichkeit als aus Teilpersönlichkeiten oder »Selbsten« aufgebaut betrachten, die jeweils für bestimmte Charakterzüge, Gefühle und Verhaltensweisen stehen. Jedes dieser Selbste hat seine eigene Energie und spielt seine eigene Rolle in unserem inneren und äußeren Leben. Diese Teilpersönlichkeiten repräsentieren unterschiedliche, häufig widersprüchliche Stimmen innerhalb unserer Psyche. Eine Reihe von besonders dominanten Seelenteilen, die bei Menschen mit Burnout häufiger zur Wirkung kommen, aber auch solche Selbste, die ein unterdrücktes und verkümmertes Dasein führen, werden in spielerischer Weise beschrieben. Wir lernen sie so kennen, dass wir danach in der Lage sind, ihre Stimmen auch in uns selbst wahrzunehmen. Dadurch können wir uns nicht nur besser verstehen lernen, sondern auch bewusstere Entscheidungen treffen und eine bessere Balance herstellen zwischen unserem inneren Leben und den Fragen, die die Welt an uns stellt.

Das siebte Kapitel, »Das Ich: Den Kurs des eigenen Lebens bestimmen«, handelt von unserem Ich, jener inneren Instanz, die die Regie über unsere Biografie führt und die Seele und die Lebenskräfte benutzt und lenkt. Menschliche Entwicklung ist nicht möglich ohne ein Gleichgewicht zwischen Veränderung und Anpassung, Idealen und Realitätssinn. Unsere Fähigkeit zur Reflexion und Selbstreflexion hilft uns, einen eigenen Kurs zu finden. Motivation und Kreativität stellen dabei einen Quell von Lebenskraft dar. Wenn dieser Quell versiegt, entstehen Zynismus und Gleichgültigkeit, und die Gefahr, dass wir irgendwann ausgebrannt sind, nimmt zu.

Burnout hängt nicht nur mit den Verhältnissen am Arbeitsplatz zusammen, auch unser Privatleben kann eine entscheidende Rolle dabei spielen. Kapitel 8 lenkt den Blick auf die »persönlichen Verhältnisse, die ein Burnout beeinflussen«. Hier geht es um die Probleme und Gewohnheiten im privaten Bereich, die die Vitalität aushöhlen, und um biografische Phasen im Lebenslauf, die ein erhöhtes Risiko für ein Burnout darstellen.

Kapitel 9, »Auch eine emanzipierte Frau ist kein Mann«, wurde speziell für Frauen geschrieben. Denn es erleiden mehr Frauen als Männer ein Burnout. Woran liegt das?

Biologische, psychologische und soziale Unterschiede zwischen Männern und Frauen, die hier eine Rolle spielen, werden eingehend besprochen. Besondere Aufmerksamkeit gilt den kulturellen Wandlungen und den Anforderungen, mit denen Frauen, die im Berufsleben stehen, konfrontiert sind. Auch die Wirkung von Stress auf ungeborene Kinder wird kurz betrachtet.

Kapitel 10, »Wenn du nicht viel zu tun hast, bist du nicht wichtig. Der Einfluss unserer Kultur«, beschließt den zweiten Hauptteil dieses Buches. Hier werden die kulturellen Muster, Gewohnheiten und Erwartungen beleuchtet, mit denen wir leben. Welche Folgen für die Stressregulierung zieht unser Lebensstil nach sich, der fordert, dass wir stets und überall informiert und erreichbar sein müssen? Und wie wirken sich zunehmende Angst und Aggression auf unsere Gemütsruhe aus? Welche Konsequenzen hat die Bildschirmkultur, und worin besteht der wechselseitige Einfluss gestresster Eltern (und Lehrer) auf ihre Kinder (und der gestressten Kinder auf ihre Eltern und Lehrer)?

Im dritten Teil, »Aufstieg aus verbrannten Trümmern«, liegt der Hauptakzent auf der Heilung und Prävention. Wenn wir entdeckt haben, dass wir tatsächlich von einem Burnout betroffen sind, oder wenn wir unter erheblichen Stresssymptomen leiden und ein Burnout vermeiden wollen – wie können wir dann an einer Heilung arbeiten? Was können wir in uns selbst ändern, sodass wir gesund bleiben? Inwieweit können wir unsere Arbeits- und Privatsituation so beeinflussen, dass sie uns weniger belasten? Wie können wir Begeisterung aufbringen für die Dinge, die wir tun, und zugleich unsere persönlichen Grenzen überwachen? Wie kann es gelingen, auch in den kleinen Dingen des Alltags auf die Balance zu achten?

Dieser Teil enthält außerdem drei Interviews mit erfahrenen Therapeuten, die von unterschiedlichen Ausgangspunkten aus ihre persönliche Sicht auf die Begleitung von Menschen mit einer Burnout-Störung darstellen.

Kapitel 11,»Schritt für Schritt zur Besserung«, bespricht die allgemeinen Prinzipien der Heilung und die Rolle, die ein guter Coach dabei spielen kann.

Kapitel 12,»Die Lebenskräfte nähren, begrenzen und schützen«, zielt besonders auf die Wiederbelebung der Vitalität ab und behandelt die Qualitäten, die dazu beitragen können, wie gesunder Rhythmus, sinnvolle Bewegung und aufbauende innere Bilder.

Kapitel 13,»Die Seele: Eine gesunde Balance finden«, handelt davon, wie wir einen bewussteren Umgang mit Stress und mit den einzelnen Teilpersönlichkeiten erlernen können. Indem wir so mit unserem inneren Selbst ins Gespräch kommen, lernen wir, besser mit uns umzugehen. Dadurch werden wir in unserer Lebensbewältigung weniger abhängig von Situationen und Menschen unserer Umgebung.

Kapitel 14,»Das Ich: Auf der Suche nach neuer Motivation«, handelt vom Wiederfinden der eigenen Lebensrichtung, der persönlichen Autonomie und der Kunst, diese in unser (Arbeits-)Leben zu integrieren.

Kapitel 15,»Burnout als Herausforderung zur Wandlung«, beschreibt den Prozess des Wiedereinstiegs ins Arbeitsleben und wie sich die Gefahr eines Rückfalls vermeiden lässt.

Teil IV besteht aus Übungen, die zu den verschiedenen Kapiteln gehören. Mithilfe dieser Übungen können Sie den Inhalt dieses Buches aktiv verarbeiten. Es gibt unterschiedliche Typen von Übungen. Sie alle sind gut geeignet, wenn Sie sich gerade in einer Erholungsphase befinden und neu auf die Zukunft hin orientieren, aber auch dann, wenn Sie ein Burnout vermeiden möchten. Sie brauchen nicht unbedingt alle Übungen zu absolvieren, sondern können sich einfach diejenigen herausgreifen, die Sie ansprechen und von denen Sie glauben, dass sie Ihnen helfen können.

Im 16. Kapitel finden Sie eine Reihe von Grundübungen wie »Sich erden«,»Visualisieren« und»Wahrnehmen«, die Sie anwenden können, um einen Lebensstil zu veranlagen, der von größerer Balance geprägt

28 Einleitung

ist und Spannungen abbaut. Des Weiteren wird eine Übung zur aktiven Entspannung dargestellt.

Die Übungen in Kapitel 17, »Sich selbst wahrnehmen: Registrierübungen«, sind als Anregung zur Selbsterforschung gedacht. Sie lernen, sich in Bezug auf Stress und Stressbeschwerden selbst zu beobachten, sowohl im Arbeits- wie auch im Privatleben. Durch diese Art von Übungen beginnen Sie zu bemerken, wie Ihr Körper und Ihre Seele in verschiedenen Situationen reagieren. Indem Sie registrieren, was Sie denken, fühlen und tun, und bewusster bemerken, wie Sie in Situationen am Arbeitsplatz und zu Hause reagieren, lernen Sie erkennen, was bei Ihnen zu Spannungen führt oder was Sie entspannt. Auf diese Weise können Sie sich Ihres eigenen Lebensstils bewusster werden und neue Entscheidungen treffen, die Ihnen helfen, ein Gleichgewicht zu finden zwischen Ihren Fähigkeiten, Ihren Bedürfnissen und Ihrem Charakter auf der einen Seite und den Erfordernissen Ihrer Arbeit und Ihrer Umgebung auf der anderen. In diesem Kapitel finden Sie auch eine Checkliste, anhand derer Sie prüfen können, inwieweit Sie an einem Burnout leiden oder auf dem Weg dorthin sind.

Im 18. Kapitel werden Übungen für die Lebenskräfte beschrieben, die Ihnen helfen können, sich einen entspannteren Lebensstil anzueignen, Übungen und Vorschläge, die Ihnen helfen, Ihre Vitalität zu stärken, besser zu schlafen und sich mit gesunden Bildern zu »ernähren«.

Im 19. Kapitel, »Übungen für die Seele: Verarbeiten und Verwandeln«, finden Sie Übungen, die auf die Seele abzielen und auf die inneren Selbste, die einen Teil von ihr bilden. Diese Übungen haben häufig einen Forschungscharakter und dienen dazu, einen besseren Blick auf die unbewussten Impulse und eingerostete Muster aus der Vergangenheit zu gewinnen, die zu einem Lebensstil mit einer zu großen Stressbelastung beitragen. Was hindert uns daran, gut für uns zu sorgen? Inwieweit werden wir von Kräften außerhalb von uns gelebt? Welche Erwartungen an uns selbst und von anderen überfordern uns? Wie können wir lernen, uns Fehler zu erlauben und mit dem Grübeln aufzuhören? Welche Rolle spielen unsere »inneren Kinder«?

Im 20. Kapitel sind Übungen dargestellt, die dem Wiederfinden und Einhalten des eigenen Kurses dienen. Wie können wir positiver im Leben stehen, motiviert bleiben, uns mit unserem Tun verbinden und im

Jetzt leben? Hier finden Sie auch eine Einführung in die Bedeutung der Meditation.

In Kapitel 21 steht schließlich eine Art »Notfallkoffer« bei Stress für Sie bereit: kleine Übungen, die Sie bequem in Ihren Alltag einbauen und mit denen Sie Ihren Spannungs- und Stresslevel herabsetzen können.

Teil I

Zu Asche verbrennen
Was geschieht bei einem Burnout?

1 Burnout –
ausgebrannt und heruntergewirtschaftet

Burnout ist eine Stresskrankheit, die häufig mit einer Überbelastung am Arbeitsplatz zusammenhängt, doch auch Situationen im Privatleben können zu einem Burnout führen. Menschen in Pflege- und medizinischen Hilfsberufen tragen genauso wie Lehrer ein überdurchschnittliches Risiko, ein Burnout zu erleiden, insbesondere dann, wenn zur beruflichen Tätigkeit noch freiwillige Betreuungsaufgaben hinzukommen wie zum Beispiel in der Familie oder im ehrenamtlichen Bereich. Wenn die Symptome der übermäßigen Stressbelastung rechtzeitig erkannt und angemessene Maßnahmen ergriffen werden, kann dadurch viel Leid verhindert werden. Darum wurde dieses Buch nicht nur als Übungsbuch für Menschen konzipiert, die sich von einem Burnout erholen, sondern auch für diejenigen, die die Erfahrung machen, dass sie chronisch unter zu hohem Druck stehen.

1.1 Was ist Burnout?

Burnout ist ein ernster und langwieriger Erschöpfungszustand. Ein Mensch, der ins Burnout gerät, hat sowohl körperliche wie auch seelische Beschwerden: Es können wiederholte Erkältungen und grippale Erkrankungen, Muskelschmerzen, ein Nachlassen der Widerstandskräfte und Konditionsverschlechterung, Verdauungsprobleme, Kopfweh, Magenschmerzen und ein Abnehmen der Libido auftreten. Starke Ermüdung, nachlassendes Konzentrationsvermögen und eine reduzierte Strukturierungsfähigkeit gehen mit einer düsteren Grundstimmung einher. Das Selbstgefühl wird durch all diese Faktoren porös und anfällig.

Dieses Sich-ausgebrannt-Fühlen ist ein langsamer Prozess. Aufgrund einer über längere Zeiträume hinweg anhaltenden Überbelastung durch Stress in Verbindung mit zu wenig Entspannung wird die Lebensbalance gestört, die vitalen Prozesse kommen durcheinander, und

34 Burnout – ausgebrannt und heruntergewirtschaftet

das seelische Gleichgewicht wird fragil. Auch die Stabilität des Körpers wird allmählich untergraben. Die Gesundung verläuft langsam, und häufig kehrt das einstige Energieniveau nicht vollständig zurück. Auch Menschen, die normalerweise vor Lebenslust und Selbstvertrauen nur so strotzen, können ins Burnout geraten. Bei einem beträchtlichen Teil der Menschen, die in Deutschland jedes Jahr aus psychischen Gründen dauerhaft arbeitsunfähig werden,[1] liegt die Ursache in einem jahrelangen schlechten Stressmanagement.

Ein Burnout wird von denjenigen, die davon betroffen sind, als schwerwiegende persönliche Krise erlebt. Ein Mensch, der unter einem Burnout leidet, erkennt sich selbst nicht wieder und glaubt häufig, dass er im Begriff ist, verrückt zu werden, oder aber ein Schwächling sei. Die fehlenden Widerstandskräfte und die schlechte körperliche Kondition wirken zusätzlich entmutigend und rufen Angst vor körperlichem Verfall hervor; die psychische Instabilität und die Unfähigkeit, das Leben wieder in den Griff zu bekommen, verstärken die Unsicherheit in Bezug auf die eigene Lebenstüchtigkeit. Die Mechanismen, die dem Betreffenden früher halfen, sich über Probleme »hinwegzusetzen«, funktionieren nicht mehr. Das Selbstbild ist angegriffen.

1.2 Burnout und Stress

Positiver und negativer Stress

Sowohl ein Übermaß an Stress wie auch das Fehlen von Spannung beeinflusst unsere Stimmung, unsere Energie und unsere Leistungen negativ. Positiver Stress ist Spannung, die dafür sorgt, dass wir besonders konzentriert sind: Wir fokussieren uns voll und ganz auf unsere Aufgabe, sodass wir ein möglichst gutes Resultat erzielen. Positiver Stress tritt beispielsweise bei wichtigen Examen auf, beim Schreiben eines Artikels, für den ein fester Abgabetermin gilt, oder kurz vor einem wichtigen Wettkampf oder einem Auftritt. Wir laden uns förmlich auf für eine maximale Leistung, ein gewisses Maß an Spannung gehört einfach dazu, es ist wie bei der Sehne eines Bogens, die gespannt sein muss, damit der Pfeil genügend Kraft hat, um sein Ziel zu erreichen.

Beim negativen Stress ist so viel Unruhe mit im Spiel, das keine rechte Konzentration mehr gelingt, wir werden unserer Nervosität oder unseres Lampenfiebers nicht mehr Herr, und dadurch nimmt unser Leistungsvermögen erst recht ab. Durch die gesteigerte Nervosität hören wir die Fragen beim Examen nicht richtig und geben falsche Antworten, wir vergessen den Text bei einer Aufführung, oder der gefürchtete Abgabetermin verursacht so viel Stress, dass der Schreibprozess gerade dadurch blockiert wird. Auch chronischer Stress, der unter anderem auftritt, wenn wir beispielsweise immer wieder Leistungen erbringen müssen, die unsere Fähigkeiten eigentlich überfordern, oder zu lange Arbeitstage ohne anschließende Erholungsphasen untergraben unsere normale Fähigkeit, das Leben zu meistern.

Doch auch wenn zu wenige Herausforderungen erfolgen, das Leben langweilig und das Tempo durchweg zu langsam ist oder wenn sich zu wenige Entwicklungsmöglichkeiten bieten, unterminiert dies das innere Gleichgewicht und lässt schließlich die Motivation, noch irgendetwas zu leisten, erlöschen. Dies geschieht zum Beispiel bei hochbegabten Kindern, die gezwungen werden, sich dem Lerntempo der Klasse unterzuordnen, oder bei kreativen Naturen, die sich in einen langweiligen Bürobetrieb integrieren müssen.

Langfristiger negativer Stress untergräbt die innere Balance und irgendwann auch das biologische Gleichgewicht, das die Basis für ein gesundes Seelenleben bildet. Das Maß, wie viel Stress für eine gesunde Leistungsbereitschaft benötigt wird, ist individuell verschieden. Was für den einen eine angenehme Spannung ist, kann ein anderer schier nicht mehr ertragen; was für den einen ein angenehmes Arbeitstempo darstellt, ist für den anderen viel zu schnell oder zu langsam. Es erzeugt also negativen Stress, wenn wir von anderen, beispielsweise unserem Chef, unserem Partner oder unseren Eltern, in ein Maß von Spannung hineingezogen werden, das uns eigentlich überfordert. Aber auch eine langweilige, uninspirierte Arbeits- oder Lebensumgebung hat eine solche Wirkung. Wenn der Bogen immer zu straff gespannt wird, kann dies zu einem Burnout führen; wenn der Bogen zu wenig Spannung hat, kommt es eher zu einem inneren Abhängen oder zu Depressionen.

1.3 Ist Burnout eine Kulturkrankheit?

Die Antwort auf diese Frage lautet eindeutig: Ja! Burnout ist eine typische Krankheit unserer Kultur mit ihrem überhitzten Lebenstempo, ihrer Überbetonung der Kopfarbeit und mangelnden Momenten des Auftankens, der Ruhe und der Einkehr. Aktuellen Studien zufolge klagen über 80 Prozent der Deutschen über Stress. Bei jedem Dritten zwischen 14 und 65 Jahren ist Anspannung sogar zum Dauerzustand geworden. Jeder dritte Berufstätige arbeitet nach eigenen Aussagen am Limit der Belastbarkeit. 57 Prozent dieser Menschen fühlen sich ständig erschöpft, teilweise sogar ausgebrannt. Als Ursache werden in erster Linie hohe Anforderungen am Arbeitsplatz, in Schule und Studium angegeben.[2]

Dementsprechend häufig treten auch andere typische Stresssymptome auf: Jeder siebte Berufstätige leidet an Herzrasen, etwa jeder dritte an Konzentrationsstörungen, Unruhe und depressiven Verstimmungen, mehr als jeder zweite an Schlafstörungen, weil es selbst nachts unmöglich ist, abzuschalten. »Der Übergang zu psychischen Erkrankungen wie Burnout und Depression ist fließend. Chronischer Stress ist ein wichtiger Faktor für das Entstehen seelischer Krankheiten.«[3]

Laut einer Studie der Deutschen Gesellschaft für Psychiatrie, Psychotherapie und Nervenheilkunde (DGPPN) wurden bei 3,3 Millionen Menschen von insgesamt 10 Millionen Testpersonen im Zeitraum von drei Jahren eine oder mehrere psychische Erkrankungen diagnostiziert.[4] In den Jahren von 1998 bis 2008 ist der Anteil psychischer Erkrankungen am Krankenstand um gut 60 Prozent von 6,6 auf 10,6 Prozent angestiegen.[5] Ein Drittel der Frühverrentungen erfolgt derzeit aufgrund seelischer Krankheiten.[6] Frauen sind dabei stärker betroffen als Männer, bei ihnen waren im Jahr 2010 14,8 Prozent der Fehlzeiten auf psychische Erkrankungen zurückzuführen, bei Männern 10,0 Prozent.[7]

Auch ohne wissenschaftliche Studien wissen wir, dass es in der heutigen Gesellschaft »in« ist, viel zu tun zu haben, und dass viele Menschen sich ständig müde und manchmal bis häufig erschöpft fühlen. Offenbar hängt Burnout nicht nur mit dem Individuum und seiner Arbeitssituation zusammen, sondern auch mit der Mentalität, den Organisationsstrukturen und den Forderungen unserer Kultur.

Ist Burnout eine Kulturkrankheit? **37**

Nicht zuletzt wegen der im Einzelnen eher unspezifischen Symptome (siehe Seite 73 f.) herrscht über den Begriff Burnout oft Unklarheit. Auch wenn in unserer Gesellschaft sehr viele Menschen unter einer hohen Stressbelastung durch die verschiedensten Anforderungen leiden, ist nicht jeder Erschöpfungszustand gleich ein Burnout. Andererseits muss mit einer hohen »Dunkelziffer« ausgebrannter Menschen gerechnet werden, gerade weil der Begriff nicht einheitlich gebraucht wird und es sich um eine Erkrankung handelt, die von vielen Betroffenen so lange ignoriert wird, bis schließlich ein Zusammenbruch erfolgt.

Auch müssen andere Erkrankungen, die ähnliche Symptome erzeugen, vor allem im Hinblick auf die Therapie von einem echten Burnout unterschieden werden. Dies gilt für die (Erschöpfungs-)Depression ebenso wie für das Chronische Erschöpfungssyndrom (CFS).

In der Internationalen Klassifikation der Erkrankungen ICD-10 wird Burnout unter dem Überbegriff »Probleme mit Bezug auf Schwierigkeiten bei der Lebensbewältigung« als »Zustand der totalen Erschöpfung« genannt, aber nicht genauer definiert und nur als Zusatzdiagnose, nicht als Behandlungsdiagnose eingestuft,[8] was sich in einem Mangel an spezifischen statistischen Daten widerspiegelt.

Der Begriff Burnout, wie wir ihn heute kennen, wurde zuerst 1974 von dem amerikanischen Psychiater Herbert Freudenberger benutzt, der das Krankheitsbild eines Erschöpfungszustandes beschrieb, der bei jungen idealistischen Pflegekräften einer alternativen Klinik für Drogensüchtige und psychiatrische Patienten auftrat. Er war der Erste, der in systematischer Weise das Phänomen des Burnouts erforschte. Seitdem sind Tausende von Artikeln und unzählige Bücher zum Thema Burnout und Stress erschienen, häufig auf der Grundlage eigener Erfahrungen der Verfasser oder als Spezialliteratur für bestimmte Zielgruppen.[9] Noch immer sind es vor allem auf den Menschen ausgerichtete Berufe, zum Beispiel im Unterrichtswesen, im Gesundheitswesen und im Dienstleistungssektor, die mit dem größten Risiko eines Burnouts einhergehen. Doch auch Manager und Politiker können davon betroffen sein.

38   Burnout – ausgebrannt und heruntergewirtschaftet

Gesichert ist, dass das Phänomen Burnout nicht nur eine Bedeutung für das Individuum hat, sondern auch große gesellschaftliche und wirtschaftliche Folgen nach sich zieht. Neben dem Einkommensrückgang der Menschen, die aufgrund eines Burnouts nicht mehr arbeitsfähig sind, müssen hier vor allem auch die hohen Sozialleistungen und nicht zuletzt der wirtschaftliche Gewinn jener Berufsgruppen, die durch Burnout-Prävention und -Behandlung viel Geld verdienen, genannt werden. Auf Burnout-Krankheiten spezialisierte Präventions- und Rehabilitationseinrichtungen der unterschiedlichsten Signatur schießen in den letzten Jahren wie Pilze aus dem Boden.

1.4   Burnout als persönliche Krise

Auf der individuellen Ebene ist Burnout eine persönliche Krise, die viel Leid mit sich bringt und von einem Ringen mit den persönlichen Lebensumständen, Idealen und Fähigkeiten begleitet wird. Burnout ist jedoch auch ein Lernprozess, der schließlich zu einer Vertiefung und Bereicherung unseres Lebens führen kann. Es schafft die Notwendigkeit, das Leben grundlegend zu überdenken und einmal getroffene Entscheidungen auf den Prüfstand zu stellen. Neue, tiefgreifende Entschlüsse im Privat- und Arbeitsleben können den Weg zu einer Lebensweise ebnen, die in größerer Übereinstimmung mit den inneren Zielen, Sehnsüchten und Fähigkeiten steht und weniger von äußeren Faktoren und Motiven bestimmt ist. Dadurch wird die Phase eines Burnouts auch zu einer Möglichkeit, in ein persönliches Wachstum einzutreten und eine größere Autonomie als Mensch zu erwerben.

1.5   Burnout –
eine gestörte Balance zwischen Aufbau und Abbau

In einem gesunden Organismus herrscht ein Gleichgewicht zwischen Aufbau und Abbau. Dies gilt für große Ökosysteme wie die Ozeane und die Regenwälder wie auch für den menschlichen Körper und den Menschen als soziales Wesen. Wie die Überfischung der Meere oder der

Burnout – eine gestörte Balance zwischen Aufbau und Abbau

Kahlschlag von Urwäldern erst mit einiger Verzögerung zu Problemen im Ökosystem führt, kann auch ein Mensch lange Zeit zu stark auf der Seite des Abbaus leben und von den aufbauenden Kräften zehren, ohne sich dessen bewusst zu sein. Wir werden in diesem Buch zahlreiche Beispiele anführen, die dies verdeutlichen.

Aufbau findet statt, wenn wir auf uns achten, wodurch in einer gesunden Situation der Abbau kompensiert wird. Abbau ist an sich ein notwendiger Lebensprozess, der zu einem aktiven Leben dazugehört. Doch auf vielen Gebieten des modernen Lebens herrscht ein Übermaß an abbauenden Prozessen. Im Schema auf Seite 41 ff. werden einige Beispiele für Aufbau- und Abbauprozesse angeführt.

Jeder Mensch ist, wenn er gesund bleiben will, abhängig von einem guten Potenzial an Lebenskräften und damit von einer ausgewogenen Balance zwischen Aufbau und Abbau. Kulturelle Faktoren, die Situation am Arbeitsplatz und zu Hause sowie individuelle Eigenschaften spielen in unterschiedlicher Wechselwirkung eine Rolle bei dieser Balance. Wenn wir ins Burnout geraten, ist dies das Endstadium eines bereits Jahre andauernden Prozesses, in welchem der Abbau in stärkerem Maße erfolgt als der Aufbau. Weil der Stress allmählich zunimmt, gewöhnen wir uns daran; das Ermüdungsgefühl scheint uns »normal« zu sein, und dadurch fallen die Erschöpfungssymptome weniger auf. Menschen, die ein Burnout erleiden, haben obendrein die Neigung, alle Signale, die auf eine Überlastung hindeuten, systematisch zu ignorieren und zu negieren. Sie möchten keine Fehler machen, sie wollen sich nicht »kleinkriegen lassen«. Das führt dazu, dass die Balance immer stärker gestört wird.

Burnout ist also eher ein Prozess als ein statischer Zustand. Weil auf unterschiedlichen Ebenen Überlastungssymptome auftreten, die einander verstärken, entsteht ein Teufelskreis aus zunehmendem Stress, erhöhter Arbeitsbelastung und fehlenden Möglichkeiten zur Entspannung und Ruhe, aus dem wir uns immer weniger herauslösen können. Im Lauf der Zeit gewöhnen wir uns an eine trübe Stimmung und die chronische Übermüdung, zugleich nimmt unser Widerwille zu, noch länger auf diese Weise weiterzumachen.

Die Beschwerden beginnen häufig mit einem Verlust an Vitalität und einer zunehmenden Ermüdung, die sich durch normale Ruhephasen

40   Burnout – ausgebrannt und heruntergewirtschaftet

nicht bessert. Wie Kreise, die sich auf der Wasseroberfläche ausbreiten, nehmen körperliche Beschwerden und innere Unzufriedenheit einen immer größeren Platz im täglichen Leben ein.

Die ersten Warnsignale können im emotionalen Bereich wahrgenommen werden in Form zunehmender Nervosität und Reizbarkeit, Enttäuschung über die Arbeitssituation und Wut auf Kollegen. Ein Burnout kann sich auch durch eine akute körperliche Krankheit ankündigen (Pfeiffer'sches Drüsenfieber, Schilddrüsenprobleme, Herzbeschwerden, Bandscheibenvorfälle). Weil Burnout-Typen meistens disziplinierte Willensmenschen sind, machen sie sich selbst Vorwürfe wegen ihrer Trägheit und Schlaffheit und verbeißen sich noch stärker in den inneren Appell, den gesellschaftlichen Normen und einem hohen Arbeitsethos zu genügen. Man hat oft den Eindruck, dass ein Mensch, der in diesen Teufelskreis gerät, sogar noch fanatischer wird und sich noch mehr Arbeit aufbürdet, nur um sich selbst nicht spüren zu müssen, anstatt die Warnzeichen der Übermüdung ernst zu nehmen. Letztendlich führt dies zu einer totalen Erschöpfung, und zwar nicht nur auf dem Gebiet der Vitalität, sondern auch auf der Ebene der körperlichen Widerstandskräfte und der seelischen Spannkraft. Die Lebensfreude verschwindet.

Burnout – eine gestörte Balance zwischen Aufbau und Abbau

Balanceschema

Aufbau	Balance	Abbau
Nährende und aufbauende Eindrücke, beispielsweise durch schöne Architektur, schöne Wohnumgebung, Natur. Tätigkeiten, durch die man selbst innere Bilder erzeugt, wie zum Beispiel Lesen, Nachdenken, Musizieren oder Zuhören (Geschichten).	**Eindrücke**	Ein Übermaß an Sinneseindrücken – Lärm, visuelle Reize, Gestank, hässliche Gebäude, zu viel Fernsehen, Computer, Radio. Bilder und Klänge, bei denen der Zuschauer oder Zuhörer passiv ist.
Abwechslung von Aktivität und Ruhe. Zeit für Erholung. Ein ausreichendes Maß an Rhythmus und Vorhersagbarkeit im Leben.	**Aktion/Ruhe**	Körperliche Überlastung. Chaos in der Arbeit und im sonstigen Leben. Unregelmäßige Schlaf-, Ess- und Arbeitszeiten sowie -orte. Zu wenig Zeit für Regeneration.
Aktives Interesse an und Zeit für andere Dinge als Arbeit und Pflichten (Sport, Musik, Gartenpflege, Literatur usw.).	**Entspannung/Spannung**	Ausschließlich mit Arbeit und Pflichten beschäftigt sein. Ständiger Druck von außen. Ungelöste Spannungen und Frustrationen im Arbeits- und/oder Privatleben.
Genügend Schlaf. Gute Schlafqualität.	**Schlafen/Wachen**	Chronischer Schlafmangel, unruhiger Schlaf, wiederholtes Aufwachen, Angstträume.
Die richtige Menge und eine gute Qualität an Nahrung, die in Ruhe aufgenommen und verdaut werden kann.	**Ernährung und Verdauung**	Zu wenig, zu viel, zu gehetztes sowie ungesundes und unregelmäßiges Essen.

42 Burnout – ausgebrannt und heruntergewirtschaftet

Aufbau	Balance	Abbau
Ein angenehmer Wohnort, ein Zuhause, in dem man sich wohlfühlt. Dasselbe gilt für den Arbeitsplatz.	**Wohnen/Arbeitsplatz**	Eine Wohn- und Lebensumgebung, in der wir uns nicht zu Hause oder nicht sicher fühlen. Ein ungesunder, als bedrohlich erlebter oder aber zu langweiliger Arbeitsplatz.
Ausreichend sinnvolle Bewegung.	**Bewegung**	Mechanische Bewegungen, passives Befördertwerden in nervenaufreibender Umgebung (beispielsweise im Auto bei lebhaftem Verkehr).
Aktives Staunen,[10] Begegnungen mit Natur und Kultur richtig genießen.	**Staunen/Angst/Bereitschaft**	Ein ständiger Strom von negativen und beängstigenden Nachrichten. Die Notwendigkeit, immer in Bereitschaftsstellung sein zu müssen (zum Beispiel im Straßenverkehr).
Eine sinnvolle Arbeit, die Entwicklungsmöglichkeiten bietet.	**Arbeit**	Eine Arbeit, mit der wir ständig überfordert sind. Ein Übermaß an Pflichten, Aufgaben und Tätigkeiten. Langweilige, uninteressante und geisttötende Tätigkeiten.
Gute und liebevolle Beziehungen zum Partner, zu Kindern, Familie, Freunden und Kollegen.	**Beziehungen**	Viele Spannungen in Beziehungen, mit Angehörigen, Kritik, Streit, Mobbing.

Burnout – eine gestörte Balance zwischen Aufbau und Abbau 43

Aufbau	Balance	Abbau
Ermutigung, Unterstützung und aufbauendes Feedback aus der Umgebung.	**Soziale Unterstützung**	Destruktive Kritik, mangelnde Unterstützung und Wertschätzung seitens der Umgebung.
Innere Motivation für die täglichen Aufgaben: Lust haben auf die Dinge, die getan werden müssen.	**Motivation**	Das, was ich tun muss, ohne inneres Engagement tun.
Regelmäßige Selbstreflexion, regelmäßiges Reflektieren der eigenen Situation.	**Reflexion**	Sich keine Zeit nehmen, sich selbst und die eigene Situation zu reflektieren.
Das Gefühl, ein guter Regisseur des eigenen Lebens zu sein.	**Regie**	Zu wenig Kontrolle über die Prozesse, an denen wir direkt beteiligt sind. Das chronische Gefühl, zu versagen, und die Angst, dass alles niemals fertig wird.
Sich selbst als fähig erleben. Das Gefühl, den Aufgaben, die sich mir stellen, gewachsen zu sein.	**Selbstgefühl**	Ohnmacht erfahren in einer über längere Zeit hinweg überfordernden Arbeits- oder Lebenssituation.
Zufriedenheit mit dem, was und wer ich bin, und zugleich ein Ziel haben, auf das ich zuleben kann; das heißt: Möglichkeiten des inneren Wachstums.	**Zufriedenheit/Ambition**	Sozio-kulturellen Normen gerecht werden müssen (zum Beispiel Leistungs- und Karrieredruck, die Pflicht, »jung, schön und nett« zu bleiben).
Tägliche Momente, in denen ich im Jetzt lebe, mit voller Aufmerksamkeit bei dem sein, was ich gerade tue. Regelmäßige Meditation.	**Aufmerksamkeit/Grübeln**	Ständiges Grübeln, Bedauern, Voraus- oder Rückwärtsblicken. Immer Sorgen mit sich herumtragen (über Finanzen, eigene Krankheiten oder die von Kindern, Partnern), Unsicherheit hinsichtlich der Arbeit und der Kollegen.

Beispiel 1

Klaus ist ein 45-jähriger Biologe, der sich auf Drängen seiner Freundin zu Gesprächen bei einem Psychologen anmeldet. Er sieht blass und angespannt aus und redet schnell und verbittert. Klaus arbeitet seit zehn Jahren bei einem kleinen Reisebüro, das besondere ökologische Reisen organisiert. Bis vor einem Jahr hatte er hier eine ziemlich selbstständige Position, und seine Arbeit hat ihm immer Spaß gemacht. Vor allem der Kontakt mit Kunden und die Vorbereitung und Begleitung der Reisen lagen ihm, dafür hat er sich hundertprozentig eingesetzt. Doch in den letzten anderthalb Jahren war die Arbeit von viel Unruhe, Unfriede und Veränderungen geprägt, nachdem die Firma von einer größeren Organisation übernommen worden war, die einen stark sachorientierten und effizienten Arbeitsstil pflegt.

Für Klaus bedeutet das, dass er sich in eine stramm organisierte Abteilung einfügen muss, die von einem jungen Chef geführt wird, der oft anderer Meinung als er ist. Auch bei anderen Mitarbeitern herrscht Unsicherheit in Bezug auf ihre Position. Im Gegensatz zu früher, als die Arbeitsatmosphäre noch so gemütlich war, laufen alle nur noch angespannt und reizbar herum, während immer mehr Kollegen kündigen oder krank werden.

Lange Zeit hat Klaus versucht, trotz allem loyal zu bleiben. Zu Beginn der Reorganisation setzte er sich noch enorm ein; er führte endlose Besprechungen mit anderen Kollegen, um neue Pläne auszuarbeiten. Aber zu seiner großen Enttäuschung hörte man überhaupt nicht auf die erfahrenen Mitarbeiter, und aus all den schönen Plänen wurde nichts. Seine frühere Vorgesetzte unterstützt Klaus, wenn sie mit ihm alleine spricht, doch ansonsten kann sie gegen den neuen Chef nichts ausrichten. Letztendlich muss er jetzt eine Arbeit tun, die er als weit unter seinem Niveau erlebt, und seinem Chef über jede Kleinigkeit Rechenschaft ablegen.

Vor drei Wochen unterlief Klaus ein dummer Fehler bei der Planung einer Reise. Als das bekannt wurde, begann sein neuer Chef im Beisein anderer, »grundlos und ungerechtfertigt« über ihn herzuziehen. Zu seinem eigenen Entsetzen ist Klaus in Tränen ausgebrochen und danach in Panik nach Hause gegangen.

Burnout – eine gestörte Balance zwischen Aufbau und Abbau 45

Seitdem sitzt Klaus krank zu Hause. Er fühlt sich total erschöpft, als ob er gerade einen Marathonlauf hinter sich hätte. Er hängt untätig herum oder starrt auf den Fernseher. Es gelingt ihm nicht einmal, eine Zeitung oder ein Buch zu lesen, sogar einkaufen und kochen kann er kaum. Klaus hat regelmäßig Herzrasen, was ihm Angst einjagt, und schon monatelang leidet er unter Kopfschmerzen, die aus dem Nackenbereich aufsteigen und gegen die er täglich Schmerztabletten nimmt. Er erschrickt bei jedem unerwarteten Geräusch, und seiner Partnerin gegenüber ist er schon bei Kleinigkeiten gereizt und verliert vor Wut immer wieder die Fassung.

Obwohl Klaus betont, dass er seine Arbeit wirklich sehr liebt, fühlt er sich durch alles, was geschehen ist, zutiefst herabgesetzt. Vor allem auf den neuen und den alten Chef hat er eine Riesenwut. Wenn er davon erzählt, regt er sich auf und bekommt rote Flecken am Hals.

Nach einigen früheren Beziehungen wohnt Klaus alleine. Seit fünf Jahren führt er eine Distanzbeziehung mit einer Freundin, die einen zwölfjährigen Sohn hat, mit dem die Kommunikation mühsam verläuft.

Beispiel 2

Roxane ist 36 Jahre alt. Blass und traurig hängt sie in ihrem Sessel und trinkt einen Kaffee nach dem anderen. Sie hat drei Kinder im Alter von sieben, fünf und zwei Jahren. Ihrer Meinung nach ist ihr Leben »eine einzige Katastrophe« – sie kann einfach nicht mehr. Schon während der vergangenen Monate war ihr alles zu viel. Die kleinsten Dinge reizen sie maßlos, und sie kann plötzlich wütend werden, was ihrem Wesen überhaupt nicht entspricht.

Seit der Geburt ihres dritten Kindes vor gut zwei Jahren schafft sie es nicht mehr, ihr Leben zu organisieren. Obgleich sie, wie sie selbst sagt, nur wenig arbeitet (nur noch gelegentlich am Wochenende), gelingt es ihr dennoch nicht, ihren Kindern die Aufmerksamkeit zukommen zu lassen, die sie benötigen.

Roxane ist wütend und frustriert. Schon in jungen Jahren hatte sie innerhalb einer Wohn-Arbeits-Gemeinschaft, in der sie zu Beginn ihrer Ehe lebte und arbeitete, sehr viel Verantwortung zu schultern. Sie hatte dort eine führende Funktion, und heute schafft sie es nicht einmal, eine Familie zu managen!

Vor sechs Jahren zogen sie und ihr Mann Ken nach einer Auseinandersetzung mit der Leitung der Gemeinschaft über die Betriebsführung und die schlechte Bezahlung aus und nahmen sich eine Einzimmerwohnung in einer anderen Gegend. Ken fand dort eine Stelle in der Psychiatrie, und Roxane arbeitete in Teilzeit in einer Tagesstätte für behinderte Kinder. Als sie kurz danach mit ihrem zweiten Kind schwanger wurde und die Tagesmutter mit ihrem älteren Sohn nicht mehr zurechtkam, erwies es sich als unmöglich, dass beide wie ursprünglich vereinbart eine Teilzeitstelle annahmen, um sich auf diese Weise die Erziehung der Kinder zu teilen. Ken arbeitete weiter in Vollzeit, und Roxane gab ihren Job auf.

Sie ist fest entschlossen, ihren Kindern eine wärmere und geborgenere Kinder- und Jugendzeit zu ermöglichen, als sie selbst hatte. Wegen der Hypothek arbeitet sie jeden Monat ein paarmal abends und am Wochenende als kurzfristig verfügbare Aushilfskraft in der Krankenpflege.

Roxane empfindet sich als sehr schlechte Mutter. Sie hat immer das unangenehme Gefühl, ihren Kindern nicht gerecht zu werden, und macht sich viele Sorgen um sie. Sie fühlt sich in dem kahlen Neubauviertel des Dorfes, in dem sie wohnen, überhaupt nicht zu Hause; ihr fehlt der Austausch mit Kollegen und Freundinnen und das Leben in einer Gemeinschaft. Mit ihrer eigenen Familie hat sie nur wenig Kontakt; die Eltern ihres Mannes wohnen in Frankreich und können keinen »Ersatz« bieten.

Nachts kann sie nur selten durchschlafen, weil ihr ältester Sohn jede Nacht ein paarmal ängstlich aufwacht und nach ihr ruft. Auch in der Schule gilt er als schwierig; er hat dort genau wie zu Hause Wutanfälle und verhält sich anderen Kindern gegenüber aggressiv. Man hat sich schon überlegt, mit ihm einen Kinderpsychiater aufzusuchen, weil der Verdacht auf Autismus besteht. Dies alles ängstigt Roxane sehr. Sie hat ständig das Gefühl zu versagen, aber sie kann nicht erkennen, wie sie die Erziehung anders angehen sollte.

Burnout – eine gestörte Balance zwischen Aufbau und Abbau **47**

Schon seit Monaten kommt sie zu nichts anderem mehr als kochen, waschen, für die Kinder sorgen und ab und zu einem Wochenenddienst. Wie hart sie auch arbeitet, die Liste der Aufgaben, die auf sie warten, wird immer länger, die Kinder sehen müde aus und streiten miteinander. Roxane hat fast ununterbrochen Bauchschmerzen. Sie vergisst Verabredungen und muss manchmal dreimal in den Laden zurückkehren, weil sie etwas vergessen oder ihre Einkäufe dort liegen lassen hat. Auch abends kommt sie nicht zur Ruhe, sie trinkt dann ein paar Gläser Wein, um einschlafen zu können. Sie hat Angst, dass sie sich selbst oder einem ihrer Kinder irgendwann etwas antun könnte.

Ken, der unregelmäßige Dienstzeiten hat, beklagt sich in letzter Zeit zunehmend, dass er sich zu Hause nicht mehr richtig »heimisch« fühlt, weil es ihm dort zu ungemütlich und unaufgeräumt ist. Er findet es schade, dass seine Frau nicht mehr so gut drauf ist wie früher, und er würde gern häufiger zu zweit etwas Schönes mit ihr unternehmen. Seitdem bemüht sich Roxane noch mehr, die Wohnung ordentlich zu halten. Sie zerbricht sich den Kopf darüber, dass ihr Mann, wenn er sich zu Hause nicht mehr richtig wohlfühlt, möglicherweise eine Beziehung mit einer anderen anfangen könnte.

Roxane schämt sich, dass sie nicht glücklich ist und sich in ihrer neuen Rolle einsam fühlt. Durch die Probleme mit ihrem Ältesten und all das Grübeln über sich selbst fühlt sie sich ihren Aufgaben immer weniger gewachsen.[11]

Im folgenden Kapitel werden die typischen Burnout-Beschwerden besprochen, wie sie sich auch bei Klaus und Roxane zeigen.

2 Erschöpfung auf unterschiedlichen Lebensebenen

Ein Burnout tangiert uns auf unterschiedlichen Ebenen. Es gibt körperliche Beschwerden und Störungen, unsere Lebenskraft ist erschöpft, und das Erleben und die Emotionen sind beeinträchtigt. Auch gelingt es immer weniger, die Regie über das eigene Leben zu führen. Der Selbstrespekt bricht zusammen, man erlebt sich immer weniger als »fähige Persönlichkeit«.

In diesem Kapitel werden vier Symptomebenen unterschieden und näher behandelt:

1. Ebene: die Warnsignale des Körpers
2. Ebene: vitale Erschöpfung
3. Ebene: das gestörte Gefühlsleben
4. Ebene: mangelnde Selbststeuerung und Motivationsverlust.

2.1 Die Warnsignale des Körpers

━━━ **Beispiel 3**

Klaus' Kondition und Widerstandskräfte lassen bereits seit längerer Zeit nach. Nachts liegt er lange wach und kann dann nicht mehr einschlafen. Häufig kommt er das ganze Wochenende nicht aus dem Bett, weil er sich todmüde fühlt. Letztes Jahr hatte er dreimal Grippe.

━━━

Durch chronischen negativen Stress verschlechtert sich die körperliche Verfassung, was an einer ganzen Skala von Beschwerden und an der immer mehr nachlassenden Widerstandsfähigkeit gegen Krankheiten offenbar wird. Obwohl keines dieser Warnsignale ausschließlich typisch ist für ein Burnout, treten sie doch – wie auch bei Klaus und Roxane – fast immer in dem Jahr oder den Jahren auf, die dem völligen Zusam-

Die Warnsignale des Körpers **49**

menbruch vorangehen. Mangelnde Widerstandskraft, eine größere Anfälligkeit für Grippe und Erkältungskrankheiten als früher oder immer wiederkehrende Infektionen sind häufig erste Signale. Doch es kann auch vorkommen, dass der Betroffene zunehmend unter Schwindelgefühl, Migräne, mangelndem Appetit, Bauchschmerzen, Heißhungerattacken oder Problemen mit dem Blutzuckerspiegel (Hypoglykämie) zu leiden beginnt. Ständige Anspannung kann zu Muskelschmerzen und Gelenkbeschwerden führen sowie zu Spannungskopfschmerzen, Magenschmerzen, Rückenbeschwerden und dem RSI-Syndrom (»Sekretärinnenkrankheit«). Auch plötzliches Herzklopfen, Hyperventilation und hoher Blutdruck können Anzeichen für eine Überbelastung sein. Als Reaktion darauf werden meistens diverse Schmerzmittel, muskelentspannende Drogen, Magensäuredämpfer, blutdrucksenkende Mittel und andere Medikamente eingenommen, statt für mehr Ruhe, gesunde Bewegung und Besinnungsmomente zu sorgen. Eine Burnout-Periode kann auch, wie in den folgenden Beispielen, mit einer körperlichen Krankheit beginnen, von der man sich nicht richtig erholt.

Beispiel 4

Lisbeth, eine 43-jährige erfahrene Sekretärin, war immer gesund und hat immer hart gearbeitet. Sie wohnt allein und hat viele Freunde und Angehörige, die sie gerne besucht. Ihre Probleme begannen, als sich herausstellte, dass ihre Arbeitsweise nicht mehr mit der ihrer neuen Chefin koordinierbar war. Immer häufiger musste sie Dinge anders tun, als sie es gewohnt war, wodurch ihre Arbeit nicht fertig wurde. Dies führte zu ärgerlichen Bemerkungen. Ihre Kollegin, mit der sie sehr gut auskam, konnte sich nicht an den neuen Stil gewöhnen und kündigte. Ihre Nachfolgerin lag Lisbeth überhaupt nicht, doch sie versuchte das Beste daraus zu machen. Lisbeth war im vergangenen Jahr sehr häufig erkältet, und es dauerte stets länger als früher, bis sie wieder gesund war. Nachts lag sie stundenlang wach und grübelte über all die Konflikte mit ihrer Chefin nach. In Gedanken führte sie wütende Dialoge mit ihr und schimpfte dabei auf sie und ihre Kollegin. Tagsüber hielt sie sich zurück, schluckte ihre Frustration hinunter, ging aber meistens

50 Erschöpfung auf unterschiedlichen Lebensebenen

mit Kopfschmerzen nach Hause. Schon beim Aufstehen am nächsten Morgen war ihr übel, weswegen sie nicht normal frühstücken konnte. Sie fühlte sich dann bereits todmüde und versuchte sich mit Kaffee wach zu halten.

Schließlich bekam sie eine heftige Grippe, die in eine Lungenentzündung überging. Sie schluckte Antibiotika und wollte nach einer Woche wieder zur Arbeit gehen. Doch anstatt sich nach einigen Tagen wieder zu erholen, wurde sie von einer enormen Ermüdung erfasst. Ihr Körper fühlte sich dauerhaft schwer und schlaff an; häufig kam es ihr vor, als hätte sie Muskelkater, obwohl sie doch fast nichts tat. Noch einen Monat später konnte Lisbeth keine hundert Meter laufen, ohne völlig erschöpft zu sein.

Beispiel 5

Chris ist ein 57-jähriger Jurist. Seit er vor drei Jahren eine neue führende Position einnahm, bekam er immer häufiger Kopfschmerzen. Er wachte bereits früh am Morgen auf und konnte dann nicht mehr einschlafen. Seine Kondition ließ stark nach: Schon nach einer kleinen Runde mit dem Fahrrad war er todmüde. Er hatte häufig kleine entzündete Wunden, und jede Erkältung, die in seiner Umgebung herumging, schnappte er auf. Die Genesung dauerte dabei viel länger als früher. Später bekam er Durchfall, ihm war immer übel, und er hatte wenig Appetit. All diese Beschwerden waren jedoch für ihn kein Grund, einen Arzt aufzusuchen oder das Leben etwas ruhiger anzugehen. Im Gegenteil: Es irritierte ihn, dass seine Leistungsfähigkeit immer stärker nachließ, und deswegen nahm er immer öfter Arbeit, die er im Büro nicht bewältigt hatte, mit nach Hause. An einem Wochenende im Januar ging Chris, nach massivem Drängen seines Sohnes, endlich wieder einmal mit ihm Schlittschuhlaufen. Doch er stürzte und verletzte sich an den Kniebändern, wodurch er gezwungen war, zu Hause zu bleiben. Jetzt erst kam eine bleierne Müdigkeit über ihn, und ihm wurde klar, dass er völlig am Ende war.

2.2 Vitale Erschöpfung

Ermüdung

Meistens besteht bereits monate-, manchmal jahrelang ein zunehmendes Gefühl der Ermüdung. Die Zeit, die für Entspannung und Regeneration zur Verfügung steht – ob es sich nun um die Mittagspause, das Wochenende oder Ferien handelt – genügt nicht mehr. Morgens steht man schon müde auf, und man gewöhnt sich immer mehr daran, die Arbeitswoche müde zu beginnen. Die Kondition wird schlechter, und schon nach einer kleinen Strecke Fahrradfahren oder Joggen kann jemand, der früher durchaus sportlich war, bereits völlig erschöpft sein. Immer stärker dominiert das Gefühl, dass man sich vorwärtsschleppen muss, schließlich wird einem jegliche Aktivität zu viel, und es gelingt nicht mehr, sinnvolle und entspannende Dinge zu unternehmen. Es ist nur noch Energie für das Allernotwendigste vorhanden.

Beispiel 6

Roxane fühlt sich ständig müde. Wenn sich die Gelegenheit bietet – was selten genug vorkommt –, schläft sie bis zu zehn Stunden am Stück und wird dennoch niemals ausgeruht wach. Sie hat Träume, die sie erschöpfen, beispielsweise träumte sie, dass sie die ganze Nacht über Handtücher zusammenlegt, die danach auf einen schmutzigen Fußboden fallen, wonach sie von Neuem beginnen muss. Tagsüber kann sie manchmal endlos lange vor sich hin starren, als ob sie mit offenen Augen schliefe. Und dann ist plötzlich eine Stunde vorüber, ohne dass sie es bemerkt hat. Eigene Initiativen ergreift sie nicht mehr. Das Leben fühlt sich für sie wie eine Tretmühle an.

Beispiel 7

Marika ist eine 31-jährige Abteilungsleiterin in einem Verlag. Sie berichtet über die erste Zeit ihres Burnouts Folgendes: »Ich fühlte mich wie ein altes Gummiband, das nicht nur ausgeleiert war, sondern auch so ausgetrocknet, dass es bei der ersten Berührung reißen würde. Nachts wachte ich häufig auf, und ich hatte schlimme Albträume, die mit Tod und Zerrissenwerden zusammenhingen. Tagsüber nickte ich regelmäßig ein. Wenn ich dann endlich wieder zu Hause war, las ich am liebsten den ganzen Tag lang Groschenromane oder schaute mir Videokassetten an, doch ich konnte kaum die Konzentration aufbringen, der Handlung des Films zu folgen. Das Aufstehen am Morgen, das Ankleiden, den Haushalt erledigen, das Essen vorbereiten und alle sonstigen normalen Tätigkeiten, die ich früher mühelos neben meiner Arbeit bewältigt hatte, verliefen träge, mühsam und ohne feste Struktur. Ich hatte keine Energie mehr, um Freunde zu besuchen oder irgendetwas Nettes zu unternehmen, und fühlte mich einsam und verlassen.«

Schlafstörungen

Fast immer geht ein Burnout mit Schlafstörungen einher, wodurch die Balance weiter gefährdet wird. Diese können von außen bedingt sein, wie bei Roxane, die immer von ihrem ältesten Sohn geweckt wird, oder aber von innen, wie bei Lisbeth, die stundenlang wach liegt und ergebnislos über ihre Arbeitssituation nachgrübelt. Es kann auch vorkommen, dass man zwar gut einschläft, wie Marika, aber nach kurzer Zeit bereits wieder aufwacht, oder dass man, wie im Falle von Chris, jeden Morgen sehr früh aufwacht, ohne danach wieder einschlafen zu können. Auch Rücken-, Gelenk- oder Muskelschmerzen können einem den Schlaf rauben.

Häufig kommt es auch – wie bei Roxane, Marika und Klaus – zu heftigen Albträumen und Träumen mit Bildern des inneren Erschöpfungszustands wie beispielsweise ein verbranntes Haus mit verkohlten Fundamenten, ein sinkendes Schiff, ein Wald mit toten Bäumen, in welchem man sich verirrt, oder ein tiefer Abgrund, in den man stürzt. Diese Träume rufen starke Ängste hervor, weil sie ein Bild der inneren Situation sind, die tagsüber aus dem Bewusstsein ausgeblendet wird. Durch den schlechten Schlaf und die zunehmende Ermüdung entsteht das Gefühl, in einer Art von Dämmerzustand zwischen Wachen und Schlafen zu leben, wobei sich auch tagsüber solche Bilder aufdrängen können.

Beispiel 8

Klaus schläft sehr schlecht, vor allem weil er immer wieder Albträume hat, in denen er von großen Hunden verfolgt wird, die versuchen, ihm seine Hände abzubeißen. Wenn er dann flüchten will, öffnen sich plötzlich alle möglichen versteckten Löcher auf dem Weg, in denen er mit den Beinen versinkt. Auch träumt er des Öfteren, dass sein Elternhaus in Flammen steht. Klaus versucht in seinem Traum verzweifelt, den Brand mit einem Wassereimer zu löschen, was ihm nicht gelingt, weil der Eimer undicht ist und das Wasser immer wieder herausläuft. Dann erwacht er schreiend und mit klopfendem Herzen und traut sich nicht mehr, wieder einzuschlafen.

Zunahme der Reizempfindlichkeit

Die Erschöpfung wird auch spürbar durch die zunehmende Empfindlichkeit gegenüber allerlei Sinneseindrücken und eine erhöhte Reizbarkeit im Umgang mit anderen Menschen. Im Gegensatz zu früher schmerzen laute Geräusche in den Ohren: Bei jedem kleinsten Anlass tritt eine übertriebene Schreckreaktion auf. Bei der geringsten Bemerkung werden Sie wütend, obwohl Sie normalerweise einiges aushalten.

Dieser Prozess fällt den Familienmitgliedern und Kollegen häufig früher auf als dem Betroffenen selbst. Und weil ein Mensch, der an einem Burnout leidet, dies selbst meistens mit aller Macht abstreitet, verstärken alle Bemerkungen in diese Richtung bei ihm das Gefühl, in der Klemme zu sitzen, und führen zu heftiger Wut und verstärkter Leugnung.

54 Erschöpfung auf unterschiedlichen Lebensebenen

Vergesslichkeit und Konzentrationsprobleme

Es wird allmählich immer schwieriger, etwas zu lesen und sich im Gespräch, bei einer Arbeitsaufgabe oder im Straßenverkehr zu konzentrieren. Verabredungen und andere wichtige Dinge werden einfach vergessen. Dies macht es noch schwieriger, den Überblick zu behalten, und führt zwangsläufig zu einer falschen Einschätzung von Situationen, wodurch die Gefahr von Unfällen oder Fehlern zunimmt. So macht Klaus einen Fehler bei seiner Arbeit, und Chris bleibt an einer Spalte im Eis hängen, sodass er stürzt und sich ernsthaft verletzt.

Gleichzeitig mit der Konzentration nimmt die Produktivität beim Arbeiten ab, wodurch der Betroffene das Gefühl bekommt, dass er immer mehr arbeiten muss und dennoch immer weniger dabei herauskommt. Es wird immer stärker mit dem »Autopiloten« gelebt (siehe Seite 117 ff.), der auf Routinehandlungen und Gewohnheiten beruht. Dies verstärkt das Gefühl des Versagens und die Angst davor, jeden Augenblick einen Fehler machen zu können. Es werden krampfhaft die letzten Kräfte mobilisiert, um die Situation unter Kontrolle zu halten.

▬▬ Beispiel 9

Johanna, eine 34-jährige Krankenschwester in der Sozialpsychiatrie, hatte in den ihrem Burnout vorangehenden Jahren das Gefühl, sie würde sich nie ausreichend ausruhen. Trotz großer Müdigkeit tagsüber konnte sie abends nicht einschlafen, und manchmal tat sie die ganze Nacht über kein Auge zu. Sie lag im Bett, grübelte über ihre Arbeit und andere Probleme nach und konnte nicht damit aufhören. In der Klinik, im direkten Kontakt mit den Patienten, ging es noch einigermaßen, doch wenn sie einen Bericht schreiben musste, saß sie zu Hause stundenlang untätig hinter ihrem Schreibtisch und mühte sich ab, ohne zu einem brauchbaren Resultat zu kommen. Sie vergaß Vereinbarungen und Termine, was ihr immer wieder verärgerte Reaktionen eintrug, die sie sehr nervös machten. Zu Hause spukten ihr alle möglichen Gedanken durch den Kopf: »Ich konnte schließlich nicht einmal mehr Zeitung lesen, weil ich nicht mehr aufnehmen konnte, was dort stand;

die Buchstaben und Worte waren nur noch schwarze Flecken ohne Bedeutung und Zusammenhang.«

Fernsehen, Computer, Alkohol und Pillen als »Rettungsring«

Menschen, die ins Burnout geraten, benutzen in der dem Zusammenbruch vorangehenden Zeit alle möglichen Kunstgriffe, um ihre Arbeit fortführen zu können und in ihrer freien Zeit wenigstens ein Minimum an Entspannung zu erreichen. Wenn es nicht mehr möglich ist, sich zu konzentrieren oder ein Buch zu lesen, bieten das Herumhängen vor dem Fernseher und das Herumzappen eine hervorragende Ablenkung. Tagsüber werden immer mehr Kaffee, Süßigkeiten und Zigaretten benötigt, um den Energielevel zu halten und wach zu bleiben, abends muss man sich, weil man den ganzen Tag auf Hochtouren lief, durch eine zunehmende Dosis Alkohol wieder einigermaßen zur Ruhe bringen, und am Ende gelingt es häufig nicht mehr ohne Schlaftabletten einzuschlafen.

Beispiel 10

Erich, ein 59-jähriger Geschichtslehrer in einem großen Schulzentrum, ist todmüde. Nach den Sommerferien fühlt er sich überhaupt nicht ausgeruht, abends hängt er erschöpft auf dem Sofa vor dem Fernseher. Es gelingt ihm nicht, für den nächsten Tag seine Stunden vorzubereiten; hohe Stapel ungelesener Aufsätze liegen überall auf seinem Schreibtisch. Um schlafen zu können, muss er, obwohl er früher nur selten etwas trank, zuerst ein paar Gläser Wein trinken. Um vier Uhr morgens ist er bereits wieder hellwach und kann dann bis etwa sieben Uhr nicht mehr einschlafen. Dann müsste er eigentlich aufstehen, doch er fühlt sich extrem kalt und steif und ist zu müde, um das Bett zu verlassen. Wenn er dann schließlich doch aufsteht, muss er sich abhetzen und hat keine Zeit mehr für ein normales Frühstück. In der Schule eingetroffen, muss er zuerst einen großen Becher starken Kaffee trinken, um ein wenig wacher

56   Erschöpfung auf unterschiedlichen Lebensebenen

zu werden, und im Verlauf des Tages trinkt er mindestens noch fünf weitere Becher Kaffee, damit ihm nicht die Augen zufallen.

▬ Beispiel 11

Erschöpft hängt Marika, die normalerweise großes Interesse am Weltgeschehen hat und am liebsten dicke Bücher verschlingt, vor dem Fernseher. Es kostet sie immer mehr Kraft und Anstrengung, die normalen Alltagsaufgaben zu bewältigen und sich auf den Beinen zu halten. Am Abend trinkt sie eine halbe Flasche Wein, bevor sie endlich einschlafen kann. Wenn dies nicht genügt, nimmt sie zusätzlich noch ein paar Schlaftabletten. Die Kopfschmerzen, die jeden Morgen auftreten, bekämpft sie mit Paracetamol und einem großen Becher Kaffee.

▬

Die »Bruchstelle«

Obwohl andere es bereits schon länger vorausgesehen haben, tritt das Gefühl, nicht mehr weiterzukönnen und körperlich und mental zusammenzubrechen, für den Betroffenen selbst meistens vom einen auf den anderen Tag auf. Häufig – wie bei Roxane – ist der Anlass ein völlig unbedeutendes Ereignis wie zum Beispiel die Kritik des Partners oder eines Kollegen, die Rückkehr zum Arbeitsplatz nach einer krankheitsbedingten Unterbrechung oder nach dem Urlaub.

▬ Beispiel 12

Als Roxane wegen ihrer Magenschmerzen zum Hausarzt geht, kommt dieser zu dem Resultat, dass sie »überarbeitet« sei, und verschreibt ihr Antidepressiva, Massagen und Psychotherapie. Roxane kehrt völlig verängstigt nach Hause zurück, weil sie sich jetzt erst recht krank fühlt. Sie will keine Tabletten schlucken und weiß nicht, woher sie neben allen anderen Tätigkeiten jetzt auch noch Zeit für eine Therapie nehmen soll. Dann berichtet Ken, er werde sich in der nächsten Zeit etwas weniger in der Familie engagieren können, weil ein Kollege erkrankt sei und er deswegen mehr arbeiten müsse, auch an den Wochenenden. In diesem Moment dreht Roxane völlig durch. Sie wirft einen Stoß schmutziger Teller von der Anrichte, sodass er auf dem Fußboden zerschellt, und rennt hinaus. Es ist kalt und es regnet. Sie versteckt sich in einer Scheune und bleibt dort stundenlang weinend liegen. Nach langer Suche findet Ken sie endlich und ruft den psychologischen Notdienst der Gemeinde an.

Beispiel 13

Auch tagsüber hat Erich wenig Energie; er friert ständig und hat das Gefühl, dass der Wind einfach so durch ihn hindurchbläst. In seinen Unterrichtsstunden geht es drunter und drüber, die Kinder sind unruhig und hören nicht richtig zu. Kurz vor den Osterferien vergisst er einen Termin, den er mit einigen Eltern vereinbart hatte, um einen Klassenausflug vorzubereiten, und auch bei einer sehr wichtigen Besprechung erscheint er nicht, weil er sie vergessen hat. Dies trägt ihm immer häufiger verärgerte Bemerkungen seitens seiner Kollegen ein, und die Kinder beklagen sich, dass er ihre Schularbeiten nicht durchsieht. Statt ihnen recht zu geben, wird er wütend, was die Atmosphäre in der Klasse nicht besser macht. Zu Hause wirft seine Frau ihm vor, dass er nichts zustande bringt. Außerdem macht sie sich Sorgen, weil er plötzlich so viel trinkt. Als seine Tochter, die bereits studiert, ihn bittet, ihr beim Aufhängen einer Lampe zu helfen, sagt er zwar zu, schiebt jedoch den Termin immer wieder hinaus. Nach den Ferien radelt Erich eines Montags zur Schule, und eine Welle der Aversionen gegen alles, was mit Schule zusammenhängt, überfällt ihn. Als er das Fahrrad in den Fahrradständer stellt, spürt er, wie in ihm eine enorme Panik aufsteigt. Er nimmt sein Fahrrad und radelt los, einfach davon.

58 Erschöpfung auf unterschiedlichen Lebensebenen

2.3 Gestörtes Erleben

Verflachung und Leere

Im Erleben kommt es zu einer Verflachung, einem Gefühl der Leere, Mattigkeit und Ermüdung, als ob sich eine dämpfende Decke über das Gefühlsleben legt und sowohl Freude wie auch Kummer weniger intensiv wahrnehmen lässt. Anfänglich tritt dies besonders in der Freizeit auf: am Ende eines Arbeitstages, am Wochenende und in den Ferien, während es in einer strukturierten Arbeitssituation einfacher ist, seine Kräfte zu mobilisieren. Aber zu Hause gelingt es nicht mehr, irgendetwas zu genießen. In dem Maße, wie der Druck zunimmt, werden gerade die Dinge, die eine gewisse Entspannung bedeuten könnten wie beispielsweise Sport, Nichtstun oder Ausgehen, eingeschränkt. Immer mehr wird der Betreffende von dem hektischen Gefühl beherrscht, es sei zu wenig Zeit vorhanden, um allen Verpflichtungen gerecht zu werden, und für das Ausruhen oder angenehme, entspannende Tätigkeiten sei erst recht kein Spielraum mehr. Es wird immer schwieriger, sich etwas vorzunehmen, das auf keiner Verpflichtung beruht. Dinge, für die man sich früher begeistert hat, rufen jetzt nur noch Gleichgültigkeit hervor. Ein gutes Gespräch, mit anderen gemeinsam etwas Schönes zu unternehmen oder Pläne zu schmieden – all das erfordert zu viel Anstrengung, wodurch die Beziehung zum Partner und zu den Kindern verarmt. Das Leben wird immer stärker von den negativen Gedanken beherrscht, wobei Gefühle der bodenlosen Leere, der Verzweiflung und des Versagens überhandnehmen. Es wird immer schwieriger, Arbeit und Privatleben voneinander zu trennen; Gedanken an Frustrationen bei der Arbeit drängen sich auch zu Hause immer häufiger in den Vordergrund.

▬▬ Beispiel 14

Jutta, Mutter von zwei pubertierenden Kindern, ist 47 Jahre alt, als sie ins Burnout gerät. Sie war immer voller Begeisterung als Lehrerin in einer Haupt- und Realschule tätig. Normalerweise fühlt sie sich in ihrer Klasse wohl und kann sich gut in die Situation ihrer Schüler einleben. Doch nach den letzten Sommerferien fühlte sie sich nicht gut erholt und hatte zu ihrer eigenen Überraschung überhaupt keine Lust, das neue Schuljahr anzufangen. Jetzt ist es November, und sie empfindet in ihrem Inneren etwas wie einen dumpfen, grauen Nebel. Ihr Mann und ihre Söhne beklagen sich darüber, dass sie immer so schlechte Laune hat und niemals mehr lacht. Auch sie selbst findet sich nicht mehr besonders kreativ. Was das Ausgehen, interessante Gespräche oder ein Liebesleben mit ihrem Mann betrifft, läuft auch nichts mehr. Nichts macht ihr mehr Freude. Die Tage werden mehr oder weniger zur Tretmühle, und unerwartete Veränderungen kosten sie viel Energie.

Düstere Gefühle und Gedanken

Die konstante Anspannung und Ermüdung sowie das Gefühl, den Anforderungen nicht gewachsen zu sein, führen – wie wir es bei Jutta und Roxane sehen – zu düsteren Gedanken über sich selbst, die Arbeit, die Perspektiven und das Leben im Allgemeinen. Insbesondere dann, wenn die Arbeitssituation nicht allzu günstig ist – wenn man zum Beispiel verstärkt kritisiert oder von Kollegen gemobbt wird und keine Unterstützung erhält –, bröckelt das Selbstvertrauen und es kommt immer stärker das Gefühl auf, ein Opfer der Umstände zu sein. Burnout wird deswegen manchmal auch als eine arbeitsbezogene Form der Depressionen betrachtet.[12] Gefühle des Ausgeliefertseins, der Machtlosigkeit gegenüber Vorgesetzten, Betriebsstrukturen oder der Unternehmensleitung sowie der Ohnmacht, die Situation zu verändern, lassen sich häufig in dem Jahr beobachten, das dem Burnout vorangeht.

Durchdrehen und innere Unruhe

Trotz der zunehmenden Ermüdung läuft man »auf immer höheren Touren«, bis schließlich das ganze Denken nur noch von vagabundierenden Gedanken und fruchtlosen Grübeleien bestimmt wird, die einem mühlenartig immer von Neuem durch den Kopf gehen. Innere Dialoge und

60 Erschöpfung auf unterschiedlichen Lebensebenen

Schimpfattacken auf sich selbst, die Kollegen und den Chef spulen sich unaufhaltsam ab, ohne dass man dabei jedoch zu einer Lösung gelangt. Auch im Verhalten fällt auf, dass alle Bremsen gelöst sind. »Setz dich doch endlich einmal ruhig hin, du nervst mich wahnsinnig«, sagt Juttas Sohn zu seiner Mutter, die, statt gemütlich mit ihm Tee zu trinken, immer wieder aufspringt, um irgendetwas zu suchen, ein kurzes Telefonat oder den Abwasch zu erledigen. Diese Unruhe hat einen zwanghaften Charakter: Es gelingt dem Betreffenden nicht mehr, einfach stillzusitzen. Kritik von Familienmitgliedern führt jedoch zu Irritationen und Wutausbrüchen. Eigenartigerweise laden sich Menschen im Vorfeld eines Burnouts aus Unzufriedenheit mit ihrer Situation häufig noch mehr auf, indem sie beispielsweise mit einem Studium beginnen oder das Haus renovieren.

Beispiel 15

Lisbeth, die Sekretärin, erzählt: »Zu Hause fühlte ich mich in den Monaten, bevor ich krank wurde, wie ein kopfloses Huhn; ich lief ziellos hin und her und erledigte fünf Sachen gleichzeitig. Doch die Wohnung war ein Chaos. Es gelang mir absolut nicht mehr, einen Moment lang ruhig sitzen zu bleiben und zu mir zu kommen. Tag und Nacht gingen die Grübeleien weiter. Es fühlte sich wie eine unablässig kreisende Zentrifuge von Gedanken an, über die ich keinerlei Macht mehr hatte.«

Auf und ab wogende Emotionen

Häufig herrscht neben dem verflachten, dumpfen Unterton im Gefühlsleben geradezu ein Übermaß an aufflammenden Emotionen. Beim kleinsten Anlass fährt der Betreffende aus der Haut, und jede Anforderung oder Frage ruft Wut hervor aufgrund der Vorstellung, noch mehr leisten zu müssen. Er fühlt sich unverstanden, verkannt und isoliert, es gelingt ihm immer weniger, Ärger und Konflikte durch ein gutes Gespräch zu lösen. Plötzliche Reize wie ein lautes Geräusch oder eine unerwartete Situation im Straßenverkehr rufen übertriebene Schreckreaktionen hervor. Man ist schnell gerührt, bricht ohne Grund in Tränen aus und reagiert unverhältnismäßig auf Kritik. Kurze Zeit später fühlt man sich schuldig und versucht das Ganze wiedergutzumachen. Doch es wird auch schwieriger, in einer normalen Weise die eigenen Grenzen abzustecken, sowohl bei der Arbeit als auch gegenüber den heranwachsenden Kindern. Nachgeben kostet eben weniger Energie als Nein sagen.

Dadurch entsteht eine instabile Atmosphäre, in welcher auch Kinder und Partner zunehmend angespannter werden, was die Wahrscheinlichkeit, dass es zu Konflikten kommt, noch vergrößert. Auch im Umgang mit Kollegen dominieren Irritationen, wodurch Meinungsverschiedenheiten und Missverständnisse entstehen. Ein Reflektieren des eigenen Verhaltens, wofür naturgemäß ein gewisses Maß an innerer Ruhe nötig ist, sucht man häufig vergebens. Dies verstärkt das Gefühl, dass »jeder gegen mich« ist, dass »immer ich es bin, die/der alles abbekommt«.

Beispiel 16

Jutta keift ihren Mann an: »Verlange nicht noch mehr von mir, sonst fange ich zu schreien an.« Sie ist schnell gereizt, insbesondere durch ihre Kinder, und schon kleinere Vorfälle in ihrer Klasse machen sie extrem wütend. Danach fühlt sie sich leer und kalt.

Beispiel 17

Roxane findet, dass die Art und Weise, wie sie in letzter Zeit auf ihre Kinder reagiert, »einfach nicht geht«. Sie schreit beim geringsten Anlass los, und ein paarmal hat sie ihrem fünfjährigen Sohn eine Ohrfeige gegeben, weil er nicht zu heulen aufhörte und sie es nicht mehr aushielt. Danach fühlt sie sich schrecklich schuldig.

Wütend auf die ganze Welt

Durch alle Frustrationen und Ohnmachtgefühle zieht sich häufig, wie im Falle von Klaus und Lisbeth, ein ununterbrochener Gedankenstrom, der um Vorgesetzte und Kollegen kreist. Der ursprüngliche Idealismus schlägt in Zynismus um, der Einsatz für die Arbeit wird zu Groll und Missmut. So entsteht ein Teufelskreis von zornigen Gedanken, ohnmächtigem innerem Widerstand und zunehmender Wut, der die innere Spannung weiter erhöht.

Auf dem Weg in ein Burnout fühlt man sich sowohl zu Hause wie auch am Arbeitsplatz häufig extrem irritiert durch die ganz normalen alltäglichen Widrigkeiten. Es gelingt einem nicht mehr, den Dingen ihren Lauf zu lassen oder sie von sich wegzuschieben. Verärgerung über den Partner und Konflikte mit den Kindern, insbesondere, wenn diese sich im Pubertätsalter befinden, eskalieren unnötig. Das Gefühl, missverstanden zu werden, die Kränkung dadurch und die Wut darüber können sogar bis zu Todesfantasien und Selbstmordgedanken anwachsen.

Beispiel 18

Tom, 55 Jahre und Lehrer einer siebten Klasse, arbeitet schon jahrelang im Grundschulbereich. Seit einer Woche ist er krankgeschrieben. Er ist wütend auf alles und jeden: auf die Schule, die Schulbehörde, die Eltern, die Kinder. Aus Toms Sicht arbeitet sein Schulleiter bereits seit Jahren gegen ihn, statt von seiner Erfahrung Gebrauch zu machen. Auch von seinen Kollegen ist er tief enttäuscht: Sie sind viel jünger als er und haben andere Werte und Normen. Aufgrund immer neuer Verfügungen seitens der Schulbehörde, die eigentlich niemand vertreten wollte, fanden in letzter Zeit häufig Sitzungen statt, die viel Unruhe mit sich brachten. Die Atmosphäre im Team wurde immer schlechter. Schon immer hatte es viel Kritik und wenig Ermutigung gegeben, aber jetzt war das Maß wirklich voll!

Vor einer Woche wurde anlässlich eines Konfliktes mit einem unerträglich verwöhnten Mädchen in seiner Klasse vom Vater des Kindes eine Beschwerde gegen Tom eingereicht. Der Schulleiter hielt es nicht für nötig, den Vater zur Räson zu bringen, und hatte auch Tom keine Unterstützung in der Sache zugesagt. Dies war der letzte Tropfen, der das Fass zum Überlaufen brachte. Tom meldete sich krank. Seitdem bemerkt er erst, wie müde er ist. Seine Stimmung ist trübselig, er schläft schlecht und grübelt viel. In seinem Inneren führt er lange wütende Gespräche mit dem Rektor und dem betreffenden Vater, voller Zorn denkt er sich alle möglichen Strafen für das Mädchen, »diese Rotznase«, aus.

An diesem Morgen ertappte er sich bei Selbstmordfantasien. Um es ihnen heimzuzahlen, könnte er sich vor einen Zug werfen. Damit würde er dem Schulleiter, den Eltern und seinen Kollegen ein lebenslanges Schuldgefühl aufhalsen!

Schuldgefühle

Wenn der Betroffene seine Aufgaben nicht mehr bewältigt, wenn er als Partner, Elternteil oder Kollege immer uninteressanter wird, entstehen häufig massive Schuldgefühle, die das düstere Gefühl des Unfriedens und des Versagens noch verstärken.

Beispiel 19

Roxanes Mann möchte genau wie früher etwas Schönes mit ihr unternehmen, doch sie kann sich eigentlich überhaupt nichts Nettes mehr vorstellen. Sie fühlt sich entsetzlich schuldig, dass sie das Leben ihres Mannes und der Kinder so beeinträchtigt, weil sie ein solcher Schwächling ist und ihr Leben nicht mehr bewältigt. Aber »etwas Nettes« unternehmen? Woher soll sie die Zeit und die Energie nehmen, und werden die Menschen sie dann nicht als eine noch schlechtere Mutter ansehen?

Früher ging sie sehr gerne aus und liebte es zu singen, doch das geht nicht mehr. Als sie das letzte Mal aktiv an einem Chorkonzert teilnahm, stillte sie noch ihr jüngstes Kind. Damals bekam sie eine Brustentzündung und lag krank im Bett, statt der Aufführung beizuwohnen. Eine andere Mutter hatte zu ihr gesagt, dies sei ein deutliches Zeichen, dass sie sich stärker ihren Kindern widmen müsse.

Beispiel 20

Jutta bricht eines Tages bei ihrer Freundin in Tränen aus. Sie empfindet sich in allem als Versagerin: bei ihrem Mann, ihren Kindern, in der Schule, bei ihren Freunden. Sie fühlt sich ständig schuldig und liegt die ganze Nacht wach, grübelt und macht sich Gedanken.

Leugnen

Ein Mensch, der ein Burnout erleidet, hat meistens alle Signale der Überlastung über lange Zeit hinweg systematisch ignoriert. Nicht versagen wollen, sich nicht kleinkriegen lassen wollen und die Angst vor der inneren Leere führen dazu, dass man immer öfter und länger arbeitet und in keiner Weise mehr zu Ruhe und Entspannung kommt. Auffallend sind die systematische Leugnung: »Ich liebe meine Arbeit, also kann nichts schiefgehen« sowie das verbissene Durchhalten: »Ich lasse mich von diesem sturen Chef doch nicht kleinkriegen!« Dem Betreffenden kommt es so vor, als würde die gesamte Welt einstürzen, wenn er nachgeben würde. Je mehr sich der drohende Zusammenbruch ankündigt, umso krampfhafter hält er an der Sicherheit der bekannten Situation fest. Deswegen dauert es lange, bis dem Betroffenen der Ernst der Lage selbst aufgeht, ganz gleich, wie massiv die Beschwerden auch sein mögen. Es sind meistens Familienmitglieder, Freunde und Kollegen, die (lange Zeit vergeblich) darauf drängen, Maßnahmen zu ergreifen.

Beispiel 21

Susanne, eine 32-jährige ehrgeizige Journalistin bei einer großen Zeitung, erholt sich nach einer schweren Grippe nicht mehr recht und bleibt schlaff und müde. Sie hat Magenschmerzen und schläft selten eine ganze Nacht durch. Als bei ihr Herzrasen auftritt, geht sie auf Anraten einer Freundin zum Betriebsarzt, der sie nach einer eingehenden Untersuchung mit dem Auftrag nach Hause schickt, sich erst einmal ein paar Wochen gut auszuruhen. Susanne ist wütend, sie findet, dass der Betriebsarzt unfähig ist. Sie wollte eigentlich eine Blutuntersuchung und eine Überweisung zum Kardiologen. Sie fühlt sich nicht ernst genommen und in ihrer Autonomie eingeschränkt. Ihr Hausarzt kommt nach einer gründlichen Untersuchung zum selben Schluss wie der Betriebsarzt. Völlig außer sich kehrt sie nach Hause zurück und überschüttet ihren Partner mit einer wütenden Litanei über all das Unrecht, das ihr angetan wurde. Erst als er in Tränen ausbricht und ihr klarmacht, dass er sie mit all seiner Liebe unterstützen will, es aber auf diese Art und Weise nicht mehr mit ihr aushält, dringt der Ernst der Situation zu ihr durch und sie meldet sich krank. Es dauert anderthalb Jahre, bis Susanne wieder einigermaßen auf den Beinen ist und wenigstens in Teilzeit arbeiten kann.

Was bin ich noch wert? – Verletzung des Selbstbilds

Plötzlich fühlt sich ein Mensch, der bis dahin unerschütterlich wirkte, vielen Dingen nicht mehr gewachsen und wird von Zweifeln und gravierenden Ängsten befallen. Er hat sich mit Leib und Seele für seine Arbeit eingesetzt und spürt jetzt, dass dies nicht mehr geht. Menschen, die ein Burnout erleiden, sind Menschen, die hart arbeiten, sie lieben es, sich zu behaupten. Aufgeben wird als Schwäche erlebt, ebenso krank zu sein und nicht mehr weiterzukönnen. Das Selbstbild des gesunden, starken und motivierten Berufstätigen, des hingebungsvollen Partners und fähigen Elternteils stürzt in sich zusammen; alles, woraus man bisher Sicherheit bezog, beginnt zu bröckeln. Dies versetzt dem Selbstvertrauen einen enormen Schlag. Verantwortungsbewusstsein und Schuldgefühle bezüglich des eigenen Versagens treiben einen dazu, auch noch den letzten Rest an Lebenskraft aus sich herauszupressen.

66   Erschöpfung auf unterschiedlichen Lebensebenen

Die Erfahrung, die Kontrolle über sich selbst zu verlieren und einer Situation ausgeliefert zu sein, die man selbst nicht steuern kann, führt häufig zu dem Gefühl, verrückt zu werden, und mündet nicht selten in Selbstmordgedanken.

Beispiel 22

Susanne: »Als ich endlich zugeben musste, dass ich ein Burnout hatte, stürzte eine Welt für mich ein, und ich wurde ängstlich und depressiv. Ich sah innerlich das Bild einer großen, kräftigen Eiche vor mir, die langsam krachend umstürzte. Ich, die immer so unternehmungslustig und stark gewesen war, die anderen half, die so gute Artikel schrieb ... Ich wollte niemanden mehr sehen und auch nicht mehr aus dem Haus gehen. Immer trug ich denselben alten grauen Pullover, weil ich mich darin irgendwie sicher fühlte. Ich erlebte mich als eine totale Versagerin. Es fühlte sich an, als stünde ich in einem dunklen Tunnel, der immer enger wurde. Todesgedanken drängten sich auf, als Lösung meines hoffnungslosen Versagens.«

Beispiel 23

Marika: »Ich fühlte mich dem Verlag, aber auch meiner Familie und meinen Freunden gegenüber schuldig, dass ich so viele Termine absagen musste. Ich hatte die Regie über alles verloren. Ich wusste nicht einmal mehr, ob noch Brot im Schrank war, und es interessierte mich auch nicht. Eigentlich versank ich immer tiefer. Ich fühlte zwar die Verantwortung, die auf mir lastete, aber ich tat nichts mehr. Irgendwann kam ein Moment, da wollte ich nur noch tot sein.«

2.4 Verlust der eigenen Steuerungsfähigkeit und Motivation

Durchhalten um des Ideales willen

Gerade die Menschen, die sich stark engagieren und voller Ideale sind, können von einem Burnout betroffen sein, wenn sie nicht Maß halten können. Wer stark aus Idealen heraus lebt und zu sehr vom Ziel erfüllt ist, während er den Weg dorthin aus den Augen verliert, läuft Gefahr, an den unrealistisch hohen Anforderungen, die er an sich selbst stellt, zu scheitern. Wenn dann die widerspenstige Wirklichkeit nicht mitspielt, kommt es zur Enttäuschung in Bezug auf das hohe Ziel, aber auch auf sich selbst und die Kollegen. Es gelingt nicht mehr, die Ideale auf realistische Weise auf die eigene Kraft und die Unternehmensorganisation abzustimmen. Zwangsläufig wird die Motivation immer weiter ausgehöhlt.

Beispiel 24

Als Jutta von einer Freundin ein Jahr vor ihrem Burnout gewarnt wird, sie müsse ihr Leben etwas ruhiger angehen, antwortet sie, es sei unmöglich, einfach aufzuhören oder weniger zu arbeiten. Es sei gerade ein neues Unterrichtssystem eingeführt worden, sie sei die Koordinatorin und würde sowohl ihre Kollegen wie auch die Kinder im Stich lassen, wenn sie jetzt ausstiege. Außerdem seien bereits so viele Kollegen krank. Es sei eine Katastrophe für ihre Schule, wenn sie sich jetzt auch noch krank melden würde.

Beispiel 25

Roxanes Ideal ist es, eine gute Mutter zu sein und ein harmonisches Familienleben zu haben. Je weniger es ihr gelingt, ihr Leben im Griff zu behalten, umso krampfhafter kämpft sie für dieses Ideal. Einen Babysitter zu Hilfe zu nehmen oder die Kinder in einer Tagesstätte unterzubringen passt nicht in das Bild, das sie von einer guten Mutter hat.

Verlust der Motivation

Motivation ist eine Kraft, die im Inneren entsteht – der eine ist stärker für die Alltagsaufgaben motiviert als der andere –, die aber andererseits auch stark von der Freude bestimmt wird, die wir erleben – an unserer Arbeit und den Aufgaben, die wir erfüllen –, von der Bedeutung, die wir unserem Tun beimessen, und der Wertschätzung, die wir von unserer Familie, von Kunden, Kollegen und Vorgesetzten erfahren. Eine gewisse Grundvitalität bildet die unverzichtbare Voraussetzung für jegliche Motivation. Wenn wir so müde sind, dass wir uns kaum noch auf den Beinen halten können, verlieren wir unsere Kreativität und verlassen uns stattdessen auf den »Autopiloten« (siehe Seite 117 ff.). Dadurch entsteht eine Routine, die irgendwann auf jede Motivation tödlich wirkt. Auch ein Mensch, der seine Arbeit liebt und sich zunächst voller Ideen auf sie stürzt, kann seine Motivation durch Überlastung oder Enttäuschungen verlieren und dadurch irgendwann ausgebrannt sein.

Beispiel 26

Lara, eine 42-jährige Frau, hat als Erzieherin vor 18 Jahren bei der Gründung einer Waldorfschule mitgeholfen und dort jahrelang, auch als ihre eigenen Kinder noch klein waren, harte Pionierarbeit geleistet. Die Schule blühte dank des enormen Einsatzes der Lehrkräfte und Eltern zu beachtlicher Größe auf. Lara übernahm bereits als junge Frau Führungsaufgaben, sie war verantwortlich für die Einstellung neuer Kollegen.

Im Laufe der letzten fünf Jahre geriet die Schule in ein neues Fahrwasser, die Pioniere der ersten Stunde sind der Reihe nach ausgeschieden. Ein Schulleiter wurde eingestellt, was zur Folge hat, dass nicht mehr wie früher das gesamte Kollegium für die Schule verantwortlich ist. Lara bemerkt, dass sie mit ihren um vieles jüngeren Kollegen weniger Kontakt hat, als dies früher der Fall war. Am meisten vermisst sie die warmherzige Verbindung mit ihrer früheren engsten Kollegin, die mit ihr zusammen eine Gruppe leitete und vor Kurzem in den vorgezogenen Ruhestand gegangen ist.

Auch aufgrund einer Fusion mit einer anderen Schule und neu-

Verlust der eigenen Steuerungsfähigkeit und Motivation 69

er Vorschriften seitens der Schulbehörde hat Lara immer weniger Freude an ihrer Arbeit. Zu Hause klagt sie über ihre Kollegen, über junge, unvernünftige Eltern und sogar über die Kinder, die heute so lebhaft und aggressiv seien. Danach fühlt sie sich so schuldig wegen all der negativen Gedanken, dass sie nicht mehr schlafen kann. Sie ist immer todmüde. Während der Weihnachtsferien bekommt Lara eine ernste Lungenentzündung und muss mehrere Wochen im Bett verbringen. Sie erholt sich nicht richtig, doch sich krankmelden, nein, das geht nicht! Drei Monate später stellt der Amtsarzt bei ihr ein Burnout fest. Zwei Jahre lang ist Lara danach nicht mehr in der Lage zu arbeiten.

Häufig beginnen die Probleme am Arbeitsplatz durch an höherer Stelle beschlossene Veränderungen, mit denen man nicht einverstanden ist. Dadurch wird die Freude an der Arbeit ausgehöhlt, und es wird um einiges schwieriger, mit demselben Engagement wie früher seiner Arbeit nachzugehen. Motivation schlägt in Widerwillen um. Für Klaus war es, wie für viele andere auch, nach einer Reorganisation nicht mehr möglich, seine Aufgaben in einer persönlichen Weise zu gestalten. Er wurde immer frustrierter, weil das, was er wollte und konnte, nicht mehr mit dem übereinstimmte, was er tun musste (siehe Seite 44 f.). Lisbeth hatte nach vielen Jahren, in denen sie anstandslos mit ihrem früheren Chef auskam, Probleme mit ihrer neuen Chefin, die sie ständig kritisierte. Von ihrer neuen Kollegin erhielt sie keine Unterstützung, wodurch es für sie immer schwieriger wurde, sich für das zu motivieren, was sie früher mit so viel Freude getan hatte (siehe Seite 49 f.). Chris bekam, gerade weil er so belastbar war, immer mehr Aufgaben aufgebürdet, die Anforderungen wurden langsam und allmählich dermaßen hochgeschraubt, dass es ihm schließlich unmöglich war, sie zu erfüllen (siehe Seite 50). Wenn ein Mensch, obwohl er immer härter arbeitet, sehen muss, wie immer mehr Arbeit unerledigt liegen bleibt, oder wenn er ständig kritisiert wird, verliert er, auch wenn er noch so engagiert ist, letztendlich seine Motivation.

Erschöpfung auf unterschiedlichen Lebensebenen

Gegen Windmühlen kämpfen

Nicht nur unerwünschte Veränderungen, mit denen wir nicht Schritt halten können, wirken demotivierend, auch das Ausbleiben versprochener oder erwünschter Veränderungen kann die Motivation untergraben.

Beispiel 27

Philipp, 37 Jahre, arbeitet seit über acht Jahren als Gruppenleiter auf einem therapeutischen Bauernhof, der zu einem Institut für geistig Behinderte gehört. Vor fast neun Jahren war der Bauernhof einem älteren Bauern abgekauft worden, der in den Ruhestand ging. Die Räume sind jedoch alles andere als ideal für eine Gruppe von neun jungen Menschen mit geistiger Behinderung. Als Philipp angestellt worden war, um die Werkstatt aufzubauen und zu leiten, hatte er schon darauf hingewiesen, dass die Arbeitsräume zu klein waren und viel zu sehr hallten, auch die sanitären Einrichtungen ließen zu wünschen übrig. Der damalige Leiter des Instituts hatte vorgehabt, innerhalb von drei Jahren die nötigen Umbauten vornehmen zu lassen. Trotz der Tatsache, dass Philipp das Raumproblem regelmäßig vorbrachte, war fünf Jahre später immer noch nichts geschehen. Zwischenzeitlich hat eine Fusion stattgefunden, und der neue Chef setzt andere Prioritäten. Der Umbau wird ein ums andere Mal hinausgeschoben. Philipp muss immer wieder Streit zwischen den Teilnehmern schlichten, weil sie in zu großer räumlicher Enge arbeiten müssen. Häufig muss er die handwerklichen Tätigkeiten, die eigentlich von den Betreuten geleistet werden sollen, selbst erledigen, weil die jungen Menschen einander ständig im Wege sind. Auch die Eltern beklagen sich immer wieder über die schlechten Arbeitsbedingungen.

Eines Tages gehen zwei junge Menschen mit den Fäusten aufeinander los, nachdem der eine den anderen in den Mist gedrängt hat, weil sie in einem schmalen Gang des Gebäudes mit ihren gefüllten Schubkarren nicht aneinander vorbeikamen. Philipp zieht zum soundsovielten Mal an der Alarmglocke. Der neue Manager schlägt vor, dass Philipp zuerst einmal prüft, wie andere therapeutische

Verlust der eigenen Steuerungsfähigkeit und Motivation

Bauernhöfe derartige Probleme lösen, um dann einen konkreten Plan für die notwendigen Anpassungen vorzulegen.

Ein halbes Jahr lang besucht Philipp an seinen freien Wochenenden andere therapeutische Einrichtungen. Er lässt sich umfassend über die Vor- und Nachteile unterschiedlicher Renovierungsmöglichkeiten informieren. Seine häufige Abwesenheit zu Hause und seine immer öfter auftretenden Migräneanfälle (immer an seinem freien Tag) führen zum Streit mit seiner Frau, die beklagt, dass er nie mehr Zeit für sie und die Kinder hat. Als Philipp endlich seine äußerst sorgfältig zusammengestellte Mappe mit Informationen und Empfehlungen bei seinen Vorgesetzten abgibt, dauert es vier Monate, bis das Management Zeit hat, sie zu studieren. Schließlich bekommt er zu hören, dass wegen anderer Prioritäten erst nach einem Jahr Geld für den Umbau zur Verfügung stehen wird.

Zwei Monate später dreht eine der Betreuten völlig durch. Jemand hat aus Versehen ihre Kaffeetasse umgeworfen, und sie beginnt zu schreien, wirft die Fensterscheibe ein und bedroht die anderen Bewohner mit einer Glasscherbe. Philipp gelingt es, alle wieder zu beruhigen, doch dabei bekommt er selbst einen heftigen Schlag ab. Als die Gruppe Feierabend hat, begibt er sich aufgebracht zur Institutsleitung und erklärt, dass er, bis ein geeigneter Arbeitsraum zur Verfügung steht, künftig nur noch mit fünf Betreuten arbeiten wird. Er trifft keineswegs auf offenen Ohren. Kühl wird ihm mitgeteilt, dass Dienstverweigerung ein Grund für eine fristlose Kündigung sei und dass für seine Stelle bereits zehn andere Interessenten bereitstünden. Philipp bricht zusammen. Völlig aufgelöst geht er nach Hause und wird noch im Laufe derselben Woche von seinem Hausarzt wegen Burnout-Beschwerden krankgeschrieben.

Nicht mehr aufhören können

Nicht nur etwas zu tun, etwas in die Welt zu stellen, sondern auch Maß zu halten, sich zurückzunehmen, innezuhalten kostet Energie und erfordert Entscheidungskraft und Selbstführung. Diese Fähigkeit zur

72 Erschöpfung auf unterschiedlichen Lebensebenen

Selbstführung wird untergraben, wenn man ausgebrannt ist. Darum wird es sowohl schwieriger, auf Fragen anderer Nein zu sagen, wie auch die eigenen Impulse zu bezwingen. Wer ins Burnout gerät, ist mit dem Fahrer eines Autos vergleichbar, dessen Motor bockt, dessen Lenkrad blockiert und dessen Bremsen nicht mehr gut funktionieren und der nach einer mühsamen Bergfahrt plötzlich den Gipfelpunkt überschritten hat und nun immer schneller auf der anderen Seite herabrast, ohne bremsen, anhalten oder ausweichen zu können. Währenddessen wird der Chor wohlmeinender Familienmitglieder, Kollegen und Therapeuten immer lauter, die vergeblich versuchen, den Betreffenden dazu zu bringen, zurückzuschalten, zu bremsen oder die Route zu ändern. Die Erkenntnis, dass man die Kontrolle über sein eigenes Leben verliert und nicht über die angemessenen Strategien verfügt, um den wachsenden Problemen die Stirn zu bieten, kann Menschen in völlige Panik versetzen.

▬ Beispiel 28

Lisbeth, die Sekretärin, hat bereits von vielen Freunden zu hören bekommen, dass sie sich Sorgen um sie machen. Sie raten ihr, für einige Wochen eine Auszeit zu nehmen und sich auf ihre Situation zu besinnen. Doch Lisbeth wiegelt alles ab. Sie hat nur Pech mit ihrer neuen Chefin, die Sache wird sich bald einrenken. Außerdem investiert sie gerade jetzt viel Zeit, um die neue Arbeitsmethode zu erlernen, die ihre Chefin von ihr fordert.

▬

Übersicht der Stressbeschwerden

Körperliche Beschwerden
- Konditionsverschlechterung
- verminderte Widerstandskräfte, verstärkte Anfälligkeit für Erkältungen, Grippe, Infektionen und Entzündungsneigung bei Wunden
- Verstärkung prämenstrueller Beschwerden
- Potenzstörungen, Orgasmusstörungen
- Kopfschmerzen
- Schwindel
- Herzrasen
- Hyperventilation
- hoher Blutdruck
- Reizdarmbeschwerden, Verdauungsprobleme
- Magenschmerzen und/oder Übelkeit
- Muskel- und Gelenkprobleme, RSI-Syndrom (»Sekretärinnenkrankheit«), Fibromyalgie
- Krankheiten wie Diabetes, erhöhter Cholesterinspiegel, Schilddrüsenüberfunktion

Bereich der Vitalität
- Gefühl konstanter Anspannung; nicht mehr zur Ruhe kommen können
- Übermüdung, selbst bei ausreichender Schlafmenge
- Schlafstörungen
- Konzentrationsstörungen und Vergesslichkeit
- Probleme mit dem Aufnehmen und Merken von Informationen
- Verlust des Interesses
- nachlassende Libido
- Überempfindlichkeit gegenüber Sinneseindrücken: Geräusche, Licht, Gerüche usw.
- Hyperaktivität
- zunehmender Konsum von Hilfsmitteln wie Kaffee, Nikotin, Süßigkeiten, Alkohol, Schlafmitteln, Schmerzmitteln und anderen Pillen
- passives Herumhängen vor dem Bildschirm

74 Erschöpfung auf unterschiedlichen Lebensebenen

- nichts leisten können ohne Druck
- völlige Erschöpfung nach einem Arbeitstag

Bereich des Erlebens und der Emotionen

- Mattheit und innere Leere, düstere Gedanken überwiegen
- Klagen, die Dinge nicht mehr positiv sehen können
- Labilität
- Zunahme von Angst und Angstträumen
- zunehmende Frustration und Wut
- erhöhte Reizbarkeit bei kleinsten Anlässen
- Versagensangst
- häufigeres Involviertsein in Konflikte und Streit
- Schuldgefühle
- Panikattacken
- Gefühle der Ohnmacht und der Aussichtslosigkeit
- Meiden von Situationen und Menschen, um Konfrontationen oder Fragen aus dem Weg zu gehen
- Verletzungen des Selbstbilds

Steuerungsfähigkeit und Motivation

- Verlust von Motivation und Begeisterung
- keine Lust mehr, etwas Schönes zu unternehmen
- Unzufriedenheit mit der beruflichen und/oder Lebenssituation
- krampfhaftes Festhalten an Idealen
- Mangel an Humor
- nicht mehr in der Lage sein, Situationen richtig zu beurteilen
- eingeschränkte Fähigkeit, zu planen und vorauszuschauen
- Verlust der Selbststeuerungsfähigkeit und der Kreativität
- nicht mehr in der Lage sein, den Kurs angemessen zu korrigieren und gegebenenfalls die Notbremse zu ziehen
- verbissenes Weitermachen bis zum Umfallen
- Verlust des Selbstwertgefühls
- Zynismus und Gleichgültigkeit
- suizidale Gefühle, Gedanken an den Tod als Lösung.

2.5 Leiden Sie wirklich an einem Burnout, oder handelt es sich um etwas anderes?

Die soeben beschriebenen Beschwerden sind durchweg nicht spezifisch für ein Burnout. Es ist vielmehr die Kombination aus chronischem Stress, körperlichen Erschöpfungsbeschwerden und einer deutlichen Abnahme der Konzentration und der angemessenen Handlungsfähigkeit im sozialen Bereich, die zu der Diagnose »Burnout« führt. Doch auch andere Diagnosen sind durchaus denkbar.

Überarbeitung

Was klassischerweise als Überarbeitung bezeichnet wird, ist ein Vorstadium des Burnouts. Die Beschwerden spielen sich vor allem auf der Ebene des Erlebens ab und weniger im Bereich der körperlichen Kondition und der Lebenskräfte. Wenn man überarbeitet ist, kann es helfen, deutliche Maßnahmen zu ergreifen, um die Balance zwischen Ruhe und Aktivität im Berufs- wie auch im Privatleben wiederherzustellen und sich daneben auf etwaige Spannungen in der Berufssituation und die berufliche Motivation als solche zu besinnen. Überarbeitung kann zu kurzen krankheitsbedingten Auszeiten führen, doch meistens ist es durch Einbeziehung eines Coachs und eine gezielte Veränderung der Gewohnheiten möglich, die Arbeitsfähigkeit in kurzer Zeit wiederherzustellen.

Körperliche Krankheiten

Häufig geht ein Burnout mit allerlei körperlichen Beschwerden einher, und es ist ratsam, sich untersuchen zu lassen und eventuell auch Labortests vorzunehmen. Blutarmut, Hepatitis, Zuckerkrankheit, Pfeiffer'sches Drüsenfieber sowie eine Schilddrüsenüber- oder -unterfunktion sind einige körperliche Ursachen, die zu einer ernsten Erschöpfung oder aber depressiven Stimmungen führen können.

76 Erschöpfung auf unterschiedlichen Lebensebenen

Abgrenzung zum Chronischen Erschöpfungssyndrom und zur Fibromyalgie

Ein Burnout kann vielfach dem Chronischen Erschöpfungssyndrom (CFS) ähneln. Dies ist vor allem der Fall, wenn die körperliche Erschöpfung im Vordergrund steht und der Betroffene auch nach längerer Zeit noch nicht in der Lage ist, einfache Tätigkeiten auszuüben wie zum Beispiel die Haushaltsführung oder das Kochen. Meistens gehört zum Burnout eine lange Anlaufphase der Beschwerden, wobei der Akzent anfänglich auf der Unfähigkeit, seine Arbeit gut zu erledigen, liegt sowie auf der seelischen Erschöpfung, Reizbarkeit und Überempfindlichkeit. Die körperliche Erschöpfung kommt erst in einem späteren Stadium hinzu, und sie ist meistens auch der erste Bereich, auf dem sich einigermaßen schnell eine Besserung bemerkbar macht. Die Wiederherstellung der seelischen Spannkraft hingegen braucht viel länger.

CFS beginnt häufig nach einer Infektionskrankheit, beispielsweise dem Pfeiffer'schen Drüsenfieber oder einem Darminfekt. Der Akzent liegt von Anfang an auf der ungemein starken körperlichen Erschöpfung, die häufig von Schlafstörungen, Verdauungsbeschwerden und Muskelschmerzen begleitet wird. Typisch für die Erschöpfung bei einem CFS sind die wechselnde Intensität der Beschwerden (Phasen, in denen es dem Betroffenen besser geht, wechseln ab mit solchen, in denen der Betroffene überhaupt nichts mehr kann) sowie das Phänomen, dass die Erschöpfung häufig nicht unmittelbar, sondern erst einen Tag nach der Anstrengung auftritt (Anstrengungstoleranz). Manchmal kann ein Burnout in ein CFS übergehen.

Burnout und Depression

Ein Burnout ist kein statischer Zustand, sondern ein Prozess der zunehmenden Erschöpfung. Die Grenze zur Depression, bei welcher der Akzent auf der düsteren Stimmung liegt, lässt sich nur schwer ziehen. Man könnte sagen, dass ein echtes Burnout immer auch mit depressiven Gefühlen und Ängsten einhergeht. Eine düstere Grundstimmung, Schuldgefühle und Groll, Ängste, körperliche Beschwerden und Schlafstörungen können allesamt auch bei einer Depression auftreten. Bei ihr steht die Erschöpfung weniger im Vordergrund. Eine Depression kann auch unabhängig von der Arbeitssituation auftreten und ohne dass viele Stressfaktoren im Spiel sein müssen. Es bedarf keines deutlichen Anlasses. Häufig treten die Beschwerden wiederkehrend auf und es sind in der Familie noch mehr Fälle von Depressionen bekannt. Ereignisse wie schwere Lebenskrisen oder die chronische Krankheit des Partners oder eines Kindes können zu einem Burnout führen, wodurch sich Arbeit und häusliche Aufgaben nicht mehr miteinander vereinbaren lassen. Der Unterschied zu einer reaktiven Depression ist dann nur noch gering.[13]

Wenn Sie Klarheit darüber erlangen möchten, ob Sie – bereits stark oder ansatzweise – unter einem Burnout leiden, können Sie die Fragen der Checkliste zur Selbstanalyse (Kapitel 17.1, Seite 337 ff.) beantworten.

Teil II

Brennstoff für das Feuer
Hintergründe der Burnout-Erkrankung

Einführung

Genau wie uns die Burnout-Erscheinungen auf unterschiedlichen Ebenen berühren, gilt auch für die Ursachen, dass sie auf unterschiedlichen Gebieten gesucht werden können. Es handelt sich immer um ein Zusammenspiel von Faktoren, bei welchem die Umstände (Arbeit und Privatleben) in eine Wechselwirkung mit der Veranlagung und Persönlichkeitsfaktoren treten, und zwar im Kontext unserer Kultur als Ganzer.

In den nächsten Abschnitten werden wir Folgendes näher betrachten:
• Risikofaktoren in der Arbeitssituation
• Stressregulierung und Wechselwirkungen zwischen Gehirn und Körper
• Lebensprozesse und Vitalität, Veranlagung und »Verletzbarkeit« des Lebensleibes
• Seelenregungen und Persönlichkeitsteile
• Kursbestimmung im eigenen Leben
• Unterschiede zwischen Männern und Frauen
• die Rolle der Lebensumstände
• kulturelle Faktoren.

Vielleicht sind Sie zu müde, um all das durchzulesen. In diesem Fall sollten Sie nur das auswählen, was Sie interessiert und auf Sie zutrifft. Sie können auch Teil II vorläufig überblättern und zuerst in Teil III nachlesen, was Sie tun können, um wieder gesund zu werden, und einige Übungen aus dem vierten Teil durchführen. Wenn Sie sich dann besser fühlen, können Sie jederzeit mehr über die Hintergründe lesen.

3 Ihre Arbeit: Regenerationsquelle oder Verschleißfaktor?

Die meisten Menschen sind in der Lage, über lange Zeit hinweg stressreiche Umstände zu ertragen, solange Möglichkeiten zur Erholung bestehen und ihre Anstrengungen belohnt werden. Burnout ist das Resultat von chronischem, fortwährendem Stress, an dem sich wenig ändern lässt und der nicht kompensiert wird [...] Burnout ist also das Resultat von zu viel Geben und zu wenig Zurückbekommen, während Stress das Resultat ist von zu viel (oder in manchen Fällen auch zu wenig) Tun.

Jaap van der Stel

Der amerikanische Psychiater Herbert Freudenberger war 1974 der Erste, der den Terminus Burnout für einen Zustand der Erschöpfung und Übermüdung benutzte, den er bei Mitarbeitern in einer alternativen psychiatrischen Suchtklinik beobachtete. Die zumeist jungen und idealistischen Pflegekräfte hatten das Gefühl, von den Problemen ihrer Patienten überrollt zu werden. An die Stelle ihres anfänglichen Schwungs waren Gereiztheit und Zynismus getreten. Freudenberger beobachtete Argwohn, Konzentrationsprobleme, psychosomatische Beschwerden, Depressionen und Suizidgedanken, die bei den zuvor so engagierten Mitarbeitern auftraten.

Burnout wird meist immer noch als eine typische arbeitsplatzbezogene Krankheit betrachtet. Doch Ausgebranntsein ist immer die Folge eines Zusammenspiels verschiedener Faktoren, wobei die individuelle Tragkraft und der persönliche Charakter bestimmen, wie ein Mensch die Organisationsform und die Umstände seiner Tätigkeit erfährt. Dennoch ist es unbestritten, dass es gewisse arbeitsplatzbezogene Umstände gibt, die das Risiko, ins Burnout zu geraten, vergrößern.

Berufe mit erhöhtem Risiko **83**

Arbeitsbezogene Umstände, die das Risiko eines Burnouts vergrößern, sind vorhanden, wenn:

- Sie aufgrund der Anforderungen des Arbeitslebens immer in maximaler Aufmerksamkeitsverfassung sein müssen und/oder systematisch kontrolliert werden;
- Ihre Arbeit öde ist, wenig Herausforderungen bietet und sich keinerlei Perspektive auf eine Änderung dieses Zustandes abzeichnet;
- aufgrund der x-ten Reorganisation über längere Zeit hinweg Unklarheit oder Chaos herrschen;
- Sie nicht wissen, ob Ihr Arbeitsplatz sicher ist beziehungsweise wenn Sie im Unklaren darüber bleiben, ob Sie ohne Weiteres eine andere Stelle bekommen können;
- Ihnen strukturell zu wenig Unterstützung zuteil wird und zu viel Kritik geäußert wird;
- Sie Ihre Autonomie und persönlichen Beteiligungsmöglichkeiten zu stark verlieren und Ihre Kreativität nicht ausleben können.

Im Folgenden werden arbeitsplatzbezogene Faktoren erörtert, die einen unmittelbaren Einfluss auf den Stress am Arbeitsplatz haben.

3.1 Berufe mit erhöhtem Risiko

Ursprünglich wurde Burnout als eine Krankheit betrachtet, die ausschließlich in Berufen auftritt, bei denen Menschen intensiv mit anderen Menschen zusammenarbeiten, wie beispielsweise im Gesundheitsbereich, im Dienstleistungssektor und im pädagogischen Bereich. Noch immer besteht in pflegenden und sozialen Berufen (Ärzte, Krankenpfleger, Psychotherapeuten, Sozialarbeiter) ein höheres Burnout-Risiko. Dasselbe gilt für den schulischen Bereich.[14] In all diesen Berufen finden wir häufig idealistische, hart arbeitende Menschen, die eine Tätigkeit ausführen, die aufgrund eines strukturbedingten Dauermangels an Personal und der meist sehr belastend wirkenden Zielgruppe die Mobilisierung der äußersten Reserven verlangt und obendrein wenig

84 Ihre Arbeit: Regenerationsquelle oder Verschleißfaktor?

Aussicht auf Veränderung oder Aufstiegsmöglichkeiten bietet. Auch Menschen, die während ihrer Arbeit häufig mit Aggression und dramatischen Situationen konfrontiert werden, wie zum Beispiel Polizisten, Rettungseinsatzkräfte, Feuerwehrleute oder Mitarbeiter von Sozialstationen, haben ein erhöhtes Risiko, an Burnout zu erkranken. Gerade in diesen Berufszweigen ist es in den letzten Jahren durch Etatkürzungen zu einem strukturellen Mangel an Fachkräften gekommen, was den Druck auf die bereits dort Tätigen enorm erhöht.

Seit einigen Jahren tritt Burnout jedoch auch immer häufiger bei Managern, Journalisten und einigen anderen Berufen auf, in welchen Leistungsdruck, Stress und ununterbrochene Verfügbarkeit einen konstituierenden Bestandteil der Arbeitssituation bilden.

Auffallend ist, dass in handwerklichen Berufen, in der Landwirtschaft und bei Künstlern, also überall da, wo ein Gleichgewicht von Handarbeit und Kopfarbeit besteht, viel weniger Menschen ausgebrannt sind als in Berufen, in denen überwiegend intellektuell gearbeitet wird, sowie in Bereichen, wo Menschen beruflich mit anderen Menschen umgehen müssen. Offenbar bestehen in den handwerklichen Berufen mehr Möglichkciten, während der Arbeit auch Kraft zu schöpfen, zum Beispiel indem man kurz wegträumt oder an andere Dinge denkt, ohne dass dies sofort durch Fehler oder Schuldgefühle bereut werden muss. Außerdem können im Handwerk häufig das eigene Tempo und der eigene Rhythmus bestimmt werden, und den Arbeitsgängen ist Regelmäßigkeit eigen. Schließlich führt handwerkliche Arbeit zu Resultaten, die sich sofort konkret und unmittelbar erleben lassen. Das Endprodukt löst sich von seinem Schöpfer, und dieser kann dadurch leichter loslassen.

3.2   (Un-)gesunder Rhythmus von Arbeit und Ruhe

Ein regelmäßiger Rhythmus bildet eine gesunde Basis für die Lebenskräfte (siehe Kapitel 5 und 12, Seite 135 ff. und 261 ff.). Während der Arbeit wirken feste Arbeitszeiten und deutliche Pausen unterstützend. Eigentlich sollte darum jeder Arbeitnehmer die Möglichkeit haben, sich mittags eine kurze Auszeit zu nehmen, um etwas zu essen, sich die Beine zu vertreten oder auf eine andere Art Abstand zu der Arbeitssituation zu

(Un-)gesunder Rhythmus von Arbeit und Ruhe   85

gewinnen. Das ständige Aktiv-sein-Müssen und der damit verbundene Mangel an Ruhe führen zu einer erhöhten Anfälligkeit für ein Burnout. Eine Arbeit, die aufgrund ihrer Struktur im Ablauf eines Arbeitstages zu wenig Zeit für Entspannung und Ruhe zulässt, stellt einen Angriff auf die Lebenskräfte dar. Kaffee- und Teepausen sorgen für kurze Entspannungsmomente, was für den Umgang mit Stress wichtig ist und die Konzentration für den Rest des Arbeitstages erhöht. Auch die Möglichkeit, während einer Mittagspause die Arbeit für eine Weile vollständig hinter sich lassen zu können – beispielsweise durch einen Spaziergang oder indem man außerhalb der Arbeitsstelle etwas isst –, bildet einen wichtigen Faktor im Zusammenhang mit der Reduzierung und Abfederung von Arbeitsstress. Es sollten während solcher Pausen möglichst keine Angelegenheiten oder ärgerliche Vorkommnisse besprochen werden, die mit der Arbeit zusammenhängen.

Obwohl es in Deutschland gesetzlich vorgeschrieben ist, dass jeder Arbeitnehmer eine halbstündige Mittagspause einlegt, geschieht dies häufig nicht. So zum Beispiel in Schulen, wo die Lehrer in den Pausen jeden Tag streitende Kinder auseinanderhalten müssen, oder bei Ärzten, deren Mittagszeit von telefonischen Konsultationen ausgefüllt ist, aber auch in Betrieben, wo regelmäßig Schulungsveranstaltungen oder Abstimmungsmeetings in den Mittagspausen einfach weiterlaufen.

▬▬ Beispiel 29

Jutta arbeitet bereits seit zwanzig Jahren in einer Haupt- und Realschule. In den Pausen kommt es häufig zu Auseinandersetzungen zwischen den Schülern, und Jutta hat dann Aufsicht und muss notfalls vermitteln. Manchmal eskalieren solche Auseinandersetzungen, insbesondere zwischen Jugendlichen mit unterschiedlichem ethnischem Hintergrund. Jutta findet das schrecklich. Rassismus ist ihr völlig fremd, doch zugleich erlebt sie, dass die Atmosphäre in der Schule immer stärker polarisiert wird. Im Übrigen führt sie, auch wenn sie gerade keine Pausenaufsicht hat, häufig mit ihren Kollegen, die zum Teil harte Positionen vertreten, heftige Diskussionen über die ausländischen Jugendlichen.

86   Ihre Arbeit: Regenerationsquelle oder Verschleißfaktor?

Unser gehetzter Lebensstil ist eine Belastung für unsere Stressregulierung und führt überdies zu einer erhöhten Gefahr für Übergewicht und andere Wohlstandskrankheiten. Während aktiver intellektueller oder körperlicher Tätigkeiten müssen wir besonders wach und aufmerksam sein, unsere Stressregulierung sorgt dann dafür, dass der Körper sich mehr mit diesen Aktivitäten und weniger mit Stoffwechselvorgängen und der Verdauung beschäftigt. Hastig hinuntergeschlungene Mahlzeiten, während der wir mit anderen Dingen beschäftigt sind, werden darum schlechter verdaut, sie erzeugen weniger Energie und führen zu einer verstärkten Bildung von Fettgewebe (siehe auch Kapitel 4, Seite 106 ff.).

Ein über lange Zeit hinweg gelebter unregelmäßiger Rhythmus, zum Beispiel bei Schichtarbeit, unregelmäßigen Arbeitszeiten an Wochenenden, nachts oder spät am Abend, stellt einen fortwährenden Angriff auf den Biorhythmus dar, der sich, vor allem bei Menschen über vierzig, häufig nicht ausreichend regenerieren kann. Es gelingt dann weniger, sich immer wieder neu den wechselnden Dienstzeiten anzupassen und tagsüber zu schlafen und sich dabei wirklich auszuruhen, wodurch ein chronischer Mangel aufgebaut wird. Doch auch das soziale Leben leidet unter unregelmäßigen Dienstzeiten; sie machen es schwieriger, ein Familienleben zu führen, Kontakte mit Freunden zu pflegen oder zu festen Zeiten Sport zu treiben oder Entspannung zu suchen.

Eine andere Art von Störung der biologischen Uhr tritt bei Menschen auf, die viel reisen müssen und sich immer wieder für kurze Dauer, nur für ein paar Tage oder Wochen, in anderen Zeitzonen der Welt befinden. Auf Geschäftsreisen bleibt meistens keine Zeit, um sich einige Tage zu akklimatisieren, sofort beginnen die Sitzungen, und es gilt, in den Lebensrhythmus des Gastlandes einzusteigen. Auf die Dauer führt dies bei vielen Menschen zu ernsten Schlafproblemen und zur Erschöpfung der Lebenskräfte.

3.3   Organisationsstruktur und Qualität des Führungspersonals

Die Organisationsstruktur am Arbeitsplatz spielt, im positiven wie im negativen Sinn, eine große Rolle bei der Frage, ob ein Arbeitnehmer ge-

Organisationsstruktur und Qualität des Führungspersonals   87

sund bleibt oder nicht. Eine chaotische und unklare Arbeitsstruktur, bei welcher nicht deutlich ist, worin genau die Funktionen und Aufgaben des Arbeitnehmers bestehen, jedoch auch eine übermäßig starre Struktur, bei der alles nach festen Regeln verläuft und fast kein Spielraum für individuelle Gestaltung bleibt, machen es schwierig, eine freie Sicht auf die eigene Rolle zu gewinnen beziehungsweise Verantwortung zu übernehmen. Dadurch entsteht das Gefühl, von Vorgesetzten und Regeln abhängig zu sein, und die Autonomie der Arbeitenden wird untergraben. In beiden Fällen ist es schwer, sich sinnvoll in das große Ganze einzufügen, was letztendlich zu einer passiven und gleichgültigen Haltung führt:»Was ich hier tue, hat ja doch keine Wirkung, es ist mir egal, was dabei herauskommt.«

Immer wieder schildern Menschen, dass in schwierigen Arbeitssituationen und bei stressreichen Tätigkeiten die Unterstützung und Anerkennung durch die Vorgesetzten sowie eine gute und überschaubare Organisation der Arbeit wichtige Faktoren darstellen. Besonders wichtig zur Vorbeugung eines Burnouts sind eine gute Arbeitsatmosphäre und die Erfahrung, dass die auszuführenden Aufgaben überschaubar und sinnvoll sind. Es ist ferner wichtig, dass die Qualitäten der Arbeitnehmer anerkannt werden und dass diese die Möglichkeit erhalten, sie einzubringen. Moderne Führungsverantwortliche versuchen daher die Eigeninitiative und Kreativität ihrer Mitarbeiter zu fördern. Dies nützt sowohl der Organisation als auch dem Arbeitnehmer.

In sich widersprüchliche und undeutliche Aufträge, Verantwortlichkeiten, die zwar gefordert, jedoch nicht geleistet werden können, sowie ständige Reorganisationen erhöhen den Arbeitsstress und die Gefahr eines Burnouts.[15]

▬ Beispiel 30

Henk, ein 38-jähriger Mann, übte früher eine Tätigkeit im Verwaltungssektor aus, doch jetzt beginnt er nach einer Phase der Arbeitslosigkeit als Hausmeister an einer Realschule. Er setzt alles daran, diese Funktion gut zu erfüllen. Seine Aufgaben in der Schule sind jedoch nicht klar definiert, und alle meinen, sie könnten ihn jederzeit bemühen, während es umgekehrt für Henk schwierig ist

88   Ihre Arbeit: Regenerationsquelle oder Verschleißfaktor?

herauszufinden, wer für ihn der jeweils zuständige Ansprechpartner ist. Natürlich möchte er, nachdem es in der Vergangenheit einige Male »schiefgelaufen« ist, der neuen Stelle gerne gerecht werden. Deswegen ist Henk morgens der Erste, der zur Stelle ist, und abends der Letzte, der nach Hause geht. Dabei hat er gerade in den Pausen alle Hände voll zu tun, und es gelingt ihm nicht, auch nur einen kurzen Moment zu finden, in dem er ungestört etwas essen oder einen kurzen Spaziergang machen kann.

Pflichterfüllung hat für Henk einen hohen Stellenwert, er möchte es gern jedem recht machen, doch bald bemerkt er, dass, obwohl er stets sein Bestes gibt, immer jemand da ist, der etwas zu bemängeln hat. Außerdem hat er das Gefühl, dass die Lehrer auf ihn herabblicken, während die Schüler häufig unhöflich und aggressiv sind. Eines Tages reagiert Henk auf eine üble Bemerkung eines Schülers mit einem heftigen Wutausbruch, der in einem Handgemenge endet. Seitens des Lehrkörpers erntet Henk diesbezüglich nur Kritik, niemand zeigt Verständnis oder unterstützt ihn. Der Schulleiter kümmert sich überhaupt nicht um den Fall. Anderthalb Jahre nach Antritt seiner neuen Stellung meldet sich Henk krank, er leidet an ernsthaften Burnout-Symptomen und einer enormen Kränkung seines Selbstvertrauens.

Die Stellung innerhalb des Betriebs

In etwas größeren Betrieben tragen die Menschen der mittleren Führungsebene das größte Risiko, ein Burnout zu erleiden. Sie müssen die ausführenden Arbeitnehmer leiten, während es häufig außerhalb ihrer Macht liegt, die Bedingungen für eine erfolgreiche Arbeit – wie zum Beispiel ausreichende Mittel und genügend Personal – zu schaffen. Es liegt auf der Hand, dass eine engagierte Führungskraft alles daransetzen wird, dass ihre Abteilung gute Ergebnisse erzielt, unterstützt und motiviert von Chef und Kollegen. Wenn jedoch eine Abteilung nicht mehr ordentlich geführt wird, wenn der Druck zu groß wird und sich die Atmosphäre eintrübt, wird sich der Unmut sowohl der Vorgesetzten wie auch der Kollegen in erster Linie auf den Leiter der Abteilung richten. Dies bedeutet, dass ein Mensch in einer solchen Position häufig von allen Seiten Kritik einstecken muss und in eine Verteidigungsrolle gedrängt wird, während er andererseits nur wenig Unterstützung und Wertschätzung erfährt.

Beispiel 31

Chris, der ausgebrannte Jurist, der sich die Kniebänder verletzte (siehe Seite 50), hatte jahrelang als Leiter einer kleinen Abteilung in seinem Betrieb hervorragende Arbeit geleistet. Nach einer Fusion mit einer anderen Firma wurde ihm die Leitung über eine viel größere Abteilung übertragen, die aus Mitarbeitern beider Firmen bestand und in der infolge der Reorganisation noch ziemlich viel Unruhe und Rivalität herrschten. Bei jeder Verstimmung und Aufregung war er der Ansprechpartner, während die Vorgesetzten von ihm erwarteten, dass er dafür sorgte, dass die neue Abteilung reibungslos und produktiv arbeitete. Unterdessen kam Chris gar nicht mehr zu seiner eigentlichen juristischen Tätigkeit, auf der sein Hauptinteresse lag. Er bekam das Gefühl, als müsse er bei laufendem Wasserhahn ständig den Boden aufwischen, während sich die Beziehung zu seinen früheren Kollegen verschlechterte.

Autonomie in der Arbeitssituation erleben können

Das Maß, in dem Menschen an ihrem Arbeitsplatz Autonomie erleben können, ist von wesentlicher Bedeutung für die subjektive Erfahrung von Druck und Stress. Jeder Mensch sehnt sich nach einem gewissen Maß an Autonomie, das heißt, er möchte Herr seiner eigenen Situation sein, kreativ sein und selbst Lösungen für die Probleme suchen können, die ihm in der Arbeit begegnen. Dabei werden in ihm spezifische Fähigkeiten angesprochen: Die starken Seiten der Persönlichkeit können aufblühen, wodurch das Selbstwertgefühl steigt. Es macht einen großen Unterschied, ob man sich beim Ausführen der Arbeit als kreativ, mündig und sachkundig erlebt oder ob man vor allem von oben verordnete Aufgaben ausführen muss, während persönliches Engagement und individuelle Lösungen nicht gewürdigt werden. Gerade in Berufen, bei denen Fachwissen und Erfahrung unabdingbar sind, wie zum Beispiel im Unterrichtswesen oder im Gesundheitssektor, wird diese »Eigenprägung« häufig unterdrückt zugunsten standardisierter Prozesse, Kontrollierbarkeit und irgendwelcher von höherer Hand verfügten Regeln und Gesetze. In vielen der angeführten Beispiele ist erkennbar, wie stark gerade diese Faktoren wirken, wenn die Motivation zu versickern beginnt.

Beispiel 32

Klaus findet, dass das Reisebüro, in dem er arbeitet, viel zu kommerziell geworden ist, wodurch sich überhaupt keine interessanten Kunden mehr einstellen und die angebotenen Reisen immer stärker zu oberflächlichen, mit einer Ökosoße übergossenen Trips entarten. Außerdem hat er seine Autonomie verloren; er darf keine Reisen mehr konzipieren und muss sich bei der Planung und Durchführung an allerlei neue Regeln halten. Klaus ist jedoch kein Mensch, der rasch aufgibt. Das würde in seinen Augen eine Kapitulation bedeuten. Außerdem drücken ihn hohe finanzielle Belastungen aufgrund einer neuen Hypothek.

Beispiel 33

Lisbeth ist es schon seit Jahren gewohnt, bestimmte Dinge auf bestimmte Art und Weise zu erledigen, und dann läuft alles gut. Als ihre neue Chefin in allem andere Abläufe wünscht und außerdem unfreundlich und herabsetzend mit Lisbeth umgeht, nehmen ihre Motivation und ihre Kreativität immer mehr ab. Es passt jedoch nicht zu ihrem Charakter, kampflos aufzugeben. So versucht sie weiterhin, ihre Chefin zufriedenzustellen.

Organisationsstruktur und Qualität des Führungspersonals   **91**

Je besser eine Organisation auf die Kreativität der Mitarbeiter eingehen kann und je mehr Eigenverantwortung die Menschen für ihren Anteil am größeren Ganzen wahrnehmen können, umso stärker werden sie motiviert bleiben und sich mit den ihnen gestellten Aufgaben und dem Betrieb verbunden fühlen. So kann ein Pädagoge auf seine eigene Art und Weise sein Engagement und seinen Einsatz für einen schwierigen Schüler gestalten, ein Krankenpfleger sich stolz fühlen, weil er eine unerwartete Lösung für ein Problem gefunden hat. Menschen, die so arbeiten dürfen, erfahren, dass nicht nur das zählt, was sie leisten, sondern dass sie auch dank dessen geschätzt werden, wer sie sind.

Wenn einen die Arbeit als einmalige Person herausfordert und anregt, vergrößert das nicht nur die Freude an der Arbeit und die Motivation, es ist auch die Voraussetzung dafür, engagiert zu bleiben und sich ständig weiterzuentwickeln. Weil Organisationen jedoch unter dem herrschenden Fusionsdruck und in einem stark auf Produktivität ausgerichteten Wirtschaftsklima heute immer größer werden, gelangen häufig Führungskräfte an die Spitze, die sich zwar hervorragend in Fragen des Managements und der Wirtschaftlichkeit auskennen, jedoch nicht mit dem Inhalt der Arbeit oder der Organisation selbst verbunden sind. Dadurch kommt immer stärker ein rein sachorientierter Arbeitsstil auf, der von oben her durchgezogen wird. Dies gilt beispielsweise für Klaus (Beispiele 1, 3, 8, 32 u. a.), der den persönlichen Kontakt mit seinen Kunden genoss, aber auch für Tom (Beispiel 18 u. a.), der sich nicht in die modernen Unterrichtsmethoden hineinfinden kann. Das bedeutet, dass ein Mensch sich an abstrakte Regeln und die Bürokratie der Organisation anpassen muss, während Eigenverantwortung und Kreativität eher als lästig empfunden denn geschätzt werden. Dadurch nehmen die Anonymität und die »Unsichtbarkeit« des Mitarbeiters zu und sein Gefühl für Autonomie ab; er erlebt sich als Rädchen in einem großen Getriebe und erkennt sich nicht mehr in der Identität der Organisation wieder. Insbesondere Menschen, die stark auf der Grundlage eines Ideals in ihrer Arbeit stehen, lähmt dies in ihrer Motivation.

Arbeiten mit Protokollen

Im Gesundheitswesen und im pflegerischen Bereich wird oft mit Berichten und Protokollen gearbeitet, das heißt, bei einer bestimmten Problematik bei einem Klienten muss nach einem zuvor festgelegten Behandlungsprotokoll verfahren werden. In solchen Strukturen werden eigene Lösungen der Pflegenden, die Kreativität und Einsatz erfordern, immer weniger erwartet oder geschätzt. An ihre Stelle tritt der Druck, in allem den von höherer Hand verfügten Regeln zu entsprechen (wer dem Protokoll nicht folgt, kann rasch juristisch belangt werden). Die Freude am Finden kreativer Lösungen geht beim Pflegenden zurück, während der Klient sich seinerseits nicht in seiner Einzigartigkeit wahrgenommen fühlt. Protokolle ermöglichen zwar die wissenschaftliche Erforschung der Resultate bestimmter Behandlungsmethoden, zugleich nivellieren sie jedoch die Verschiedenartigkeit der Erkenntnisse, wie sie durch unterschiedliche therapeutische Ansätze zustande kommen, und negieren die Einzigartigkeit der Begegnung zwischen Pflegenden und Klienten. Dadurch verschwindet in den therapeutischen und pflegenden Berufen immer stärker das Element der selbst erworbenen Erfahrung, der Erkenntnis und Entscheidungsfähigkeit des Behandelnden, welches doch für die meisten Menschen gerade einen stark motivierenden Impuls darstellt, der für innere Erneuerung und Arbeitswillen sorgt.[16] Wo der Produktionsdruck immer höher wird – mit der Betonung von Wissenschaftlichkeit und Effizienz – und die individuelle Prägung der Arbeit immer stärker abnimmt, muss erwartet werden, dass immer mehr Menschen Opfer eines Burnouts werden.

▬▬ Beispiel 34

Johanna ist eine 34-jährige erfahrene und bislang gut arbeitende Krankenschwester in der Jugendpsychiatrie. Sie liebt es, bei der Begleitung der Jugendlichen persönliche Kontakte anzuknüpfen und sich gemeinsam mit ihnen kreative Lösungen auszudenken. Als ein neues Versicherungssystem eingeführt wird, beschließt die Institution, stärker auf der Basis von Protokollen zu arbeiten, und die Abteilungen werden umorganisiert. Der Kinderpsychiater und der neue Koordinator wollen sich strikt daran halten, und der Arbeitsstil in Johannas Abteilung verändert sich vollständig. Johanna erkennt sich in diesem Arbeitsstil nicht wieder: Es scheint fast, als seien die Regeln wichtiger als die Kinder.

3.4 Mangel an positivem Feedback und Unterstützung

Die Bedeutung von Unterstützung und Solidarität

Einen wichtigen Faktor bei der Zufriedenheit mit der Arbeit stellen die Beziehungen zu den Kollegen und Vorgesetzten dar. Ein respektvolles und sich gegenseitig unterstützendes Verhältnis, bei welchem positives Feedback möglich ist und Fehler gemeinsam getragen werden, bildet einen wichtigen Schutz vor der Gefahr, dass Mitarbeiter ein Burnout erleiden.

Wenn hingegen ein autoritäres Verhältnis mit wenig Dialogmöglichkeit herrscht und unangemessene Forderungen gestellt werden, wenn das Feedback eher Kritik als Ermutigung beinhaltet, stellt dies auf Dauer einen Stressfaktor dar, dem die meisten Menschen nicht gewachsen sind.

Beispiel 35

Johanna arbeitete jahrelang freudig und motiviert in ihrer früheren Abteilung. Sie berichtet, dass es in ihrer neuen Abteilung strukturell zu wenig Personal gab, wodurch die vorhandenen Mitarbeiter ständig überfordert waren. So musste sie zum Beispiel zu viele schwere Einsätze hintereinander leisten und mit zu wenig Kollegen eine Gruppe von stationär aufgenommenen Jugendlichen begleiten. Dabei gab es im Team unterschiedliche Vorstellungen bezüglich der Behandlung der Jugendlichen, und es stand zu wenig Zeit für die Koordination zur Verfügung; außerdem fehlte es an klarer Führung, weil auch der Kinderpsychiater notgedrungen mit allerlei Regeln zu kämpfen hatte und mit bürokratischen Verpflichtungen eingedeckt war. Obwohl auf dem Papier streng nach Protokoll gearbeitet wurde, machte jeder auf diskrete Weise das, was er machen wollte, und die einzelnen Mitarbeiter vertraten einen unterschiedlichen Kurs. Das wiederum verwirrte die Jugendlichen, wodurch in einer Gruppe häufiger Konflikte auftraten, bei denen sie besonders aggressiv waren. Außerdem stimmte die Chemie zwischen Johanna und dem Teamkoordinator nicht. Johanna hatte das Gefühl, dass hinter ihrem Rücken über sie getratscht wurde. Auch wurden Absprachen, die in ihrem Vertrag festgelegt waren, nicht eingehalten, das heißt es wurden ihr wiederholt Aufgaben übertragen, für die sie nicht angestellt worden war, oder Dienstzeiten plötzlich ohne Rücksprache geändert. Es fanden keine Mitarbeitergespräche statt, in denen ihre Arbeit evaluiert wurde, auch dann nicht, wenn sie wiederholt darum bat. Als dann endlich doch ein solches Gespräch zustande kam, zeigte es sich, dass sie für ihre Probleme wenig Gehör fand, sich dafür aber umso mehr erstmalig geäußerte Kritik anhören musste. Johanna fühlte sich immer mehr wie auf einer einsamen Insel. Auch zu Hause konnte sie ihre Arbeit nicht mehr loslassen. Sie war ständig damit beschäftigt, sich Strategien auszudenken, durch die alles besser laufen sollte, doch all ihre Ideen wurden abgeschmettert. Schließlich unterlief ihr ein Einschätzungsfehler und sie wurde von einem der Patienten angegriffen, was ihr eine zerrissene Bluse und ein blaues Auge eintrug. Sogar jetzt erhielt sie keinerlei Unterstützung, weder von der Leitung noch von ihren Kollegen. Im Gegenteil: Sie waren der Meinung, es sei alles ihre eigene Schuld und sie habe durch ihr Verhalten die Aggression erst hervorgerufen. Jetzt war das Maß voll; sie ging weinend nach Hause, mit dem festen Vorsatz, niemals mehr zurückzukehren.

Mobbing

Die meisten Menschen kennen Mobbing vor allem aus ihrer Schulzeit. In fast jeder Klasse gab es jemanden, der das schwarze Schaf war: der Junge, neben dem niemand sitzen wollte, der nie zu Geburtstagspartys eingeladen wurde und der seinen Schulranzen auf

Mangel an positivem Feedback und Unterstützung

der Toilette wiederfand; das Mädchen, das aufgrund seines Aussehens, seiner Kleidung und seiner Sprache verlacht wurde. Auf den ersten Blick erwartet man ein solches Verhalten nicht von Erwachsenen, die miteinander in einer Organisation zusammenarbeiten. Unerwünschte Umgangsformen hängen jedoch weniger mit dem Lebensalter als mit Gruppenprozessen zusammen. Solche Prozesse können sich unter Erwachsenen genauso gut abspielen wie unter Kindern.

Adrienne Hubert

Noch schlimmer ist es, wenn Menschen als Sündenbock herhalten müssen und schikaniert, erniedrigt oder sexuell eingeschüchtert werden oder wenn ihnen ihre Arbeit absichtlich durch Kollegen und/oder Vorgesetzte vereitelt wird. Dies kommt viel häufiger vor, als man im Allgemeinen denkt, und führt, wenn es länger andauert und der Betroffene seiner Situation nicht entfliehen kann, häufig zu einem Burnout. Diese Art von Prozessen spielt sich oft im Verborgenen ab und verschlimmert sich schleichend, wobei auch Menschen, die bis dahin gut eingebunden waren, immer stärker in die Isolation getrieben und mental ruiniert werden.

Mobbing ist ein feindseliges, erniedrigendes oder einschüchterndes Verhalten, das sich gegen immer dieselbe Person richtet, welche sich nicht wirksam wehren kann. Dabei kann es sich um Schikanieren, Ausschließen, Ignorieren, Tratschen und Anschwärzen, Beschimpfen und Verspotten, verbale und körperliche Bedrohungen, Diskriminierung und sexuelle Einschüchterung handeln. Es kann sich auch in der Zuteilung sinnloser beziehungsweise dem Verschwindenlassen erledigter Arbeit, dem Zurückhalten telefonischer Nachrichten oder anderen Dingen äußern, die es faktisch unmöglich machen, die Arbeit, für die man verantwortlich ist, auszuführen. Mobbing am Arbeitsplatz ist ein recht häufiges Phänomen, das seit den Neunzigerjahren des vorigen Jahrhunderts eingehend erforscht wird. Doch noch immer handelt es sich um ein gesellschaftliches Tabuthema.

Die Betroffenen trauen sich häufig nicht, darüber zu reden, aus Scham oder weil sie Angst haben, dass dann alles noch schlimmer wird.

Jemand, der am Arbeitsplatz schikaniert wird, beginnt meistens schon nach recht kurzer Zeit, ernsthaft an sich zu zweifeln. Es treten Stressbeschwerden wie Schlafstörungen, Kopfschmerzen, Magenschmerzen und Nervosität auf. Schließlich wird einem Viertel der Menschen, die auf diese Weise schikaniert werden, wegen Burnout-Symptomen Arbeitsunfähigkeit attestiert, und eine weit größere Zahl ist in ihrer Leistungsfähigkeit am Arbeitsplatz stark eingeschränkt. Immer mehr Betriebe verfolgen inzwischen eine Antimobbingpolitik, bei der das Coachen der Führungskräfte einen entscheidenden Faktor darstellt. Ferner ist es wichtig, eine Vertrauensperson zu benennen und eine Beschwerdekommission einzurichten, die Mobbingvorfälle meldet.

Im Jahr 1990 publizierte der schwedische Psychologe Heinz Leymann[17] die erste repräsentative Studie zum Thema Mobbing. Er wies nach, dass in Schweden 3,5 % der arbeitenden Bevölkerung im vorangegangenen Jahr mindestens einmal pro Woche am Arbeitsplatz gemobbt worden waren. In der deutschen Bevölkerung lag der Prozentsatz im Jahr 2000 bei 5,5 %.[18] Die Ursachen von Mobbing liegen vor allem in psychologischen und gruppendynamischen Prozessen innerhalb einer Abteilung. Die Fortdauer unerwünschten Gruppenverhaltens – das heißt, mehrere Menschen schikanieren einen Kollegen – hängt stark mit den Normen und Werten in dieser Abteilung oder im Unternehmen zusammen sowie mit einer Nivellierung der Normen und Werte unter dem Druck eines »Gruppencodes«. In Abteilungen, deren Führungskräfte den Umgangsformen und der Atmosphäre wenig Interesse entgegenbringen und sich auch nicht für den Arbeitnehmer als Person interessieren, kommt Mobbing häufiger vor. Oft beobachtet man, wie mehrere Kollegen zusammen eine Kollegin schikanieren. Dies kann sich auch über die Arbeitszeit und das Arbeitsfeld hinaus erstrecken, beispielsweise durch Beschimpfungen auf der Straße oder wenn Familienmitglieder der Betroffenen ebenfalls eingeschüchtert werden.

Obwohl es für jeden sichtbar ist und alle davon wissen, unternimmt niemand etwas. All dies erniedrigt und verwirrt denjenigen, der schikaniert wird. Negative Auswirkungen kann dies aber auch für die Gesundheit der nicht-schikanierten, schweigenden Kollegen haben, die Zeugen der Vorgänge sind, es aber aus Angst nicht wagen, etwas zu sagen oder zu unternehmen.

Eine andere, häufig heimlichere Form unerwünschten Verhaltens liegt vor, wenn ein Mobbingopfer von einem Einzelnen schikaniert und bedroht wird, wie es meistens bei sexueller Einschüchterung der Fall ist. Dies kann sich zwischen einem Vorgesetzten und einer Untergebenen, aber auch zwischen Kollegen abspielen.

Beispiel 36

Susanne ist ausgesprochen ehrgeizig. Sie stammt aus dem Süden des Landes, was man deutlich an ihrem Dialekt hört. Sie hatte eine gute Stelle bei einer kleinen Lokalzeitung. Als sie eine Beziehung mit einem Mann aufbaut, der im Norden in einer Großstadt wohnt, bewirbt sie sich dort und wird zu ihrer Freude bei einer großen überregionalen Zeitung eingestellt. Ihre Lebensweise, ihre Art zu sprechen, ihre Kleidung, einfach alles an ihr ist anders als bei ihren Kollegen. Auch ihre Gewohnheiten und Umgangsformen weichen von dem, was in dieser Redaktion üblich ist, ab. Susanne wird rasch zur Zielscheibe spöttischer Bemerkungen. Als sie darauf ziemlich heftig reagiert, finden ihre Kollegen dies erst recht lustig. Was als harmloses Aufziehen begann, wird schon bald zu echter Schikane. So verschwindet mitten im Winter ihr Mantel aus der Garderobe, und erst Wochen danach findet sie ihn völlig verstaubt und verdreckt im hintersten Winkel eines Kellerraumes wieder. Sie wird niemals in der Kantine an den Tisch ihrer Kollegen eingeladen, und wenn sie sich selbst dazusetzt, wird sie ignoriert. Einmal kippt jemand »aus Versehen« ein Glas Milch über ihren Rock; Susanne hat den Eindruck, dass es absichtlich geschehen ist. Jedenfalls finden die Kollegen, die mit am Tisch sitzen, die Sache äußerst lustig.
Eines Tages wird sie zu ihrem Chef gerufen, weil auf ihrem Computer pornografisches Material entdeckt wurde. Susanne traut ihren Ohren nicht und entgegnet wütend, dass dies unmöglich sei. Doch der Chef lacht nur zynisch und zeigt ihr den Beweis. Er scheint ihre Bemerkung, dass ihre Kollegen sie schikanieren, nicht ernst zu nehmen und macht sogar sexuelle Anspielungen.
Susanne wird immer trauriger. Dennoch hält sie starrsinnig durch.

98 Ihre Arbeit: Regenerationsquelle oder Verschleißfaktor?

Sie will die Stelle nicht aufgeben, wie es ihr Partner und ihre Mutter ihr raten. Schließlich liegt das Problem nicht bei ihr, sie findet es ungerecht, dass sie das Feld räumen soll, gerade jetzt, da sie ihren Traum verwirklicht hat und für eine große Zeitung arbeiten kann. Sie meint, dass ihre Kollegen, wenn ihre Probezeit vorbei ist, irgendwann einlenken werden.

Es mag viele unterschiedliche Gründe geben, warum Menschen immer wieder viel zu lange in einer solchen destruktiven Situation ausharren, bis sie schließlich völlig ausgebrannt und verbittert aufgeben. Solche Gründe sind zum Beispiel finanzielle Sicherheit, der Wunsch, einen Traum zu verwirklichen, oder die Angst, sich vor Familienmitgliedern und Freunden eine Blöße zu geben, sowie die Furcht, bei einer neuen Arbeitsstelle wiederum schikaniert zu werden.

3.5 Berufsbezogene Traumata

Angehörige bestimmter Berufe tragen ein hohes Risiko, mit dramatischen Situationen konfrontiert zu werden. Menschen, die beispielsweise bei der Feuerwehr, Polizei oder im Rettungsdienst arbeiten, geraten regelmäßig in akute Not- und Gefahrensituationen, in denen jede Sekunde zählt. Sie werden häufig verbal und körperlich bedroht, oder sie müssen sich in gefährliche Situationen begeben, um jemanden zu retten. Sie sind regelmäßig Zeugen, wie die Menschen, die um ihre Hilfe bitten, oder ihre Kollegen vor ihren Augen sterben oder schwer verwundet werden. Angstgefühle und der Verlust der Motivation sind die Folge, während gerade die Motivation und das Gefühl, seiner Aufgabe gewachsen zu sein, ganz wesentliche Faktoren sind, die ein Burnout verhindern können. Chronischer Stress, Angst und extreme Wachheit vergrößern die Gefahr, irgendwann ausgebrannt zu sein. Auch auf der biochemischen Ebene kommt es bei Ohnmachtsgefühlen zu anderen Stressreaktionen als in Situationen, in denen der Betreffende sinnvoll handeln kann und weiß, was er zu tun hat (siehe Kapitel 4, Seite 106 ff.).

Letztendlich kann all das zu einer bleibenden Störung der Stressverarbeitung führen. Dasselbe gilt für Soldaten in Kriegsgebieten und Journalisten in Krisenregionen. Bei Berufen, in denen ein hoher körperlicher und emotionaler Arbeitsdruck herrscht, in denen viel Leid mit angesehen und miterlebt wird und wo es häufig zur Konfrontation mit menschlicher Aggression kommt – wie zum Beispiel in der Psychiatrie, in der Jugendarbeit und in Gefängnissen –, können eine traumatische Situation oder eine persönliche Bedrohung der letzte Tropfen sein, der das Fass zum Überlaufen bringt. Obwohl sich die Menschen, die einen solchen Beruf wählen, meist an die Gefahren und den Anblick von Leid zu gewöhnen scheinen und dies oft sehr lange aushalten, kann es auch ihnen schleichend oder schlagartig zu viel werden. Das gilt vor allem dann, wenn es sich um große Katastrophen handelt, mehrere traumatische Situationen in kurzer Zeit bewältigt werden müssen oder Kollegen durch Gewalt ums Leben gekommen. In solchen Fällen ist es ganz entscheidend, dass eine gute gegenseitige Unterstützung und eine Anlaufstelle existieren und dass die Betroffenen ausreichend Zeit bekommen, um solche Erfahrungen verarbeiten und das innere Gleichgewicht wiederfinden zu können.

▬▬ Beispiel 37

Eines Tages hört Jutta, wie einige Mädchen aus ihrer Klasse auf dem Schulhof ängstlich kreischen. Sie rennt sofort hinaus. Jutta sieht, dass ein fremder Junge in den Schulhof eingedrungen ist, mit einem Messer auf eines der Kinder einsticht und dann wegrennt. Der verletzte Junge, Ahmet, ist der stärkste und mutigste Junge der Klasse und schwer zu führen. Jetzt sinkt er langsam in sich zusammen, während sich sein T-Shirt rot färbt. Jutta verständigt den Notarzt, und Ahmet kann auf der Intensivstation gerettet werden. Doch Jutta ist seitdem wachsamer denn je; sie merkt, dass sie nun selbst Angst hat, wenn sie auf dem Schulhof ist. Regelmäßig träumt sie noch von der Auseinandersetzung, und jedes Mal kommt sie zu spät, um den Gewaltausbruch zu verhindern.

100   Ihre Arbeit: Regenerationsquelle oder Verschleißfaktor?

3.6   Reorganisationen und Konflikte

Eine Reorganisation in einem Unternehmen beinhaltet häufig einschneidende, von oben her verfügte Veränderungen in der Arbeitsorganisation. Die Ziele und Aufgaben ändern sich, und wenn es dann auch noch zu Entlassungen kommt, wird die Atmosphäre unter den Kollegen häufig ungemütlich. Dann heißt es sich anpassen oder die Konsequenzen ziehen: Wer nicht mitarbeitet, verliert seine Stelle. Die geschilderte Situation von Klaus (siehe die Beispiele 1, 3, 8, 32 u.a.) ist ein gutes Beispiel dafür. Die bekannte Struktur verschwindet und mit ihr das Gefühl, zusammenzugehören und die Aufgaben unter den vertrauten Kollegen bewältigen zu können. Plötzlich ist die alte Position nicht mehr sicher, und es muss eine neue erkämpft werden, wodurch Misstrauen und Rivalitäten entstehen. Vor allem wenn ganze Abteilungen zusammengelegt werden, kann es dazu kommen, dass gleich mehrere Vorgesetzte ausgetauscht werden, wobei der »neue Chef« häufig einen völlig anderen Arbeitsstil pflegt und andere Anforderungen stellt als der frühere. Dies alles erfordert eine Flexibilität, über die viele Menschen nicht verfügen, wodurch Unmut, machtloses Nörgeln und negativer Stress in der gesamten Abteilung zunehmen. Die Arbeitnehmer, die sich wenig engagieren, erleiden seltener ein Burnout; das Gleiche gilt für diejenigen, die sich aus Frust einen neuen Job suchen. Gerade diejenigen Menschen aber, die sich bemühen, mit allen Kräften weiterhin loyal zu bleiben und trotz aller Unannehmlichkeiten kooperativ zu sein, während gleichzeitig die Freude an der Arbeit und die Motivation abnehmen, laufen Gefahr, auszubrennen und schließlich verbittert aufzugeben. Insbesondere dann, wenn verschiedene Reorganisationen nacheinander durchgeführt werden und die Arbeitnehmer kaum Zeit haben, sich auf die neue Situation einzustellen, fordert dies im Lauf der Jahre seinen Tribut.

3.7   Stagnation und zu geringe Karrierechancen

Zu viel Routine ist der Tod jeder Kreativität, und außerdem höhlt sie letztendlich die Vitalität aus. Das Bedürfnis nach Entwicklungsmöglichkeiten und Herausforderungen ist dem Menschen eigen, es schafft die

Möglichkeit inneren Wachstums und bildet die Grundlage der Fähigkeit, Neues zu lernen. Menschen, die immer »in die Lehre gehen«, bleiben engagiert und verlieren nicht den unbefangenen Blick auf ihre Arbeit. Bei Berufen, in denen es im Lauf der Jahre nur wenig Möglichkeiten für Weiterbildung oder Aufstieg gibt, während gleichzeitig hohe Anforderungen an den persönlichen Einsatz gestellt werden, wie zum Beispiel bei Lehrern und Ärzten, ist daher das Burnout-Risiko höher als gewöhnlich.

3.8 Wenn ständig ein wenig zu viel von Ihnen verlangt wird

Wenn Sie eine Tätigkeit mit Aufgaben und Verantwortungsbereichen ausüben, die Ihre Fähigkeiten überfordern, oder in einem Tempo arbeiten müssen, das nicht zu Ihnen passt, wird die Arbeit zu einer chronischen Quelle von Stress. Dabei gilt: Was für den einen angenehm und eine Herausforderung ist, kann für den anderen eine Belastung sein. Wenn das Arbeitstempo des Chefs dauerhaft höher liegt als das seiner Mitarbeiter und er das Team ständig anpeitscht, mehr zu leisten, wird dies die Lebenskräfte der Mitarbeiter stark in Mitleidenschaft ziehen.

▬ Beispiel 38

In dem Maße, wie die Spannung zunimmt, fällt es Henk, dem Hausmeister, immer schwerer, Haupt- und Nebensachen voneinander zu unterscheiden. So kommt es vor, dass er unterwegs, während er ein Telefonat für den Schulleiter erledigen soll, auf einen vollen Aschenbecher stößt und diesen lehrt, danach bittet ihn jemand, schnell einige Fotokopien anzufertigen, und am Ende des Tages wird er gerügt, weil er den Anruf vergessen hat. Henk läuft immer kopfloser durch das Schulgelände und bemüht sich, wenn es irgend geht, bestimmten Lehrern aus dem Weg zu gehen und Versammlungsorte zu meiden, weil er dort jemanden treffen könnte, der etwas von ihm verlangt. Er ist nicht der Typ, der seine Arbeit mit anderen bespricht, und er verliert immer stärker seine ursprüngliche Begeisterung, fühlt sich unglücklich und isoliert.

102   Ihre Arbeit: Regenerationsquelle oder Verschleißfaktor?

Gerade bei einem Menschen, der an sich gut mit allem zurechtkommt, kann ein zu rascher Aufstieg das Verhältnis zwischen den Anforderungen, die die Tätigkeit an ihn stellt, und seinen eigenen Fähigkeiten in eine Schieflage bringen. Häufig ist es so, dass ein Mitarbeiter an einer ganz bestimmten Stelle gute Arbeit leistet, und wenn er dann befördert wird, werden ganz andere Fähigkeiten von ihm verlangt, wie zum Beispiel Führungsqualitäten, über die er nicht verfügt. Ebenso kann es vorkommen, dass ein Mensch in eine Führungsposition versetzt wird und dass seine Kollegen dies nicht akzeptieren, wodurch die sozialen Verhältnisse gestört werden und es faktisch unmöglich wird, die Führungsfunktion auszuüben.

Beispiel 39

Chris wurde nach einer Reorganisation zum Vorgesetzten eines seiner früheren Kollegen. Dieser hätte die Führungsposition, die Chris nun innehat, gerne selbst übernommen und ist verärgert, dass Chris ihn »überholt« hat. Wo er nur kann, versucht er Chris zu boykottieren und seine Autorität zu untergraben. Chris hat so etwas noch nie zuvor erlebt und weiß nicht, wie er damit umgehen soll. Er hat den Eindruck, dass die Atmosphäre in seiner Abteilung dadurch negativ beeinflusst wird, doch er wagt es nicht, die Sache öffentlich auszutragen, um den betreffenden Kollegen nicht in Misskredit zu bringen. Chris hat Angst, dass dann alles noch viel schlimmer würde.

Am besten wäre es, wenn der Arbeitnehmer in einer solchen Situation ohne Gesichtsverlust in seine alte oder eine vergleichbare Position zurücktreten könnte. Meistens wird er, unterstützt durch die höheren Führungskräfte, krampfhaft versuchen, den gestellten Aufgaben dennoch gerecht zu werden, und immer härter arbeiten, stets von dem Gefühl begleitet, dass die Dinge, die erledigt werden müssen, niemals richtig gelingen. Ein Mensch, der unter einer so hohen Stressbelastung steht, wird dadurch meist nicht unbedingt freundlicher, was die sozialen Verhältnisse zusätzlich belastet.

3.9 Wenn sich die Grenzen zwischen Arbeits- und Privatleben verwischen

Die Möglichkeit, die Tür hinter sich zu schließen und die Arbeit Arbeit sein zu lassen, ist ein wesentlicher Faktor, durch den sich Menschen vom Berufsstress erholen können. Doch viele Menschen leben unter anhaltendem Leistungsdruck, allerlei Termine zwingen sie, Arbeit mit nach Hause zu nehmen. Internet und mobile Telefone sorgen dafür, dass wir 24 Stunden am Tag erreichbar sind, und es wird immer mehr zur Gewohnheit, auch in der Freizeit für berufliche Rückfragen erreichbar zu sein. Hinzu kommt noch, dass ein Mensch, der überlastet ist, weniger effizient arbeitet, was dazu führt, dass er die unerledigten Dinge oft mit nach Hause nimmt. Das Gefühl, immer den Aufgaben hinterherzurennen und ständig unter Zeitdruck zu stehen, während die Leistungen qualitativ abnehmen, verstärkt die negative Stressspirale.

Beispiel 40

Chris versucht sein Bestes zu geben, um seiner neuen Aufgabe gerecht zu werden. Er nimmt immer mehr Arbeit mit nach Hause und findet tagsüber nicht einmal die Zeit, etwas Vernünftiges zu essen. Zu Hause beschränkt er sein soziales Leben auf ein Minimum. Er kommt schon gar nicht mehr dazu, etwas Schönes zu tun oder Sport zu treiben. Seine Frau ist dadurch zunehmend verstimmt, und er findet, dass sie ständig an ihm herummeckert.

Auch Spannungen zwischen Kollegen, Konflikte, Verstimmungen und Probleme durch eine Reorganisation lassen sich nur schwer vergessen, wenn man abends nach Hause kommt. Dann beginnt das Grübeln erst recht. Wenn man ständig über unangenehme Dinge spricht und nachdenkt, ergebnislos damit beschäftigt ist, Lösungen zu suchen, und keinen Schlaf findet, lebt man mit einem chronischen Gefühl des Unfriedens, der Spannung und Gereiztheit, wodurch die Lebenskräfte rasch ausgehöhlt werden und sich innerhalb weniger Monate Burnout-Symptome entwickeln können.

104   Ihre Arbeit: Regenerationsquelle oder Verschleißfaktor?

Menschen, die in ihrem Beruf direkt mit menschlichem Leid konfrontiert sind oder häufig Aggressionen und rücksichtsloses Verhalten ertragen müssen, nehmen vielleicht keine »materielle« Arbeit mit nach Hause, stattdessen jedoch die emotionale Last dessen, was sie im Laufe des Arbeitstages erlebt haben. Die Zunahme aggressiver Umgangsformen in der heutigen Gesellschaft und die Mentalität, dass ein Problem lieber gestern als heute und dann möglichst von anderen gelöst werden soll, fordern auch hier ihren Tribut.

Frauen mit Kindern nehmen häufig nicht nur Arbeit mit nach Hause, sondern auch die häusliche Situation mit in die Arbeit. Eine Mutter, die telefonisch von ihrem Arbeitsplatz aus versucht, ihre Teenager zu erziehen, ihnen beizustehen und sie zu dirigieren, steht ständig unter dem Druck: Ob das wohl gut geht? Auch bei Menschen mit einem chronisch kranken Partner, die neben der Verantwortung für das Einkommen auch die Hauptverantwortung für den Haushalt und die Kinder tragen, spielt die Sorge um die Situation zu Hause häufig ins Berufsleben mit hinein.

Beispiel 41

Leonie, eine 39-jährige Frau mit zwei schulpflichtigen Kindern, arbeitet mit viel Freude drei Tage pro Woche und auch manchmal abends in einem Pflegeheim. Abends, wenn sie auf der Station den Tisch deckt, macht sie sich Sorgen um ihren Mann, Jupp, der an Multipler Sklerose leidet: Wie es zu Hause wohl geht? Bewältigt er die Situation, jetzt, wenn er sich so müde fühlt?

Gleich nach dem Essen ruft sie kurz daheim an, und obwohl Jupp ihr versichert, dass alles in Ordnung ist, hört sie im Hintergrund Geschrei und Zank zwischen den beiden Jungen. Das beschäftigt sie dann den ganzen weiteren Abend. Sie fühlt sich schuldig, weil sie glaubt, nicht genug Zeit für ihre Kinder zu haben, doch andererseits weiß sie auch keine andere Lösung für das Problem, denn es muss ja auch jemand für das Einkommen sorgen.

Beispiel 42

Paul, 49 Jahre alt, ist klinischer Psychologe, doch seit einigen Jahren arbeitet er in der Verwaltung. Er hat erst spät geheiratet. Seine Frau ist eine Borderlinepersönlichkeit, doch eigentlich ging es ihr zu Beginn ihrer Ehe relativ gut. Nach der Geburt der gemeinsamen Tochter vor vier Jahren haben sich die Probleme verschlimmert. Pauls Frau wurde früher schwer traumatisiert, und jetzt, da sie selbst ein Kind hat, leidet sie unter extrem wechselnden Stimmungen und dissoziiert, wenn die Spannung zu groß wird: Sie weiß dann nicht mehr, was, wo und wer sie ist und läuft kopflos durch die Wohnung. Manchmal verletzt sie sich selbst. Regelmäßig ruft sie Paul in Panik bei der Arbeit an. Paul muss dann rasch nach Hause fahren, um die Regie zu übernehmen. Seine Kollegen nennen ihn bereits spottend den »Feuerwehrmann«, doch zum Glück akzeptieren sie seine Situation. Paul macht sich während seiner Arbeit immer Sorgen, ob zu Hause wohl alles in Ordnung ist, ob seine Frau nicht vergisst, die Tochter vom Kindergarten abzuholen, und ob nichts schiefgeht. Dies lenkt ihn von den Tätigkeiten ab, die er erledigen muss.

Um ein Burnout zu vermeiden, ist es wichtig, sich Rechenschaft darüber abzulegen, wie man im Arbeitsleben steht: Kann ich mir selbst Grenzen setzen, muss ich ständig mehr leisten, als mir lieb ist, und wie beeinflussen die Arbeitsstrukturen und die Atmosphäre in meiner Abteilung meine Vitalität? In Teil IV finden Sie Übungen, die Ihnen bei dieser Bestandsaufnahme helfen können (siehe Seite 321 ff.).

4 Stressregulierung: Die komplexen Wechselwirkungen zwischen Gehirn und Körper

Wenn ich zu viel zu tun habe, muss ich langsamer werden und mehr meditieren.

Dalai Lama

In den letzten zwanzig Jahren hat man mit enormer Intensität versucht, die komplexen Wechselwirkungen zwischen Gehirn und Körper zu erforschen. Die katastrophalen Folgen von chronischem Stress auf unser Wohlbefinden und unsere Gesundheit wurden dabei immer deutlicher. Es zeigte sich, dass unser Nervensystem nicht, wie bis vor Kurzem noch angenommen, lediglich im Kopf verankert ist. Im Bauch befinden sich genauso viele Nervenzellen wie im Kopf, und es existieren sehr viele sehr fein aufeinander abgestimmte Regelkreisläufe und Wechselwirkungen, die der körperlichen und seelischen Gesundheit dienen. Das Gehirn beeinflusst den Körper und die Organe, doch umgekehrt beeinflusst auch der Körper die Funktion, ja sogar die Anatomie des Gehirns. Viele Beschwerden, die früher als »unbestimmt« und »psychosomatisch« eingestuft wurden, wie Übermüdung, Muskelschmerzen und Konzentrationsstörungen, können heute verstanden werden, weil die neurobiologischen Prozesse, die ihnen zugrunde liegen, immer deutlicher werden. Die traditionelle Heilkunde des Ostens und die stärker technisch ausgerichtete westliche Medizin rücken dadurch immer näher zusammen. Denn es hat sich gezeigt, dass manche Methoden, die bis dahin im Westen als unsicher und suggestiv eingestuft wurden, wie zum Beispiel die Akupunktur und die Meditation, eine nachweisbare Wirkung im Gehirn, im Nervensystem, im Immunsystem und im Herzen haben. Auch der Placeboeffekt lässt sich im Gehirn nachweisen. Unabhängig von der Suche nach den Ursachen und der Entstehung von Krankheiten (Pathogenese) wird mehr und mehr die Frage aktuell, wie man die eigene Heilkraft im Menschen möglichst mit natürlichen Mitteln so anregen kann, dass dieser gesund wird und bleibt. Wir sprechen

Das Gehirn **107**

hier von der Salutogenese. Diese Betrachtungsweise ist etwas relativ Neues im Westen, doch im Osten wird sie bereits seit Tausenden von Jahren in Gestalt von Kräuterheilkunde, Meditationstechniken, Yoga und anderen körperlichen Übungen angewandt.

Emotionen werden in der Psyche erlebt, doch sie haben starke Auswirkungen auf unsere Körperfunktionen. Umgekehrt verursachen körperliche Prozesse auch Gefühle und Emotionen. So können bestimmte Stoffe wie zum Beispiel Adrenalin und Valium, wenn sie injiziert werden, entweder massive Angst oder ruhige Gelassenheit erzeugen. Andererseits können heftige Emotionen schwerwiegende körperliche Folgen wie zum Beispiel einen akuten Herzanfall nach sich ziehen. Seit einigen Jahren wird in der Forschung versucht, die komplexe Balance zwischen den verschiedenen Bereichen des Nervensystems, des Hormonsystems, des Immunsystems und wichtigen Organen zu ergründen. In Situationen mit chronischem und akutem Stress wird das Gleichgewicht im Körper beeinträchtigt, was sowohl zu körperlichen als auch seelischen Symptomen führt. In den folgenden Abschnitten wird darauf näher eingegangen werden. Es handelt sich um eine komplexe Materie, die uns Einblicke in die körperlichen Verbindungswege zwischen Leib und Psyche ermöglicht. Sollten Sie jetzt zu müde sein, um sich auf solche Fragen einzulassen, können Sie dieses Kapitel auch später lesen.

4.1   Das Gehirn

Das Gehirn besteht, kurz zusammengefasst und vereinfacht, aus drei Teilen, die einander zwar beeinflussen, jedoch relativ unabhängig voneinander arbeiten:

- Das »*vegetative Gehirn*« beziehungsweise der Hirnstamm mit seinen vegetativen Funktionen ist ein zutiefst unbewusst arbeitendes System, das den Blutdruck, die Atmung und Stoffwechselprozesse regelt und an der Steuerung von Wachstum und Fortpflanzung beteiligt ist. Es ist immer aktiv, auch während des tiefen traumlosen Schlafs. Die Nervenbahnen des vegetativen Nervensystems erstrecken sich über den gesamten Körper, es empfängt Informationen und steuert biologische Prozesse und automatische Reflexe.

108 Stressregulierung: Wechselwirkungen zwischen Gehirn und Körper

- Das *emotionale Gehirn* hat seinen Sitz mitten im Gehirn, im sogenannten limbischen System. Sowohl in Aufbau und Zellstruktur wie auch in seiner Funktionsweise und seinen chemischen Prozessen unterscheidet sich dieses System von dem Neocortex (dem bewussten Gehirn) und dem Stammhirn (dem »vegetativen Gehirn«). Das limbische System befindet sich »auf der Grenze« zwischen unserem bewussten und unbewussten Seelenleben. Es spielt eine Rolle bei der Steuerung aller Lebensprozesse, aber auch bei unseren Träumen und unseren unmittelbaren emotionalen Reaktionen und Verhaltensweisen in sozialen Situation sowie im Falle der Gefahr. Im limbischen System ist ein eigenes Gedächtnis lokalisiert, das sich als unabhängig von unserem bewussten Gedächtnis erwiesen hat. Dieses System arbeitet mittels direkter körperlicher Erfahrungen und Reaktionen und verfügt über eine hohe Selbstheilungsfähigkeit.

- Das *bewusste Gehirn* hat seinen Sitz im Neocortex, der Großhirnrinde, die das Großhirn umgibt und aus gleichmäßig aufgebauten Schichten von grauer Substanz besteht. Der Neocortex dient höheren menschlichen Funktionen wie der Sprache, dem Denken – sowohl dem abstrakten, rational-analytischen wie auch dem bildhaften und intuitiven Denken –, dem Vorausschauen, Planen, zielgerichteten Handeln, Beherrschen von Impulsen, der Reflexion, Selbstreflexion und Moralität. Der Neocortex ist entsprechend den Hemisphären des Großhirns in eine linke und eine rechte Hälfte unterteilt, die gleich gestaltet sind, jedoch unterschiedliche Aufgaben haben. Die linke Hälfte ist für unsere rationalen, analysierenden Fähigkeiten und unsere verbale Intelligenz verantwortlich. Die rechte Hälfte steuert die intuitiven, kreativen, künstlerischen, musikalischen und nonverbalen Ausdrucksfähigkeiten. Die beiden Gehirnhälften sind durch einen dicken Nervenstrang, den Hirnbalken oder Corpus callosum, miteinander verbunden.

Das emotionale und das vegetative Gehirn arbeiten ununterbrochen, unbewusst und automatisch während des Schlafens und Wachens. Sie sind sowohl auf die Signale aus der Innenwelt hin orientiert – körperliches Wohlbefinden wie Hunger und Durst, Anzeichen von Ermüdung,

Das Gehirn
(Schnitt durch die sagittale Ebene, d.h. parallel zur Mittelachse des Körpers)

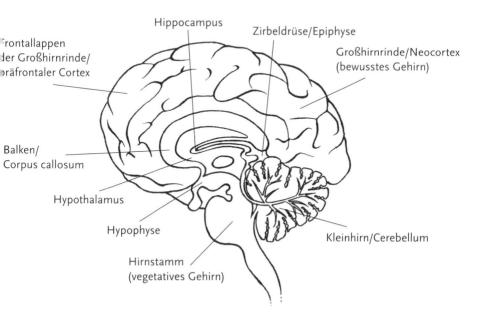

Das limbische System (emotionales Gehirn)

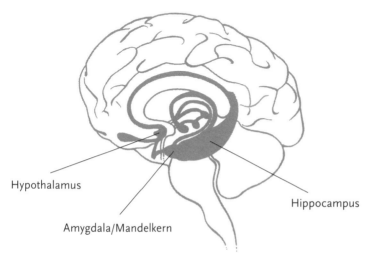

Schmerz oder Krankheit und sexuelle Gefühle – wie auch auf das Überleben in der Außenwelt: den Umgang mit Gefahren und das Überleben der Art. Beispiele dafür sind die sexuelle Erregung aufgrund von etwas, was wir sehen, oder auch automatische Fluchtreaktionen, wenn ein Brand ausbricht. Anzeichen, die auf eine Gefahr hindeuten, werden durch das emotionale Gehirn unbewusst und extrem rasch wahrgenommen und setzen körperliche Aktionen in Gang, bevor diese Signale ins Bewusstsein dringen.[19]

Der Neocortex und insbesondere der präfrontale Cortex, der Stirnlappen, ist das Instrument unseres bewussten Denkens, Fühlens und Wollens. Dieses beim Menschen hochentwickelte System ist entwicklungsgeschichtlich jünger und arbeitet langsamer als das vegetative und das emotionale Gehirn. Aber es kann bewusst eingesetzt, gesteuert, trainiert und entwickelt werden. Unsere kognitiven Fähigkeiten kann man mittels des IQ (Intelligenzquotienten) messen und einstufen. Sie hängen von der Anlage der Gehirnrinde ab, die Intelligenz kann aber durch Schulung und Training weiterentwickelt werden.[20]

Durch das Zusammenwirken des bewussten Gehirns mit dem emotionalen Gehirn entsteht die sogenannte emotionale Intelligenz, abgekürzt EQ.[21] Mit unserer emotionalen Intelligenz sind wir in der Lage, unseren eigenen emotionalen Zustand und die Emotionen anderer wahrzunehmen und zu erkennen, den natürlichen Verlauf von Emotionen zu verstehen sowie unsere eigenen Emotionen und die unserer Mitmenschen zu reflektieren. Auch können wir lernen, unsere Emotionen bewusst zu steuern, zum Beispiel indem wir Frustrationen ertragen, Bedürfnisse nicht sofort befriedigen oder uns bewusst auf positive Aspekte einer bestimmten Situation konzentrieren.

Das emotionale Gehirn kann in Situationen akuter Gefahr und Angst das bewusste Denken ausschalten, sodass die extrem schnellen automatischen Reaktionen, die das Überleben sichern sollen, die rationalen, aber langsameren Reflexionen des Bewusstseins überlagern. Im Laufe der Zeit können wir jedoch auch lernen, allzu heftige Emotionen und automatische Reaktionen mit unseren rationalen Fähigkeiten zu mäßigen. Dieser Lernprozess beginnt bereits früh in unserem Leben und wird durch eine von Sicherheit getragene Verbindung zu unseren Eltern und anderen Erziehern unterstützt.[22]

Wenn die Stressreaktionen, die vom emotionalen Gehirn aus gesteuert werden, aus dem Gleichgewicht geraten (beispielsweise durch traumatische Ereignisse oder chronische Überlastung), sendet das emotionale Gehirn ständig Alarmsignale aus, obwohl dies eigentlich nicht notwendig ist. Die Folge ist, dass allerlei seelische und körperliche Symptome entstehen, die wir als stressabhängige Beschwerden (von Bluthochdruck und Herzrasen bis hin zu Angstanfällen, Hyperventilation, Verdauungsstörungen und dem Verlust der Libido) kennen. Wenn wir uns ständig auf unsere rationalen Seiten verlassen und nicht auf unseren Körper und unsere Emotionen horchen, besteht eine erhebliche Gefahr, dass wir entsprechende Alarmsignale überhören und schließlich in ein Burnout geraten.

Das bewusste Gehirn hat lediglich einen indirekten Einfluss auf das emotionale Gehirn: Das Wissen, dass phobische Ängste nicht rationaler Natur sind, führt nicht unmittelbar dazu, dass wir die körperlichen Angstreaktionen beispielsweise beim Sehen einer Spinne oder einer Maus stoppen können. Bestimmte therapeutische Techniken wie zum Beispiel die kognitive Verhaltenstherapie (KVT) und die neurolinguistische Programmierung (NLP)[23] basieren jedoch auf der Tatsache, dass das bewusste Gehirn indirekt durchaus in der Lage ist, die aus dem Gleichgewicht geratenen Stressreaktionen des emotionalen Gehirns günstig zu beeinflussen.

Studien haben gezeigt, dass der EQ für unsere Fähigkeit, uns in der Welt zu bewähren, wesentlicher ist als der IQ.[24] Mit anderen Worten: Ein Mensch mit einem sehr hohen IQ, der über wenig Empathie[25] verfügt (das heißt ein geringes Verständnis seiner eigenen Emotionen und der anderer hat) und seine Emotionen außerdem nur unvollkommen zu regulieren vermag, hat geringere Chancen in Bezug auf ein gesellschaftlich erfolgreiches Leben als ein Mensch, der diese Eigenschaften besitzt, jedoch einen weniger hohen IQ aufweist. Durch das einseitige Trainieren beziehungsweise Betonen der rationalen, kognitiven Fähigkeiten in unserer Kultur wird unser IQ zwar erhöht,[26] aber die Sensibilität für Signale aus dem emotionalen Gehirn nimmt ab, wodurch die emotionale Intelligenz reduziert wird. In den letzten Jahren wurden immer mehr therapeutische Verfahren entwickelt – teilweise auf östlichen Meditationstechniken beruhend –, die einen unmittelbaren Einfluss

112 Stressregulierung: Wechselwirkungen zwischen Gehirn und Körper

auf das Gleichgewicht in unserem emotionalen Gehirn haben.[27] Diese Verfahren fördern die Balance zwischen unseren verstandesmäßigen Fähigkeiten und unserem Gefühlsleben, aber auch unser körperliches Wohlbefinden.[28]

Außer dem Gehirn sind es auch Organe und Systeme wie zum Beispiel das Herz, die Nieren, die Hormondrüsen (beispielsweise Schilddrüse und Nebennieren) sowie bestimmte Stoffe und Zellen im Blut, die eine Rolle bei der Stressregulierung und der Aufrechterhaltung eines gesunden biopsychischen Gleichgewichts spielen. Darauf gehen wir in den folgenden Abschnitten ein.

4.2 Botenstoffe: Hormone, Neurotransmitter und Zytokine

Im Körper zirkulieren vielerlei Botenstoffe, die für die gegenseitige Abstimmung unterschiedlicher Zellen, Organe und Organsysteme sorgen. Wir bezeichnen sie als Hormone, Neurotransmitter und Zytokine.

- Hormone werden von den Hormondrüsen im Körper und im Gehirn gebildet und durch das Blut im Körper verteilt, wodurch sie auf verschiedene Organe wirken können.
- Neurotransmitter werden vom Nervensystem gebildet und bleiben dort auch. Sie sind an der Reizübertragung zwischen Nervenzellen beteiligt.
- Zytokine sind die Botenstoffe des Immunsystems. Manche Stoffe wie zum Beispiel das Adrenalin sind sowohl Hormone als auch Neurotransmitter oder Zytokine.

Hormone

Hormone sind durch endokrine Drüsen produzierte chemische Stoffe, die an einer anderen Stelle im Körper eine hemmende oder stimulierende Wirkung entfalten. Sie werden vom Blut transportiert und wirken direkt oder indirekt auf die Zielorgane, die bestimmte Rezeptoren für sie haben. Sowohl das Gehirn als auch die endokrinen Drüsen im Körper (beispielsweise Hypophyse, Schilddrüse, Nebennieren, Geschlechtsdrü-

Botenstoffe: Hormone, Neurotransmitter und Zytokine **113**

sen) produzieren Hormone und sind sensibel für deren Wirkung. Ein Hormon kann auch an ganz unterschiedlichen Stellen produziert werden. So wird beispielsweise das Adrenalin sowohl im Nebennierenmark wie auch im Gehirn gebildet.[29] Für ein bestimmtes Hormon können unterschiedliche Organe sensibel sein (so wirkt Adrenalin beispielsweise auf das Herz, die Gefäßwände, die Bronchien, die Pupillen usw.). Weitere Hormone, die unser Körper produziert, sind beispielsweise Östrogene, Testosteron, Oxytocin, das »Stresshormon« Cortisol, Schilddrüsenhormone, Wachstumshormone usw.

Neurotransmitter

Das Nervensystem besteht aus Millionen von Nervenzellen, die einander blitzschnell Botschaften senden können. Neurotransmitter sind Stoffe, die im Zellkörper von Nervenzellen produziert werden und für die Reizübertragung vor einer Zelle zu anderen sorgen. Sie spielen eine wichtige Rolle bei unserer Stimmungs-, Angst- und Aggressionsregulierung. Beispiele sind Serotonin, Dopamin, Adrenalin und Acetylcholin.

- Serotonin ist an der Regulierung von Stimmungen, Angst und an der Verarbeitung von chronischen Schmerzen beteiligt.
- Dopamin spielt unter anderem eine Rolle bei der Erhaltung des seelischen Gleichgewichts, das bei vielen psychiatrischen Krankheitsbildern gestört ist.
- Adrenalin aktiviert den Körper.
- Acetylcholin unterstützt den Zustand der Entspannung und der Ruhe.[30]

Zytokine

Zytokine sind chemische Botenstoffe, die im Gehirn und in Zellen des Immunsystems produziert werden. Sie regeln die Immunreaktionen und damit unsere Widerstandsfähigkeit gegen Infektionen, aber auch gegen Fremdstoffe und innere Krankheiten wie zum Beispiel Krebs. Zytokine werden genau wie die Hormone vom Blut transportiert. Manche von ihnen fördern Entzündungsreaktionen, andere unterdrücken diese gerade. Einige Zytokine verursachen Krankheitsgefühle und Fieber. Manche Zytokine haben ziemlich abstrakte Namen, beispielsweise IL-2, das an der Infektabwehr beteiligt ist, oder IL-6, das Entzündungsreaktionen fördert.

Wichtige Botenstoffe bei der Stressregulierung

Beim Umgang mit Stress und Belastungen sind einige Hormone besonders wichtig: Adrenalin, Noradrenalin, Cortisol, das Corticotropin-releasing Hormone (CRH) und das adrenocorticotrope Hormon (ACTH). Daneben spielen auch Geschlechtshormone eine Rolle (siehe Abschnitt 9.2, Seite 213 ff.).

Adrenalin und Noradrenalin

Adrenalin und Noradrenalin (die gemeinsam mit Dopamin die Gruppe der Katecholamine bilden) werden sowohl im Nebennierenmark wie auch in bestimmten Zellen des Sympathikus (einem Teil des vegetativen Nervensystems) produziert. Sie sind sowohl Hormone, die über das Blut in der Peripherie zum Einsatz kommen, wie auch Neurotransmitter, die im Nervensystem wirken. Beide Stoffe führen beim Wachbewusstsein zur Aktivität. Noradrenalin erhöht den Blutdruck, verengt die Blutgefäße (man wird blass) und lässt uns verstärkt schwitzen. Adrenalin erhöht die Herzfrequenz, den Blutdruck und den Blutzuckerspiegel. Unsere Atmung beschleunigt sich, und unser Blut beginnt schneller zu strömen, auch das Gehirn wird stärker durchblutet. Unsere Sinnesorgane arbeiten besser, die Konzentration ist erhöht, wir denken schneller. Wir fühlen uns voller Energie und kampfbereit. Muskeln spannen sich an, bereit, anzugreifen oder zu flüchten.

Bei seelischer Belastung, zum Beispiel vor Prüfungen oder Bühnenauftritten, wird mehr Adrenalin produziert. Bei physischen Belastungen, so zum Beispiel im Falle eines körperlichen Angegriffenwerdens, bildet der Körper mehr Noradrenalin.

Das Corticotropin-releasing Hormone (CRH) und das adrenocorticotrope Hormon (ACTH)

CRH wird bei Anspannung oder Gefahr im Hypothalamus produziert, einem Teil des emotionalen Gehirns. Es schränkt die bewussten Prozesse ein, stimuliert den Sympathikus (den »belebend wirkenden« Teil des vegetativen Nervensystems) und die Hypophyse und entfaltet anregende Wirkungen im Körper. CRH fungiert in der Hirnrinde und im limbischen System als Neurotransmitter, im Körper als Hormon, und es stimuliert auch andere Hormondrüsen wie zum Beispiel die Schilddrüse. Daneben hat CRH eine hemmende Wirkung auf den Appetit, die Libido und Angstgefühle.

CRH regt den Hypophysenvorderlappen zur Produktion von ACTH an, einem Hormon, das seinerseits die Nebennierenrinde stimuliert, das Stresshormon Cortisol zu produzieren. Wir werden darauf im Zusammenhang mit der sogenannten HHN-Achse noch einmal eingehen (siehe Abschnitt 4.4, Seite 122 ff.).

Cortisol

Cortisol ist ein Hormon, das von der Nebennierenrinde produziert wird. Es wird über das Blut im ganzen Körper verteilt und unterliegt einem Biorhythmus. Im Speichel lässt es sich leicht nachweisen. Am Morgen ist die Cortisolkonzentration im Speichel am höchsten, im Laufe des Tages nimmt sie dann ab. Cortisol sorgt unter anderem dafür, dass ausreichend Glukose im Blut verfügbar ist und dass die Energiereserven in Form von Fettspeicherung wieder aufgefüllt werden, wodurch Anstrengungen länger durchgehalten werden können. Es hemmt Entzündungsreaktionen und reguliert den Blutdruck.

In Gefahrensituationen, bei Bedrohungen oder seelischem und körperlichem Stress wie beispielsweise einer Verwundung wird Cortisol produziert. Es hat in erster Linie eine aktivierende Wirkung auf die Immunität, erhöht die Konzentration und verbessert das Gedächtnis, während die Schmerzempfindlichkeit abnimmt. Es hemmt die Wirkung des Wachstumshormons und der Geschlechtshormone. Bei höherer Konzentration hemmt Cortisol jedoch auch die Produktion von CRH und ACTH und bildet dadurch ein Gegengewicht zur aktivierenden Wirkung des Sympathikus und der weiteren Freisetzung von Cortisol.

116 Stressregulierung: Wechselwirkungen zwischen Gehirn und Körper

Cortisol hemmt sich also selbst. Es ist ein Bestandteil der Homöostase des Körpers: jener Reaktionen, die dafür sorgen, dass der Organismus als Ganzer im Gleichgewicht bleibt und Stressreaktionen nicht aus dem Ruder laufen. Ein stressbedingt erhöhter Cortisolspiegel unterdrückt die normale Abwehrreaktion, wodurch die Immunität beeinträchtigt wird. Der Widerstand gegenüber Erkältungen und Grippe lässt nach, und die Wundheilung verzögert sich. Es kommt zu einer verstärkten Produktion von entzündungsfördernden Prostaglandinen und Zytokinen (wie zum Beispiel Interleukin-6) sowie zu einer erhöhten Anfälligkeit für Infektionen und Allergien. All das verstärkt die Müdigkeit und verursacht grippeähnliche Symptome. Zytokine aktivieren die Stressreaktionen mittels der noch zu besprechenden HHN-Achse (siehe Abschnitt 4.4, Seite 122 ff.), was die Erschöpfung noch weiter steigert.

Cortisol und chronischer Stress

Wenn der Cortisonspiegel jedoch durch chronischen Stress dauerhaft zu hoch ist, schädigt dies das limbische System, das Zentrum unseres emotionalen Gehirns (die Amygdala, den Hippocampus, den Hypothalamus und die Hypophyse). Dieses ist, wie wir sogleich sehen werden, wichtig für die Regulierung des Schlafes, der Vitalität, unseres Gefühlslebens und der sexuellen Funktionen. Es treten alle möglichen negativen Effekte auf, die wir häufig auch in der Phase vor einem Burnout beobachten, wie Stimmungsstörungen (Depressionen, Angst, Unruhe, Unsicherheit) und Schlafprobleme.

Durch diese Schädigung von Gehirnzellen kommt es zu einem niedrigeren Cortisolspiegel, gleichzeitig wird die Wirkung der Neurotransmitter (wie zum Beispiel Serotonin, Dopamin und Acetylcholin) beeinträchtigt. Die Gehirnzellen nehmen dann weniger Glukose auf. Dadurch lässt die Konzentrationsfähigkeit nach; Gedächtnisstörungen sind die Folge, ebenso wie reduzierte Einsichtsfähigkeit und ein eingeschränktes Vermögen, angemessen zu reagieren. Das Immunsystem arbeitet ebenfalls nicht mehr so gut und die Wundheilung verzögert sich. Der Blutdruck steigt. Sowohl der Knochen- wie auch der Muskelaufbau geht zurück. Die Wirkung der Schilddrüse wird gehemmt, was zu Ermüdung, einer zu langsamen Herzfrequenz und anderen Störungen im

Das autonome Nervensystem: Unser »Autopilot« **117**

Bereich der Biorhythmen führt. Die Regulierung des Blutzuckers und der Cholesterinwerte wird beeinträchtigt, wodurch die Menschen unter Hypoglykämie (einem zu niedrigen Blutzuckergehalt) zu leiden beginnen. Die Ermüdungserscheinungen werden massiver; außerdem wird mehr Bauchfett angesetzt.

In manchen Fällen von chronischer Ermüdung und posttraumatischem Stress zeigt sich, dass die Cortisolbalance und der Rückkopplungsmechanismus bleibend gestört sind. Durch die Schädigung des Hippocampus bildet sich eine Art allergischer Reaktion auf Stress heraus.[31] Schon beim kleinsten Reiz fängt das System zu arbeiten an, außerdem wird es nicht mehr richtig gebremst: Die Stressreaktionen im Körper kommen nicht mehr zum Stillstand. Schließlich können die Nebennieren die Produktion von Cortisol und anderen Hormonen nicht mehr leisten. Der Cortisolspiegel im Speichel ist dann dauerhaft zu nieder. Der Beitrag, den das Cortisol beim Wiederaufbau der Energiereserven, bei der Aktivierung des Immunsystems und bei der Stimulation der Konzentrationsfähigkeit leistet, ist dann stark eingeschränkt, wodurch das gesamte Gleichgewicht dauerhaft gestört ist.

4.3 Das autonome Nervensystem: Unser »Autopilot«

Das emotionale und das vegetative Gehirn stimmen die wechselseitigen Beziehungen der Stoffwechselprozesse in den Organen aufeinander ab, aber sie spielen auch mittels der Botenstoffe eine wichtige Rolle bei der Regulierung unserer Emotionen. Alle körperlichen Reaktionen, die unbewusst verlaufen, wie zum Beispiel Verdauung, Muskelspannung, Blutdruck, die Biorhythmen der Organe und die Fortpflanzung, werden von diesen beiden Bereichen des Gehirns aus gesteuert. Zwei in ihrer Wirkung einander entgegengesetzte neuronale Systeme, der Sympathikus und der Parasympathikus, die gemeinsam das vegetative beziehungsweise autonome Nervensystem bilden, sorgen dabei für das Gleichgewicht von Aktion und Reaktion, Abbau und Aufbau. In Stresssituationen bremst der Sympathikus den Parasympathikus, wodurch die Abbauprozesse überwiegen. In Situationen der Einkehr und Ruhe überwiegt der Parasympathikus, wodurch es zum Aufbau kommt. Daneben verfügt das System aus emotionalem und vegetativem Gehirn über eine Reihe von Strukturen, Hormondrüsen und Nervenkernen, die eine spezifische Rolle beim Umgang mit Stress und Entspannung wie auch bei der Regulierung von Emotionen erfüllen.

Sympathikus und Parasympathikus: Nervensysteme im Dienst von Aktivität und Entspannung

Der Sympathikus ist der »Aufwecker«. Er führt den Körper in die Aktion und macht den Geist in Hinwendung zur Außenwelt aufnahmebereit. Der Sympathikus besteht aus einem Kern im Hirnstamm, dem sogenannten Locus caeruleus, welcher Noradrenalin produziert, und vielen sympathischen Nervenfasern, die über Verbindungen sowohl zur Hirnrinde wie auch zum limbischen System im Mittelhirn verfügen. Er aktiviert das Nebennierenmark zum Ausstoß von Adrenalin und hat im gesamten Körper eine stimulierende und aktivierende Wirkung, die sich in folgenden Qualitäten zeigt: Geistesgegenwart, zielgerichtete Konzentration und ein zur Aktion bereiter Körper. Atmung und Herzschlag werden schneller, der Blutdruck steigt, und die Energiereserven des Körpers (Glukose, Fette) werden verbraucht, wogegen die Aktivität des Darms, des Stoffwechsels und der Sexualorgane abnimmt.

Der Parasympathikus hingegen ist der »Entspanner« und Gegenspieler des Sympathikus. Er besteht aus einem ausgedehnten Nervensystem, das sowohl Informationen aus dem Gehirn in alle Bereiche des Körpers transportiert wie auch Informationen aus den Organen ins Gehirn.[32] Der Parasympathikus hemmt das sympathische Nervensystem und die Stressreaktionen. Er tritt besonders in Ruhe- und Entspannungsphasen in Aktion. Dieses System fördert die Regeneration, den Aufbau und das Wachstum, vermittelt ein Gefühl der Entspannung und Mattheit und dämpft das Bewusstsein. Er sorgt für Regeneration und Aufbau von Körperenergie, verlangsamt die Herzfrequenz, fördert die Darmtätigkeit, Stoffwechselprozesse und den Schlaf. Der Parasympathikus regt die Ausschüttung von Acetylcholin an, einem Hormon, das den Zustand der Entspannung und Ruhe unterstützt.

Bei gehetzten, gestressten Menschen, die rasch aggressiv werden oder

Das autonome Nervensystem: Unser »Autopilot«   119

durchdrehen, funktioniert die parasympathische Bremse bei Stressreaktionen mangelhaft. Dies kann auf Veranlagung beruhen, aber auch aufgrund der Lebensumstände entstanden sein. Wenn man länger unter stressreichen Umständen leben muss, kann dies den Parasympathikus zunehmend lahmlegen. Dabei sind es nicht nur der hohe Leistungsdruck oder die soziale Situation als solche, die ihren Tribut fordern, sondern auch die individuelle Stressreaktion darauf, die den Sympathikus aktiviert und dazu führt, dass dieser die aufbauenden Prozesse des Parasympathikus überlagert.

Sympathikus	Parasympathikus
Adrenalin	Acetylcholin
Aktion	Entspannung
Aufwecker	Entspanner
Geistesgegenwart	dumpfes Bewusstsein
kämpfen oder fliehen	Regeneration und Erholung, verdauen/regenerieren/Wachstum
Nervosität und Gehetztheit	sickness response (siehe Seite 129 f.)

Das limbische System

Das limbische System ist eine komplexe Struktur von Nervenkernen und -verbindungen mitten im Gehirn. Es repräsentiert unser emotionales Gehirn und spielt eine Rolle bei der Steuerung aller Lebensprozesse, aber auch bei unseren unmittelbaren emotionalen Reaktionen und Verhaltensweisen in sozialen Situationen sowie beim Erkennen von und beim blitzschnellen Reagieren auf Gefahr.

Für die Stressregulierung sind zwei Strukturen des limbischen Systems besonders wesentlich: der Mandelkern oder die Amygdala und der Hippocampus; beide spielen eine Rolle beim Erkennen von Gefahren. Sie sorgen dafür, dass wir in gefährlichen Situationen auf den »Autopiloten« umschalten und uns rasch, ohne lange nachzudenken, sachgemäß verhalten, flüchten oder uns verteidigen sowie aus früheren Erfahrungen lernen. Die Amygdalae sind kleine Kerngebiete im limbischen System, die unmittelbar über die Sinne, jedoch ohne Dazwischentreten unseres Bewusstseins, Bedrohungen und Gefahren erkennen und den Körper dazu bringen, darauf zu reagieren. Wir wandern zum Beispiel in den Bergen und sehen aus dem Augenwinkel einen Schatten; ohne im Geringsten nachzudenken springen wir zur Seite – und Sekundenbruchteile später stürzt ein Felsblock neben uns herab.

Die Amygdala speichert auch die Erinnerung an unangenehme, traumatische Ereignisse und schlägt Alarm – ebenfalls auf dem raschen und unbewussten Weg – in Situationen, die dem ursprünglichen Trauma ähneln. Ein Beispiel: Wir sind irgendwann einmal aus einem brennenden Haus geflüchtet; nun reizt bereits ein harmloser Holzgeruch unsere Nase, und bevor wir uns bewusst sind, was sich abspielt, geht unser Körper in Habachtstellung. Es führen auch Nervenbahnen aus der Amygdala zur Hirnrinde, sodass wir uns etwas später auch der Gefahr bewusst werden und mittels unseres Denkens eine Analyse vornehmen und darauf reagieren können.

Der Hippocampus, ein anderes Kerngebiet im limbischen System, bewahrt mehr die Erinnerung an den Zusammenhang von Ereignissen und Stresssituationen, also an die Umstände, unter denen etwas stattfand. Dies führt dazu, dass über einen assoziativen Weg unbewusst Gefahrensignale ausgesandt werden, die sich auf etwas beziehen, das wir – bewusst wahrgenommen – als völlig harmlos oder nichtssagend bezeichnen würden. So empfindet eine Frau beispielsweise jedes Mal Angst, wenn sie das Geräusch eines Schlüssels in einem bestimmten Schloss hört. Es stellt sich heraus, dass sie früher von ihrem Bruder missbraucht wurde und dieser immer ihr Zimmer abschloss, indem er den Schlüssel umdrehte. Die Frau war sich dessen nicht bewusst, aber das Geräusch wurde unbewusst durch das limbische System gespeichert, und dadurch reagiert sie heute in ähnlichen Situationen mit Anspannung.

Wenn eine akute Gefahr oder eine Bedrohung wahrgenommen wurde, werden also mittels des limbischen Systems die Stresssysteme des emotionalen und vegetativen Gehirns blitzschnell aktiviert und zugleich die Bewusstseinsfunktionen der Hirnrinde gedämpft. Darum können wir in Situationen akuter Bedrohung und Gefahr schnell, hellwach und angemessen reagieren, jedoch nicht ruhig nachdenken.[33]

Chronischer und starker akuter Stress können wie beschrieben aufgrund eines hohen Ausstoßes von Cortisol zu einer Schädigung des Hippocampus führen und damit wiederum zu unangemessenem Verhalten im Falle der Bedrohung.

Hypothalamus und Hypophyse: Steuerzentralen zwischen Gehirn und Körper

Der Hypothalamus

Der Hypothalamus ist ein zentrales Organ im Zwischenhirn, das aus verschiedenen kleinen Kernbereichen besteht, die allesamt ihre eigene Anatomie und Funktion haben. Beim Abstimmen von Lebensprozessen, bei raschen, koordinierten Reaktionen auf Stress und Gefahr und beim Widerstand gegen Krankheiten und Infektionen spielt dieses Organ eine koordinierende Rolle. Der Hypothalamus steuert sowohl das autonome Nervensystem wie auch unseren Hormonhaushalt und das Immunsystem. In ihm treffen Informationen aus unseren Sinnesorganen und der Hirnrinde ein, aber auch aus dem limbischen System und dem über den gesamten Körper verteilten vegetativen Nervensystem. Umgekehrt gehen auch Signale vom Hypothalamus an die anderen Teile des Gehirns und den ganzen Körper aus.

Der Hypothalamus bildet selbst Hormone, so zum Beispiel CRH (siehe Seite 115), welche wiederum andere Drüsen wie die Hypophyse, die Schilddrüse und die Nebennieren zur Hormonproduktion anregen. Der Hypothalamus ist wichtig für unsere sexuelle Identität, er spielt eine Rolle bei Konzentration und Aufmerksamkeit und beherbergt ein Lachzentrum. Er regelt auch die Körpertemperatur und kann Fieber auslösen. Letzteres hilft, schädliche Viren und Bakterien abzutöten. Doch der Hypothalamus kann auch die Produktion von Stoffen erhöhen, so zum Beispiel von bestimmten Zytokinen, die zu einem Gefühl allgemeiner Niedergeschlagenheit und Ermüdung führen.

Die Hypophyse

Die Hypophyse ist eine kleine Drüse in der Schädelbasis (sie ist etwa so groß wie eine Haselnuss). Sie stimuliert und unterstützt zusammen mit dem Hypothalamus die allgemeinen vegetativen Prozesse und Biorhythmen wie Wach- und Schlafrhythmus, Hunger und Durst. Sie produziert selbst verschiedene Hormone und regt dadurch andere endokrine Drüsen an.

- Der Hypophysenvorderlappen ist eng mit dem limbischen System und dem Hypothalamus verbunden. Er steuert die Schilddrüse, die Nebennierenrinde und die Geschlechtsdrüsen und produziert unter anderem das Wachstumshormon ACTH und das Hormon, welches die Milchabsonderung bei Frauen fördert, das Prolactin.
- Der Hypophysenhinterlappen bildet das antidiuretische Hormon, welches die Ausscheidung des Urins regelt, sowie Oxytocin, das Gefühle der Verbundenheit hervorruft. Frauen produzieren bei Stress und Schmerz große Mengen an Oxytocin. Dieses Hormon bringt die Geburt in Gang, regt das Einschießen der Muttermilch an, aber auch das Zusammengehörigkeitsgefühl dem Baby gegenüber. Oxytocin vermindert bei Männern und Frauen die Distanz und fördert Gefühle der Zuneigung (siehe auch Abschnitt 9.2, Seite 213 ff.).

4.4 Die HHN-Achse

Hormonkreisläufe zwischen Gehirn und Körper

Eine wichtige Verbindung zwischen Gehirn und Körper wird durch die HHN-Achse gebildet. Die Abkürzung steht für Hypothalamus, Hypophyse und Nebennierenrinde. Wenn auf dem Weg über das limbische System (das emotionale Gehirn) unbewusst die Einschätzung getroffen wird, dass eine Situation als bedrohlich oder gefährlich einzustufen ist, wird der Hypothalamus dazu stimuliert, das Corticotropin-releasing Hormone (CRH) zu produzieren. Dies hat unter anderem zur Folge, dass der Hypophysenvorderlappen (neben anderen Corticosteroiden) das adrenocorticotrope Hormon (ACTH) zu produzieren beginnt, ein Hormon, das die Nebennierenrinde dazu bringt, das Stresshormon Cortisol zu bilden. CRH setzt das sympathische System in Gang und verursacht damit eine allgemeine Erregung des Körpers; gemeinsam mit Cortisol stimuliert es also den Körper, hemmt aber zugleich das limbische System und den Hypothalamus. Die HHN-Achse bremst sich damit selbst, wodurch das Gleichgewicht wieder hergestellt wird. Das Stresssystem reguliert sich so über das Cortisol mittels des »negativen Feedbacks«, etwa so wie es ein Thermostat am Heizkörper tut: Wenn die Temperatur im Zimmer sinkt, wird durch den Thermostat die Heizung eingeschaltet, mit der Folge, dass es wärmer wird. Beim Erreichen einer bestimmten höheren Temperatur reguliert sich das System selbst, der Thermostat schaltet die Heizung wieder aus, sodass es im Raum nicht zu warm wird. Ein derartiges Feedbacksystem dient dazu, ein bestimmtes Gleichgewicht zu erhalten.

Chronischer Stress führt letztlich, wie wir bereits gesehen haben (siehe Abschnitt 4.2, Seite 112 ff.) über die HHN-Achse zu einer reduzierten Cortisolproduktion. Dadurch werden die Stressreaktionen weniger gehemmt und beginnen ein immer stärkeres Eigenleben zu führen. Die Vitalität wird dauerhaft untergraben. Sowohl eine Überreaktion der HHN-Achse und des sympathischen Nervensystems als auch zu wenig Aktivität sind schädlich für das gesunde Gleichgewicht.

Wie bereits ausgeführt, ist die Beurteilung, ob eine Situation als stressbehaftet zu gelten hat oder nicht (gefahrvoll oder sicher) eine individuelle Sache. Diese Beurteilung vollziehen wir auf sowohl bewusste als auch unbewusste Weise, wobei unterschiedliche Gehirnkreisläufe involviert sind. Nicht die Situation selbst, sondern unsere persönliche Einschätzung der Situation bestimmt also die Qualität der hormonalen Reaktion. Art und Menge der frei gewordenen Hormone bestimmen wiederum die Qualität und Stärke der ausgelösten Gefühle.

Dazu ein Beispiel aus der Neuropsychologie. Wenn Menschen sich vor eine Aufgabe gestellt sehen, von der sie denken, dass sie sie bewältigen können, beginnt aufgrund der Stimulierung durch den Sympathikus das Nebennierenmark Adrenalin und Noradrenalin zu produzieren, was den Körper in einen Zustand aktiver Bereitschaft versetzt (positiver Stress). Das dazugehörende Gefühl lautet: »Ich bin dieser Herausforderung gewachsen, ich nehme sie an.« Wenn Menschen sich jedoch einer ihnen auferlegten Aufgabe nicht gewachsen fühlen, beginnt die Nebennierenrinde über die HHN-Achse Cortisol zu produzieren, was zu einer weniger aggressiven oder gar passiven Lösung führt (wie sich ein Hünd-

124   Stressregulierung: Wechselwirkungen zwischen Gehirn und Körper

chen, das von einem großen, starken Hund bedroht wird, vorauseilend auf den Rücken legt, um damit anzuzeigen, dass es sich ergibt). Das dazugehörende Gefühl ist Machtlosigkeit und Niedergeschlagenheit (negativer Stress).

In diesen Fällen reagiert der Körper auf eine Einschätzung der Aufgabe, die der Betreffende vollzieht. Die Hormone wiederum beeinflussen diese Einschätzung. Wenn man Testpersonen eine Injektion mit Adrenalin gibt und sie zugleich vor eine Aufgabe stellt, ergreifen sie diese Aufgabe wohlgemut mit dem Gefühl, ihr gewachsen zu sein. Injizieren wir ihnen jedoch Cortisol und konfrontieren sie mit einer Aufgabe, werden die Betreffenden sich machtlos fühlen angesichts der ihnen auferlegten Herausforderung und zu dem Schluss kommen, dass sie sie nicht bewältigen können.

4.5   Regulierung mittels der höheren menschlichen Funktionen des Bewusstseins

Wenngleich viele unserer körperlichen Reaktionen auf Bedrohungen und Stress genau wie bei Tieren rasend schnell verlaufen, wenn sie vom »Autopiloten« gesteuert werden, so ist doch beim Menschen in den meisten Situationen die Urteilsfähigkeit und das bewusste Beurteilen und Einschätzen von Ereignissen mindestens ebenso wesentlich. Die Fähigkeit zur Reflexion, zum Nachdenken und Interpretieren sowohl unseres inneren Zustandes als auch von Situationen in der Außenwelt ist etwas typisch Menschliches.

Diese Reflexionsfähigkeit wird körperlich von der Hirnrinde unterstützt, dem Neocortex, und hier wiederum insbesondere von deren vorderer Partie: dem präfrontalen Neocortex. Durch unsere Urteilsfähigkeit erheben wir uns über die instinktiven tierischen Reaktionen und können so angemessen auf viele unterschiedliche (soziale) Situationen reagieren und unser Verhalten den Erfordernissen des jeweiligen Moments anpassen. Das bedeutet auch, dass unterschiedliche Menschen eine Situation unterschiedlich beurteilen können und dass etwas, das bei dem einen Gereiztheit und Stress erzeugt, für einen anderen geradezu eine angenehme Herausforderung darstellen kann.

Regulierung mittels der höheren menschlichen Funktionen   **125**

In den letzten Jahren ist es immer deutlicher geworden, dass unsere Interpretation einer Situation, unsere jeweiligen Gewohnheiten – ob wir also beispielsweise zum Klagen und Kritisieren neigen oder vielmehr einen optimistischen Blick auf die Welt haben – einen starken Einfluss auf unsere Gesundheit haben. Was wir über uns selbst, die Welt und den anderen denken, wie wir über die Dinge nachgrübeln, unser Pessimismus und unsere Ängste bilden also eine wichtige Quelle von Stress, die wir selbst beeinflussen können. So wurde nachgewiesen, dass Menschen mit einer optimistischen Lebenseinstellung ein stabileres Immunsystem haben und somit eine größere Chance, eine Krebserkrankung zu überleben, als die Pessimisten unter uns. Diese Forschungen zeigen, dass innere Entwicklung und bestimmte Formen von Meditation einen starken Einfluss nicht nur auf unser seelisches Wohlbefinden, sondern auch bis in die Gehirnphysiologie hinein haben können.[34]

In Situationen akuter Gefahr übernimmt der »Autopilot« mit seinen schnellen, instinktiven Reaktionen die Führung. Das emotionale und das vegetative Gehirn dominieren dann über die bewussten, aber trägeren Funktionen des menschlichen Gehirns. In solchen Situationen sind wir deshalb in der Lage, schnell und effektiv zu handeln, wir können jedoch nicht ruhig und abwägend nachdenken. Umgekehrt können wir durch unsere Gedanken und unsere Interpretation der Wirklichkeit das System von emotionalem und vegetativem Gehirn in unterschiedlicher Weise steuern. Wenn wir immer davon ausgehen, dass die anderen es schlecht mit uns meinen, wenn wir eine geringe Selbstachtung haben und stets damit rechnen, Fehler zu machen, wenn wir uns in unseren Gedanken ständig selbst ein Bein stellen und harmlose Signale der Außenwelt oder unseres Körpers als lebensbedrohlich interpretieren – beispielsweise eine Spinne oder Herzklopfen –, erzeugen wir einen Zustand innerer Bedrohung, der im limbischen System als reale Gefahr wahrgenommen wird. Auf dem Weg über das sympathische Nervensystem und die HHN-Achse wird der Körper in Alarmbereitschaft versetzt und es werden in Sekundenschnelle Stresshormone produziert. So steigt der Stresslevel in unserem Körper an, und wenn dies immer wieder geschieht, ohne dass Perioden der Ruhe und der Entspannung dazwischen liegen, verändert sich allmählich die Stressbalance; sie wird dann quasi zu hoch justiert. Das Ruheniveau bedeutet

126   Stressregulierung: Wechselwirkungen zwischen Gehirn und Körper

dann keine echte Ruhe mehr, und bereits bei kleinen Störungen steigt die Spannung überproportional.

Wir können uns selbst leicht etwas vormachen, indem wir konsequent Anzeichen von Stress, Übermüdung und Gefahr ignorieren und die normalen biologischen Reaktionen wie zum Beispiel Ausruhen oder Sich-Zurückziehen unterdrücken. Menschen, die sich über längere Zeit so verhalten, tragen ein erhöhtes Risiko, plötzlich aus dem Leben gerissen zu werden, beispielsweise durch einen Herzinfarkt.

4.6   Das Immunsystem in Stresszeiten

Das Immunsystem

Das Immunsystem wirkt durch verschiedene Stoffe und Zellen und verteidigt den Körper gegen »Eindringlinge von außen« wie zum Beispiel fremde Zellen, Eiweiße, Bakterien, Viren und Giftstoffe. So trägt es zur Heilung von Verletzungen und Krankheiten bei, indem beispielsweise die bei einer Verwundung abgestorbenen Gewebeanteile »aufgeräumt« werden, sodass sich neues Gewebe bilden kann.

Das Immunsystem ist über den gesamten Körper verteilt, wobei die Lymphknoten, die Thymusdrüse, das Knochenmark und die Milz wichtige Organe für die Bildung beziehungsweise funktionsgemäße Ausprägung von Immunzellen darstellen, die danach vom Blut an die Stellen getragen werden, wo sie benötigt werden (weiße Blutkörperchen). Bestimmte weiße Blutkörperchen, die sogenannten Makrophagen und T-Lymphozyten, greifen Eindringlinge wie zum Beispiel Bakterien und Viren an, während die sogenannten »natürlichen Killerzellen« abweichende Körperzellen töten, sodass zum Beispiel Krebszellen frühzeitig beseitigt werden können. Daneben produzieren wiederum andere Zellen – die B-Lymphozyten – Antikörper, die fremde Zellen und Eiweiße unschädlich machen. Diese Zellen scheinen ein Gedächtnis für krankheitserregende oder schädliche Stoffe beziehungsweise Organismen zu besitzen, wodurch eine gewisse Immunität gegen bestimmte Krankheiten auftritt, die wir einmal gehabt haben (auf diesem Prinzip basieren die Impfungen). Bei einer Überreaktion des Immunsystems

Das Immunsystem in Stresszeiten 127

können aber auch allergische Reaktionen auftreten. Daneben bilden sowohl Zellen des Immunsystems wie auch das Gehirn Zytokine: Stoffe, die eine wichtige Rolle bei der wechselseitigen Abstimmung der unterschiedlichen Immunreaktionen spielen (siehe den Abschnitt 4.2. über Botenstoffe, Seite 112 ff.). Das Immunsystem ist sowohl mit dem System aus emotionalem und vegetativem Gehirn wie auch mit dem Hormonsystem eng verwoben.

Auch für das Immunsystem gilt, dass äußerst komplexe Wechselwirkungen zwischen Gehirn und Körper stattfinden, wobei sowohl unsere Gedanken und Gefühle als auch unsere autonomen, unbewussten Reaktionen die Immunität beeinflussen. Unser Immunsystem reagiert deshalb sowohl auf körperlichen Stress als auch auf psychologische Faktoren wie zum Beispiel Pessimismus oder aber Vertrauen in eine bestimmte Situation. Akute Gefahr und positiver Stress stimulieren das Immunsystem und machen uns vorübergehend weniger anfällig für Entzündungen und Infektionskrankheiten. Chronischer und negativer Stress jedoch zerstören das Immunsystem mit der Zeit, wodurch wir anfälliger werden, sowohl für Krankheiten, die »von außen« kommen, wie zum Beispiel Infektionskrankheiten, als auch für Krankheiten »von innen« wie Krebs und Autoimmunkrankheiten. Aus diesem Grund sind wir bei einem Burnout für viele Krankheiten empfänglicher (siehe auch den Abschnitt über das Cortisol in Kapitel 4.2, Seite 115 ff.).

Unser Immunsystem wird also vom Gehirn, dem sympathischen Nervensystem und von der HHN-Achse aus gesteuert. Das sympathische Nervensystem steht über die Nervenbahnen in einer direkten Verbindung mit den Immunzellen im Blut, dem Knochenmark und der Milz. Auf der anderen Seite wirken Adrenalin und Noradrenalin – die Boten des sympathischen Nervensystems – in akuten Situationen stimulierend auf die Immunreaktionen. Es gibt weitere, allgemeinere (über das Gehirn koordinierte) Reaktionen des Immunsystems, sowohl bei Infektionen als auch bei Verwundungen und Operationen, bei denen beispielsweise die Körpertemperatur ansteigt und die sogenannte sickness response auftritt (siehe Seite 129 f.).

Widerstand und Stress

Wir alle wissen, dass wir in Zeiten der Übermüdung, der Trauer, des Leidens oder erhöhter Spannung anfälliger für Grippe und Erkältungen sind. Schon in der Vorphase eines Burnouts, wenn Menschen über längere Zeit hinweg unter stressreichen Umständen leben, sind sie anfälliger für Infektionen durch Bakterien und Viren wie zum Beispiel Grippe oder Pfeiffer'sches Drüsenfieber. Bei Menschen, die ihren Partner verloren haben, ist im darauf folgenden Jahr die Wahrscheinlichkeit, an Krebs zu sterben, erhöht. Menschen, die in ihrer Jugend oder als Erwachsene, beispielsweise in Kriegssituationen oder durch häusliche Gewalt, über lange Zeit hinweg in extrem stressreichen traumatischen Verhältnissen gelebt haben, entwickeln später eher Krebs und Autoimmunkrankheiten wie Rheuma und Multiple Sklerose. Während der Rekonvaleszenz nach einer Krankheit bewirkt eine optimistische Grundhaltung, die von Vertrauen getragen ist, eine höhere Chance auf Genesung als eine düstere, pessimistische, in welcher der Betreffende sich bereits aufgegeben zu haben scheint. Auch der sogenannte Placeboeffekt[35] zeigt, dass unsere Erwartungen einen deutlichen Einfluss auf unsere Heilungsprozesse ausüben. Dies gilt sowohl im positiven (die Heilung fördernden) wie im negativen (die Heilung behindernden) Sinn, denn auch »Nebenwirkungen« können als Folge von Placebopräparaten auftreten.[36]

Angst und negativer Stress beeinflussen die Heilungschancen ungünstig. Menschen, die voller Angst vor einer Operation stehen, neigen eher zu Komplikationen und verbleiben durchschnittlich länger im Krankenhaus als solche, die der Operation ohne allzu große Angst entgegensehen. Die fortgesetzte, ununterbrochene Pflege von Familienmitgliedern mit einer Demenzerkrankung beschleunigt den Alterungsprozess der Pflegenden. Es gibt immer mehr Hinweise darauf, dass Stress zu gestörten Reaktionen auf Impfungen führen kann. Statt durch den Impfstoff gestärkt zu werden, spielt das Immunsystem verrückt und reagiert allzu heftig, was verschiedene Krankheitssymptome und allergische Reaktionen zur Folge hat. Möglicherweise ist dies eine der Ursachen der zunehmenden Allergien bei jungen Kindern. Ähnliches kann man beim sogenannten Veteranensyndrom beobachten, das bei ehemaligen Soldaten auftritt – eine noch nicht ergründete, zur Invalidität führende Krankheit, die dem Chronischen Erschöpfungssyndrom ähnelt, mit verschiedenen unklaren Symptomen wie extreme Müdigkeit, Allergien und Schmerzen.

Positive Erwartungen und Entspannung steigern dagegen die Fähigkeit zur Gesundung. So verstärkt bei Menschen mit Schuppenflechte (Psoriasis) die Entspannung durch ein während der Lichttherapie abgespieltes Band mit entsprechender Musik nachweislich deren Effekt.[37] Die sogenannte Achtsamkeitsmeditation (mindfulness meditation)[38] sowie andere Formen der Meditation helfen gegen chronische Schmerzen.

Die sickness response

Durch anhaltende übermäßige Aktivität des Immunsystems tritt die sogenannte sickness response auf, ein Gefühl des Unwohlseins, verbunden mit Muskelschmerzen, Mattigkeit, vermindertem Appetit, Konzentrationsproblemen und dem Bedürfnis, sich zurückzuziehen und zu schlafen. Diese sickness response wird mitverursacht durch die proinflammatorischen (entzündungsfördernden) Zytokine, Botenstoffe des Immunsystems (siehe hierzu Abschnitt 4.2, Seite 112 ff.), und eine Aktivierung des Nervus vagus, einem Teil des Parasympathikus. Ein solches allgemeines Krankheitsgefühl tritt normalerweise bei Grippe oder übermäßiger Belastung auf und möchte uns signalisieren, dass wir unser Bett aufsuchen und uns Zeit zur Erholung gönnen sollten. Doch bei verschiedenen modernen Krankheiten, die in Verbindung mit Stress gebracht werden, wie dem Chronischen Erschöpfungssyndrom, der Fibromyalgie, traumatischem Stress und dem bereits genannten Veteranensyndrom, tritt die sickness response auf, ohne dass ein deutlicher Anlass dafür feststellbar ist. Am Tag nach einer normalen Anstrengung oder bei einer leichten Erkältung fühlen sich die betroffenen Menschen bereits richtig krank und sehen sich gezwungen, das Bett aufzusuchen. Diese unverhältnismäßige sickness response wird dann zu einem erheblichen Problem, wenn es darum geht, die alltäglichen Aufgaben zu bewältigen. Wahrscheinlich ist bei diesen Krankheitserscheinungen das Stresssystem zuvor bereits über längere Zeit hinweg

130   Stressregulierung: Wechselwirkungen zwischen Gehirn und Körper

überlastet gewesen und dadurch zunehmend aus dem Gleichgewicht geraten. Dadurch ist die fein abgestimmte Balance zwischen dem endokrinen System (Hormone), dem Immunsystem und dem Nervensystem dermaßen durcheinandergekommen, dass Teile des Immunsystems zu stark und andere wiederum zu schwach reagieren. Daneben werden die Stressmechanismen des sympathischen Systems und die HHN-Achse konstant in Alarmbereitschaft versetzt. Dies führt zu einem Gefühl der Müdigkeit, allgemeinem Unwohlsein, verstärkter Anfälligkeit für Infektionskrankheiten und allerlei allergischen Reaktionen auf Nahrungsstoffe und andere von außen zugeführte Substanzen, wie wir es auch vom schweren Burnout kennen.

4.7   Das Herz als Vermittler

»Das geht mir zu Herzen«, »Mir liegt etwas auf dem Herzen«, »Das ist eine herzlose Tat«, »Sie ist ein herzlicher Mensch«, »Mir ist schwer ums Herz«, »Mir bricht das Herz«, »Da fällt mir ein Stein vom Herzen« – unsere Sprache ist voller Hinweise auf das Herz als Gefühlsorgan. Das Herz ist das universelle Symbol für Liebe und Verbundenheit. Bereits seit Längerem ist bekannt, dass zu viel Stress das Risiko von Herz- und Gefäßkrankheiten erhöht. Menschen mit einer ungeduldigen, aggressiven und feindlichen Grundstimmung haben ein höheres Risiko, Bluthochdruck zu entwickeln.[39] Dass akuter Stress und Angst einen Herzstillstand auslösen können, wussten wir schon länger. Aber auch chronischer Stress greift das Herz an. So hat sich gezeigt, dass bei Menschen, die nach einem Herzinfarkt depressiv und ängstlich sind, die Gefahr eines weiteren Herzinfarkts größer ist als bei solchen, die sich eine optimistische Grundstimmung erhalten haben. Nicht nur können Gefahr oder Verliebtheit unser Herz höher schlagen lassen, es kann auch umgekehrt ein unregelmäßig klopfendes Herz Angst verursachen.

In den letzten Jahren wurde auch in der modernen westlichen Medizin in zunehmendem Maße deutlich, was in der traditionellen östlichen Heilkunde bereits seit Jahrhunderten bekannt ist: dass das Herz noch ganz andere Funktionen besitzt als die einer mechanischen Pumpe, die

Das Herz als Vermittler **131**

das Blut zum Strömen bringt. Insbesondere bei der Aufrechterhaltung des seelischen Gleichgewichts, der Wahrnehmung von Stress und der Erhaltung einer gesunden Balance zwischen der eigenen Innenwelt und der Außenwelt spielt das Herz eine große Rolle. Dazu ist es mit einem besonders fein abgestimmten Nervensystem ausgestattet, das in enger Verbindung zu unserem emotionalen Gehirn steht. Das Herz produziert außerdem Hormone, die eine wichtige Rolle bei der Erhaltung des Gleichgewichts unserer emotionalen Reaktionen spielen. So bildet das Herz in Stressperioden seine eigenen Reserven an Adrenalin, dem Aktivierungshormon, und in Situationen der Zuneigung Oxytocin, das die Gefühle der Liebe und der Verbundenheit unterstützt. Unter der Führung unseres autonomen Nervensystems wird unser Herz in Situationen der Spannung und Entspannung von selbst rascher oder ruhiger schlagen. Doch wir sind mit einiger Übung auch in der Lage wahrzunehmen, wie es um unser Herz bestellt ist, und indem wir lernen, dies immer sorgfältiger zu pflegen, unterstützen wir unser inneres Gleichgewicht und stimmen unsere Stressreaktionen besser aufeinander ab. So zeigt sich, dass die jahrhundertealten meditativen Praktiken, die in allen Religionen und Kulturen betrieben werden, einen wahren Balsam für unser Herz und unsere Gesundheit darstellen.

Variabilität im Herzrhythmus

Unser Herzrhythmus reagiert unmittelbar auf subtile Veränderungen unserer Stimmung und Gedanken, auch wenn wir uns dessen nicht bewusst sind. Emotionen wie Wut und Angst führen direkt zu einer Chaotisierung des Herzschlags und innerer Unruhe. Umgekehrt vermittelt uns ein ruhiger, kohärenter Herzschlag allgemeines Wohlbefinden, ein Gefühl der Harmonie mit sich selbst und lässt das Stresssystem zur Ruhe kommen. Dabei geht es weniger darum, ob das Herz rascher oder langsamer schlägt, sondern um die Variabilität, die Pausen zwischen zwei Herzschlägen, die einmal etwas länger, ein andermal etwas kürzer ausfallen. Bei kleinen Kindern ist diese Herzvariabilität am größten; wenn wir älter werden, nimmt sie naturgemäß ab. Erst kurz vor dem Tod verliert das Herz die Fähigkeit zu diesen rhythmischen Veränderungen und beginnt undynamisch wie ein Metronom zu schlagen. Eine harmonische Verlangsamung und Beschleunigung des Herzrhythmus wird als »kohärenter Rhythmus« bezeichnet. Dieser führt zu einem Gefühl der Konzentration und des Wohlbefindens.

Diese Variabilität des Herzrhythmus lässt sich nicht so leicht unmittelbar spüren, doch sie kann durch Computerprogramme sichtbar gemacht werden, mit denen das Intervall zwischen zwei Herzschlägen gemessen wird. Wird die Zeit zwischen zwei Herzschlägen kürzer, steigt die Linie auf dem Monitor an, verlängert sie sich, geht die Linie nach unten. Eine kohärenter Herzrhythmus aus regelmäßiger Beschleunigung und Verlangsamung ergibt auf diese Weise eine ruhig schwingende und voraussagbare Kurve. Sobald wir uns angespannt fühlen, entsteht jedoch zunehmend ein chaotisches Muster. Die Linie sieht dann wie ein unregelmäßiger Gebirgskamm aus:

   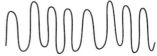

nicht kohärent   kohärent

Situationen, in denen wir uns sicher und in Harmonie mit uns selbst und unserer Umgebung fühlen, in denen wir angenehme, positive Erinnerungen und liebevolle Gefühle haben, führen unmittelbar zu einem kohärenten Herzrhythmus und stärken auf diese Weise unsere Gesundheit.

Weil das Herz so subtil reagiert, tritt in vielen täglichen Lebenssituationen ein mehr oder weniger chaotisches Muster auf, das für die meisten Menschen, da ihnen die entsprechenden Hilfsmittel fehlen, nur schwer zu bemerken ist. Es gibt jedoch Geräte, mittels derer wir durch einen Clip in den Ohren oder am Finger wahrnehmen können, wann unser Herz kohärent schlägt und wann chaotisch. So lässt sich untersuchen, in welchen Situationen wir körperlichen Stress erfahren, obwohl wir uns dessen vielleicht überhaupt nicht bewusst sind, und in welchen Situationen wir uns in Harmonie befinden. Situationen, die die Kohärenz fördern, wie zum Beispiel der Aufenthalt in der freien Natur, Meditieren oder das besinnliche Nachdenken mit der Katze auf dem Schoß, können dann bewusst herbeigeführt werden. Auf diese Weise ist es schließlich möglich, sich dahingehend zu trainieren, dass man auch in stressreichen Situationen stärker die innere Harmonie und einen kohärenten Herzrhythmus bewahrt, beispielsweise bei Sitzungen im Betrieb, dem erzwungenen Warten im Stau oder während eines Konflikts mit dem Partner (siehe auch die Übung »Herzbalance« in Abschnitt 21.5, Seite 415).[40]

4.8 Stressregulierung: Ein fein abgestimmtes Gleichgewicht

Positiver Stress mit einer kurzen, nicht allzu hohen Anspannung verschafft uns also ein angenehmes, aufregendes Gefühl und zielvolle Konzentration, um die anstehende Aufgabe zu bewältigen. Bei chronischem Stress oder zu großer Angst wird zu viel Cortisol produziert, was am Ende zu Schädigungen des limbischen Systems und des Immunsystems führen kann. Umgekehrt lässt ein gestörter Hormonhaushalt unsere Stressbalance anfällig werden. Wenn chronischer Stress auftritt, geraten die fein aufeinander abgestimmten neuronalen und hormonalen Mechanismen durcheinander. Das sympathische Nervensystem und die HHN-Achse werden aktiviert, wodurch das Nebennierenmark Adrenalin und Noradrenalin zu produzieren beginnt, was den Körper in einen aktiven Zustand versetzt. Adrenalin bleibt bei Stress lange im Blut. Bei chronischem Stress ohne Entspannungspausen kann sich das ursprüngliche Niveau nicht mehr wiederherstellen. Der Adrenalingehalt bleibt permanent zu hoch, das heißt, dass der Körper nicht mehr recht zur Ruhe kommt und sich immer im aktiven Zustand befindet. Auch das Cortisolniveau bleibt strukturell erhöht, wodurch Konzentration und Gedächtnis geschwächt werden, das Immunsystem weniger gut funktioniert und chronische Müdigkeit, gepaart mit depressiven Gefühlen, auftritt. Auch in Muskeln und Knochen entsteht ein Ermüdungsschaden, was zu Krankheiten wie dem RSI-Syndrom und Fibromyalgie führen kann. Wenn dann schließlich – wie beim Burnout – ein schwerer Erschöpfungszustand auftritt, ist der Cortisolwert häufig besonders niedrig. Es tritt ein Zustand der Passivität, Hoffnungslosigkeit und schließlich auch Apathie ein (siehe auch in Kapitel 4.2 den Abschnitt über Cortisol, Seite 115 ff.).

5 Das Versagen der Vitalität

Vitalität ist lebenswichtig, damit wir unseren Aufgaben gerecht werden können. Wenn wir schlecht schlafen, zu häufig wach und leistungsbereit sein müssen und der Regeneration unserer physischen und psychischen Spannkraft sowie unserer Lebensenergie zu wenig Aufmerksamkeit schenken, werden wir allmählich ausbrennen. Der »Lebensleib« (siehe Seite 136 ff.) und die Pflege der Lebenskräfte nehmen deshalb in den meisten nicht-westlichen Heilrichtungen wie zum Beispiel in den chinesischen und tibetanischen Traditionen sowie in der schamanischen Heilkunde, die jahrhundertelang von Sibirien bis Amerika ausgeübt wurde, einen zentralen Platz ein.

In der westlichen Heilkunde wird vor allem auf den physischen Teil des Menschen geachtet, Leben und Psyche werden als abhängig von ihm betrachtet. In der östlichen Tradition ist es genau umgekehrt. In den letzten Jahren wächst jedoch auch in der westlichen Welt zunehmend das Bewusstsein für die Qualität des Lebens und der Lebenskraft. Nachdem an der Wende vom 19. zum 20. Jahrhundert die Psyche als Faktor in der Heilkunde entdeckt wurde, berücksichtigt seit etwa zwanzig Jahren auch die westliche Heilkunde immer stärker die Lebensenergie, und der Selbstheilungsfähigkeit unseres Körpers, der Salutogenese, wird mehr Aufmerksamkeit geschenkt. Auf östlichen Meditationstechniken basierende Verfahrensweisen und Therapien wie die Achtsamkeitsmeditation (mindfulness meditation) und andere körperorientierte Bewusstseinstherapien werden immer mehr in die gängige Medizin integriert.

Dieses Kapitel ist dem sogenannten »Lebensleib« gewidmet, seinen Qualitäten und der Frage, wie wir ihn pflegen oder aber schädigen können.

5.1 Die vitale Energie

Der Lebensleib

Alle körperlichen Prozesse sind Ausdruck dahinterliegender nicht materieller beziehungsweise energetischer Kräfte. Der nicht-physische Teil unseres Wesens kann in drei Teilgebiete gegliedert werden:
- das Gebiet der *Lebensenergie,* zu dem Wachstum, Regeneration und Fortpflanzung gehören,
- das Gebiet der *Seele,* wo unser emotionales Leben beheimatet ist und unsere Vorlieben und Abneigungen, unsere Talente und Fähigkeiten leben,
- das Gebiet der *geistigen Impulse,* dessen Ausdruck das Ich ist, welches unsere Biografie lenkt.

Der Lebensleib durchdringt und versorgt jede Zelle und jedes Organ unseres Körpers. Er ermöglicht während unseres gesamten Lebens Aufbau, Wachstum und Regeneration. Unser physischer Körper löst sich auf, sobald der Tod eintritt. Der Lebensleib verhindert während unseres Lebens, dass diese physischen Abbaukräfte die Oberhand gewinnen. Alle körperlichen Strukturen und Organe werden fortwährend ernährt und unterhalten. Es geht dabei nicht nur um Wachstum als solches, sondern auch um das Wachstum in einer bestimmten Form. Auch die Tatsache, dass die Wachstums- und Regenerationsprozesse in bestimmten Momenten beginnen, aber auch wieder aufhören, ist eine Funktion des Lebensleibs. Diese Prozesse werden beispielsweise bei der Wundheilung sichtbar.

Beim Kind sind die Lebenskräfte in den ersten Lebensjahren noch von der Umgebung abhängig und unmittelbar mit den Lebenskräften der Menschen verbunden, die sich um es kümmern, also in erster Linie der Eltern. Im Laufe der ersten sieben Lebensjahre werden diese Kräfte individualisiert. Bei den meisten Menschen bleibt im Bereich der Vitalität immer eine gewisse Abhängigkeit von der Umgebung und den Menschen im Umkreis erhalten. Was Nahrung für die Lebenskräfte ist und was zu allzu starkem Abbau führt, ist jedoch bei jedem Menschen unterschiedlich. Der eine kommt während der Ferien an einem stillen

Ort am Wattenmeer mehr zu sich selbst, ein anderer braucht dafür ein warmes südliches Land mit geselligen Märkten und betriebsamen Terrassen am Abend. Der eine kehrt am liebsten jedes Jahr in dieselbe Gegend zurück, ein anderer sucht ständig etwas Neues. Der eine kann sich in einem Kunstmuseum erbauen, den anderen ermüdet es. Hetze, Angstsituationen, häufiges Kritisiertwerden sowie Zynismus sind jedoch bei jedem Menschen abträglich für die Lebenskräfte.

Lebenskräfte äußern sich in unserer vitalen Energie und dem Grad unserer Ermüdung. Sie beeinflussen in starkem Maße unsere Stimmungen und unser Gefühlsleben. Die Lebensenergie wird sichtbar in allen rhythmisch verlaufenden alltäglichen Prozessen, die den Aufbau und das Gleichgewicht im Körper unterstützen, wie den Biorhythmen der Organe, der Aufnahme, Verdauung und Ausscheidung von Nahrungsstoffen sowie von deren Verwertung zum Aufbau körpereigener Stoffe, im Wachstum und in den Fortpflanzungsprozessen. Während der ersten Lebensjahre werden unsere Lebenskräfte fast vollständig für das Wachstum und den Aufbau unseres Körpers benötigt, doch wenn die zweiten Zähne erscheinen, ist innerhalb des Lebensleibs eine Differenzierung aufgetreten. Ein Teil der Lebenskräfte dient weiterhin dem Stoffwechsel, dem Aufbau und der Regeneration, der andere Teil jedoch steht der Seele zur freien Verfügung und kann sich ab jetzt in seelischen Kräften äußern.[41] Nicht ohne Grund sprechen wir von einem »lebendigen Denken«, einer »regen Fantasie« oder »lebhaften Erinnerungen«, denn diese Fähigkeiten werden von unseren Lebenskräften genährt. Dies ist auch der Grund, warum bei einer Erschöpfung des Lebensleibes, wie sie beim Burnout der Fall ist, sowohl das Denken als auch Fantasie und Gedächtnis in Mitleidenschaft gezogen werden.

Durch eine gesunde Lebensführung, die die natürlichen Biorhythmen von Schlafen und Wachen, Ruhe und Aktivität berücksichtigt, durch gesunde Ernährung und qualitativ hochwertige Kleidung ernähren und pflegen wir unseren Lebensleib. Wenn unsere Lebenskräfte ausreichen für ein aktives Leben und die Aufgaben, die wir in diesem Zusammenhang erfüllen müssen, fühlen wir uns vital und ausgeruht, und wir tun alles mit Freude. Wir werden nicht so rasch krank, weil unsere Widerstandskraft intakt ist und unsere Stimmungen ausgewogen sind. Wenn wir jedoch starken Raubbau pflegen und von unserem Lebensleib immer nur nehmen, statt ihm Zeit und Gelegenheit zu geben, sich wieder zu regenerieren, werden wir bemerken, dass unsere Vitalität und unsere Widerstandskraft abnehmen, dass wir müde und häufig krank sind und auch unser Innenleben immer starrer und weniger lebendig wird. Dieser Erschöpfungszustand kann auf körperlichem Gebiet auftreten, weil wir jahrelang zu hart gearbeitet, zu wenig geschlafen oder uns in einer ungünstigen Lebensumgebung aufgehalten haben, in welcher Dauerlärm und andere übermäßige nervliche Reize (grelles Licht, starker Verkehr, schlechte Luftqualität und wenig Natur in der Umgebung) dominierten. Doch es kann sich auch um seelische Prozesse handeln, wie zum Beispiel ständige kritische, negative Gedanken oder Selbstvorwürfe, Demotivation durch monotone Arbeit oder Belastungen durch eine strapaziöse Partnerschaft. Je jünger wir sind, desto länger sind die natürlichen Lebenskräfte imstande, derartige abbauende Faktoren abzufedern; doch auf die Dauer wird sich dies rächen. In einer Burnout-Situation können die Lebenskräfte am Ende völlig versagen.

Unterschiedliche Anlagen im Bereich des Lebensleibes

Es gibt große individuelle Unterschiede bezüglich der Vitalität und der Qualität der Lebensenergie. Natürlich sind die Umstände, in die ein Kind hineingeboren und unter denen es versorgt wird, wichtig für die Vitalität der Lebenskräfte, doch es gibt in dieser Beziehung auch unterschiedliche Veranlagungen. Manche Kinder werden mit einem unerschöpflichen Vorrat an Energie geboren. Ohne dass die Eltern das Gefühl haben, viel dazu tun zu müssen, essen, wachsen und schlafen diese Kinder gut, sie sind selten krank und von Natur aus voller Weltvertrauen und Lebensfreude. Wenn man solche Kinder gelegentlich in eine turbulente Umgebung mitnimmt oder wenn sie einmal zu spät ins Bett kommen, macht das nicht viel aus; ein so urgesundes Kind wird dadurch nicht aus dem Gleichgewicht gebracht. – Andere Kinder, häufig sogar innerhalb derselben Familie, sind wie kümmernde Pflanzen: Sie sind blass, frieren leicht, sind ängstlich und schreckhaft, sie schlafen nur schwer ein und wachsen nicht ihrem Alter entsprechend. Wenn man solche Kinder in einen überfüllten Laden oder auf ein Fest mitnimmt,

Die vitale Energie   139

sind sie rasch nervlich überreizt, und sie schlafen abends noch schwerer ein. Die Tagesrhythmen von Essen, Aufstehen und zu Bett Gehen müssen bei solchen Kindern viel strenger eingehalten werden. Die Menge an Schlaf, die ein Kind braucht, ist zwar individuell unterschiedlich, doch sie bleibt durch das ganze Leben hindurch eine Konstante. Wer bereits als Kleinkind viel Schlaf benötigt, wird ihn auch als Erwachsener noch brauchen. Es gibt verträumte Kinder, die gerne die Welt beobachten oder ruhig in einer Ecke ein Buch lesen. Sie werden gerne als träge und passiv eingestuft und deswegen immer wieder aufgescheucht, ganz im Gegensatz zu den schnelleren, bewegungsfreudigen Kindern mit einer von Natur aus unerschöpflichen Energie, die sich rasch langweilen und immer wieder neue Abenteuer suchen. Sie essen und schlafen in aller Regel gut, doch ihre Eltern haben alle Hände voll zu tun, um ihre Energie in die richtigen Bahnen zu lenken.

Dies gilt auch dann noch, wenn wir erwachsen sind. Der eine Mensch ist wie ein starker Baum, kräftig in der Erde verwurzelt, mit einer gesunden, vollen Krone, gegen Zeiten der Dürre, des Sturms oder der Kälte gewappnet; ein anderer Mensch ist von Natur aus eher ein empfindliches, zartes Pflänzchen, das fortgesetzter Pflege und des Schutzes bedarf, um gedeihen zu können.

Solange unsere Lebensverhältnisse unserer natürlichen Lebenskraft angepasst sind, können wir, ganz gleich, wie unserer Veranlagung beschaffen ist, gesund leben. Wenn wir jedoch von Natur aus mit weniger üppigen Lebenskräften ausgestattet sind und in einer modernen Großstadt leben oder in Verhältnisse geraten, die uns auslaugen und erschöpfen – beispielsweise als alleinerziehende Eltern, bei massiven Geldproblemen oder aber wenn die Nachbarn Tag und Nacht Lärm machen –, ist das Risiko groß, dass das Leben selbst bereits zu einem Anschlag auf unseren Lebensleib wird. Das alltägliche Leben kann uns dann bereits erschöpfen, und häufig geschieht dies, ohne dass wir es in ausreichendem Maße bemerken. Lärmbelastung, ununterbrochene und unerbetene Sinnesreize, Fernsehen, Computer oder Handys, Umweltverschmutzung, extreme Verkehrbelastung und Menschenmengen – all das sind Faktoren, die heute einfach zu unserer Kultur gehören, doch viele Menschen machen sich gar nicht mehr klar, wie viel Energie sie all dies kostet.

Zu starke Offenheit: Sensible Menschen

Der Lebensleib, die Lebensenergie, das Chi (Qi), wie die Chinesen sagen, vermittelt zwischen Körper und Seele. Er ist viel weniger in sich abgegrenzt als unser physischer Körper und bildet nicht nur die Quelle unserer persönlichen Lebensenergie, sondern ist zugleich ein sensibler Wahrnehmungsorganismus, durch den wir, meistens unbewusst, in enger Verbindung mit unserer Umgebung und den Lebenskräften und Seelen der Menschen um uns herum stehen. Auch in Bezug auf diese Offenheit gibt es große Unterschiede zwischen den einzelnen Menschen.

Eine große Anzahl von Menschen verfügt von Natur aus über eine offene und sensible Konstitution des Lebensleibes. Das sind diejenigen Kinder und Erwachsenen, die exakt die feinsten Stimmungen und Stimmungsschwankungen empfinden, die dem Gast, noch bevor er darum gebeten hat, eine Tasse Tee servieren, weil sie seinen Durst gespürt haben, die genau merken, wenn die Lehrerin traurig ist, auch wenn sie nicht darüber redet, oder die bereits fühlen, dass sich in der Abteilung etwas zusammenbraut, obwohl oberflächlich betrachtet alles noch in bester Ordnung ist. Als Kind erstaunen sie ihre Eltern, weil sie laut aussprechen, was diese denken, oder Fragen beantworten, die noch gar nicht gestellt sind. Sie sehen rasch blass aus, haben dunkle Ringe unter den Augen und sind häufig müde oder lustlos, auch wenn sie, fragt man ihre Eltern, genügend schlafen. Wenn die Atmosphäre in der Klasse angespannt ist, Papa sich Gedanken über seine Arbeit macht, wenn die Eltern einen Konflikt miteinander haben, bekommen sie Bauchschmerzen oder Kopfweh, auch wenn sie nicht genau angeben können, was ihnen fehlt. Zu bestimmten Freunden möchten sie nicht zum Spielen gehen, und wenn der Lehrer andere Kinder in der Klasse rügt, sind sie es, die danach durcheinander sind. Sie benötigen häufig mehr Regelmäßigkeit und mehr Schlaf als ihre Geschwister. Bereits früh möchten sie für andere sorgen, und sie können ihre Umgebung durch unerwartete Beobachtungen und weise Äußerungen überraschen. Es sind Kinder, die tiefsinnige Fragen stellen und häufig eine natürliche spirituelle oder religiöse Veranlagung zeigen. In der Natur blühen sie sichtlich auf, sie zelten gerne an einem ruhigen Ort oder

Die vitale Energie **141**

wandern in den Bergen, wo sie plötzlich eine unglaubliche Energie entwickeln können. Derartige sensible Kinder sind auch als Erwachsene rasch überfordert, wenn in ihrer Umgebung Streit oder Disharmonie herrschen. Sie sind empfindlicher gegenüber Geräuschen, Gerüchen oder rasch wechselnden Bildeindrücken als andere, und bestimmte Fernsehsendungen, Filme oder Zeitungsartikel können sie tief verstören. Auch in Situationen, wo viele Menschen zusammenkommen, wie in großen Läden, auf dem Markt, in Schwimmbädern oder Sportstätten, bemerken sie rasch, wie ihre Energie förmlich verdunstet. Häufig reagieren sie auch stärker als andere auf bestimmte Nahrungsmittel und andere Stoffe wie Zucker, Farbstoffe, Kaffee, Alkohol und Zigarettenqualm. Manchmal leiden sie unter Dingen, die anderen Menschen nicht einmal auffallen: das Geräusch des Kühlschranks, bei dem immer wieder die Kühlung anspringt, elektromagnetische Felder im Umkreis von Haushaltsgeräten, Handys oder Sendemasten sowie Monitoren von Computern oder Fernsehbildschirmen. Für diese Menschen stellen alle Eindrücke des Alltagslebens unserer modernen westlichen Kultur eigentlich eine chronische Überlastung dar, und so tragen sie ein höheres Risiko als andere, Opfer eines Burnouts zu werden oder ein Chronisches Erschöpfungssyndrom zu entwickeln.

━━ **Beispiel 43**

Johanna, die Krankenschwester, ist besonders sensibel für Stimmungen, Geräusche, Gerüche und bestimmte Bilder. Sie hat einen speziellen Kühlschrank angeschafft, der nicht brummt, und sie lässt niemals Musik im Hintergrund laufen. Wenn sie eine Stunde fernsieht, spürt sie eine innere Leere, die ihr sehr unangenehm ist, und all die »Gewaltbilder« lassen sie nicht mehr los. Deswegen schaut sie eher selten fern, und die Tagesschau wird ausgespart. Als Kind bekam sie Albträume von unheimlichen Geschichten. Sie selbst sagt dazu Folgendes:»Ich sehe immer alles genau vor mir, wenn ich etwas lese oder höre. Eigenartigerweise macht es mir nichts aus, wenn ich bei meiner Arbeit unangenehme Dinge höre, als ob die Verbindung mit dem Menschen, mit dem ich darüber rede, bewirkt, dass ich es besser aushalten kann.« Am wohlsten fühlt sie sich in der Natur und wenn sie alleine ist und wenn das Leben nicht gar zu hektisch ist.

»Störsender« im Bereich der Lebensenergie

Im Allgemeinen gibt es zwei Hauptgebiete, auf denen Störungen der Lebensenergie eintreten. Das eine Gebiet betrifft den Teil des Lebensleibs, der mit dem physischen Körper verbunden ist, das andere die Lebenskräfte, die sich in der Seele äußern.

»Störsender« für die körpergebundenen Lebenskräfte sind unter anderem:

- Mangel an Frischluft, das Einatmen verschmutzter Luft
- Mangel an Schlaf, ein unregelmäßiger Tages- und Nachtrhythmus
- übermäßige Sinnesreize durch nicht naturbedingte Geräusche, Gestank oder visuelle Eindrücke
- Stress: ein gehetzter Lebensstil, aufgescheucht werden
- anhaltende körperliche Überlastung
- unnatürliche Nahrungsmittel
- zu viel Essen, insbesondere zu viel raffinierte, chemisch behandelte Nahrung
- ungesunde Fette, zu süßes oder zu salziges Essen, Nahrungsmittel mit künstlichen Farbstoffen oder synthetischen Geschmacksstoffen
- Kaffee, schwarzer Tee, Alkohol, Nikotin, Drogen
- chemische Arznei- und Nahrungsmittel
- starke elektromagnetische Felder.

Die vitale Energie **143**

»Störsender« für die seelengebundenen Lebenskräfte sind unter anderem:

- ein Lebensstil, der einseitig auf Leistung und in der Zukunft liegende Ziele orientiert ist und nicht auf die Qualität der Erfahrung im Hier und Jetzt
- Überflutung der Sinne mit Reizen durch künstliche Geräusche oder visuelle Eindrücke
- ungesunde, karikaturhafte oder gewaltbetonte Bilder
- Zynismus
- ein vorprogrammierter, extrem leistungsorientierter und fantasieloser Unterricht, der auf die Vermittlung reproduktiven Wissens und nicht auf kreatives Denken und Tun abzielt
- eine berufliche Tätigkeit, die wenig Raum für Eigeninitiative und Kreativität bietet
- stupide, geisttötende Arbeit, bei welcher das Tempo und die Qualität durch die Technik und nicht durch den Menschen bestimmt sind, so zum Beispiel am Fließband oder am Bildschirm
- eine schlechte Stimmung in der sozialen Umgebung (Schule, Arbeitsplatz, Familie).

Wie wir bereits gesehen haben, gehören viele dieser »Störsender« ganz selbstverständlich zu unserem heutigen Alltagsleben, und wenn wir unsere Lebenskräfte stärken und pflegen wollen, müssen wir bewusste Entscheidungen bei der Ernährung, für unseren Lebensstil und unsere Arbeit treffen; wir müssen lernen, auf unsere inneren Bilder zu achten. Denn wenn die Störsender nur stark genug sind, lange genug auf uns einwirken und ihnen nicht genügend aufbauende Prozesse entgegengesetzt werden, wird der körpergebundene Teil des Lebensleibes, der für das »Wachsen und Gedeihen« sorgt, überlastet und schließlich erschöpft sein. Dies lässt sich an Symptomen wie Blässe, Abmagern oder starke Gewichtszunahme, Müdigkeit, Schlafstörungen, Verdauungsprobleme, Verlust der Libido, verzögerte Wundheilung sowie Infektionskrankheiten festmachen.

144 Das Versagen der Vitalität

Auch der freie Teil des Lebensleibs, der in der Seele aktiv ist, kann in einen Erschöpfungszustand geraten. Das Denken verliert dann seine Gestaltungskraft, es wird träge, unkonzentriert und assoziativ. Das Fühlen verflacht und wird schwer, während die Seele gleichsam nackt und übersensibel Eindrücken ausgeliefert ist. Willenskraft und Durchsetzungsfähigkeit lassen nach, Kreativität und Fantasie nehmen ab. Das Leben wird immer mehr zu einer Art Routine, wie bei einem Pferd, das eine Tretmühle bedient: immer dieselbe Runde, mit hängendem Kopf und müdem Gang.

Der Lebensleib nimmt diesen Erschöpfungsprozess wahr, häufig schon lange, bevor wir uns seiner bewusst sind. Er artikuliert sich durch symbolische Bilder, die Sprache des Lebensleibs. Sowohl nachts in unseren Träumen wie tagsüber in halb bewusst aufsteigenden Bildern werden wir gewarnt. So im Falle von Klaus:»So kann es nicht weitergehen (Versinken in Löchern auf dem Weg), sinnvolle Taten (eigenhändig das brennende Haus löschen) werden auf diese Weise unmöglich« (siehe Beispiel 8, Seite 53).

▬▬ Beispiel 44

Lara träumt in dem Jahr, bevor sie ins Burnout gerät, dreimal denselben Traum: Sie befindet sich in ihrem Klassenraum in der Schule und versorgt ein kleines Baby. Als sie genauer hinschaut, entdeckt sie, dass das Kind in ihren Armen tot ist.

Später erkennt sie, dass diese Träume ihr schon längere Zeit sagen wollten, was sie bei vollem Bewusstsein nicht an sich heranlassen wollte: dass ihr inneres Kind, ihre Kreativität und ihre Lebensfreude in dieser Schule im Begriff waren zu sterben.

▬▬

Nahrung für den Lebensleib

Der Lebensleib trägt und versorgt uns unser ganzes Leben lang, deswegen ist es von größter Wichtigkeit für unsere Gesundheit, dass wir lernen, ihn zu pflegen und ihm Nahrung zu geben. Bei Kindern ist dies

Die vitale Energie **145**

die Aufgabe der Eltern, Erzieher und Lehrer. Der Erwachsene muss sich selbst darum kümmern. Gesunde, abwechslungsreiche und möglichst biologische Kost liefert gute Grundstoffe, mit denen der Lebensleib den physischen Körper aufbauen kann. Nahrung mit vielen chemischen Zusätzen und Fast Food können möglicherweise ausreichend Kalorien bereitstellen, doch sie liefern keinen positiven Beitrag zur Qualität der Lebenskräfte. Dasselbe gilt für Genussmittel wie Zucker, Kaffee, Alkohol und Nikotin.

Der Lebensleib gedeiht am besten bei einem Gleichgewicht zwischen Ruhe und Aktivität, durch Regelmaß im täglichen Tun und durch wiederkehrende Rhythmen im Zeitablauf, wie beispielsweise dem Wochenverlauf, der Abfolge der Jahreszeiten und der dazugehörigen Feste. Daneben ist es für viele Menschen wichtig, dass sie genügend Herausforderungen, Abwechslung bei ihren Tätigkeiten und verschiedene Umgebungen erleben können. Trott und Eintönigkeit höhlen sie aus. Auch die konzentrierte, nach innen gewendete Aufmerksamkeit, wie zum Beispiel bei der Meditation, ernährt den Lebensleib. Wie viel Abwechslung und Veränderung einem Menschen guttut, ist individuell unterschiedlich; der eine benötigt mehr Ruhe, ein anderer lebt gerade durch Bewegung und Aktivität auf.

Im hektischen Alltagsleben wenden wir im Allgemeinen zu wenig Zeit für nach innen gerichtete Aufmerksamkeit auf; dadurch nehmen wir zu spät wahr, dass wir von allzu vielen Sinneseindrücken überschwemmt werden und eine Tendenz zur Übermüdung entwickeln.

Für Fragen und Übungen bezüglich der Vitalität, des Lebensleibs und der Lebensenergie siehe Teil IV, Kapitel 18, Seite 349 ff.

6   Seelendramen

Unsere Persönlichkeit umfasst viele verschiedene Facetten oder
»Selbste«, von denen jedes seine eigene spezifische Qualität und Energie besitzt, die wir in unterschiedlichen Situationen bewusst oder unbewusst zeigen oder einsetzen. Als Gesprächsleiter bei einer Sitzung fühlen und verhalten wir uns anders als wenn wir allein an einem stillen Strand entlangwandern oder mit dem Partner und den Kindern zusammen am Tisch sitzen. Als Lehrer, der vor einer Klasse steht, oder als Arzt in der Sprechstunde mit einem Patienten sind wir ein anderer als wenn wir mit Freunden ein Fest feiern oder gehetzt in einer langen Schlange vor der Kasse eines Supermarktes stehen. Dennoch sagen wir in all diesen Situationen: Das war oder tat ich selbst. Unsere Persönlichkeit umfasst mehrere und häufig konträre Teile. Manche von ihnen sind uns nur allzu bekannt, und wir begegnen ihnen in unterschiedlichen Lebenssituationen immer wieder, gewollt oder ungewollt. So zum Beispiel einem ehrgeizigen Selbst, das konsequent und rücksichtslos vorgeht, oder einem Persönlichkeitsteil, der ständig die Neigung hat, anderen zu helfen, und gar nicht sieht, was er selbst braucht. Es gibt auch Selbste, die ein eher verborgenes Dasein führen – zum Beispiel der ausgestoßene Rebell, der bequeme Faulpelz oder der cholerische, rücksichtslose Chef – , und solche, die wir lieber nicht kennen möchten, die wir zu leugnen und zu verstecken versuchen, und wenn dies nicht gelingt, wenigstens zu negieren. Dennoch haben sowohl die dominanten als auch die mehr unterdrückten und verborgenen Selbste einen großen Einfluss auf unser Handeln, unseren Gemütszustand, unsere Gefühle, Denkmuster und unsere Körpersprache. Ob wir sie nun als angenehm oder unangenehm, hilfreich oder hemmend erleben – wir haben diese Seelenteile selbst entwickelt, und zwar aus ganz bestimmten Gründen, und jeder von ihnen hat seine eigene, besondere Aufgabe im Ganzen unserer Persönlichkeit.[42] Indem wir lernen, auf ihre Stimmen zu hören, können wir viel über uns selbst erfahren und unser Verhalten bewusster zu steuern beginnen.

6.1 Die Wechselwirkung zwischen dem Inneren und der Umgebung

Ein Burnout ist ein komplexes Geschehen, das sich langsam über Jahre hinweg entwickelt. Nicht so sehr die objektive Menge an Arbeit ist dabei ausschlaggebend, sondern die Art und Weise, wie die Arbeit und das Leben erfahren werden. Obwohl es gewiss Arbeitsverhältnisse und Berufe gibt, die fast jeden Menschen früher oder später ausbrennen lassen, handelt es sich doch immer um eine Wechselwirkung zwischen der Arbeitslast, die einem Menschen auferlegt wird, und der Tragkraft desjenigen, der diese Arbeit ausführen muss. Burnout hängt also nicht nur mit den Umständen und Lebensaufgaben, sondern auch stark mit der persönlichen Belastbarkeit der betreffenden Person zusammen. Und schließlich gibt es manchmal Dinge im Privatleben, die eine starke Herausforderung für die Lebenskräfte und die Belastbarkeit darstellen, wodurch ein Mensch, der eine an sich befriedigende Arbeit hat, dennoch in ein Burnout geraten kann.

Dass die Unterschiede in der individuellen Stressbeständigkeit so groß sein können, hängt mit dem Unterschied in der Organisation des Lebensleibs und der Qualität der Lebenskräfte zusammen. Der eine Mensch ist von Natur aus offener und sensibler, der andere bleibt stärker bei sich und reagiert dadurch weniger auf Druck von außen. Doch auch die Persönlichkeitsmerkmale und Charakterzüge, die durch frühere Lebenserfahrungen entstehen und verstärkt werden, bestimmen die Art und Weise, wie wir mit unseren Arbeitsaufgaben und mit Stress umgehen. Alle möglichen Normen, Ansichten und einander widersprechenden inneren Stimmen lenken unser Verhalten und unsere Gefühle diesbezüglich.

Die Gesamtheit dieser Faktoren prägt die Art, wie wir unsere Arbeit in einer bestimmten Lebensphase erfahren, und die Möglichkeit beziehungsweise Unmöglichkeit, ein gesundes Gleichgewicht zwischen Anstrengung und Entspannung zu finden. Gleichzeitig bietet diese Tatsache auch Chancen in Bezug auf Vorbeugung und Rehabilitation: Wenn wir aufgrund unserer Veranlagung oder unserer Charaktereigenschaften gefährdet sind, ein Burnout zu erleiden, können wir durch bestimmte Maßnahmen und Übungen oder durch eine andere Organisa-

148   Seelendramen

tion unserer Arbeit dafür sorgen, dass wir dennoch fit bleiben und uns nicht vollständig verausgaben. Wir brauchen das Ruder nicht erst nach einer Burnout-Phase herumzureißen.

In den nachfolgenden Abschnitten liegt der Hauptakzent auf den Charakterzügen, den einander widersprechenden inneren Stimmen und den Überlebensstrategien, wie sie sich im Verlauf der Biografie herausgebildet haben.

6.2 Frühere Erfahrungen als unbewusstes Drehbuch für das Leben

Eltern stellen in ihrer Lebensweise ein Vorbild dar, das man als Kind unbewusst als Richtlinie in sich aufnimmt oder aber als etwas, von dem man sich das ganze Leben hindurch absetzen möchte. Die Beziehung zu Eltern und Geschwistern sowie die Atmosphäre in der Familie hinterlassen einen bleibenden Eindruck in unserer Seele. Bestimmte Teile unserer Persönlichkeit werden durch Erfahrungen in unserer Jugend geformt und verstärkt. Die sozialen und wirtschaftlichen Verhältnisse der Familie, in welcher man aufgewachsen ist, die Familienkultur, die Stellung zwischen den anderen Geschwistern und die Jugenderfahrungen außerhalb der Familie bei Verwandten, in der Schule und mit Freunden und Feinden tragen stark zur Herausbildung von Lebensstrategien und zur späteren Arbeitsmentalität bei. Wenn man aus einer großen Familie kommt, wo das Geld hinten und vorne nicht reichte und alle hart mitarbeiten mussten, während trotz aller Anstrengungen nie wirklich genug von allem vorhanden war, ist die Gefahr groß, dass die Neigung, hart zu arbeiten und ein gutes Einkommen anzustreben, zu einer Methode wird, um Lebenssicherheit zu schaffen. So wird die »fleißige Ameise« geboren, während der »Leichtfuß«, der »Eremit« und der »Kläger« – über diese Typologie gleich mehr (siehe Seite 158 ff.) – in einer solchen Familie eher ungebetene Gäste sind.

Frühere Erfahrungen als unbewusstes Drehbuch für das Leben   149

━━━ **Beispiel 45**

Roxane, die überarbeitete Mutter, wuchs in einer kleinen Stadt als älteste von zwei Töchtern bei Eltern auf, die zusammen einen Laden führten. Von Kindesbeinen an lernte sie, dass harte Arbeit und Pflichterfüllung lobenswerte Eigenschaften sind. Ihre Eltern arbeiteten von früh bis spät, und bereits als kleines Kind half sie mit, die Regale zu füllen. Später hatte sie nur wenige Freunde, denn nach der Schule musste sie im Laden mit anpacken, und ihre Eltern hatten außerdem Angst vor Dieben und Einbrechern – sie wollten nicht, dass Fremde in die Wohnung kamen.

Weil Roxane eine hervorragende Schülerin war, übersprang sie mit neun Jahren eine Klasse und kam in eine andere Schule mit älteren Mitschülern, bei denen sie keinen Anschluss fand. Die anderen Kinder konnten bereits vieles, was Roxane noch nicht gelernt hatte. Bis dahin war sie immer die Klügste in ihrer Klasse gewesen, jetzt war sie plötzlich die Dümmste, und sie musste sehr hart arbeiten, um weiterhin mitzukommen. Außerdem wurde sie von den anderen Kindern gehänselt. Von ihrem Selbstvertrauen blieb nicht viel übrig. Seitdem verfolgt sie das Gefühl, dass alle anderen Dinge verstehen, von denen sie keine Ahnung hat; und sie lebt in dem festen Glauben, dass ihre eigenen Leistungen nur wenig bedeuten.

━━━

In der (auto-)biografischen Literatur lassen sich häufig unterschiedliche in Entwicklung befindliche Persönlichkeitsteile feststellen. So kann man in der Biografie der bekannten niederländischen Kinderbuchautorin Annie M.G. Schmidt beobachten, wie sie, die im kleinbürgerlichen westniederländischen Zeeland als Tochter eines reformierten Pfarrers und einer gehorsamen, aber unglücklichen Hausfrau aufwuchs, sich irgendwann dafür entschied, einen starken und humoristischen Rebellen in sich zu entwickeln, der ihr ein Leben lang zur Seite stand und sie zu vielen Schöpfungen inspirierte, sodass sie wunderbare Kinderbücher verfasste.

Seelendramen

▬▬ Beispiel 46

Chris, der nach einer mühevollen Reorganisation, nach der er eine ganz neu geschaffene Abteilung zu leiten hatte, ins Burnout geriet, wuchs als ältester Sohn in einer Familie mit acht Kindern auf. Zum Haus gehörte eine kleine Schiffswerft, wo auch am Wochenende und abends gearbeitet wurde. In der Familie lebte die unausgesprochene Ansicht, dass man niemals in Abhängigkeit von anderen geraten dürfe und nur durch harte Knochenarbeit überlebensfähig bleibe. Außerdem war der Kunde immer König und also wichtiger als man selbst. Um Schulangelegenheiten kümmerte man sich kaum, solange die Noten in Ordnung waren. Chris arbeitete schon früh auf der Werft mit, um das Familieneinkommen aufzubessern, obgleich diese Arbeit ihn nicht wirklich interessierte. So lernte er seine eigenen Ziele und Interessen einem größeren Ganzen unterzuordnen und Müdigkeit oder gar Unlust zu ignorieren.

▬▬

In manchen Familien wird die Forderung, jederzeit für andere zur Verfügung zu stehen, besonders stark gelebt; es gilt dort dann fast als Pflicht, die Rolle des »Retters« zu spielen. Auf die eigenen Grenzen zu achten und sich einen Eigenraum zu leisten wird in einer solchen Familie als egozentrisch und unerwünscht empfunden.

▬▬ Beispiel 47

Bernd ist ein 51-jähriger ausgebrannter Hausarzt. Er ist jederzeit für andere da, doch er kann nicht gut für sich selbst sorgen. Er ist der Älteste von vier Kindern. Seine zwei Jahre jüngere Schwester war leicht lernbehindert, und Bernd musste sie in der Grundschule immer beschützen. Wenn seine Schwester schikaniert wurde oder einen blauen Fleck abbekam, wurde Bernd von seinen Eltern dafür verantwortlich gemacht.

Schon seine Eltern standen rund um die Uhr für jeden bereit, und sie erwarteten selbstverständlich dasselbe von ihren Kindern. Bernds Vater war Pfarrer in einer kleinen Gemeinde, und das Wohl der Gemeinde kam vor dem Wohl der Familie. Die Familie musste

Frühere Erfahrungen als unbewusstes Drehbuch für das Leben 151

aufgrund des Berufs des Vaters mehrmals umziehen. Obwohl die Kinder nie gern die Schule wechselten und ihre vertraute Umgebung nicht aufgeben wollten, hatte die Familie kein Mitspracherecht. Die Mutter unterstützte den Vater hundertprozentig. Niemals waren die Eltern verschiedener Meinung. Auch die Kinder mussten sich stets anständig und höflich verhalten, sie durften nie offen miteinander streiten.

Kinder, die als Älteste in einer Familie aufwachsen, in der Armut herrscht, in der die Mutter alleinerziehend ist oder wo eine Firma oder ein Laden als Familienbetrieb geführt wird, identifizieren sich als Kind häufig bereits früh mit der Rolle des Erwachsenen (sogenannte Parentifikation). Sie fühlen sich für das Familienleben verantwortlich und oft bereits in jungen Jahren auch für das Einkommen; so lernen sie, ihre eigenen Interessen zurückzustellen.

Beispiel 48

Lisbeth ist die älteste Tochter in einer streng reformierten Familie mit fünf Kindern. Ihr Vater starb ganz plötzlich, als sie elf Jahre alt war, und ab diesem Moment drohte der Familie Armut. Die Mutter arbeitete bei einer anderen Familie im Haushalt, um für das Nötigste zu sorgen. Lisbeth war als Älteste dafür verantwortlich, dass zu Hause geputzt war, und sie musste auf ihre jüngeren Geschwister aufpassen. »Meine Mutter sagte immer, wenn wir einen Moment lang nichts taten oder uns langweilten: Müßiggang ist aller Laster Anfang, und dann verteilte sie irgendwelche kleinen Aufgaben im Haushalt oder im Garten.« Als Kind hatte Lisbeth immer Angst, dass sie auch noch ihre Mutter, die stets so müde und abgekämpft aussah, verlieren würde. Deswegen arbeitete sie immer so hart, wie sie nur konnte, und setzte ihren Ehrgeiz daran, alles besser zu erledigen als die anderen.

Nach Beendigung der Schule machte sie eine Ausbildung als Sekretärin und arbeitete nebenher, um weiterhin etwas zum Familieneinkommen beizutragen. Sie heiratete nicht. Vielmehr half sie

152   Seelendramen

viele Jahre ihrer Mutter, danach wollte sie gerne allein sein und
nicht »schon wieder eine Familie«. Solange sie ihren alten Chef
und ihre Kollegen noch hatte, nahm ihr Arbeitsplatz einen sehr
hohen Stellenwert bei ihr ein, eine Art Familienersatz. Als die unangenehme neue Chefin kam, fühlte sich Lisbeth auch für sie verantwortlich. Der Gedanke, offen zu protestieren oder bestimmte
Arbeiten abzulehnen, kam gar nicht in ihr auf.

So kann die Familie zu einer Art »Brutstätte für fleißige Ameisen«[43] werden, wo die Kinder lernen, dass derjenige, der nicht arbeitet, auch nichts
zu essen hat und dass die Belange der Gruppe wichtiger sind als die
individuellen Wünsche und Nöte. Einerseits fördert das die Ausbildung
einer starken Willenskraft und Durchsetzungsfähigkeit, auf der anderen Seite besteht das Risiko, dass die Pflicht zum alles beherrschenden
Motiv im Handeln wird und viel zu wenig auf die Signale gehört wird,
die darauf hindeuten, dass man so nicht auf Dauer weitermachen kann.
Es kann auch sein, dass der Erwachsene noch immer im Konflikt mit
den Eltern, wie er in der Kindheit herrschte, befangen ist:

Beispiel 49

Klaus ist das jüngste von vier Kindern und der einzige Sohn seiner
Familie. Sein Vater arbeitete als Vorarbeiter auf dem Bau und erzog
seinen Sohn spartanisch. So gab es obligatorische Schwimmstun-
den vor Schulbeginn in einem eiskalten Freibad. Wenn Klaus von
der Schule schlechte Noten mit nach Hause brachte, sprach sein
Vater tagelang nicht mit ihm. Nur selten wurde er von ihm gelobt.
Seine Geschwister gingen aus dem Haus, als er noch jung war. Bereits als Jugendlicher musste er sich einen Aushilfsjob suchen, weil
er kein Taschengeld bekam und sogar das Fahrrad, mit dem er zur
Schule fuhr, selbst bezahlen musste. Seine Mutter war eine liebe
Frau, die sich nicht gegen ihren dominanten Mann durchsetzen
konnte, aber Klaus manchmal heimlich etwas zusteckte. Sie war
sehr stolz, dass ihr Sohn so leicht lernte, und unterstützte seinen
Plan, auf die Universität zu gehen. Sein Vater hielt gar nichts da-

Frühere Erfahrungen als unbewusstes Drehbuch für das Leben   153

von, vor allem diese alternativen »Ziegensocken-Biologen« waren
für ihn Weicheier; er weigerte sich, seinen Sohn auch nur im Geringsten zu unterstützen. Kurz vor Beendigung des Studiums starb
Klaus' Vater plötzlich an einem Herzinfarkt. Klaus schämt sich, es
auszusprechen, doch eigentlich fühlte er sich erleichtert, als sein
Vater tot war. Seine Mutter wohnt seit fünf Jahren in einem Pflegeheim. Er hat ein gutes Verhältnis zu ihr wie auch zu seinen drei
Schwestern.

Bei Klaus spielt seine spartanische Erziehung eine Rolle: Er arbeitet extrem hart, beklagt sich nie und sucht immer eine Lösung, wenn Schwierigkeiten auftauchen. Gleichzeitig versucht er noch immer seinem Vater, obwohl dieser seit Langem tot ist, zu beweisen, dass Biologen keine
»Weicheier« sind. Im Führungsstil seines neuen Chefs wiederholt sich
außerdem ein altes Muster. Er ist autoritär und zwingt Klaus, die Dinge
auf seine Weise zu tun. So sehr Klaus auch sein Bestes gibt, er erntet nur Kritik und niemals ein Lob oder Dank. Seine ehemalige Chefin
spielt die Rolle seiner Mutter. Insgeheim unterstützt sie Klaus, doch of-
fiziell kann sie nichts für ihn tun. Als Klaus dann tatsächlich einen Fehler macht und im Beisein seiner Kollegen gedemütigt wird, wiederholt
sich das alte Muster auch hier, und das verletzte Kind in Klaus bricht in
Tränen aus.

Auch der Platz, den ein Mensch innerhalb der Geschwisterfolge einnahm, ist von Bedeutung. Waren Sie das älteste Kind, das schon sehr
früh eine Mitverantwortung für die anderen Geschwister trug, wenig
Freizeit hatte, um zu spielen oder auszugehen, und mussten Sie sich
bereits in der Schulzeit mit um das Wohlergehen und das Überleben
der Familie kümmern? Oder waren Sie das jüngste Kind, für das immer
gesorgt wurde und das sich in Not und Gefahr immer auf andere verlassen konnte? Im ersten Fall entwickeln Sie die Fähigkeit, Verantwortung
zu übernehmen und auf eigenen Beinen zu stehen, doch möglicherweise ist das Vermögen, auf die eigenen Bedürfnisse zu hören, weniger
stark vorhanden. Im zweiten Fall ist es genau umgekehrt: Sie finden es
möglicherweise schwierig, als Erwachsener eigene Entscheidungen zu

154 Seelendramen

treffen und die Verantwortung für Ihr eigenes Leben zu übernehmen, inklusive der Fehler, die einfach dazugehören.

Auch in Familien, in denen die Eltern sich viel streiten, wo eine aggressive oder gar gewalttätige Atmosphäre herrscht, übernehmen die Kinder häufig bereits sehr früh Verantwortung. Sie versuchen sich und die anderen zu beschützen, indem sie stets lieb und brav sind und sich enorm anstrengen. Oder sie entwickeln einen inneren Rebellen oder Eremiten, der sich zurückzieht und nichts mehr mit all dem zu tun haben möchte, oder aber einen ängstlichen »Abhängigen«, der die anderen entscheiden lässt.

Beispiel 50

Als Roxane zwölf Jahre alt war, erkrankte ihre jüngere Schwester, die sie sehr liebte, schwer und starb ein halbes Jahr später. Der Laden blieb zwei Tage lang geschlossen, und danach ging das Leben weiter. Über ihre kleine Schwester, über den Verlust und die Trauer, über ihre eigene Angst vor beziehungsweise Sehnsucht nach dem Tod konnte nicht gesprochen werden. Für ihren Vater schien das Leben danach nur noch wenig Sinn zu haben, Freude und Heiterkeit waren ab jetzt verboten. Die Mutter arbeitete verbissen und lachte nie mehr. Roxane kam zu dem Schluss, dass es für ihre Eltern leichter gewesen wäre, sie zu verlieren als ihre verstorbene Schwester. So tat sie ihr Bestes, um ihren Eltern das Leben erträglicher zu machen. Sie fungierte als Vermittlerin in deren immer schwieriger werdenden Ehe, und in der Schule strengte sie sich nach Kräften an, weil ihre Eltern das wichtig fanden. Roxane schaffte ein hervorragendes Abitur. Entgegen der Erwartung ihrer Eltern und Lehrer entschied sie sich jedoch dafür, nicht an einer Universität zu studieren, sondern eine interne Ausbildung in einer Lebensgemeinschaft für Behinderte zu absolvieren, um später auch dort zu arbeiten. Als Roxane sich außerdem in einen Mann verliebte, den ihre Eltern ablehnten, und mit neunzehn Jahren mit ihm zusammenzog, brachen sie die Verbindung mit ihr vollständig ab. Obwohl ihre Mutter nach der Geburt des ersten Kindes wieder Kontakt mit ihr suchte, wurde die Beziehung nie wieder ganz das, was sie einmal war. Als ihr Vater letztes Jahr starb, war es sein Wunsch, dass Roxane bei seinem Begräbnis nicht dabei sein sollte. Sie ist dennoch hingegangen, obwohl sie sich nicht willkommen und fremd fühlte. Später bekam sie Albträume, in denen es um ihre kleine Schwester ging.

Mit großer Überwindung konnte Roxane vor Kurzem bei ihrem Hausarzt zum ersten Mal aussprechen, dass sie ständig in der Angst lebt, ihrem Mann Ken oder einem ihrer Kinder könne etwas zustoßen. Vor allem um ihren jüngsten Sohn macht sie sich Sorgen – er könnte plötzlich krank werden und sterben, oder es könnte ihm ein Unglück zustoßen. Wenn ihr Mann oder eines der Kinder ohne sie irgendwohin geht, spricht sie alle paar Minuten ein Stoßgebet. Sie hat Angst, dass etwas Schreckliches geschehen könnte, wenn sie sie nicht ständig in ihrem Bewusstsein trägt.

6.3 Teilpersönlichkeiten im Dialog: Wer hat das Sagen?

Menschen, die ins Burnout geraten, haben häufig eine Persönlichkeit, die stark auf Leistung hin orientiert ist; harte Arbeit ist für sie eine Quelle des Selbstrespekts und der Wertschätzung durch andere. Nabelschau und Gejammer über Krankheiten und Rückschläge, so etwas kennen sie nicht; »durchhalten« lautet die Devise. Dabei fällt auf, dass die Persönlichkeitsmerkmale von Menschen, die ein Burnout erleiden, in unserer Kultur heute besonders hoch eingestuft und meistens von Kindesbeinen an in Familie, Schule und am Arbeitsplatz angeregt und bestätigt werden. Gerade diejenigen, die voller Ideale hart arbeiten und sich mit großer Treue und Ausdauer für ein Ziel einsetzen, laufen Gefahr, sich selbst zu überholen und auszubrennen. Wenn man nie gelernt hat, auf den eigenen Körper zu horchen, wenn man es nicht wichtig findet, wie man sich in einer bestimmten Situation fühlt, wenn man immerzu nur das Ziel und nicht den Weg sieht, dann ist die Gefahr, ins Burnout zu geraten, groß.

Die Berufswahl hängt natürlich auch mit dem Charakter zusammen. Jemand, der einen Beruf wählt, der ihn mit Menschen zusam-

156 Seelendramen

menbringt, engagiert sich zumeist im Sozialen und tut gerne etwas für andere. Wenn man eine gute Organisationsgabe besitzt und eine natürliche Autorität ausstrahlt, liegt es nahe, einen Beruf als Lehrer oder Manager zu wählen. Aber derart ausgeprägte Qualitäten können auch zu einer Falle werden, wenn sie uns einseitig in eine bestimmte Richtung drängen.

Typische Charaktermerkmale von Menschen, die ins Burnout geraten, sind unter anderem:

- hohe Ideale, ein hohes Anspruchsniveau
- Perfektionismus und Durchsetzungsfähigkeit bei der Ausführung von Aufgaben
- ein starkes Verantwortungsgefühl und deshalb Probleme mit dem Ablehnen und Delegieren von Aufgaben
- die Neigung, sich das Leid anderer zu sehr zu Herzen zu nehmen und die Probleme anderer Leute lösen zu wollen.

Wie bereits erwähnt, kann man die Persönlichkeit so betrachten, dass sie aus vielen Teilpersönlichkeiten oder »Selbsten« aufgebaut ist (siehe Seite 146). Was wir in einem bestimmten Augenblick als ein »Selbst« erfahren, woran wir fühlen: »So handle ich« oder »Das bin ich«, ist je nach Situation unterschiedlich. Wir nehmen bewusst, häufig aber auch unbewusst unterschiedliche Rollen an. Charakterzüge werden dann zur Äußerung der stärkeren, dominanten Persönlichkeitsteile, das heißt einer inneren Energie (Gestalt), die als eine »innere Figur« eine Rolle bei den Lebensaufgaben spielt, die wir uns selbst stellen, sowie bei unseren Ansichten über die Art und Weise, wie diese Aufgaben ausgeführt werden sollen, und schließlich bei den Gefühlen, die wir in Bezug auf uns selbst haben. Unterschiedliche Persönlichkeitsteile können miteinander einig sein und zusammenarbeiten, doch häufig gibt es auch Teile in uns, die einander kritisieren und bekämpfen. Manche der Selbste in unserem Inneren sind in ihrer Meinung dermaßen ausgeprägt, dass wir uns voll und ganz mit ihnen identifizieren; andere Teile hingegen sind tabu und an den Rand gedrängt, sie führen in unserem Inneren ein verkümmertes Dasein. Wenn wir lernen, diese primären, aber auch die »verstoßenen« Persönlichkeitsteile wahrzunehmen, kann uns das tiefere Erkenntnisse darüber eröffnen, wie wir uns selbst Stress schaffen.

Darum ist es gut, bei sich selbst zu prüfen, welche Persönlichkeitsteile in unserer Seele mehr oder weniger stark entwickelt sind, welche das große Wort führen und welche versteckt in einer Ecke sitzen. Wir bekommen dann einen Blick auf diejenigen Selbste, die für uns im Umgang mit unserem Willensleben wichtig sind, aber auch auf innere Widersprüchlichkeiten, die möglicherweise viel Lebensenergie verschlingen. Denn was verstoßen wurde, wird uns auf Dauer belasten, irgendwann möchte es doch gehört werden. Was zu dominant ist, kollidiert häufig mit der Umgebung, während wir selbst es gar nicht bemerken oder sogar stolz darauf sind. Wenn die primären Selbste harte Arbeiter sind und ein hohes Arbeitsethos pflegen, führt dies aufgrund seiner Einseitigkeit häufig irgendwann zur Erschöpfung.

Persönlichkeitsteile sind also keine für sich stehenden vollständigen Persönlichkeiten mit einer Biografie und einer Entwicklung. Es sind eher Energien, »Gestalten«, die in bestimmten Situationen in unserem Leben entstanden sind oder verstärkt wurden. Sie haben eine Funktion nach außen hin: Sie sind dafür da, dass wir uns besser in der Welt zurechtfinden, uns gegen Unrecht verteidigen, vorankommen. Doch sie haben auch eine Funktion nach innen – als Schutz gegen Verletzungen der Seele. Deswegen sind sie häufig mit schmerzhaften Lebenserfahrungen verbunden. Auch ein aggressives oder destruktives Selbst ist es durchaus wert, angehört zu werden, weil es uns etwas darüber erzählt, was wir in unserem Inneren beschützen wollen oder müssen.

Es ist letztlich die Aufgabe unseres Ichs, alle diese unterschiedlichen Stimmen in unserem Inneren wahrzunehmen und zu lernen, bewusster mit ihnen umzugehen.

Unterschiedliche Typen

Manche unserer inneren Selbste sind archetypischer Natur, wir alle tragen sie in uns. Dies gilt beispielsweise für das innere Kind, den Weisen, die gute Mutter beziehungsweise den guten Vater und den Helden oder die Heldin. Es gibt auch Selbste, die viele Menschen in sich erkennen, wie zum Beispiel den Perfektionisten oder den Retter, die jedoch eine persönliche Färbung angenommen haben, weil sie durch unsere Lebenserfahrungen geformt wurden. Und schließlich gibt es ganz eigene und individuelle Persönlichkeitsteile, denen wir einen eigenen Namen geben können, beispielsweise »die kleine Anna«, »den ängstlichen Peter« oder »den frechen Klaus«.

Oder es handelt sich um einen mythologischen Namen, der eine Bedeutung in unserer persönlichen Mythe, unserer Lebensgeschichte, hat: zum Beispiel »Harald der Tapfere« oder »Katharina die Schöne«. Auch eine Frau kann einen Harald in sich tragen und ein Mann eine Katharina. Wenn wir einem Selbst auf die Spur kommen, können wir uns immer fragen, ob es sich um eine männliche und eine weibliche Energie handelt; die Energie kann auch neutral sein oder aber männlich und weiblich zugleich.

Dominante und verstoßene Persönlichkeitsteile

Unsere Selbste können gegeneinander arbeiten oder sich gegenseitig verstärken, und wir können uns mehr oder weniger stark mit ihnen identifizieren. Diejenigen Teile, mit denen wir uns vollständig identifizieren, bei denen wir das Gefühl haben: »Das bin ich«, bezeichnen wir als primäre oder dominante Teile. Wir können sie als positiv erleben, stolz auf sie sein und insgeheim auf Menschen herabblicken, welche die Eigenschaften, für die diese Teile stehen, weniger entwickelt haben. Aber wir können sie auch als immer wieder auftretende »Störsender« erfahren, die uns regelmäßig aufs Neue in soziale Probleme verwickeln oder uns davon abhalten, das Richtige zu tun. Es leben auch Selbste in unserem Innern, die wir gar nicht erkennen und wiedererkennen, die wir häufig vor langer Zeit – in unserer Kindheit oder einer früheren

Beziehung – versteckt haben, für die wir uns schämen und denen wir jedes Mal, wenn sie sich melden, den Mund verbieten. Diesen verstoßenen oder verdrängten Selbsten kommen wir oft auf die Spur, wenn wir darauf achten, worüber wir uns in Bezug auf das Verhalten oder die Aussagen anderer ärgern.

Nachfolgend werden einige Persönlichkeitsteile, die häufig bei Menschen vorkommen, die in ein Burnout geraten sind, so besprochen, dass sie erkennbar werden können in ihrer Wirkung, ihren Stärken und Schwächen. Ebenso die Selbste, die bei ihnen meistens ein verkümmertes Dasein führen. Wir können Persönlichkeitsteile mit einem Namen belegen, der einen bildhaften Charakter hat; das hilft uns, unsere Selbste besser kennenzulernen. Ich verwende in diesem Kapitel Namen, die für mich besonders sprechend sind. Es kann sein, dass Sie sich in einer Reihe der hier dargestellten Persönlichkeitsteile wiedererkennen, dass sie aber für Sie einen anderen Namen tragen. Je persönlicher Sie Ihre eigenen Selbste benennen können, umso mehr wird es Ihnen gelingen, auf ihre Stimmen zu horchen und sich selbst kennenzulernen.

Häufig vorkommende dominante Archetypen bei Menschen mit Burnout sind:

- die fleißige Ameise
- der Idealist
- der Perfektionist
- der Kritiker
- der Regelfanatiker
- der Sklaventreiber
- der Angepasste
- der Terrier
- der Gepanzerte
- der Riese Atlas
- der Retter
- der Liebling
- der Schuldige.

Verstoßene Typen lassen sich charakterisieren als:

- der Leichtfuß
- der Zufriedene
- der Träumer
- der Narr
- der Eremit
- der Sensible
- der Zweifler
- der Kläger
- der Abhängige
- der Rebell
- der Grenzwächter
- das Opfer.

Im Folgenden werden diese Selbste näher charakterisiert. Dabei müssen wir stets im Auge behalten, dass es sich nicht um eine vollständige Person handelt, die da beschrieben wird, sondern um eine Teilpersönlichkeit, die neben anderen Selbsten unser Inneres beeinflusst. Wenn wir in einer der Beschreibungen vieles wiedererkennen, muss das nicht heißen, dass wir ein »Perfektionist« oder ein »Terrier« sind, sondern lediglich, dass diese beiden Persönlichkeitsteile stark in unserem Inneren vertreten sind, wodurch wir uns mit ihnen identifizieren. Schließlich sei noch bemerkt, dass ich die Selbste hier in männlicher Gestalt darstelle, also auch grammatisch in der männlichen Form. Innere Teilpersönlichkeiten können aber, wie gesagt, sowohl männlich als auch weiblich sein, unabhängig von unserem Geschlecht. So können wir beispielsweise eine weibliche Energie haben, die sich als unser innerer Regelfanatiker darlebt, aber genauso gut eine männliche. Dasselbe gilt für alle anderen Selbste.

6.4 Dominante oder primäre Selbste bei Menschen mit Burnout

Menschen, die ein Burnout erleiden, fühlen sich meistens stark für ihre Aufgaben verantwortlich. Darum können sie häufig nur schwer delegieren, loslassen oder Grenzen setzen in Bezug auf ihre Arbeit und andere Verantwortungsbereiche. Ihre primären Selbste haben hohe Ideale, sie lieben es, hart zu arbeiten, und missbilligen Faulheit und Schwäche. Manchmal finden sie es auch sehr wichtig, dass man sie »nett« findet und dass sie nicht negativ auffallen.

Natürlich ist es nicht so, dass alle im Folgenden dargestellten primären Teile bei jedem Menschen, der an einem Burnout leidet, dominant sind. Aber eine Reihe von ihnen treffen wir besonders häufig an, diese hängen außerdem eng miteinander zusammen und verstärken einander.

Wenn nun nachfolgend die oben aufgezählten dominanten Selbste skizziert werden, geschieht dies in einer bildhaften und etwas reflektierenden Weise, um sie besser erkennbar werden zu lassen und ihr Wirkungsgebiet erlebbar zu machen. Versuchen Sie, sich in jedes von ihnen einzuleben, und achten Sie auf Ihre eigenen Reaktionen beim Lesen. Wenn Sie sich darin wiedererkennen oder unmittelbar angesprochen fühlen, so sagt dies etwas über Ihre primären Teile aus, wenn Sie sich darüber ärgern, eher über Ihre verstoßenen Teile.

Die fleißige Ameise: »Ich leiste etwas, also bin ich«

Die fleißige Ameise fühlt sich in unserer Kultur durchaus zu Hause, wo harter Arbeit ein hoher Wert beigemessen wird und der Kunde König ist. Gesellschaftlicher Erfolg und Fortschritt in Arbeit und Karriere sind das Wichtigste im Leben. Ihre Ansichten sind streng und auf Leistung ausgerichtet: »Wer nicht arbeitet, verdient auch nichts zu essen.« Die fleißige Ameise verfügt daher über starken Einsatzwillen und Arbeitskraft; sie sagt nicht so schnell Nein, ganz gleich, um welche Aufgabe es sich handelt. Ihr Selbstbild ist abhängig von ihren Leistungen. Ihre Überlebensstrategie lautet: harte Arbeit. Also gilt bei Übermüdung, körper-

Seelendramen

lichen Beschwerden oder Gefühlen des Unwohlseins die Devise: noch härter arbeiten. Fleißige Ameisen finden es sehr schwierig, zu Hause herumzusitzen und nichts zu tun. Sie wollen sich nicht mit sich selbst beschäftigen. Auch Urlaub oder ein Ausflug mit den Kindern sind nicht ihr bevorzugtes Hobby. Menschen mit einer starken inneren fleißigen Ameise halten es daher extrem lange durch, ununterbrochen zu arbeiten, und sie fallen in ein tiefes Loch, wenn sie irgendwann so ausgebrannt sind, dass sie nicht mehr weiter können. Ihr gesamtes Weltbild stürzt dann in sich zusammen. Eine echte fleißige Ameise sorgt deshalb dafür, dass Sie zu früh wieder mit Ihrer Arbeit beginnen, bevor Sie sich wirklich erholt haben, ohne dass sich etwas in Ihrem grundlegenden Muster, mit dem Leben und der Arbeit umzugehen, geändert hat.

▬▬ Beispiel 51

Als Chris geheiratet und eine Familie gegründet hatte, studierte er in den Abendstunden Jura und fand mit 32 Jahren eine Stelle als Jurist in einer kleinen Firma, die mit Stahl handelt. Chris behielt die Mentalität, mit der er aufgewachsen war, während seines ganzen Arbeitslebens bei. Er ärgerte sich über Kollegen, die sich »wegen jeder Kleinigkeit gleich krankmelden«, und es war kein Problem für ihn, Überstunden zu leisten oder am Wochenende zu arbeiten. Als seine Kinder in die Pubertät kamen, gab es viele Auseinandersetzungen, weil er große Schwierigkeiten damit hatte, dass sie »faul vor dem Fernseher herumhingen« und am Wochenende bis spät in die Nacht ausgingen, um sich am nächsten Morgen dann bis in die Mittagsstunden auszuschlafen. Als Chris 53 war, kam es in seiner Firma zu einer großen Reorganisation, in deren Zuge er notgedrungen, aber ohne Klagen eine Funktion übernahm, an der sein Herz nicht hing. Mit 57 ist er total ausgebrannt, und auch nach mehreren Jahren gelingt es ihm nicht mehr, wieder ins Arbeitsleben zurückzufinden.

Der Idealist:
»Verbessere die Welt und beginne bei dir selbst«

Menschen, die von einem Burnout betroffen sind, haben häufig einen stark idealistischen Einschlag. Sie setzen sich voller Ideale für ein höheres Ziel ein. Der Idealist hat eine deutliche Vision und lebt dementsprechend. Gesellschaftliche Ideale bilden sein Leitmotiv, und Kompromisse sind für ihn nur schwer zu ertragen. Aber die Latte liegt immer ein wenig höher, als er erreichen kann. Wenn seine Ideale mit der »widerspenstigen Realität« in Kollision geraten, wenn sich das, was er will und wünscht, als unmöglich erweist, ist die Gefahr der Enttäuschung und Verbitterung groß. Beispiele für Menschen mit einem starken inneren Idealisten sind der Pionier, der eine alternative Schule gründet, der kompromisslose Politiker, der will, dass alles anders wird, der Sozialarbeiter, der der entgleisten Jugend bessere Chancen bieten möchte, und der Warner, der Unrecht an den Pranger stellt, auch wenn er selbst dadurch Nachteile erleidet.

▬ Beispiel 52

Jutta steht voller Idealismus in ihrer Arbeit als Lehrerin. Sie liebt es, mit Jugendlichen zu arbeiten, und das Unterrichten in einer Haupt- und Realschule spricht sie an, weil Kinder aus sozial schwachen Gebieten dort eine Chance bekommen. Jutta setzt sich enorm ein, um neue Unterrichtsmethoden zu entwickeln, die diese Kinder besser erreichen. Sie stammt selbst aus einer Arbeiterfamilie: Ihre Eltern setzten sich ebenfalls für den Fortschritt ein und haben sie sehr ermutigt, eine weiterführende Schule zu besuchen. Jutta musste hart kämpfen, um auf dem Gymnasium, das sie besuchte, akzeptiert zu werden. Sie steht für Ehrlichkeit und Gleichheit ein und findet Diskriminierung, grobe Umgangsformen und gegenseitige Beschimpfungen schrecklich.

Der Perfektionist:
»Nur das Beste ist gut genug«

Hohe Ideale gehen häufig mit einem hohen Anspruchsniveau einher. Der Perfektionist in uns arbeitet gerne mit dem Idealisten zusammen und stellt hohe Anforderungen. Er lässt nicht den kleinsten Fehler durchgehen, weder bei sich selbst noch bei anderen. Der Perfektionist kann Erfolge nicht genießen, sondern fühlt sich ständig frustriert und ist nie zufrieden mit dem, was erreicht wurde. Er sieht immer nur den einen Fehler, der alles Positive, das man geschafft hat, zunichte macht. Das kann eine lähmende Wirkung auf die eigenen Leistungen haben; so verbessert er endlos an einem Zeugnis, einem klaren Konzept oder dem Protokoll einer Sitzung herum und liefert das Schriftstück letztendlich zu spät oder gar nicht ab: besser gar nicht als schlecht. Ein extremer Perfektionist führt, vor allem im Zusammenwirken mit einem starken »Kritiker« (der die zu späte Abgabe natürlich überhaupt nicht gutheißen kann), zu chronischen Gefühlen des Versagens, was für die Arbeitsfreude tödlich ist. Der Perfektionist übt auch ständige Kritik an anderen und fällt moralische Urteile über sie. Kollegen und Kolleginnen erleben dies als Besserwisserei und fühlen sich unfrei, sie ärgern sich in zunehmendem Maße darüber, doch das juckt den Perfektionisten gar nicht. Ein Mensch, der einen starken Perfektionisten in sich trägt, kann dadurch in Isolation geraten oder zur Zielscheibe von Spott und Schikanen werden. Wenn der Perfektionist in uns eine einseitige Machtposition bekommt, ist die Gefahr groß, dass wir irgendwann verletzt und desillusioniert werden.

▬▬ Beispiel 53

Erich, der Geschichtslehrer, findet es sehr wichtig, seine Stunden gut vorzubereiten. Er legt Wert auf Ordnung in der Klasse und auf eine gute Arbeitsatmosphäre. Er mag es, Geschichte in schöner, erzählender Weise darzustellen. Doch seit die Klassen größer geworden sind, immer wieder Handys klingeln und die Kinder weniger Disziplin haben, fällt es ihm immer schwerer, seinen eigenen Normen gerecht zu werden. Seiner Ansicht nach ist es in der Klasse viel zu laut und zu unruhig. Die Kinder können nicht mehr zuhören, und er empfindet die neuen Unterrichtsmethoden, die in seiner Schule eingeführt werden sollen, als eine Katastrophe. Gleichzeitig fühlt er sich alt, weil er dies alles in dieser Weise erlebt. Als eine Klassenfahrt nach Rom vorbereitet werden muss, hat Erich große Pläne, doch er verwirklicht sie schließlich nicht. Das verärgert seine Kollegen, die der Meinung sind, dass er seine Arbeit jetzt ihnen aufbrummt. Zu seiner eigenen Frustration bemerkt Erich, dass er immer langsamer wird beim Korrigieren der Schülerarbeiten und beim Schreiben der Zeugnisse. Er möchte gern ein präzises und nuanciertes Bild skizzieren, in welchem die guten und weniger guten Seiten der Leistungen der Schüler beleuchtet werden. Das trockene Notensystem sagt ihm nichts. Erich hat schon immer viel Zeit dafür aufgewendet, die Abschlusszeugnisse besonders schön und differenziert zu gestalten, doch in den letzten Jahren bekam er sie einfach nicht fertig; das Resultat, das er schließlich erreichte, entsprach in keiner Weise seinen Erwartungen.

Der Kritiker:
»Du machst Fehler. Du machst auch nie etwas richtig«

Der innere Kritiker beurteilt unser gesamtes Verhalten und jede unserer Leistungen und vergleicht uns mit anderen, die alles viel besser machen. Er ist darum stets unzufrieden. Viele Menschen haben nicht nur einen Kritiker in sich, sondern eine ganze Armee von Kritikern, die uns auf alle möglichen Weisen einbläuen, dass das, was wir tun, fühlen oder sind, nicht gut ist. Der Chor der inneren Stimmen ruft ständig: »Du machst auch nie etwas richtig«, »Du bist schlecht, du bist dumm, du bist hässlich«, »Siehst du, du bist einfach ein Trottel!«, »Andere sind viel besser als du. Lass dich doch nicht so gehen, meckere nicht herum« und so weiter. Häufig wurzelt der Kritiker, wie auch andere Selbste, in unseren Kinderjahren. Die Stimmen der Eltern und anderer Erwachsener, aber auch von Geschwistern oder Klassenkameraden können sich zu inneren Kritikern verwandeln, die alles, was wir tun, fühlen oder denken, unterbrochen abwerten und nichts gut finden.

166 Seelendramen

▬ Beispiel 54

Die 24-jährige Meike ist Erzieherin in einer Kinderkrippe und fühlt sich sehr unsicher in ihrem Beruf. Sie hat einen starken Kritiker in sich. Er sieht alle ihre Fehler und bewirkt, dass sie sich noch Tage später ihretwegen schämt. An allem lässt sich etwas aussetzen, es gibt immer etwas, das nicht gut ging, und Meike grübelt noch lange darüber nach. Der Kritiker in ihr findet, dass ihre Kollegen alles viel besser machen und dass Meike ihnen nie das Wasser wird reichen können. »Es ist ein Irrtum, dass sie dich hier angestellt haben.« Wenn manche Eltern gewisse Abläufe in der Krippe bemängeln, sagt Meikes Kritiker: »Siehst du, ich hab's dir doch gesagt.« Und wenn Meikes Vorgesetzte ihr ein Kompliment macht, ruft der Kritiker: »Das sagt sie jetzt zwar, aber das kommt nur daher, dass sie nicht weiß, wie dumm du eigentlich bist! Wenn sie besser aufpassen würde, würde sie alle ihre Komplimente zurücknehmen und dich sofort wegschicken.« Auch auf offener Straße spricht ihr Kritiker ständig mit Meike; er sagt zum Beispiel, dass sie sich dämlich benimmt und dass jeder sehen kann, dass mit ihr irgendetwas nicht stimmt. Zu geselligen Veranstaltungen traut sich Meike überhaupt nicht mehr, der Kritiker ruft ständig, dass sie sich falsch benimmt, doof aussieht, nur langweilig und unattraktiv in einer Ecke sitzt und dass sie, wenn sie etwas gefragt wird, nur dumme Antworten gibt.

▬

Der Regelfanatiker:
»Ich mach das lieber selbst!«

Der Regelwütige ist ständig damit beschäftigt, seine Umgebung am Arbeitsplatz, zu Hause und in der Familie zu organisieren, und er arbeitet gerne mit der fleißigen Ameise, dem Perfektionisten und dem Liebling zusammen. Er regelt alles Mögliche, auch für andere, und ändert Dinge, die andere bereits geregelt haben. Der Regelfanatiker kann nicht delegieren, er möchte die Fäden nicht aus der Hand geben. Er denkt: »Die anderen machen es nicht so wie ich. Es besteht ein zu großes Risiko,

Dominante oder primäre Selbste bei Menschen mit Burnout   **167**

wenn ich die Sache anderen übergebe. Ich kann das schneller und besser selber erledigen.« Er kann es nicht ertragen, wenn andere auf andere Weise arbeiten, kochen oder die Kinder zur Schule bringen. Er hält seine Art und Weise für die beste. Allerdings muss er immer härter arbeiten, um alles unter Kontrolle zu halten, und macht Überstunden. Er reagiert gereizt, wenn Kollegen oder Familienmitglieder ihm »in die Suppe spucken«, indem sie etwas ein wenig anders tun. Zugleich hat er die Empfindung, dass alles an ihm hängt und dass er zu wenig Hilfe und Unterstützung von anderen bekommt.

Beispiel 55

Marika, die in einem Verlag arbeitet, hat einen sehr starken weiblichen Regelfanatiker. Sie bezeichnet ihn als »die Organisatorin«. Marika ist sehr stolz auf ihr Organisationstalent und ihre Fähigkeit, alles gleichzeitig im Bewusstsein zu haben. In ihrem Job war sie für den Kontakt mit Übersetzern zuständig. Sie kümmerte sich darum, dass sie ihre Manuskripte rechtzeitig abgaben. Auch die Kontakte mit den Buchhändlern betreute sie am liebsten ganz allein, weil sie einfach die größte Erfahrung hatte und die Menschen sie kannten. Sie fuhr auch gerne zu Buchmessen ins Ausland, um dort neue Titel zu finden, die übersetzt werden konnten. Dann organisierte sie ihr Flugticket und ihr Hotel »so zwischendurch«, und wenn sie im Ausland war, rief sie jeden Tag im Verlag an, um zu hören, ob dort alles reibungslos lief. Wenn ein Mitarbeiter krank war, sorgte sie, notfalls von London aus, dafür, dass er oder sie einen Blumenstrauß bekam. Auf Betreiben ihres inneren Regelfanatikers musste Marika immer über alles genauestens auf dem Laufenden sein und durfte nichts ihren Kollegen überlassen. Das führte dazu, dass sie abends und am Wochenende viel Arbeit mit nach Hause nahm. Durch ihren Regelfanatiker hat Marika es weit gebracht. Dass sie diese Arbeit tun konnte und so schnell Karriere machte, hat sie ihm zu verdanken.

Der Sklaventreiber:
»Man kann immer noch einen Gang zulegen«

Der Sklaventreiber hält uns immer auf Trab. Er findet, dass immer noch ein wenig härter gearbeitet, immer noch mehr geleistet werden kann. Seine größte Angst ist die Faulheit. Körperliche Beschwerden oder Müdigkeit beeindrucken ihn nicht. Er möchte das Allerletzte herausholen und findet, dass wir stets und ständig erreichbar sein müssen. Er treibt uns zu einem immer höheren Tempo an und sorgt dafür, dass wir regelmäßig die Mittagspause ausfallen lassen oder unseren Urlaub verkürzen, um ein bestimmtes Projekt fertigzubekommen. Der Sklaventreiber sagt uns, dass wir uns nicht zu beklagen brauchen, dass diese zusätzliche Aufgabe etwas besonders Schönes ist, und wenn sie doch nicht schön ist, dann erledigt man sie aus Pflicht oder Notwendigkeit. Er ermuntert uns dazu, eine zusätzliche Fortbildung anzufangen. »Klagen und Nichtstun ist etwas für Dumme.«

▬▬ Beispiel 56

Ein Jahr, bevor sie krank wurde, fühlte sich Lisbeth, die Sekretärin, eigentlich bereits erschöpft. Dennoch fing sie, kurz bevor sie wirklich krank wurde, in ihrer Freizeit einen Fortbildungskurs an. Sie berichtet: »Als ich beinahe nicht mehr auf den Beinen stehen konnte, war ich weniger beunruhigt als wütend, weil ich es nicht ausstehen konnte, dass mein Körper nicht das tat, was ich wollte, dass er zu schwach war, dass er mich bei den Aufgaben, die ich hatte, behinderte. Diese Schwäche fand ich schrecklich, ich versuchte einfach, mich über sie hinwegzusetzen und mir nichts daraus zu machen.«

Dominante oder primäre Selbste bei Menschen mit Burnout 169

Der Angepasste:
»Du? Du bist überhaupt nicht wichtig, die anderen gehen vor!«

Der Angepasste findet, dass man flexibel sein muss. Er hat unendliches Verständnis für die Belange anderer und klagt nicht, wenn eigene Pläne nicht umgesetzt werden können, weil die der anderen wichtiger sind. Unerwartete Dinge können immer passieren. Es hat keinen Sinn, sich aufzuregen, wenn eine »wichtige« Sitzung, für die wir ein Abendessen mit unseren Schwiegereltern abgesagt haben, plötzlich doch nicht stattfindet. Der Angepasste ist der Ansicht, dass man kein Spielverderber sein darf, auch wenn man einen Termin versäumt, weil sich ein paar Kollegen zuerst schnell noch ein Bier holen wollten, wodurch die Arbeitsbesprechung zu spät begann. Wenn der Chef einem ohne Rücksprache den freien Tag verschiebt, darf man sich nicht beklagen. Manche regen sich extrem auf über derartige kleine Dinge; der Angepasste versteht überhaupt nicht, warum sie sich so wichtig nehmen; so bedeutend sind sie doch nun auch wieder nicht! Er konzentriert sich auf wichtigere Dinge. Dabei hat er eine Heidenangst vor Konflikten.

Beispiel 57

Paul hat einen starken Angepassten in sich. Er hat stets für jeden Verständnis und beharrt nicht lange auf seinen Standpunkten. Er unterstützt seine Frau in allen Lebenslagen und beklagt sich nicht über ihre unvorhersehbaren Stimmungen. Auch in seiner Firma macht er nie Probleme, wenn irgendwelche Schwierigkeiten auftauchen. Wenn die Menschen, die er führen muss, ihn im Stich lassen, sagt er nichts, sondern löst das Problem selber. Als eine Studienreise, auf die er sich schon lange gefreut hat, plötzlich nicht stattfinden kann, weil er kein Visum erhält, schluckt er das ohne Murren. Seine Kollegen fragen sich, ob er eigentlich wirklich Lust auf diese Reise hatte, so wenig Emotionen zeigt er, als er die enttäuschende Nachricht erhält.

Der Terrier:
»Bei Rückschlägen die Zähne zusammenbeißen und weitermachen«

Der Terrier in uns ist vor allem auf die Sache ausgerichtet, nicht auf den Weg dorthin und das Vergnügen unterwegs; für ihn zählt nur das Resultat. Die unmöglichsten Aufgaben und Aufträge werden von ihm als Herausforderung angesehen. Wenn die anderen denken, dass er etwas nicht kann, muss er das Gegenteil beweisen, und zwar um jeden Preis. Er fühlt sich erst gut, wenn er wirklich hundertprozentig engagiert ist, und er betrachtet sich selbst als das beste Mittel, um jedes Ziel zu erreichen. Durchhalten ist immer besser als Aufgeben. Sich ohne Jammern durchsetzen, das ist für den Terrier die beste Strategie, um Probleme zu lösen. Signale körperlicher Ermüdung werden von ihm als Schwäche abgetan, und im Übrigen ignoriert er sie. Darum hat er nichts als Verachtung für »Schwächlinge« übrig, die bei Schmerzen oder Müdigkeit nachgeben. Der Terrier ist erfolgreich beim Aufbauen und Organisieren von Betrieben und Initiativen. Auch bei anderen Menschen erreicht er viel, doch mit ihnen Gedanken und Sorgen zu teilen, das Delegieren und Loslassen sind seine Sache nicht. Deswegen hat ein Mensch mit einem starken inneren Terrier allmählich immer mehr Arbeit am Hals. Er arbeitet gerne mit dem Sklaventreiber, dem Regelfanatiker und dem Perfektionisten zusammen.

▬ Beispiel 58

Durch harte Arbeit ist es Jan gelungen, nach zwölf Jahren als Lohnempfänger seine eigene Zimmermannswerkstatt aufzubauen, und das in einer Zeit, in der die Wirtschaft lahmt. Jeder hatte ihm davon abgeraten, seine Anstellung und damit alle sozialen Sicherheiten für das unsichere Dasein eines selbstständigen Unternehmers aufzugeben. Doch Jan hatte echt die Nase voll davon, unter einem Chef zu arbeiten, und Gegenwind hat ihn nie entmutigt. Jan wollte einen eigenen Betrieb, und er bekam ihn! Drei Jahre später muss er bereits Leute einstellen, um der wachsenden Auftragslage gerecht zu werden. Er hat einen starken inneren Terrier.

Er reist viel zu Kunden, um Aufträge einzuholen, und der Terrier in ihm muss dann hinter den Arbeitern in seiner Werkstatt her sein und kontrollieren, was sie treiben, »und das ist auch gut so«. Regelmäßig entdeckt er Fehler und Arbeiten, die mangelhaft ausgeführt wurden. Das Schreiben von Bestellungen und Rechnungen überlässt er schon gar keinem anderen. Was seine Mitarbeiter betrifft, fühlt sich Jan fortwährend gereizt, und er kritisiert sie öffentlich. Er schafft es nicht, Probleme zwischen ihnen zu lösen, und so verlassen viele Mitarbeiter seinen Betrieb bereits nach kurzer Zeit wieder. Das ist ein Grund mehr für ihn, sie als Schlappschwänze zu betrachten, auf die man sich nicht verlassen kann, und selbst noch einen Zahn zuzulegen. Der Betrieb verschlingt seine gesamte Zeit, Kraft und Lebensfreude. Früher machte er mit einer Band Musik, und samstags spielte er Fußball in seinem Club. Doch aufgrund seiner Arbeitsbelastung ist daran gar nicht mehr zu denken. Das Geschäft geht vor. Jan ist davon überzeugt, dass ohne seinen Einsatz und ohne seine Kontrolle alles zusammenbräche. Schließlich bricht Jan selbst zusammen und erleidet mit 48 Jahren einen plötzlichen Herzstillstand. Er kann nur durch das rasche Eingreifen eines Kunden mit knapper Not gerettet werden.

Der Gepanzerte:
»Nur Schwache zeigen ihre Gefühle«

Dieser Typ ist verschlossen und frisst alles in sich hinein. Er fühlt sehr viel, wird aber kaum über seine Probleme reden, denn dann müsste er sich eine Blöße geben und seine Verletzlichkeit zeigen. Und wenn er es täte, würden andere das als Schwäche betrachten, und das darf nicht sein. Er muss stark sein. Der Mensch, der alles in sich hineinfrisst, lässt den Eimer vollaufen, bis ihn irgendwann der letzte Tropfen zum Überlaufen bringt. Er kann sich nur ungeschützt zeigen, wenn er sich völlig sicher fühlt, und diese Situation ist noch nie eingetreten.

172 Seelendramen

▬ Beispiel 59

Tom hat bereits in jungen Jahren gelernt, dass man über Schmerz nicht spricht. Früher, bei ihm zu Hause, war es gefährlich, Gefühle zu zeigen: Sein Vater ohrfeigte ihn dann, seine Mutter geriet in Panik. Schon seit Langem ist er es gewohnt, seine Gefühle zu verstecken und beiseitezuschieben. Die Menschen in seiner Umgebung empfinden ihn als gehemmt. Sie wissen nicht so recht, was sie von ihm halten sollen, und manche Eltern in der Schule haben sogar ein wenig Angst vor ihm. Der Gepanzerte in ihm sagt, dass es so das Beste ist: »Was nützt alle Freundlichkeit, wenn sie dich trotzdem einfach so verraten können?« Solange Tom zuverlässig ist, seine Arbeit tadellos erledigt und sich nicht zu stark auf die Probleme anderer einlässt, ist der Gepanzerte zufrieden.

▬

Der Riese Atlas:
»Ich trage die Last der ganzen Welt auf meinen Schultern«

Atlas ist ein griechischer Gott, er trägt das ganze Himmelsgewölbe auf seinen Schultern. Als Persönlichkeitsteil ist Atlas treu und gibt nicht so schnell auf. Er fühlt sich für die gesamte Welt verantwortlich und ärgert sich über die Sorglosigkeit und Leichtlebigkeit anderer. Atlas muss immer dafür sorgen, dass alles gut geht. Wenn andere nachlässig werden, arbeitet er umso härter. Er fühlt sich schuldig und unglücklich, wenn trotzdem etwas schiefgeht, denn das bedeutet, dass er seine Aufgabe nicht richtig erfüllt hat. Wenn andere ihm zurufen: »Komm schon, Atlas, nimm die Sache ein bisschen leichter, das ist doch alles nicht nötig«, ist Atlas davon überzeugt, dass sie den Ernst der Dinge nicht begreifen. Ohne seinen Einsatz endet doch alles in einem einzigen Chaos.

▬ Beispiel 60

Paul lebt zu Hause in einer schwierigen Situation, weswegen er während der Arbeit immer mal wieder nach Hause muss oder an zu Hause denkt. Er sagt: »Ich hatte das Gefühl, nichts richtig zu machen. Wenn ich bei der Arbeit war, ließ ich meine Frau und meine Tochter im Stich, wenn ich nach Hause ging, meine Kollegen. Abends versuchte ich dann, die verlorene Arbeitszeit wieder hereinzuholen, doch dann war meine Frau wieder sauer, weil ich in meiner Freizeit immer arbeitete. Ich fühlte mich also im Grunde ständig schuldig gegenüber meinem Chef und meinen Kollegen, die mehr arbeiten mussten, wenn ich ausfiel, und gegenüber Frau und Kind, wenn der Haushalt nicht funktionierte.«

Der Retter:
»Wenn ich anderen helfe, fühle ich mich stark«

Der Retter fühlt sich stark und es tut ihm gut, wenn er anderen helfen kann. Er trägt das Leid der anderen und macht es zu seinem eigenen. Helfenkönnen verleiht dem Retter Daseinsrecht und Identität. Sein Selbstwertgefühl ist stark von der Wertschätzung und dem Respekt abhängig, die ihm von anderen entgegengebracht werden. Darum ist der Retter auch immer damit beschäftigt, die Probleme anderer Leute zu lösen. Als Chef fühlt er sich für das Wohl und Wehe seiner Mitarbeiter verantwortlich, und er erkundigt sich auch nach ihrer häuslichen Lebenssituation. Als Kollege hat er immer ein offenes Ohr; dadurch ist er auch jederzeit auf dem Laufenden, was die Probleme seiner Kollegen betrifft, und er versucht, ihnen mit Rat und Tat zur Seite zu stehen. Der Retter ist sich niemals zu schade, sich aufzuopfern, um so anderen Arbeit abzunehmen. Männliche Rettertypen konzentrieren sich dabei meistens auf eine bestimmte Sache, beispielsweise eine politische Partei oder eine Tageszeitung, die aus dem Sumpf gezogen werden muss, doch sie können sich auch für Frau und Kinder ein Bein ausreißen. Weibliche Retter widmen sich vor allem ihren Kollegen und Kolleginnen, Problemen im Team, in der Familie und im Freundeskreis. Immer wieder opfern sie sich für einen anderen auf, während sie den eigenen Lebensraum vernachlässigen, der dadurch immer mehr zusammenschrumpft.

174 Seelendramen

▬ Beispiel 61

Bernd, der 51-jährige Hausarzt, beschreibt sich selbst als eine Art von »Retter«, was dazu führt, dass er sich überdurchschnittlich für seine Patienten und andere einsetzt: Immer hat er ein offenes Ohr für seine Mitarbeiter in der Gemeinschaftspraxis, er ist nie zu bequem, noch einen zusätzlichen Hausbesuch zu machen. Vor einigen Jahren bekam er sogar einen Bandscheibenvorfall, als er einem Nachbarn, der einen schwachen Rücken hatte, half, schwere Balken zu transportieren. Weil er seine Patienten nicht im Stich lassen wollte, nahm Bernd trotz weiterhin bestehender Rückenbeschwerden und starker Ermüdung seine Arbeit bald wieder auf: vormittags die voll ausgelastete Sprechstunde, nachmittags Hausbesuche, hinzu kamen Nacht- und Wochenendvertretungen, Fortbildungen ... und so ging es immer weiter. Kaum hatte er sich zu Hause hingesetzt und nach der Zeitung gegriffen, sprang er schon wieder auf, um seine Tochter zur Reitstunde zu fahren oder seinem Sohn bei den Hausaufgaben zu helfen. Auch packte er weiterhin bei den größeren Gartenarbeiten seines alten Nachbarn mit an. Schließlich erlitt Bernd einen neuerlichen Bandscheibenvorfall, und es stellte sich heraus, dass er völlig ausgebrannt war.

▬

Der Liebling (everybody's darling): »Wenn ich Nein sage, enttäusche ich dich«

Für den Liebling ist es das Allerwichtigste im Leben, immer lieb und nett zu sein, sensibel zu reagieren, aufmerksam und hilfsbereit zu sein. Er macht anderen Komplimente, wenn sie etwas Gutes getan haben oder schön aussehen. Er kann nicht Nein sagen, wenn er um etwas gebeten wird. Andere sollen ihn nett finden: Sie dürfen keine negativen Gefühle ihm gegenüber haben, Kritik muss um jeden Preis vermieden werden. Es ist darum undenkbar für den Liebling, dass er andere verletzen oder gar enttäuschen könnte. Darum wird er um alles Mögliche gebeten: »Könntest du in den Sommerferien auf meinen Hund aufpassen?«, »Darf ich mal kurz dein neues Fahrrad ausleihen?«, »Könntest du vielleicht deinen Urlaub mit mir tauschen, denn meiner liegt dieses Jahr terminlich ausgesprochen schlecht?«,»Könntest du vielleicht diesen Bericht für mich abtippen, ich muss eigentlich sofort weg?« – so geht es tagein, tagaus. Und der Liebling tut alles, worum er gebeten wird. Er denkt zunächst an den anderen und erst dann an sich selbst. Dennoch kann es sein, dass er sich im Stillen ziemlich allein gelassen fühlt. Wenn die Anerkennung, die er für all seine Aufopferung erhält, zu wünschen übrig lässt, wird er dies niemals offen aussprechen, doch auf Dauer fühlt der Liebling sich immer stärker überfordert und gekränkt.

Beispiel 62

Henk rennt im Laufschritt durch die Schule. Er versucht alles so gut wie möglich zu erledigen. Der Gedanke, Nein zu sagen oder etwas abzulehnen, wenn die Lehrer ihn arrogant behandeln oder ihm unangenehme Aufträge erteilen, kommt nicht in ihm auf. Er hat große Angst davor, dass er in seiner Arbeit versagt, und wenn die Anspannung zunimmt, versucht er noch mehr als sonst sein Bestes zu geben.»Henk sagt niemals Nein«, spotten die Lehrer, und sie nutzen diese Eigenschaft nur zu gerne aus, indem sie ihm unangenehme Aufgaben zuschieben, die sie eigentlich selbst erledigen müssten.

Der Schuldige:
»Es ist deine Schuld, dass es wieder schiefgeht«

Der Schuldige in Ihnen fühlt sich schuldig dafür, dass es Sie gibt. Er meint, dass er dies ständig gutmachen muss. Immer hat er die Empfindung, überflüssig zu sein und anderen im Weg zu stehen, und er verausgabt sich, um sich wenigstens als einigermaßen nützlich zu erweisen. Er fühlt sich schuldig für die Fehltritte Ihrer Eltern und wegen der Fehler, die Ihre Kinder machen. Schuldig, sobald Sie einem anderen etwas verweigern, Nein sagen oder unfreundlich sind. Und er ist schnell der Meinung, dass Sie unfreundlich sind! Er fühlt sich schuldig, wenn ein anderer Ihnen zu nahe tritt, und er ruft erschrocken »Verzeihung!«, wenn Ihnen jemand Kaffee über Ihre neue Hose schüttet. Er springt auf, wenn jemand zu spät kommt, und bietet ihm seinen Stuhl an, und er denkt stets, dass es an ihm liegt, wenn etwas schiefgeht oder die Atmosphäre nicht gut ist. Vergessene Geburtstage und ungeschrieben gebliebene Briefe belasten ihn sehr. Nachts im Bett zieht der Tag noch einmal an ihm vorüber. Er grübelt dann endlos über ein falsches Wort nach, eine unfreundliche Geste, einen deplatzierten Tonfall, und er sieht jetzt absolut klar vor sich, was alles durch seine Schuld danebenging, wie er eigentlich hätte reagieren müssen, wie er die Dinge anders hätte angehen müssen ... Wenn sein Partner übel gelaunt ist, die Kinder einen schlechten Tag haben oder der Chef stolpert, so ist das alles seine Schuld. Wenn Sie völlig ausgebrannt sind, triumphiert der Schuldige. Denn in seinen Augen haben Sie in allen Ihren Aufgaben und Pflichten versagt! Und er lässt Sie stundenlang darüber nachgrübeln, ohne Sie zu einer Lösung kommen zu lassen. Tatsachen einfach so zu akzeptieren, wie sie sind, ist für ihn ein Ding der Unmöglichkeit. Der Schuldige arbeitet gerne mit dem Liebling zusammen und hört bevorzugt auf den Kritiker und den Perfektionisten.

▬ Beispiel 63

Lara hat einen starken Schuldigen in sich, den sie als »Schuldenlara« bezeichnet. Bei allem, was schiefgeht, fühlt Schuldenlara sich schuldig. Wenn ein Kind in der Klasse sich verletzt, wenn die Eltern unzufrieden sind – Schuldenlara denkt immer, dass es allein an ihr liegt und dass sie dafür verantwortlich ist, die Sache wiedergutzumachen. Aber auch in Laras Familie spielt die Schuldenlara eine wichtige Rolle. Sie ist der Meinung, dass Lara ihre Kinder ernstlich vernachlässigt, weil sie so hart arbeitet, und sie sorgt dafür, dass Lara, wenn sie zu Hause ist, den vermeintlichen Mangel bei ihren Kindern dadurch kompensiert, dass sie ihnen nur selten etwas verbietet. Die Kinder werden deshalb immer anspruchsvoller und fordernder, und wenn Lara einmal Nein sagt, wissen sie ganz genau, wie sie die Schuldenlara so weit kriegen, dass sie trotzdem (zum Beispiel weil es regnet) zur Tennisstunde gefahren werden oder einen extra Nachtisch bekommen, weil sie kein selbst gemachtes Apfelmus mögen. Lara wird todmüde davon, doch die Schuldenlara bringt sie immer wieder zu der Einsicht, welche Verantwortung auf ihr liegt, und stachelt sie dazu an, ständig in Habachtstellung zu sein.

6.5 Unterdrückte oder verstoßene Selbste bei Menschen mit Burnout

Bestimmte Arten von Charaktereigenschaften haben nur eine geringe Chance, bei Menschen, die zum Burnout neigen, in den Vordergrund zu treten. Dabei handelt es sich häufig um Eigenschaften, die mit der Akzeptanz der eigenen Verwundbarkeit zusammenhängen. Das Eingestehen der eigenen Verletzbarkeit, sowohl sich selbst als anderen gegenüber, war für viele von uns in der Kindheit, in Beziehungen, in der Schule oder am Arbeitsplatz »gefährlich«. Wir wurden deswegen zurechtgewiesen, dann hörten wir Äußerungen wie:»Jungen weinen nicht« oder: »Du als Ältester könntest ruhig etwas tapferer sein.« Über Kummer und Schmerzen wurde nicht gesprochen, und Weinen galt als Gejammer oder als ein Mittel, um Aufmerksamkeit zu erregen. Darum haben wir diese verletzlichen Selbste tief in unserem Inneren versteckt.

Zu den verstoßenen Teilen gehören häufig auch Selbste, die mit dem Erkennen und Anerkennen der eigenen Grenzen beziehungsweise dem ungenierten Genießen zusammenhängen. »Müßiggang ist aller Laster Anfang«, das hörte Lisbeth immer, wenn sie sich auch nur einen Moment lang hingesetzt hatte, um über etwas nachzudenken oder ein Buch zu lesen; und dann gab man ihr eine »nützliche Aufgabe«. Der Wunsch, nichts zu tun oder eine Arbeit anderen zu überlassen, war tabu.

Bei vielen hart arbeitenden Menschen sind solche Persönlichkeitsanteile, die besonders gut relativieren können, und solche, die Freiheit und Lebensfreude ausgesprochen wichtig finden, tief verborgen. Im Folgenden skizzieren wir eine Reihe von Persönlichkeitsteilen, die bei Menschen mit Burnout besonders häufig »verstoßen« worden sind.

Der Leichtfuß:
»Genieße das Leben und mach dir keinen Kopf«

Ein Leichtfuß macht sich um nichts schwere Gedanken, warum sollte er auch? Es gibt so viele wunderschöne Dinge im Leben, warum sollte man es sich schwer machen, wenn man einfach all das Gute, das das Leben bereithält, genießen kann? Am liebsten liegt er in der Sonne und träumt, eine Flasche Limonade neben sich. Viele Tage könnte er auf diese Weise verbringen und dabei über alle möglichen Dinge fantasieren, die er irgendwann einmal tun könnte (aber niemals tun wird, weil sie viel zu viel Anstrengung erfordern). Genießen, darum dreht sich das Leben des Leichtfußes. Er versteht die Menschen nicht, die immer etwas tun müssen, immer eine Aufgabe brauchen und sich ständig wegen Nichtigkeiten aufregen. Morgen ist auch noch ein Tag.

▬▬ Beispiel 64

Erich wirft sich vor, dass er einfach so mit seinem Fahrrad in die Dünen gefahren ist und zuvor niemanden darüber verständigt hat. Erst im Laufe des Nachmittags ist er nach Hause gekommen und hat sich sofort ins Bett gelegt. Als er sein Verhalten analysiert, bemerkt er, dass sich hinter dem präzisen Perfektionisten ein verstoßener Leichtfuß versteckt, der unbemerkt vor sich hin vegetiert. Das ist derjenige in ihm, der früher stundenlang im Watt herumwanderte und Vögel beobachtete. Statt Hausaufgaben zu machen, lag Erich damals gemütlich in der Sonne, horchte auf das Summen der Bienen und fantasierte über alte Kulturen. Der Leichtfuß hatte ein herrliches Jahr, als Erich nach der Mittleren Reife ein ganzes Jahr lang durch die Welt reiste. Vor allem in Indien, wo niemand Eile hatte und das Leben so verlief, wie es eben gerade kam, war der Leichtfuß in seinem Element. In seiner Studienzeit konnte der Leichtfuß noch vergnügt durch die Stadt ziehen und sich in der Kneipe ein Bier genehmigen. Aber als Erich dann ins Berufsleben eintrat und alle Kräfte einsetzen musste, um einen Job zu bekommen und zu behalten, geriet der Leichtfuß völlig ins Hintertreffen.

Unterdrückte oder verstoßene Selbste bei Menschen mit Burnout

Der Zufriedene:
»So, wie es ist, ist es gut«

Der Zufriedene hat keine großen Ambitionen. Ein Bogen kann nicht immer gespannt sein. Wenn der Zufriedene so viel abgearbeitet hat, wie ihm eben zuzumuten war, lässt er ruhigen Herzens den Rest bis morgen liegen. Die Sache ist nicht fertig und sie ist nicht perfekt, aber das ist auch gar nicht notwendig. Es ist, was es ist, und so ist es dann auch gut. Es gibt noch mehr im Leben als die ewige Hetze. Der Zufriedene blickt auch gern zurück, er betrachtet, was er bereits erreicht hat, und genießt es. Er tut das, was er im Moment mit bestem Wissen und Gewissen tun kann, in aller Ruhe und mit voller Aufmerksamkeit. Er regt sich niemals über Dinge auf, die noch erledigt werden müssen – was für einen Sinn hätte das auch? Immer eines nach dem andern, Schritt für Schritt. Der Zufriedene lebt im Hier und Jetzt und genießt die kleinen Dinge des Lebens.

▬ Beispiel 65

Jutta bemerkt, dass sich hinter der gehetzten Idealistin in ihr eine verstoßene Zufriedene versteckt. Diese, die sie zunächst verächtlich als »alte Lise« bezeichnet, erinnert sie an ihre Großmutter, die immer still und zufrieden mit einer Strick- oder Näharbeit in einer Ecke saß. Oma Lise akzeptierte die Dinge einfach so, wie sie waren, und revoltierte nie. Dennoch schien sie mit ihrem Dasein völlig zufrieden zu sein. Jutta hat sich schon früher vorgenommen, niemals so zu werden wie sie. Und außerdem bekam sie auch wenig Gelegenheit dazu: Bei ihnen zu Hause waren immer alle mit etwas Nützlichem beschäftigt. Ihre Mutter engagierte sich ehrenamtlich, und ihr Vater war in der Ortsgruppe einer politischen Partei aktiv. Heute, da Jutta so müde ist und immer mehr einsieht, wie sehr sie ständig Zielen nachjagt, die häufig nicht realistisch sind, lernt sie, den »alten Lise-Teil« in sich wieder zu Ehren kommen zu lassen, indem sie abends bewusst darauf zurückblickt, was ihr an diesem Tag gelungen ist, und das in irgendeiner Weise für sich feiert.

Der Träumer:
»Planen macht mehr Spaß als Ausführen«

Der Blick des Träumers ist auf die Unendlichkeit gerichtet. Er ist wie ein Reisender ohne Ziel, er genießt den Weg. Die Dinge, die er sieht, liegen zumeist nicht in der Nähe, sondern in einer fernen, goldenen Nebellandschaft. Manchmal sind seine Augen geschlossen, dann sieht sein innerer Blick noch zartere Bilder, die noch keine feste Form angenommen haben, die aber vielleicht ... irgendwann ... – Jedes Objekt, das dem Träumer begegnet, kann so etwas wie eine Tür sein, die in eine andere Welt führt. Ein zerknittertes Heft bringt ihn zurück in seine Grundschulzeit, der Duft einer Rose ruft das Bild seiner ersten Liebe in ihm wach. Er findet es herrlich, sich in einem Ozean aus Ruhe dahintreiben zu lassen, während ein Bild nach dem anderen an ihm vorüberzieht.

Häufig ist der Blick des Träumers in die Zukunft gerichtet. Endlose Pläne kann er schmieden – für eine lange Reise, was er alles unternehmen wird, wenn er das große Los gezogen hat, wie er sein Haus völlig anders einrichten würde, die perfekte Reorganisation seines Arbeitsplatzes, die Begegnung mit der Liebe seines Lebens, das Verfassen jenes faszinierenden Buches. Manchmal weilt er in Gedanken in einer fernen Vergangenheit. Alte Freuden und Leiden passieren Revue: Er riecht noch immer den Apfelkuchen seiner Großmutter, als ob es gestern war. Das Zeiterleben, in dem der Träumer sich bewegt, ist anders als das des Alltags; in der Alltagswelt fliegt die Zeit nur so vorbei, während er herrlich weiterträumt. Seine Erlebniswelt kennt keine Grenzen; der einzige Ort, an den er nur mit Schwierigkeiten gelangen kann, ist das Hier und Jetzt.

Beispiel 66

Roxane ertappt sich dabei, dass sie wieder einmal einfach so wegträumt. Dann wird sie wütend auf sich und beschimpft sich selbst als faules Luder. Doch das hilft nichts: In letzter Zeit geschieht es immer häufiger und hält immer länger an. Manchmal wird ihr plötzlich klar, dass sie nun schon eine Stunde vor sich hin starrt, während sie doch eigentlich damit beschäftigt war, die Wäsche zu-

Unterdrückte oder verstoßene Selbste bei Menschen mit Burnout 181

sammenzulegen; und nun ist sie zu spät dran, die Kinder von der Schule abzuholen.

Als sie noch ein Kind war, hatten ihre Eltern immer viel im Laden zu tun, und Roxane hatte wenige Freunde, mit denen sie spielen konnte; doch sie langweilte sich nicht einen Moment lang. Sie baute sich ein geheimes »Nest«, hinter der Sitzbank oder unter einem großen Strauch im Garten. Stundenlang lag sie dort auf dem Boden, zeichnete, dachte sich Geschichten und Fantasiewelten aus. In der Schule bekam sie immer die besten Noten für die Geschichten, die sie schrieb, manchmal wurden sie sogar in der Klasse vorgelesen. Als ihre Schwester starb, hörte Roxane mit dem Fantasieren auf. Es erinnerte sie zu stark an die Hoffnung auf Heilung, die sie während der langen Zeit, als ihre Schwester krank war, gehegt hatte. »Die Welt ist kalt und grausam«, hatte ihr Vater gesagt. »Je früher du das begreifst, umso besser.«

Der Narr:
»Lach mal wieder mehr über dich selbst«

Mit seinem milden, relativierenden Humor zeigt es der Narr uns, wenn wir uns selbst wieder einmal viel zu ernst nehmen. Mit fehlerloser Präzision weiß er den Kern der Sache zu treffen und ihn von einer anderen Seite her zu beleuchten. Wenn wir wieder einmal missmutig dasitzen und brüten, produziert er einen lustigen Versprecher, über den wir selbst lachen müssen. Wenn wir uns Stress machen, um pünktlich zu sein, und dann außer Atem als Erste eintreffen, zeigt er uns die humoristische Seite dieses Verhaltens. Wenn wir anfangen, uns für großartig und unersetzlich zu halten, lässt er uns im Schlamm ausgleiten, sodass wir hinkend und mit schmutzigen Kleidern bei der Arbeit erscheinen. Und sind wir zu selbstsicher oder ernsthaft, hat er jederzeit eine gesunde Dosis Selbstspott parat. Mit Humor und Weisheit führt er uns dahin, dass wir uns selbst und die Welt relativieren. So vermeidet er, dass wir die Welt aus einer einseitigen Perspektive betrachten.

182   Seelendramen

Beispiel 67

Susanne stellt fest, dass sie im Laufe des vergangenen Jahres ihren Humor völlig verloren hat. Wie lange ist es her, dass sie zum letzten Mal richtig gelacht hat? Zusammen mit ihrer früheren Kollegin hatte sie, zum Erstaunen ihres etwas förmlichen Chefredakteurs, häufig regelrechte Lachanfälle. Damals konnte sie mit Humor auf ihr eigenes Verhalten und ihre Fehler blicken. Doch in den letzten Monaten konnte sie den Narr in sich beim besten Willen nicht finden. Immer fanatischer und verkrampfter hat sie versucht, sich unter ihren Kollegen zu behaupten, es allen recht zu machen und vor allem: keine Fehler zu begehen. Wäre es nicht viel besser gewesen, wenn sie einfach ab und zu über sich selbst gelacht und einen kleinen Witz gemacht hätte, um den Schikanen, denen sie ausgesetzt war, die Spitze zu nehmen?

Der Eremit:
»In der Ruhe entfaltet sich der Geist«

Der Eremit kennt den Wert der Stille und der Meditation. Er zieht sich aus dem Alltagsgetriebe zurück und sucht die innere Ruhe. Dankbar lauscht er dem Gesang der Vögel. Die Schönheit eines Herbstblattes, die Farbe einer Rose und der frische Geruch des Regens erfüllen ihn mit tiefer Freude. Er reflektiert über das Leben und fühlt sich in ein größeres Ganzes aufgenommen. Voller Staunen verfolgt er den Sonnenauf- und -untergang; erst wenn der letzte Farbstreif am Horizont verschwunden ist, regt er sich wieder. Der Eremit öffnet sich der Schönheit der Welt und weiß sich mit allem verbunden, was da lebt. Er braucht nichts festzuhalten, aus Angst, es zu verlieren – es wird für ihn gesorgt. Er braucht nicht über das nachzugrübeln, was nicht ist; er ist dankbar für das, was ist. Er versucht, sich nichts zu merken, aus Angst, etwas Wichtiges zu vergessen; er hat sich auf das Leben eingestimmt, und das Leben erzählt ihm, was notwendig ist. Der Eremit braucht nie zu hetzen, um pünktlich zu sein, denn die Zeit passt sich seinem ruhigen Gang an. Er lebt im Jetzt, in Harmonie mit der Natur.

Unterdrückte oder verstoßene Selbste bei Menschen mit Burnout

▬ Beispiel 68

Marika ist nie viel alleine gewesen. Sie wuchs als ältestes von fünf Kindern in einem kleinen Haus in der Stadt auf. Marika half ihrer Mutter mit den jüngeren Geschwistern und fungierte als Dolmetscherin für ihre Eltern, wenn diese zum Arzt oder zu einem Elternabend in der Schule mussten. Ihre Hausaufgaben erledigte sie mitten in der Familie. Fragen nach dem Grund von Regeln und Gewohnheiten fanden ihre Eltern frech und ungehörig, Zeit zur Reflexion gab es nicht. Auch heute noch wohnt eine jüngere Schwester bei ihr, und sie ist nur selten allein. Jetzt, da sie wegen ihres Burnouts nicht mehr arbeitet, bemerkt sie, wie sehr sie sich nach Ruhe, Einsamkeit und Stille sehnt. Einmal nicht bereitstehen zu müssen und kein »Theater« um sich herum, einfach einmal Zeit zur Besinnung zu haben. Bilder von früher steigen in ihr auf, wie sie als kleines Mädchen bei ihrer Großmutter im Iran im Garten saß und nachdachte, während sie das Summen der Bienen genoss. Ihre Großmutter zwang sie zu nichts, alles war einfach gut, so wie es war. Nachdem sie ihre Heimat verlassen hatten, war dies zu einem lange vergangenen Traum geworden, es tat auch weh, sich daran zu erinnern – sie hat ihre Großmutter nie mehr wiedergesehen. Marika hat den Eremiten in sich tief versteckt. Er konnte sich nur geltend machen, wenn sie einmal im Jahr durch eine Grippe für ein paar Tage ans Bett gefesselt war.

▬

Der Sensible:
»Ich spüre einfach alles«

Die Sinne des Sensiblen sind besonders empfindlich, wodurch seine Wahrnehmungen viel intensiver sind als die anderer Menschen. Es ist, als habe er keine Haut und als könne alles unmittelbar in sein Inneres strömen. In einer ruhigen Umgebung kann das herrlich sein: die Farben und Düfte eines Blumengartens erfüllen seine Seele mit Freude, der Gesang eines Vogels kann ihn tief berühren. Der Sensible fühlt sich eins mit dem Leben, das durch die Dinge strömt. Aber diese Offenheit

184 Seelendramen

kann auch schmerzhaft sein: Er kann die Nachrichtensendungen im Fernsehen nicht ertragen, wegen der unangenehmen Bilder, die manchmal ohne Vorwarnung gezeigt werden; laute Geräusche gehen förmlich mitten durch ihn hindurch; in einem Raum mit angeregt sprechenden Menschen wird es ihm buchstäblich schlecht. Wenn er zu lange ein grellrotes Gemälde im Wartezimmer des Hausarztes betrachtet, ist es ihm, als schneide ein scharfes Messer in seine Seele. Aufgrund seiner überempfindlichen Sinne nimmt der Sensible Dinge wahr, die andere Menschen normalerweise nicht wahrnehmen können. Irgendetwas in den Augen seiner Nachbarin sagt ihm, dass sie schwanger ist; er weiß sofort, ob ein Mensch aufrichtig und vertrauenswürdig ist. Dass es mit dem letzten Job nichts werden würde, wusste er bereits vom ersten Tag an, als er die Atmosphäre in der Abteilung wahrnahm. Es gibt Orte, wo er ein »unangenehmes Gefühl« bekommt, weil es dort einfach »nicht geheuer« ist.

Das Aufnehmen so vieler Eindrücke ist ermüdend. Kleinigkeiten, die andere mühelos von sich wegschieben würden, dringen tief in sein Inneres ein. Der Sensible braucht darum viel Zeit und Ruhe, um sie zu verarbeiten. Er vermeidet Trubel und möchte gerne ein ruhiges und rhythmisches Leben. Er ist gut mit dem Eremiten befreundet. Für ihn ist es unvorstellbar, dass es auf der Welt so wenig Barmherzigkeit gibt, dass Menschen einander so gleichgültig sein können. Manchmal leidet er so sehr, dass er es nicht mehr aushält und sich am liebsten verstecken und in irgendeine sichere Höhle kriechen möchte, wo ihm niemand mehr Schmerz zufügen kann.

▬ Beispiel 69

Johanna bemerkt, dass sie jetzt, seit sie immer zu Hause ist, außerordentlich sensibel auf alle Eindrücke, Geräusche, Neuigkeiten und Stimmungen reagiert. Es kommt für sie gar nicht infrage, in einen Supermarkt zu gehen, ja sogar den Wochenmarkt, den sie sehr mag, kann sie nicht mehr ertragen. Als sie zusammen mit ihrem Therapeuten untersucht, was sie erlebt, zeigt es sich, dass es in ihr einen sehr sensiblen Bereich gibt, der alles wahrnimmt, alles in sich aufnimmt und darunter leidet, wenn es anderen schlecht geht. Es fällt ihr ein, dass sie bereits viel früher schon einmal bemerkt hat, dass sie Stimmungen von anderen übernehmen kann, ja sogar physische Schmerzen von anderen Menschen kann sie körperlich spüren. Johanna hat ihr sensibles Selbst während ihrer Ausbildungszeit als Krankenschwester zu verstecken begonnen, als sie während ihrer Praktika verschiedene unangenehme Dinge miterlebte. Bei ihrer Arbeit fiel auf, dass sie sich besonders gut in die Jugendlichen versetzen konnte, sie wusste immer genau, was sie fragen oder sagen musste. Aber sie hat sich selbst nie die Frage gestellt, was all das Elend, mit dem sie konfrontiert war, mit ihr anstellte. Wie sich zeigt, leidet ihr sensibles Selbst enorm darunter und fühlt sich beiseitegeschoben und verleugnet.

Der Zweifler:
»Die Qual der Wahl«

Der unsichere Zweifler sieht alle möglichen (und häufig außerdem ein paar unmögliche) Seiten einer Situation. Wenn er sich für eine Lösung entscheidet, muss er eine andere verwerfen. Und dann die Vorstellung, dass sich hinterher die andere Lösung als die bessere erweisen könnte! Er möchte keine falschen Entscheidungen treffen, aber wie kommt man zur richtigen? Er betrachtet alles aus einer immer breiteren Perspektive, bezieht immer mehr Faktoren ein, doch je mehr er darüber nachdenkt, desto weniger weiß er, wie er sich entscheiden soll. Also tut er nichts. Im Grunde hat er Angst vor den Folgen seines eigenen Handelns, Angst davor, die Verantwortung für seine Entscheidungen tragen zu müssen. Der Zweifler traut sich nicht, irgendeinen Schritt zu unternehmen, er möchte nichts dem Zufall überlassen, möchte selbst bestimmen, was auf ihn zukommt. Er hat in der Vergangenheit unangenehme Dinge erlebt und will nicht, dass ihm so etwas noch einmal passiert; so bleibt seine Zukunft stark von der Vergangenheit beeinflusst.

Am liebsten hätte er die Fähigkeit, in die Zukunft blicken zu können, um zu sehen, wohin die unterschiedlichen Möglichkeiten führen. Das würde ihm die Sicherheit verleihen, die er braucht, um eine Entscheidung zu treffen und einen Schritt zu vollziehen.

186 Seelendramen

▬ Beispiel 70

Henk, der Hausmeister, ist im Grunde ein sehr unsicherer Mensch. Als Junge wurde er deswegen häufig ausgelacht. Er hat sein zweifelndes Selbst vor langer Zeit hinter einer Fassade aus Regeln versteckt und tut immer genau, was ihm gesagt wird. Wenn er an etwas zweifelt, was häufig der Fall ist, gibt er es nicht zu, sondern hält starrköpfig an seiner ersten Meinung oder Entscheidung fest. Er will nicht eingestehen, dass die Sache auch anders betrachtet werden kann, und dadurch fehlt ihm die Möglichkeit, sich flexibel zu verhalten und mit Kritik umzugehen. So verstrickt er sich häufig in fruchtlose Diskussionen mit Schülern und wird für sie zur Zielscheibe von Spott und Hohn.

▬

Der Kläger:
»Mach aus deinem Herzen keine Mördergrube«

Der Kläger macht aus seinem Herzen keine Mördergrube. Wenn ihm etwas nicht passt, wird er dies sofort und deutlich zum Ausdruck bringen, und es nimmt eine gewisse Zeit in Anspruch, bis er zu Ende geredet hat. Es interessiert ihn wenig, ob die anderen ihn angenehm finden oder nicht, meistens bemerkt er es nicht einmal, das Wichtigste ist, dass er sich Luft verschaffen kann. Er hat auch wirklich an allem etwas auszusetzen: die nachlässigen Parkgewohnheiten seiner Nachbarn, der mangelnde Respekt seiner Kinder, der schlechte öffentliche Nahverkehr, die Politik ... Wenn der Kläger das, was ihn stört, in sich aufstaut, läuft er den ganzen Tag angespannt herum und kann abends keinen Schlaf finden. Darum ist es viel besser, alles herauszulassen. Oft und gerne tut er seine Unzufriedenheit über seiner Ansicht nach schlecht funktionierende öffentliche Instanzen auch per Brief kund, und er lässt sich nicht so leicht von irgendwelchen Beamten hinter einer Glasscheibe abwimmeln. Seine Meinung soll gehört werden. Es verschafft einfach Erleichterung, einmal so richtig nörgeln und meckern zu können.

Unterdrückte oder verstoßene Selbste bei Menschen mit Burnout   **187**

▬ Beispiel 71

Jan klagt nie. Ganz gleich, wie hart er arbeiten und welche Rückschläge er einstecken muss – er beißt die Zähne zusammen und macht weiter. Allerdings kann er auch aggressiv werden und dann ganz schön auspacken: Er schimpft dann über seine Mitarbeiter, über Dinge, die nicht richtig laufen und überhaupt auf die ganze Welt. Als er seine inneren Selbste zusammen mit seinem Coach näher betrachtet, bemerkt er, dass im Verborgenen hinter all dem Schimpfen und Durchhalten ein Persönlichkeitsteil lebt, der eigentlich völlig resigniert hat. Ein Selbst, das sich so gern auch einmal beschweren und klagen würde, das sein Herz ausschütten möchte, doch von Jan niemals die Gelegenheit dazu geboten bekommt. Als Jan während einer Sitzung diesem Seelenteil in sich eine Stimme gibt, bemerkt er, was für eine unglaubliche Erleichterung ihm das verschafft.

▬

Der Abhängige:
»Hilf mir!«

Der Abhängige ist kein Held und braucht auch keiner zu sein. Er zeigt seinen Schmerz und seinen Kummer. Er braucht Hilfe. Er fühlt sich klein und unwissend; das Leben ist häufig kompliziert und voller Schwierigkeiten: Er allein wäre gar nicht fähig, das alles zu überschauen. Er glaubt an seine Unfähigkeit und seine Unzulänglichkeit. Er gibt rasch auf, eigentlich schon, bevor er überhaupt angefangen hat. Zum Glück sind meistens andere in der Nähe, die allesamt schneller und intelligenter sind als er und genau wissen, was zu tun ist, sodass er lediglich deren Anweisungen zu folgen braucht. Der Abhängige liebt ein vorhersagbares Leben ohne viel Aufhebens um »schwierige Entscheidungen«. Er fährt jedes Jahr zum selben Ferienort, dort kennt er sich aus, und die Menschen kennen ihn, das ist besonders angenehm. Allein sein mag er nicht, dann fühlt er sich einsam und unsicher. Entscheidungen treffen ist nicht seine Stärke, darum schiebt er sie meistens so lange wie möglich hinaus. Er ist glücklich, wenn es Menschen

Seelendramen

gibt, denen er vertrauen kann und die ihm dabei helfen können. Er verlangt vom Leben nichts weiter als eine starke Schulter, an die er sich lehnen kann, starke Arme, die ihn tragen, jemanden, der ihm hilft und ihn beschützt, einen Menschen, der für ihn der Fels in der Brandung sein kann.

Beispiel 72

Tom ist nach seinem Ausscheiden aus dem Schuldienst wütend auf alle und jeden. Er fühlt sich verkannt und angegriffen. Sein ganzes Leben lang hat er Knochenarbeit geleistet, und jetzt soll er herumsitzen, auf seine Berufsunfähigkeitsrente warten und vom Geld anderer abhängig sein? Er findet, dass dies das Schlimmste ist, was ihm zustoßen konnte. In den Krisenjahren vor dem Zweiten Weltkrieg haben seine Eltern von Sozialhilfe gelebt. Später hatte er von ihnen immer wieder gehört, wie erniedrigend das war. Nach dem Krieg hatten seine Eltern hart gearbeitet, um wieder aufzusteigen. Wenn es irgendetwas gab, vor dem man sich hüten musste, war es die Abhängigkeit von der »Stütze«, wie man damals sagte. Tom hat es selbst bei kleineren Dingen stets vermieden, andere um Hilfe zu bitten. Stell dir vor, der andere nutzt das aus und stuft ihn als Schlappschwanz ein. Tom wird nicht darüber sprechen, wenn er Schwierigkeiten hat, er wird selbst eine Lösung finden! Um Hilfe bitten ist etwas für Schwächlinge.

Der Rebell:
»Egal, was kommt – ich gehe meinen eigenen Weg!«

Der Rebell macht sich wenig Sorgen darüber, was andere von ihm erwarten oder denken: Er geht seinen eigenen Weg und schwimmt am liebsten gegen den Strom. Wenn er damit andere brüskiert, verstärkt das nur seine Genugtuung über seinen Kurs. Er liebt es, andere zu provozieren und zu reizen. Neue Wege zu bahnen, die gefestigte Ordnung ins Wanken zu bringen, Menschen wachzurütteln, dafür ist er angetreten. Wenn jemand ihn in eine bestimmte Schublade einordnen möchte, widersetzt er sich dem. Der Rebell richtet es so ein, dass Sie tollpatschig das schönste Weinglas in Scherben schlagen, wenn Sie gezwungen werden, den Abwasch zu erledigen, während gerade ein wichtiges Fußballspiel im Fernsehen läuft. Er kommt mit Hundekot an den Schuhen ins Arbeitszimmer des ungeliebten Chefs (den der Gutmensch und der Angepasste unbedingt zum Freund haben möchten). Der Rebell nimmt nicht so leicht etwas von einem anderen an, sondern er betrachtet die Welt ganz und gar von seinem eigenen Standpunkt aus. Er sagt immer die Wahrheit, notfalls indem er dafür sorgt, dass Sie sich während einer heiklen Sitzung versprechen. Was für einen anderen wahr ist, braucht nicht seine Wahrheit zu sein, und das Verschleiern oder Verschweigen seiner Wahrheit ist für ihn so etwas wie eine Lüge – das findet er verachtenswert.

Beispiel 73

Bernd, der Pfarrersohn, musste sich sein ganzes Leben lang angepasst betragen – kein offener Streit, keine Partys. Anderen dienen, das war die Devise seiner Eltern. Heute ärgert er sich über den Eigensinn seines Sohnes. Während der Therapie entdeckt Bernd ein lang vergessenes Selbst in sich: den Rebellen. Der kletterte, als er sechzehn war und heimlich eine Freundin hatte, nachts aus dem Fenster, um mit ihr zusammen auf dem Mofa zu einer Party in die Stadt zu fahren. Der Rebell in ihm war es auch, der Bernd dazu brachte, zum Entsetzen seiner Eltern gegen den Vietnamkrieg zu demonstrieren und an Studentenrevolten teilzunehmen. Dieser Rebell ist, zu Bernds eigener Überraschung, nicht damit beschäftigt, andere zu retten – er genießt das Leben und tut das, was er selbst wichtig findet.

Der Grenzwächter:
»Der Einzige, der auf dich aufpassen kann, bist du selbst«

Der Grenzwächter hat nicht vor, sich für andere zu opfern; er findet es nicht schlimm, anderen zu helfen, doch das darf dann nicht zulasten seines eigenen Vergnügens und seiner Gesundheit gehen. Er interessiert sich zwar für seine Mitmenschen, doch dabei verliert er niemals seine eigenen Belange aus dem Blick. Er wird niemals eine Situation, so wie sie ist, akzeptieren und sich dareinschicken – er schaut sich an, was notwendig ist, um dann im gegebenen Rahmen gut zu agieren. Er bestellt sich erst einen Bürosessel und einen besseren Monitor, bevor er an die Arbeit geht. Sein Chef mag zwar sein Chef sein, doch seine eigene Gesundheit hat Vorrang. Der Grenzwächter nimmt keine Arbeit mit nach Hause. Alles zu seiner Zeit und in der richtigen Dosis. Zu Hause sorgt er ebenfalls für die richtige Rollenverteilung. Am Sonntag wird das Telefon auf stumm gestellt, und die Ferien sind heilig.

Beispiel 74

Philipp, der Gruppenleiter auf dem therapeutischen Bauernhof, stammt aus einer Bauernfamilie. Dort war stets jeder für den anderen da, und es war völlig normal, dass man auf dem elterlichen Hof mithalf. Schon früh lernte er, dass die Belange der Familie und des Betriebs immer über den persönlichen Interessen standen. Er findet, dass er eine schöne Jugend hatte, und passt sich auch als Erwachsener noch leicht jeder Situation an. Ihm kommt gar nicht der Gedanke, den Auftrag, sich bei vergleichbaren Projekten über die dortige Ausstattung der Ställe zu informieren, abzulehnen, und natürlich deklariert er diese Tätigkeit nicht als Arbeitszeit (siehe Beispiel 27, Seite 70 f.). Die Interessen der Organisation, für die er arbeitet, kommen selbstverständlich vor denen seiner Familie, doch wenn seine Kinder ihn um etwas bitten, steht er immer zur Verfügung. Ganz tief im Innern lebt verdrängt jener Teil von Philipp, der seine eigenen Grenzen bewachen muss, der Nein rufen soll und der möchte, dass Philipp auch einmal sich selbst etwas Gutes tut.

Das Opfer:
»Hört das denn nie auf?«

Das Opfer weiß, was es bedeutet, verletzt worden zu sein: Es ist der Spielball in einem grausamen Spiel, und es ist immer derjenige, der die Schläge abbekommt. Das Leben ist hart, die Leute haben so wenig Verständnis. Wie unermüdlich es auch arbeitet, andere bemerken es nicht; sie erwarten immer nur noch mehr von ihm. Seine Leistung ist auch nie gut genug! Je netter es sich verhält, umso mehr nutzen die anderen es aus. Und wenn etwas schiefgeht, bekommt natürlich das Opfer die Schuld. Es findet, dass es Pech hatte mit seinem Partner, seinem Job, ja im Grunde mit seinem ganzen Leben. Das Opfer fühlt sich all diesen Schwierigkeiten nicht gewachsen. Es meint, dass alle anderen es viel besser getroffen haben; das ist ungerecht, es muss viel zu viel alleine schultern. Das Opfer findet, dass es ebenfalls das Recht hat, sich auf andere zu stützen. Manchmal gibt es tatsächlich jemanden, bei dem es den Eindruck hat, er wolle ihm helfen; doch irgendwann lässt dieser es dann doch immer wieder im Stich.

Beispiel 75

Klaus fühlt sich gedemütigt. Seine erste Reaktion ist Wut, er ist wütend auf sich selbst. Dass er in Tränen ausbrach (siehe Beispiel 1, Seite 44 ff.) ist das Schlimmste, was ihm passieren konnte. Wie konnte er nur so ein Jammerlappen sein! Dafür hat er nur Verachtung übrig. Als er nachforscht, warum er dies so stark erlebt und warum er das Gefühl, verletzt worden zu sein, nicht ertragen kann, landet er in seiner Kindheit. Seine Mutter war lieb, aber auch ein »Opfer« seines Vaters. Sie nahm alles hin und beklagte sich bei Klaus über ihr hartes Leben, änderte aber nichts daran. Obwohl sein Vater sich aggressiv und mürrisch gab, war auch er ein »Opfer«: Ständig saßen ihm seine Chefs im Nacken, sein ganzes Leben lief nicht, wie es sollte, immer hatte man es auf ihn abgesehen. Nein, so wollte Klaus niemals werden. Alles, was nach Opfertum und Wehleidigkeit riecht, hat er erfolgreich tief in der Seele verborgen.

6.6 Auf die inneren Selbste hören: Nach Ausgleich streben

Wenn Sie in sich vieles aus der Gruppe der dominanten Persönlichkeitsteile wiedererkennen und sich über die beschriebenen Teile aus der anderen Sparte ärgern, wird es möglicherweise Zeit, diesen verstoßenen Selbsten einmal etwas mehr Raum in sich zu geben. Ihr innerer Leichtfuß sehnt sich vielleicht enorm danach, einmal gar nichts tun zu müssen, bekam aber bislang nie die Chance dazu; der Narr lacht über all Ihre ernsthaften Betätigungen und lädt Sie vielleicht dazu ein, Spaß zu haben und mitzulachen; der Eremit in Ihnen sucht Stille zur Besinnung. Und was für die meisten von einem Burnout Betroffenen noch schlimmer ist: Das Opfer möchte endlich einmal angehört werden, und der Sensible möchte, dass Sie sich nicht ständig über ihn hinwegsetzen.

Indem Sie Ihre Aufmerksamkeit bewusst auf die eher verdrängten Teile hinlenken, können Sie hören, was diese sagen wollen, und häufig kann es überhaupt nicht schaden, auf ihre Vorschläge einzugehen. Zugleich wird das Angst oder Wut bei den primären Teilen hervorrufen: Diese wollen ihre Position natürlich nicht aufgeben und Sie vor dem Unheil bewahren, das sie befürchten. Sie werden versuchen, Sie vor dem Schmerz zu schützen, den die verstoßenen Teile tragen. Fast alle unsere Selbste sind in der Vergangenheit entstanden, um uns zu helfen, das Leben und die Hindernisse, die es mit sich bringt, zu überstehen und zu überwinden. Sie wollen uns vor Schmerz und Ohnmacht schützen, aber sie sind schon so lange bei uns und singen bereits so lange dasselbe Lied, dass es ihnen entgangen ist, dass sich unsere Situation inzwischen geändert hat und die alten Muster nicht mehr wirken, dass der massive Schutz der verletzlichen Stellen in uns nicht mehr notwendig ist. So schießen sie über ihr Ziel hinaus, und es kann sein, dass wir aufgrund all dieser uns schützenden Selbste irgendwann völlig erschöpft sind.

Die innere Instanz, die alle unsere Selbste hören und verändern kann, ist das Ich. Darüber wollen wir im nächsten Kapitel sprechen. In Teil IV, Kapitel 19 finden Sie viele Übungen, die sich mit der Seelenebene der inneren Selbste befassen und damit, wie Sie sie kennen- und mit ihnen umgehen lernen können (siehe Seite 369 ff.).

7 Das Ich: Den Kurs des eigenen Lebens bestimmen

Wir besitzen Vitalität, doch wir sind nicht identisch mit ihr. Unsere Persönlichkeitsteile beeinflussen häufig Gefühle und Verhalten, doch wir sind nicht identisch mit diesen. Wer ist der »Eigentümer«, der Herr des Prozesses, der Dirigent von all dem? Wie sorgen wir dafür, dass wir Kurs halten und uns stetig entwickeln? Wie können wir uns selbst in das Ganze eingliedern und dennoch unsere eigenen Ideale verwirklichen?

Außer unserem Körper, unseren Lebenskräften und den Erlebnissen, die aus unserer Seele stammen, verfügen wir auch über eine innere Instanz, die in der Lage ist, all das zu reflektieren: unser Ich. Durch unser Ich behalten wir den Überblick und sind fähig, zu planen und vorauszuschauen. Das Ich kann auf die unterschiedlichen inneren Stimmen hören, es kann unser Verhalten steuern und Entscheidungen treffen. Durch unser Ich erfahren wir »intrinsische Motivation« (siehe Seite 195 f.) und sind fähig, wirklich Ja oder Nein zu etwas zu sagen. Das Ich führt auf diese Weise die Regie über die unterschiedlichen Persönlichkeitsteile, und es formt unser Gewissen, indem es sich auf eigene moralische Überlegungen stützt.

Das Ich ist dadurch auch der Vermittler zwischen eigenen Interessen und den Belangen der anderen beziehungsweise der Gemeinschaft. Wir können eine abweichende Meinung haben und formulieren, doch zugleich auch liebevolle Beziehungen eingehen, die das Eigeninteresse hinter sich lassen. Auch Empathie (siehe Seite 198) und die Fähigkeit, zu vergeben, sind Ich-Qualitäten. Dadurch können wir uns mit dem anderen verbinden und uns sozial eingliedern, während wir ihn dennoch frei lassen, seinen eigenen Weg zu gehen.

Die Fähigkeit, eine bestimmte Situation, aber auch das eigene Denken, Fühlen und Handeln zu reflektieren, durch die wir unser Verhalten regulieren und verändern können, ist etwas typisch Menschliches. Auf dieser Fähigkeit basieren alle inneren Lernprozesse, die ja viel mehr sind als nur ein Antrainieren von etwas. Das Ich steht für unsere Entwicklung als Mensch.

194 Das Ich: Den Kurs des eigenen Lebens bestimmen

Im Folgenden werden einige Ich-Qualitäten unter dem Gesichtspunkt ihrer Bedeutung für ein Burnout näher beleuchtet.

7.1 Reflexion, Selbstreflexion und die Fähigkeit, sich zu ändern

Autonomie und das Festlegen eines eigenen Kurses im Leben müssen stets in ein ausbalanciertes Verhältnis zu den Nöten anderer Menschen und der uns umgebenden Welt gesetzt werden. Durch unsere jeweiligen Seelenqualitäten sind wir häufig einseitig orientiert, zum Beispiel wenn wir energisch unsere eigenen Interessen verfolgen und unsere eigenen Positionen verteidigen, aber auch dann, wenn wir den sozialen Bereich pflegen und anderen helfen. Beides sind im Prinzip positive Qualitäten, doch sie sind es nur, wenn sie im Gleichgewicht miteinander stehen. Zu den Aufgaben des Ichs gehört es, nicht nur die Initiative zu ergreifen und uneingeschränkt Ja zu sagen, sondern auch fundiert Nein sagen zu können und Impulse zurückzuhalten. Das Ich bewirkt, dass wir innerlich aktiv mit den Dingen umgehen können, die uns widerfahren. So können wir uns auf der Grundlage von Reflexion und Erkenntnis bewusst entscheiden, bestimmte Dinge in unserem Leben oder in unserer Arbeitssituation zu ändern oder aber sie auszuhalten.

Vielen Menschen bringt die Zeit eines Burnouts am Ende den Gewinn, dass sie danach fähiger sind, ihren eigenen Kurs zu bestimmen. Sie gehen weniger Eingeständnisse gegnüber Forderungen ein, die von außen an sie herangetragen werden, aber auch gegenüber den inneren Persönlichkeitsteilen, die in einseitiger Weise ihre eigenen Ziele verfolgen.

7.2 Motivation, ein innerer Vitalisator

Motivation ist bei allem, was wir tun, eine treibende und vitalisierende Kraft. Ohne Motivation sind wir nicht aktiv und engagiert bei dem, was wir tun; es fällt uns schwerer, uns zu konzentrieren, und die Aufgaben, vor die wir uns gestellt sehen, erledigen sich zäher. Kinder, aber auch

Motivation, ein innerer Vitalisator **195**

Studenten schlafen tatsächlich ein, wenn Unterrichtsstunden nicht interessant genug sind. Eine Bergtour wird zu einer Qual, wenn man nicht gerne wandert. »Wenn du keine Lust hast, musst du dir eben Lust machen«, das wurde vielen von uns früher vorgehalten. Tatsächlich lässt sich Motivation aufgrund eines externen Anreizes – zum Beispiel Anerkennung oder Liebe oder aber auch eine Belohnung in Form von Geld – erzeugen, ebenso durch den Drang, Strafe und Tadel zu vermeiden (extrinsische Motivation). Motivation kann auch etwas sein, das ganz aus uns selbst kommt; in diesem Fall haben wir eine intrinsische Motivation für eine bestimmte Aufgabe. Meistens wirkt die intrinsische Motivation stärker und nachhaltiger als die extrinsische. Häufig sind die beiden miteinander vermischt.

Beispiel 76

So zum Beispiel im Falle von Marika, der hart arbeitenden jungen Abteilungsleiterin, die mit Anfang dreißig ins Burnout gerät. Sie machte nach ihrem Studium rasch Karriere und ist stolz auf ihre Leistungen. Sie realisiert nicht, dass sie noch immer dabei ist, sich aus dem Klima der Trauer in ihrem Elternhaus herauszuarbeiten und dass sie etwas gutmachen will für ihre Mutter, die, obwohl sie ebenfalls eine gute Ausbildung hatte, niemals einer beruflichen Tätigkeit nachgehen durfte.

Motivation kann verschiedene Formen annehmen: Man kann Lust zu etwas haben, ohne sich dafür allzu sehr anstrengen zu wollen, oder ambivalente Gefühle hegen, oder aber man kann sich aus starken Idealen heraus aktiv einsetzen. Menschen, die ein Burnout erleiden, sind häufig in Bezug auf ihre Arbeit und Leistung ganz allgemein stark motiviert. Sie möchten ihre Ziele verwirklichen und verlieren dabei das Gleichgewicht aus dem Auge; sie bemerken nicht, dass sie ausbrennen. Vorgesetzte oder Kunden werden sie daran nicht hindern, im Gegenteil, sie werden immer mehr von ihnen verlangen und immer mehr Aufgaben

196 Das Ich: Den Kurs des eigenen Lebens bestimmen

und Verantwortlichkeiten auf ihren Schultern abladen. Die Aufgabe des Ichs besteht darin, zwischen den unterschiedlichen Quellen der Motivation zu unterscheiden.

Intrinsische Motivation kann man beim Engagement für die persönlichen Aufgaben und die Verbundenheit mit Kollegen empfinden. Dabei ist es wichtig, dass man sich mit der Organisation oder dem Betrieb, für den man arbeitet, identifizieren kann und dass die Normen und Werte in der Unternehmenskultur einigermaßen mit den eigenen übereinstimmen. Wenn in einer bestimmten Abteilung eine bedrohliche oder negative Atmosphäre herrscht und man sich nur wenig gegenseitig unterstützt, lässt die Motivation der dort Arbeitenden meistens schnell nach.

Bei einer zu großen extrinsischen Motivation ist es gut, eine gewisse Selbsterforschung durchzuführen und sich zu fragen, wie es eigentlich um die mehr verborgenen »internen« Wünsche und Sehnsüchte steht. Dürfen diese sich bemerkbar machen, oder müssen sie unterdrückt werden unter dem Einfluss der Umgebung oder des inneren Sklaventreibers und Richters beziehungsweise Moralisten? Niemand kann ständig und in jeglicher Hinsicht zu allem motiviert sein, was er tut; das Leben hält eben auch unangenehme Aufgaben und notwendige Tätigkeiten bereit, die man nicht unbedingt gerne erledigt. Doch gerade bei der alltäglichen Arbeit ist es sehr wichtig, dass es jeden Tag Momente und Situationen gibt, mit denen wir uns im tiefsten Innern verbinden und durch die wir froh und zufrieden sein können. Momente, die wertvoll sind und uns vermitteln, dass auch wir im Ganzen einer größeren Organisation oder Gemeinschaft etwas bedeuten. Innere Sinngebung, Zur-Geltung-kommen-Können und Verbundenheit mit anderen Menschen – das sind Grundvoraussetzungen, um dauerhaft motiviert und sinnerfüllt zu arbeiten.[44]

Enttäuschung als »Energiefresser«

Wir sind von uns selbst enttäuscht, wenn wir unsere Ideale und Ziele nicht verwirklichen können: Wir hätten mehr von uns erwartet. Von anderen sind wir enttäuscht, wenn diese unseren Erwartungen nicht entsprechen. Gerade weil Menschen, die ein Burnout erleiden, häufig besonders loyale Mitarbeiter sind, die nicht gerne klagen und sich oft nur wenig Zeit zur Selbstreflexion gönnen, können sie Gefühle der Enttäuschung und der Unzufriedenheit über Jahre hinweg unterdrücken. Statt Wut zu spüren und zu äußern wird noch mehr Energie in das Nettbleiben,»Mittragen« und das Unterhalten freundschaftlicher Verhältnisse mit den Kollegen investiert. Statt die Knackpunkte zu besprechen werden sie schweigend ertragen oder in Eigenregie gelöst. Die Gefühle der Unzufriedenheit dringen hier nicht bis ins Bewusstsein, sondern erzeugen eine innere Spannung, die zu verschiedensten körperlichen Symptomen und Beschwerden führen kann.

7.3 Die Fähigkeit, zu steuern und sich zurückzunehmen

Man kann das Ich als den »Steuermann« der Biografie betrachten: Den eigenen Lebenslauf steuern bedeutet, dass man ein Ziel vor Augen hat und in der Lage ist, den Weg dorthin festzulegen, dass man mit Rückschlägen und Glücksfällen unterwegs umgehen kann und in den Alltagsereignissen die großen Linien nicht aus dem Auge verliert. Steuern bedeutet, sich immer in Entwicklung zu begreifen und dem eigenen Leben Gestalt zu verleihen, ohne sich dabei zu erschöpfen. Neben der Fähigkeit, die Initiative zu ergreifen und Dinge auszuführen – diese ist bei Menschen mit Burnout im Allgemeinen sehr gut entwickelt –, ist es natürlich auch wichtig, sich selbst bremsen und zurücknehmen zu können und das Maß an Aktivitäten und die persönlichen Ideale innerhalb des gegebenen größeren Kontexts in Übereinstimmung mit der eigenen Lebensenergie zu bringen.

Auch diese hemmende Funktion ist eine Qualität des Ichs. Man kann beobachten, dass es Menschen im Vorfeld eines Burnouts immer weniger gelingt, ihre Arbeit und ihre Aktivitäten zu begrenzen beziehungsweise zu beenden. Dasselbe gilt für das Grübeln und Planen. Immer tiefer geraten sie in einen Teufelskreis: Sie arbeiten noch mehr, leisten dennoch weniger und grübeln darüber nach, ohne zu einer Lösung zu kommen. Daneben fangen sie, weil sie den Überblick verlieren und nicht mehr in der Lage sind, Nein zu sagen, häufig noch alle möglichen zusätzlichen Dinge an (sie stellen sich in der Schule als Elternvertreter zur Verfügung, beginnen einen weiteren Fortbildungskurs, nehmen bedürftige Personen bei sich auf ...). Chaotisches Handeln und impulsive Entscheidungen im Wechsel mit Phasen des Grübelns und der Apathie kommen bei Menschen mit Burnout relativ häufig vor. Dies alles deutet darauf hin, dass das Ich sich zurückzieht und die Seelenfunktionen von Denken, Fühlen und Wollen nicht mehr richtig regulieren kann.

7.4 Empathie versus Zynismus und Gleichgültigkeit

Empathie ist die Fähigkeit, sich in das Leben eines anderen hineinzuversetzen, auch wenn dieser sich in einer mir selbst noch unbekannten Situation befindet oder in anderer Weise reagiert, als ich selbst es täte. Dazu bedarf es der Fähigkeit, einen gewissen Abstand zu mir selbst einzunehmen, und des Willens, Energie in das Verstehen des Standpunktes und des Verhaltens des anderen zu investieren. Menschen, die ein Burnout erleiden, sind dermaßen stark damit beschäftigt, zu überleben, dass sie immer weniger inneren Raum dafür haben, sich mit dem anderen zu verbinden, mit ihm mitzuleben, Interesse für ihn aufzubringen. Empathie zu empfinden und zu äußern bildet die Basis liebevoller Beziehungen. Man relativiert sich selbst und versucht das Leben einen Moment lang mit den Augen des anderen zu sehen und dabei dessen Schwierigkeiten und Freuden mitzuerleben. Empathie kann helfen, Unfrieden und Unzufriedenheit zu lindern und den anderen milder zu beurteilen; sie kann auch die Fähigkeit, dem Leben mit Humor zu begegnen, stärken. Empathie ist wichtig, um Beziehungen einzugehen und zu pflegen, zum Beispiel mit dem Partner, den eigenen Kindern, Freunden und Kollegen. Wenn der Stress zunimmt, bleibt immer weniger Raum für Einfühlungsvermögen, das Ich zieht sich immer weiter zurück, und Zynismus und Gleichgültigkeit nehmen in den Beziehungen überhand. Dies kann sich beispielsweise in einem schärferen Umgangston, zunehmend schroffen Reaktionen und dem Unwillen, mit dem anderen innerlich mitzuleben, äußern. Handelt es sich dabei um jemanden, der in einem pflegenden oder sozialen Beruf tätig ist, wird dadurch natürlich die Beziehung zu Klienten oder Patienten empfindlich gestört. Aber auch in der Beziehung zu Kollegen, Partnern, Freunden und Familienmitgliedern entstehen immer mehr Konflikte und Irritationen, wenn Zynismus und Gleichgültigkeit den Ton angeben. Es ist für Menschen, die in der direkten Umgebung einer Person leben, die an einem Burnout leidet, häufig sehr schwierig, dies auszuhalten. Das ist insbesondere dann der Fall, wenn das Thema über einen längeren Zeitraum hinweg verleugnet wurde und die eigenen Probleme stark auf die Außenwelt projiziert werden. Regelmäßig kann man beobachten, dass der Partner, der das Schiff über Wasser hielt, während sich der andere von seinem Burnout erholte, zuletzt selbst noch ins Trudeln gerät.

Im Teil IV, Kapitel 20 finden Sie Übungen, die sich auf das Ich beziehen (siehe Seite 392 ff.).

8 Persönliche Verhältnisse, die ein Burnout beeinflussen

Zu den Verhältnissen, die eine Rolle im Zusammenhang mit einem Burnout spielen können, gehört unser Privatleben, das aufbauend oder aber schädigend auf unsere Lebensenergie einwirken kann. Die Qualität einer Ehe oder des Familienlebens, ob man alleine oder in einer Beziehung lebt, die Wohnsituation und finanzielle Sorgen – das sind nur einige der Faktoren, die die Vitalität beeinflussen. Viele Studien zeigen, dass einschneidende Ereignisse wie zum Beispiel die Geburt eines Kindes oder traumatische Erlebnisse im Jahr darauf zu einem erhöhten Burnout-Risiko führen können. Auch gehen bestimmte Lebensphasen sowie eine bereits zuvor bestehende Persönlichkeitsproblematik mit einer erhöhten Anfälligkeit für ein Burnout einher.

8.1 Unser Privatleben: Lust oder Last

Unsere häuslichen Lebensumstände spielen im Zusammenhang mit dem Ausmaß an Stress, das wir zu bewältigen haben, eine große Rolle. Genauso wie am Arbeitsplatz die Anerkennung und Unterstützung von Kollegen sowie eine gute Arbeitsatmosphäre von wesentlicher Bedeutung für die Vitalität und die Arbeitsfreude der dort Tätigen sind, so gilt auch für den häuslichen Bereich, dass eine gute Beziehung, ein soziales Netzwerk aus Familie, Freunden und guten Nachbarn ganz entscheidend dazu beitragen kann, dass wir die Schwierigkeiten und Hindernisse im Leben bewältigen und freudige Ereignisse feiern können. Menschen, die alleine leben, haben zu Hause nicht nur wenig Unterstützung, sie haben auch weniger Ablenkung und niemanden, der »Halt!« ruft, wenn sie nonstop weiterarbeiten. Ein Partner oder Kinder, die erwarten, dass Sie zum Essen an den gemeinsamen Tisch kommen, und mit Ihnen auch über andere Dinge als die Arbeit sprechen wollen, können Ihnen helfen, den Bogen nicht zu weit zu überspannen. Deswegen haben Menschen, die alleine leben, ein erhöhtes Burnout-Risiko.

Eine gute Beziehung mit gegenseitiger Unterstützung der Partner stärkt unsere Vitalität und seelische Spannkraft. Eine schlechte Ehe mit vielen Konflikten oder eine mit Auseinandersetzungen einhergehende Scheidung, chronische Krankheiten in der Familie oder der Tod eines Partners erhöhen dagegen die Dosis an täglichem Stress in gehörigem Maße. In solchen Zeiten schlafen Menschen schlechter, und sie können sich nicht wirklich entspannen. Auch wenn Sie über einen längeren Zeitraum hinweg Ihre Eltern oder Schwiegereltern pflegen, vor allem wenn dies mehr oder weniger nebenbei geschehen muss und Sie wenig Anerkennung dafür ernten, oder wenn es immer wieder zu Konflikten mit den Nachbarn kommt, untergräbt all dies Ihre Tragkraft. Obwohl die Arbeit in derartigen Situationen zumeist als eine willkommene Ablenkung von den täglichen Widrigkeiten erlebt wird, kommt doch rasch der Punkt, an dem es einem nicht mehr gelingt, die unterschiedlichen Aufgaben miteinander zu vereinen.

Nachfolgend das Beispiel einer Frau, die aufgrund eines Burnouts längere Zeit nicht arbeitsfähig war, während die eigentliche Ursache in ihrer Lebenssituation zu suchen war.

Beispiel 77

Leonie genoss ihre Arbeit mit alten Menschen. Sie hatte ein gutes Verhältnis zu ihren Kollegen, und zu Hause lief alles wie geschmiert, auch deswegen, weil ihr Mann Jupp einen Tag in der Woche daheim war und ihre Mutter gerne auf die Kinder aufpasste. Als Jupp dann zunehmend an zunächst nicht genauer definierbaren Beschwerden zu leiden begann und sich immer weniger einbringen konnte, kam es regelmäßig zu Streit deswegen. Nach einem Jahr stellte sich heraus, dass Juppe eine Multiple Sklerose entwickelte, und schon bald wurde er arbeitsunfähig. Eigentlich bräuchte Leonie nun alle ihre Kräfte zu Hause, doch die Familie ist aufgrund der Krankheit ihres Mannes jetzt mehr denn je von ihren Einkünften abhängig. Als ihre Mutter eine Hüftfraktur erleidet, selbst auf Hilfe angewiesen ist und nicht mehr regelmäßig die Kinder hüten kann, wird die Belastung für Leonie zu groß, und sie muss sich schließlich auf Anraten ihres Hausarztes krankmelden. Sie schläft schlecht, kann sich nicht konzentrieren, sitzt häufig weinend da, ist verzweifelt und fühlt sich todmüde. Dennoch würde sie am liebsten gleich morgen wieder arbeiten gehen, denn ihre Arbeit schenkt ihr Ablenkung und Freude.

8.2 Eine Problematik, die zu einer bestimmten Lebensphase gehört

Früher wurde Burnout mit der Midlife-Crisis gleichgesetzt, denn betroffen waren vor allem Menschen zwischen vierzig und fünfzig. Heute geraten auch vermehrt jüngere Menschen ins Burnout, doch nach wie vor befinden sich die meisten in der Mittelphase ihres Lebens, sind also zwischen 35 und 55 Jahre alt.

Jung und trotzdem ausgebrannt

Auch Menschen in den Zwanzigern und Dreißigern können ausgebrannt und längerfristig arbeitsunfähig sein. Dafür lassen sich verschiedene Ursachen nachweisen: Kinder werden heute besonders behütet, junge Menschen wohnen länger zu Hause und tragen wenig Verantwortung im Familienleben, die Studiendauer bei höheren Ausbildungsgängen wurde beträchtlich verkürzt. Dadurch treten junge Menschen früher und mit weniger Lebenserfahrung in den Beruf ein. Gleichzeitig nimmt schon früh der Leistungsdruck zu, sowohl in der Schule als auch in den Bereichen des Sports und der Musik. Lernen, Bücher lesen, Sport treiben, handwerkliches Tun geschieht nicht mehr aus Interesse oder zum Spaß, sondern mit dem Zweck, gute Noten zu bekommen und bestimmte Ziele zu erreichen. In zunehmendem Maße werden Entwicklung und Erfolg im Leben nicht mehr an inneren Kriterien gemessen, sondern ausschließlich an Leistungen, die sich in Zahlen ausdrücken lassen. Selbstständigkeit, Freude an dem, was man tut, Kreativität und Motivation sind jedoch im Arbeitsleben mindestens genauso wichtig wie messbare Leistungen. Mit der Überbewertung des Jungseins und

Eine Problematik, die zu einer bestimmten Lebensphase gehört **203**

der Jugendlichkeit nimmt zugleich der Druck zu, bereits früh erfolgreich zu sein. Wenn man mit 24 Jahren seinen Universitätsabschluss geschafft hat und einem eine interessante Position angeboten wird, so scheint das auf den ersten Blick fantastisch zu sein, doch häufig wird die berufliche Verantwortung, die auf diesen Menschen liegt, als zu schwer erfahren, und die Anforderungen, die das Arbeitsleben stellt, decken sich nicht mit dem diesem Alter entsprechenden Bedürfnis nach Freiheit, Freizeitgestaltung und Lebensgenuss. Junge Arbeitnehmer – Neulinge auf dem Arbeitsmarkt und noch nicht sehr lebenserfahren – reagieren nachweislich häufiger als ihre älteren Kollegen mit Stresssymptomen auf Spannungen im Berufsleben.[45]

Jugendliche mit Persönlichkeitsproblematik

Bei Menschen, die bereits in jungen Jahren ins Burnout geraten, spielen häufig Probleme in der Persönlichkeitsstruktur oder Konstitution eine Rolle, die dazu führen, dass sie zusätzliche Energie brauchen, um das normale Leben durchzuhalten. Da sie die Anpassung an die sozialen Verhältnisse veranlagungsbedingt mehr beansprucht, fordern ihnen das Leben und die Arbeit viel mehr Energie ab. Ein Burnout deutet dann auf eine Unfähigkeit hin, sich an die Erfordernisse des Erwachsenenlebens anpassen zu können, und auf ein Problem bei der Abstimmung der eigenen Fähigkeiten und Bedürfnisse auf die Erfordernisse der Umgebung. Ein Beispiel dafür bilden junge Erwachsene mit einer leichten Form von Autismus. Sie kommen in einer übersichtlichen, nicht allzu belastenden Arbeits- und Lernumgebung gut zurecht, doch sobald wechselnde Praktika oder Umstrukturierungen im Betrieb ins Spiel kommen, die immer unerwartete Veränderungen mit sich bringen und eine erhöhte Anpassungsfähigkeit verlangen, nimmt ihre Gefährdung zu. Bei allen Menschen mit einer verletzlichen Konstitution, die dennoch ganz normal mit den anderen Schritt halten müssen, ist ohne eine strukturierte Begleitung das Risiko, bereits in jungen Jahren (manchmal sogar bereits in der Oberstufe der Schule) ein Burnout zu erleiden, erhöht. Manchen von ihnen gelingt es auch danach nicht mehr, sich auf dem Arbeitsmarkt zu behaupten.

Zu früh zu viel Verantwortung tragen müssen

Manche Menschen entscheiden sich bereits früh, in einem idealistischen Beruf oder im Managementbereich zu arbeiten, und bauen sich zunächst ein sehr erfolgreiches Arbeitsleben auf. Jahrelang investieren sie viel Energie in ihr Ideal. Dabei kann es vorkommen, dass bestimmte Kräfte und Fähigkeiten, die noch nicht ausgereift waren, zu früh in Anspruch genommen werden müssen, wodurch bereits in dieser Lebensphase der Keim für ein späteres Burnout gelegt werden kann.

▬▬ Beispiel 78

Zusammen mit Ken hat Roxane jahrelang in einer Wohn- und Arbeitsgemeinschaft für Menschen mit Entwicklungsstörungen gearbeitet. Sie verdienten fast nichts, und man kannte sie als einsatzfreudige, engagierte und verantwortungsbewusste Mitarbeiter, bei denen man in der Not jederzeit anklopfen konnte. Mit 23 hatten beide bereits verschiedene verantwortungsvolle Aufgaben übernommen. Ihre eigenen Wünsche und Sehnsüchte wurden über lange Zeit hinweg dem großen Ideal untergeordnet. Die Belange der Gemeinschaft gingen immer vor, und viel Geld, um etwas Eigenes zu realisieren, gab es ohnehin nicht. Es wurden ihnen eine Verantwortung und Standfestigkeit abgefordert, die eigentlich nicht zu dieser Lebensphase passen, in der es darum geht, zu experimentieren und Erfahrungen zu sammeln. So wurden bei ihnen, ohne dass sie es bemerkten, die Lebenskräfte verbraucht und zu wenig Reserven für die nächste Lebensphase aufgebaut.

▬▬

Die mittlere Phase des Lebens zwischen 35 und 50 Jahren

So wie die ersten Berufsjahre noch im Zeichen des Erfahrungsammelns und der Reifung der Persönlichkeit stehen, rücken in der mittleren Phase des Lebens die Vertiefung und die Entwicklung des eigenen Stiles sowie die persönliche Ausgestaltung und Prägung des Berufes in den Mittelpunkt. Gleichzeitig entschließen sich viele Menschen immer später zur Familiengründung. Eltern mit kleinen Kindern schlafen häufig viele Jahre lang zu wenig. Sie müssen ein Maximum an Einsatz leisten, um Familie, Arbeit und soziales Leben miteinander in Einklang zu bringen. Wenn die Kinder dann ins Jugendalter kommen, müssen sie zwar weniger umsorgt werden, doch die Organisation des Familienlebens verschlingt häufig noch viel mehr Zeit und Energie. Die Kinder müssen in der Schule und beim Sport unterstützt, Experimente mit Alkohol und Drogen innerhalb gesunder Grenzen gehalten und Freundschaften und Beziehungen halbwegs begleitet werden. Dazu bedarf es in erster Linie eines guten Kontaktes mit den Kindern, doch es ist schwierig, genügend Zeit zu finden, die mit ihnen gemeinsam verbracht werden kann. Die Ferien sind in dieser Lebensphase nicht wirklich dazu geeignet, sich auszuruhen, weil immer einer da ist, der etwas anderes will. Die Beziehung der Eltern, falls sie überhaupt allen Stürmen getrotzt hat, steht unter Druck, weil so wenig Zeit für Gemeinsamkeit übrig bleibt. Außerdem kommen in dieser Lebensphase häufig alte Wunden aus der Jugend ans Tageslicht, die verarbeitet und verwandelt werden wollen, was ebenfalls Energie erfordert. Wenn die Ehe den Belastungen nicht standhält und eine neue Beziehung eingegangen wird, kommt noch die Problematik des Zusammenwachsens der einzelnen Familien hinzu. Die Abstimmung mit dem Ex-Partner und die Organisation der Kommunikation mit den nicht mehr zu Hause wohnenden Elternteilen kostet häufig enorm viel Energie, insbesondere dann, wenn die Scheidung mit Schmerzen, Rachegefühlen und Auseinandersetzungen einhergeht. Finanzielle Belastungen durch Hypotheken oder Urlaube, Klassenfahrten und Sportvereine erhöhen den Druck häufig noch zusätzlich. Diese Jahre können für viele Menschen mit Fug und Recht als eine Art »Kampf bis zur Erschöpfung« bezeichnet werden. Insbesondere Frauen leiden darunter und sind irgendwann auf halber Strecke ausgebrannt.

Wenn es unterdessen nicht gelingt, die Ideale im Arbeitsleben zu verwirklichen, führt dies zu einer schleichenden Unzufriedenheit. Gefühle der Enttäuschung werden durch harte Arbeit, Kritik und Zynismus unterdrückt. Dieser Prozess kann über Jahre hinweg im Unbewussten verlaufen, wodurch die Betroffenen ihre Lebenskräfte immer stärker un-

206 Persönliche Verhältnisse, die ein Burnout beeinflussen

tergraben und schließlich verbittert aufgeben. Viele der in diesem Buch angeführten Beispiele erzählen von Menschen in dieser Lebensphase.

Burnout im späteren Alter

Zwischen dem 53. und 57. Lebensjahr kann es zu einer Krise kommen, die mit dieser spezifischen Lebensphase zusammenhängt. Die Kinder sind aus dem Haus, eingefahrene Muster werden durchbrochen. Mit zunehmender Unruhe wird die Frage bewegt: »Kann ich noch etwas Neues entwickeln, oder war's das jetzt?« In dieser Phase spielen außerdem häufig Machtkonflikte in der Arbeitsumgebung eine Rolle: Werde ich noch einmal befördert, erreiche ich tatsächlich noch die Führungsposition, oder werde ich von der jüngeren Generation überholt?

Die Empfindung von eintöniger Routine bei der Arbeit und die Sehnsucht, noch etwas anderes zu entwickeln, können in dieser Phase sehr stark werden, vor allem dann, wenn man über Jahre hinweg dieselbe Funktion bekleidet und persönlicher Weiterentwicklung und Fortbildung wenig Aufmerksamkeit geschenkt hat. Es ist jedoch alles andere als einfach, eine neue Stelle oder eine neue Herausforderung innerhalb des Unternehmens zu finden. Die jüngere Generation wird bei Bewerbungen und Reorganisationen häufig vorgezogen. Enttäuschungen durch mangelnde Anerkennung, aber auch über das, was man nicht erreicht hat, können in dieser Phase zu Wut und Rachegefühlen führen.

Doch auch Menschen, die viele Jahre lang in einer Führungsposition waren wie beispielsweise Manager in großen Betrieben oder Menschen, die einen eigenen Betrieb aufgebaut haben, bekommen in dieser Lebensphase häufig Probleme. Die natürliche Vitalität nimmt ab, es kann sein, dass das Bedürfnis nach zusätzlichen freien Tagen oder Urlaub zunimmt, man kann nicht mehr endlos Überstunden schieben und lange Nächte durcharbeiten. Menschen mit Schichtarbeit oder anderen unregelmäßigen Tätigkeiten bemerken, dass es ihnen immer schwerer fällt, ihren Rhythmus umzustellen und Wochenend-, Abend- und Nachtdienst zu leisten. Ein- und Durchschlafprobleme sowie das chronische Gefühl, sich nach einer Arbeitsphase nur unvollständig zu erholen, sind die Folge.

Eine Problematik, die zu einer bestimmten Lebensphase gehört

Es kann in diesem Alter notwendig, zugleich aber auch schwierig sein, die eigene Macht mit anderen zu teilen und Aufgaben einer jüngeren Generation zu übertragen. Wenn Rivalität und Geltungsdrang, die früher zu einer schnellen Karriere verhalfen, weiterhin eine beherrschende Rolle spielen, wird das unweigerlich zu Konflikten mit Mitarbeitern und Verbitterung über die »modernen Zustände« führen.

Auch zu Hause muss ein neues Gleichgewicht gesucht werden: Die Kinder beginnen ihr Studium oder arbeiten und wohnen nicht mehr daheim, und auch in der Beziehung müssen neue Formen entwickelt werden. Manchmal scheint die Flucht in eine neue Beziehung oder eine neue Familie die Lösung zu sein oder aber der plötzliche Neustart in einer anderen Firma oder die Gründung eines eigenen Betriebes. Die Konfrontation mit Alltagstrott, Routine und unerfüllten Idealen kann zu einem Burnout führen, was in diesem Lebensalter häufig einem schleichenden Übergang in den Ruhestand gleichkommt, weil eine passende andere Arbeit nur mit Mühe oder gar nicht gefunden werden kann. Wenn eine solche Krisenzeit jedoch bewältigt wird, kann das auch einen neuen Einstieg in die letzte Phase des Arbeitslebens bedeuten – häufig in einer neuen Funktion oder sogar in Gestalt der Entscheidung für einen anderen Beruf.

Ein Burnout in den letzten Jahren vor dem Ruhestand hängt häufig mit der Diskrepanz zwischen den abnehmenden Kräften und dem Bedürfnis, alles etwas ruhiger anzugehen, einerseits und der Arbeitskraft und Produktivität, die von einem älteren Mitarbeiter andererseits verlangt werden, zusammen. Bei betrieblichen Umstrukturierungen sind es vor allem die älteren Arbeitnehmer, die nicht mehr die nötige Flexibilität aufbringen können, um sich zum x-ten Mal auf neue Anforderungen und Strukturen einzustellen. So geben gute Mitarbeiter wie Tom und Chris, nachdem sie viele Jahre hervorragend gearbeitet haben, schließlich ausgebrannt und verbittert auf (siehe die Beispiele 18, 59, 72, 100 und 107 beziehungsweise 5, 31, 39, 40, 46, 51, 79 und 81). Menschen, die nach ihrem 55. Lebensjahr ins Burnout geraten, kehren häufig nicht mehr ins Arbeitsleben zurück, obwohl sie eigentlich noch viel zu jung sind, um zu Hause herumzusitzen. Wenn es nicht gelingt, einen sinnvollen Lebensinhalt zu finden, kann das zu einem Gefühl der Nutzlosigkeit und zu Depressionen führen.

208   Persönliche Verhältnisse, die ein Burnout beeinflussen

Beispiel 79

Chris, der auf einer Schiffswerft aufwuchs, hat sein ganzes Leben lang extrem hart gearbeitet. Sein Selbstbild und seine Identität sind bestimmt vom Bild eines »Chris, der nie aufgibt« und »Chris, der es weiter gebracht hat als seine Eltern«. So hat er niemals gelernt, die Seele baumeln zu lassen, einfach nichts oder etwas nur deshalb zu tun, weil es Freude macht. Als er dann infolge seines Burnouts zu Hause bleiben muss und sich überdies aufgrund der Verletzungen an seinen Kniebändern nur wenig bewegen kann, verfällt er in eine tiefe Depression. Er fühlt sich wertlos und unnütz, doch zugleich bedauert er, dass er seine besten Kräfte in einem Betrieb verausgabt hat, der dies gar nicht wirklich zu schätzen wusste. Nach einem Jahr ist er zwar nicht mehr so müde, doch es gelingt ihm nicht, einen neuen Job zu finden. In Bewerbungsgesprächen bekommt er immer wieder zu hören, dass er zu alt sei, und es werden jüngere, weniger erfahrene Bewerber bevorzugt. Für Chris ist es jedoch undenkbar, nicht zu arbeiten. Als sich die erfolglosen Bewerbungen häufen, wird er immer trübsinniger. Es gelingt ihm immer weniger, seinem Leben einen Inhalt zu geben. Schließlich wird er nach einem Selbstmordversuch mit einer Depression in eine psychiatrische Klinik eingewiesen.

Knotenpunkte in der Biografie

Von Zeit zu Zeit gibt es in der Biografie Phasen, in denen wir in einen intensiveren Kontakt mit unseren wirklichen inneren Motiven und Idealen kommen, die wir in diesem Leben in uns tragen. Wir sind gewissermaßen unserem Ursprung näher, dadurch tritt so etwas wie ein »innerer Eichpunkt« auf: Ist mein Leben in sich stimmig, stimmt meine Arbeit mit meinen wirklichen Intentionen, meinen Idealen überein? Was habe ich bis jetzt daraus gemacht? Wie steht es mit meiner Beziehung und meinem Familienleben? Will ich diesen Weg weiter verfolgen, oder ist eine Veränderung fällig? All das sind Fragen, die zu diesen Knotenpunkten gehören. Wenn wir zu weit von unserer eigenen inneren

Route abgewichen sind, kann es zu einer heftigen Krise kommen, die sich häufig in der Gestalt von Krankheiten oder Burnout ankündigt. Im Grunde handelt es sich dabei um eine sinnvolle Zeit der Konfrontation und der Besinnung, wobei aufs Neue Bilanz gezogen und möglicherweise anschließend eine andere Berufsrichtung oder Lebensorientierung eingeschlagen wird.

Eine solche Phase im Arbeitsleben fällt in die Zeit um das 38. Lebensjahr, bei Frauen zudem auch in die Zeit der Wechseljahre.

Beispiel 80

Roxane ist 36, als sie den Eindruck hat, dass sie völlig am Ende ist. Sie fühlt sich über längere Zeit krank und elend, begibt sich in Therapie und verarbeitet alte Wunden aus der Vergangenheit. Schließlich greift sie, gerade aufgrund dieser Krise, mit 37 den künstlerischen Impuls in ihrem Leben wieder auf und beschließt, eine Teilzeitausbildung an der Kunstakademie zu absolvieren.

Auch um das 57. Jahr herum zeigt sich eine solche Phase, in welcher neue Inspiration für den letzten Abschnitt des Arbeitslebens gesucht werden muss. Gelingt dies nicht, wie im Leben von Tom und Chris, führt dies häufig zu einem ernsten Burnout und der definitiven Arbeitsunfähigkeit. Weil dadurch das Für und Wider über die Rückkehr ins Arbeitsleben entschieden worden ist, kann es uns danach manchmal durchaus gelingen, dem Leben eine neue Wendung zu geben und noch etwas ganz Neues zu entwickeln wie zum Beispiel ein Studium zu beginnen. Es kann auch sein, dass jemand längst vergangene Ideale wiederbelebt und seine Kräfte als Ehrenamtlicher einsetzt. Manchmal gelingt das aber auch nicht, dann fühlen sich die Menschen »abgeschrieben« und ziehen sich verbittert in ihr Privatleben zurück.

Beispiel 81

Chris, der Jurist, erholt sich während des Krankenhausaufenthaltes und der darauf folgenden Therapie. Es gelingt ihm, seine

210 Persönliche Verhältnisse, die ein Burnout beeinflussen

dominante fleißige Ameise, den Perfektionisten und den Sklaven-treiber in sich deutlicher ins Visier zu nehmen. Endlich wird ihm klar, dass es auch andere Dinge im Leben gibt als nur arbeiten, um Geld zu verdienen. Mit 59 wird er voll berufsunfähig. Obwohl ihm das früher als das Schlimmste erschien, was ihm zustoßen konnte, erleichtert es ihn jetzt zu seinem eigenen Erstaunen. Er entdeckt einen verstoßenen Teil in sich, der sozial engagiert ist und gerne mit anderen philosophische Gespräche führt. Chris begibt sich auf die Suche nach ehrenamtlichen Projekten und wird rasch zu einem überaus geschätzten Mitarbeiter im Bereich der Flüchtlings-hilfe. Sein juristisches Fachwissen, seinen Idealismus und seine Beharrlichkeit kann er jetzt in ganz neuer Weise einsetzen. Auch seine Frau engagiert sich zunehmend dort. Ihr gemeinsames Le-ben nimmt eine ganz andere Qualität an.

9 Auch eine emanzipierte Frau ist kein Mann

Die Diagnose der chronischen Erschöpfung, häufig noch unter dem Namen Neurasthenie, blieb in den ersten Jahrzehnten des 20. Jahrhunderts nicht mehr hauptsächlich auf Männer beschränkt. In der Mitte des letzten Jahrhunderts waren Frauen mit Erschöpfungssyndrom bereits überproportional in den Sprechzimmern der Ärzte vertreten. Dies ist noch heute der Fall.

Jaap van der Stel

9.1 Frauen erleiden häufiger ein Burnout als Männer

In Deutschland leiden mehr Frauen als Männer unter Stress, Übermüdung und Burnout. Laut einer aktuellen Studie stehen 35 Prozent der Frauen und 29 Prozent der männlichen Befragten regelmäßig unter Stress. 25 Prozent aller befragten Frauen und 15 Prozent der Männer sagten aus, der Stress mache sich bei ihnen bereits durch gesundheitliche Folgen bemerkbar.[46] Alleinstehende und alleinerziehende Eltern – dies sind häufiger Frauen als Männer – sind stärker erschöpft als Menschen in einer Beziehung und Eltern, die sich zu zweit um die Familie kümmern. In einer Umfrage vom Mai 2010 gaben 30 Prozent der Männer und 39 Prozent der Frauen an, unter Schlafproblemen zu leiden.[47] Zu wenig Schlaf führt zu einer höheren Stressbelastung, doch es ist häufig auch ein Symptom für zu viel Anspannung.

In diesem Kapitel werden Unterschiede zwischen Männern und Frauen bezüglich des Burnout-Risikos besprochen. Sowohl biologische als auch psychologische und kulturelle Faktoren wie auch wirtschaftliche Gründe spielen bei der unterschiedlichen Burnout-Quote von Männern und Frauen eine Rolle. Natürlich gilt das im Folgenden Gesagte nicht für jede Frau im Hinblick auf jeden Mann. Es handelt sich vielmehr um allgemeine Tendenzen, die mit unserer Identität als Frau und als Mann in unserer heutigen Kultur und in der heutigen Zeit zusammenhängen.

Was wirft uns aus dem Gleichgewicht?

Frauen werden von anderen Dingen gestresst als Männer, und auch die Folgen für ihr körperliches und seelisches Gleichgewicht sind andere. Sowohl aus der Erfahrung wie auch aus Studien ist bekannt, dass es für eine Frau im Allgemeinen sehr wichtig ist, Teil einer sozialen Gemeinschaft zu sein, die umfassender ist als die Familie im engeren Sinn. Frauen sprechen mehr mit ihren Freundinnen über ihr Leben und ihre Probleme, als es die meisten Männer mit ihren Freunden tun. Frauen erleben es eher als Stress, wenn in der Beziehung Spannungen herrschen, die Atmosphäre im Büro nicht gut ist oder wenn sie von einer Gruppe ausgeschlossen werden, als Männer. Dann kommt es zu körperlichen Stressreaktionen wie zum Beispiel der Produktion von Adrenalin und Cortisol. Außerdem führt der höhere Östrogenspiegel bei Frauen dazu, dass Stressreaktionen langsamer abgebremst werden. Die Erholungszeit dauert also länger und variiert mit dem Menstruationszyklus. Viele Frauen wissen aus Erfahrung, dass sie in der Zeit kurz vor oder während der Menstruation labiler und weniger konzentriert sind; die heutige Ausbildungs- und Arbeitswelt mit ihrem Rhythmus und ihren Gepflogenheiten nimmt darauf jedoch keine Rücksicht: Examina, Nachtschichten und ermüdende Sitzungen finden eben dann statt, wann sie terminiert wurden.[48]

Frauen gehen mit Stress auch anders um als Männer. Sie äußern ihre Emotionen unmittelbarer. Ihr Gesichtsausdruck ändert sich schneller als derjenige der Männer, sie lachen und weinen rascher, schreien eher, sowohl aus Wut wie auch vor Freude, und sie suchen stärker die körperliche Nähe. Sie holen sich aktiv Unterstützung bei Freundinnen und versuchen Probleme eher durch Reden als durch Kämpfen zu lösen, wodurch sich Konflikte weniger stark hochschaukeln. Die Möglichkeit, über ihre Probleme zu sprechen, wirkt auf Frauen stressmindernd, bei Männern hingegen wird der Stress dadurch gerade erhöht; sie erfahren all das Gerede rasch als uferloses Gequengel und reine Nabelschau. Männer fühlen sich wohler, wenn sie Spannungen durch körperliche Aktivitäten wie Sport oder Sex abbauen können, was Frauen wiederum häufig als »primitiv« oder unsensibel erleben.

Weil Frauen stärker beziehungsorientiert im Leben stehen, verfügen

Biologische Unterschiede **213**

sie häufig über ein enges soziales, unterstützendes Netzwerk von Nachbarinnen, Kolleginnen, Freundinnen und Schwestern. Dieses gibt ihnen Halt in schweren Zeiten, kann aber auch zu einer Bürde werden, wenn emotionale, traurige oder auf andere Weise Stress verursachende Ereignisse in der Familie, der Verwandtschaft oder im sozialen Netzwerk eintreten. Eine Frau wird sich eher als ein Mann unmittelbar persönlich betroffen fühlen, weil eine Freundin erkrankt ist, wenn sie Probleme mit den Kindern oder Streit mit dem Partner oder einer guten Freundin hat. Das bedeutet auch, dass es Frauen schwerer fällt, ihre Seelenregungen und ihre private Situation aus der Arbeit herauszuhalten, als Männern. Wenn es zu Hause hoch hergeht, stellt die Arbeit für einen Mann eher eine Ablenkung und ein Ventil dar, während sie von einer Frau als zusätzliche schwere Belastung erfahren wird.

Woher all diese Unterschiede kommen, das bildet seit vielen Jahren das Thema lebhafter Diskussionen in Familien und Medien. Nachfolgend betrachte ich eine Reihe von wissenschaftlich erforschten Unterschieden zwischen Männern und Frauen, die zu dieser Diskussion vielleicht einiges Erhellendes beitragen können.

9.2 Biologische Unterschiede

Zwischen Männern und Frauen bestehen große biologische Unterschiede auf der genetischen und hormonellen Ebene, im Bau und in der Veranlagung des Gehirns und in Bezug darauf, wie sie in Situationen, die Stress hervorrufen, zurechtkommen. Weil wir als Mann oder Frau jeweils unterschiedliche Körper haben, werden von Kindesbeinen an, also bereits lange vor der Pubertät, unsere seelischen Funktionen in anderer Weise unterstützt und entwickelt. Bis in die Neunzigerjahre des letzten Jahrhunderts galt die wissenschaftliche Erforschung der Unterschiede bei der Stressbewältigung und deren biologischer Grundlagen als politisch nicht korrekt. Forschungen auf diesem Gebiet wurden deswegen kaum subventioniert, und es war äußerst schwierig, entsprechende Ergebnisse in angesehenen Fachzeitschriften zu veröffentlichen.

Hormone und ihre Auswirkungen

Weil Stressreaktionen größtenteils körperlicher Natur sind und durch Teile unseres Gehirns und unser autonomes Nervensystem gesteuert werden, also nicht unserer bewussten Kontrolle unterliegen (siehe Seite 106 ff.), hat die hormonelle Verschiedenheit von Männern und Frauen weitreichende Konsequenzen. In der Art und Weise, wie sie Stress erleben und mit ihm umgehen, lassen sich durchaus deutliche physiologische Unterschiede zwischen Männern und Frauen erkennen. Es ist interessant, dass bei Männern das Stresshormon Cortisol vor allem durch mit Stress einhergehende Herausforderungen durch die Umwelt produziert wird, wie zum Beispiel Leistungszwang, das Ablegen von Prüfungen oder die Teilnahme an einem Wettkampf. Bei Frauen wird Cortisol vor allem bei Spannungen in sozialen Beziehungen gebildet und wenn sie sozial ausgegrenzt werden.

Frauen produzieren mehr Östrogene, Männer mehr Testosteron. Diese beiden Hormone haben, abgesehen von ihrer Rolle bei der Entwicklung und Funktion der Geschlechtsorgane, auch einen tiefgreifenden Einfluss auf die Entwicklung unseres Gehirns, unseren Stresshaushalt, unsere Psyche und unser Verhalten. Testosteron[49] beispielsweise vermittelt Energie und Tatkraft. Die Tatsache, dass Männer viel mehr Testosteron bilden als Frauen, hat einen positiven Einfluss auf Aggression, Tatkraft und Sexualität. Sowohl Männer als auch Frauen mit hohem Testosteronspiegel sind aggressiver als Männer und Frauen mit niedrigem Testosteronspiegel. In Stresssituationen wird mehr Testosteron produziert.

Frauen bilden von Natur aus nicht nur viel weniger Testosteron, sondern auch weniger Adrenalin und Noradrenalin, dafür aber mehr Cortisol und Östrogene. Sie produzieren in Situationen körperlicher und seelischer Belastung außerdem Prolactin und Oxytocin,[50] das sind Hormone, die Ängste abbauen und die Reaktionen des sympathischen Nervensystems dämpfen. Zugleich sorgen die Östrogene dafür, dass das Feedbacksystem, welches die Stressreaktionen bremst (siehe Seite 115 f.), verzögert arbeitet. Die Kampf-/Fluchtreaktion (»Fight-or-flight-Reaktion«) wird also bei Frauen in erster Linie unterdrückt, Stressreaktionen dauern bei ihnen jedoch länger an. Deswegen sind Frauen auch anfälliger für chronischen Stress.

Oxytocin bilden Frauen bei sexueller Aktivität, während des Geburtsprozesses, aber auch ganz allgemein in Situationen mit Stress. Während einer Entbindung, der größten natürlichen körperlichen Stresssituation, die es überhaupt gibt, fördert das Oxytocin die Wehentätigkeit, doch es sorgt gleichzeitig mittels Stimulation von Endomorphinen und Dopamin für den Abbau von Angst, für Lust- und Verbundenheitsgefühle sowie emotionale Bindung.[51] Bei Gefahr werden Frauen biologisch weniger zur Flucht oder zum Kampf angeregt als dazu, sich mit anderen zu verbinden, füreinander zu sorgen und den anderen und die eigenen Kinder zu beschützen. Das wird in der Neurobiologie als »Tend-and-befriend-Reaktion« bezeichnet.[52]

Unterschiede bei der Gehirnentwicklung und dem Einfühlungsvermögen

Testosteron stimuliert auch die Entwicklung der rechten Gehirnhälfte und hat einen hemmenden Einfluss auf die Entwicklung der linken Gehirnhälfte. Durch die stärkere Dominanz der rechten Gehirnhälfte über die linke sind Männer von ihrer Anlage her besser zum Abstrahieren sowie zum unpersönlichen und kreativen Denken befähigt, während Frauen – allen Vorurteilen zum Trotz –stärker logisch, relational und sprachbetont denken und ihre Gefühle besser verbal artikulieren können.

Eine weitere Konsequenz dieser unterschiedlichen Veranlagungen ist die, dass bei Frauen der Körper in stärkerem Maße eine Grundlage bildet, damit sie ein deutliches Bild von sich selbst in Beziehung zu anderen entwickeln können und aufgrund dessen eher über die Fähigkeit zur Selbstbeobachtung verfügen. Sich in einen anderen Menschen einzuleben ist für sie etwas ganz Natürliches, während Männer dies stärker auf dem Weg über ihr Bewusstsein leisten müssen. Die andere Seite der Medaille ist die, dass Männer sich weniger selbstverständlich mit den Seelenregungen anderer befassen und auch weniger darunter leiden. Der Biopsychologin Martine Delfos zufolge entwickeln Frauen eine Moralität, die auf die Sorge für den anderen und Kooperationen gegründet ist, während Männer aus ihrer biologischen Veranlagung heraus mehr

216 Auch eine emanzipierte Frau ist kein Mann

auf Gerechtigkeit und Wettbewerb hin orientiert sind. Im Arbeitsleben bedeutet dies, dass Frauen häufig einen ganz anderen Führungsstil pflegen, gleichzeitig aber auch stärker unter allerlei unterschwelligen und nicht ausgesprochenen Spannungen leiden. Frauen werden aufgrund ihrer Veranlagung stärker dazu verleitet, aus der Position des anderen heraus zu denken und sich für das Ganze verantwortlich zu fühlen, während Männer leichter bei sich bleiben und nicht so rasch von Konflikten oder Spannungen in der Arbeitssituation »angefressen« werden. Häufig stellt dieses besondere Einfühlungsvermögen von Frauen, obwohl es hoch geschätzt wird und für die Teamatmosphäre unabdingbar ist, für die Betroffenen eher einen deutlichen Stressfaktor als einen Vorteil dar.

Schwangerschaft und Entbindung

Während einer Schwangerschaft läuft im gesamten Körper der Frau alles ein bisschen anders. Alle biologischen Prozesse orientieren sich primär am Wohl des noch ungeborenen Kindes. Die ganze Schwangerschaft hindurch sind die meisten Frauen eher müde und haben ein stärkeres Bedürfnis nach Schlaf und Ruhe. Dabei leidet die Schwangere während der ersten Monate, manchmal auch noch danach, häufig unter morgendlicher Übelkeit, und es fällt ihr schwerer, morgens in Gang zu kommen. Ihr Körper fordert zusätzlichen Schlaf ein und Zeit, um den Tag in aller Ruhe zu beginnen, gesund zu essen und auch einmal zu träumen. Stimulantien wie Zigaretten, Kaffee oder ein Gläschen Wein sind nicht gut für das Kind und können daher nicht mehr ohne Weiteres verwendet werden. Wenn Sie es gewohnt waren, viel und intensiv Sport zu treiben, werden Sie das während einer Schwangerschaft möglicherweise reduzieren. Dies alles macht den Umgang mit dem ganz alltäglichen Stress während der Schwangerschaft zu etwas anderem als vorher. Der Körper möchte gerne mehr »brüten«, worauf unsere Kultur – und insbesondere unser Arbeitsleben – überhaupt nicht eingestellt ist. Viele junge Frauen denken, bevor sie schwanger werden, dass sie bis zur Entbindung ganz einfach so weiterleben können wie zuvor. Wenn sich herausstellt, dass dies nicht der Fall ist und die Dinge häufig nicht so laufen wie geplant, können Selbstzweifel, Irritationen und Spannungen

Biologische Unterschiede **217**

in der Beziehung auftreten – vor allem dann, wenn der werdende Vater ebenfalls nicht darüber informiert ist, welcher Natur die ganz normalen biologischen und seelischen Veränderungen sind, die während einer Schwangerschaft auftreten können. Länger anhaltender Stress führt, wie wir bereits sahen, zu einem erhöhten Cortisolspiegel, der die Stoffwechselfunktionen negativ beeinflusst, die Widerstandskraft gegen Infektionen schwächt und zu erhöhtem Blutdruck führen kann, was in der Schwangerschaft besonders gefährlich ist.

Die Folgen von Stress für das ungeborene Kind

Schwangere Frauen haben besonderen Grund, mit übermäßiger Anspannung vorsichtig umzugehen, beispielsweise wenn sie härter arbeiten, als es ihnen zuträglich ist, oder trotz mancher Beschwerden zu lange in Vollzeit weiterarbeiten. Stress bei der Mutter kann tiefgreifende Auswirkungen auf das Ungeborene haben. Über längere Zeit erhöhte Cortisolwerte lassen den Wachstumshormonspiegel sinken, was zu einem niedrigeren Geburtsgewicht beim Kind führt. Verschiedene Studien haben außerdem nachgewiesen, dass das Nervensystem des ungeborenen Kindes durch Stress der Mutter in Mitleidenschaft gezogen werden kann. Noch viele Jahre später kann das die Ursache dafür sein, dass Kinder schlecht schlafen und auf Situationen erhöhter Anspannung schneller mit Lernschwierigkeiten, Ängsten und Depressionen reagieren. Der Schlaf-Wach-Rhythmus junger Kinder hängt teilweise mit den Umständen während der Schwangerschaft zusammen. Kinder, deren Mutter während der Schwangerschaft mit Ängsten oder depressiven Stimmungen zu kämpfen hatte, haben nach der Geburt einen höheren Cortisolwert in ihrem Speichel und eine um 40 Prozent erhöhte Wahrscheinlichkeit, unter Schlafstörungen wie zum Beispiel zu langes Wachbleiben und zu frühes Aufwachen zu leiden, als Kinder entspannterer Mütter. Dieser Effekt hält bis zu einem Alter von 30 Monaten an. Auch Verhaltensstörungen und Hyperaktivität werden bei Kindern von angespannten Müttern häufiger beobachtet. Man nimmt an, dass das hohe Stressniveau der Mutter das sich entwickelnde Gehirn des Kindes negativ beeinflusst.[53]

Möglichst rasch wieder arbeiten, und das Kind kommt in eine Krippe – weiterleben, als ob nichts passiert sei

Letztendlich ist die Zeit, die der Mutter zur Verfügung steht, um sich nach einer Schwangerschaft und einer Entbindung zu erholen und sich auf die neue Rolle sowie die neue Familiensituation einzustellen, oft extrem kurz bemessen. Manche Frauen sind bereits einige Wochen nach der Entbindung tatsächlich so weit, dass sie wieder arbeiten können. Die meisten jungen Mütter jedoch brauchen sowohl in körperlicher wie auch in seelischer Hinsicht deutlich länger, bis sie sich wieder voll und ganz in ihre Arbeitsaufgaben stürzen können. Aber auch dann fehlt ihnen oft die Nähe ihres Babys. Zudem wird das Stillen schwieriger, wenn die Mutter wieder arbeitet.

Für die Babys bedeutet die Tatsache, dass sie bereits sehr früh von der Mutter getrennt werden, eine große Belastung ihres Stresssystems und des Bindungsprozesses, vor allem dann, wenn sie ganze Tage in eine fremde Umgebung gebracht werden. Wenn ein Kind zu Hause bleiben und vom Vater oder einer Großmutter betreut werden kann, ist die Situation günstiger.

9.3 Gibt es eine typisch weibliche Psyche?

Das weibliche Selbst: Stärker sozial engagiert, weniger auf sich bezogen

Viel größer und schwieriger als jede äußere Emanzipation ist die Anpassung der inneren Erwartungshaltungen, des sozialen Verhaltens und der biologischen Veranlagung an das überwiegend männliche Klima der Arbeitswelt. Dabei zeigt sich, dass das Selbstgefühl der Frauen eine wichtige Rolle spielt. Die Psychiaterin Nelleke Nicolai definiert dieses Selbstgefühl als die subjektive Erfahrung Ihrer selbst, seine Evaluation in den Augen der verinnerlichten anderen, das Erfahren dessen, wer Sie sind und wie Sie dies empfinden. Das Selbstgefühl besteht unter anderem aus inneren Bildern von uns selbst, die durch das Vorbild von

Menschen in unserer Biografie zustande kommen, mit denen wir uns identifizieren können. Viele dieser Bilder werden durch Spiegelung der Menschen unserer Umgebung aufgenommen: Ein Kind, dessen Eltern und andere Familienmitglieder ausstrahlen, dass sie froh darüber sind, dass es da ist, und es positiv anregen und bestärken, wird leichter ein positives Selbstgefühl und Selbstbild entwickeln als ein Kind, das ständig negative Bemerkungen zu hören bekommt, mit einem Elternteil rivalisieren muss oder stets negativ mit seinen Geschwistern verglichen wird.

Auch das Feedback in der Grundschule durch Erzieher und Klassenkameraden ist sehr wichtig für die Entwicklung unseres Selbstgefühls: Wenn Eltern, Familienmitglieder, Pädagogen oder Freunde ein Urteil positiver oder negativer Art über uns aussprechen – vor allem dann, wenn diese Urteile häufig wiederholt werden oder wir sie in unterschiedlichen Situationen immer wieder hören –, werden sie zu einem Bestandteil unseres inneren Selbstbilds und Selbstgefühls. Andere Bilder des Selbsts entstehen eher in Wechselwirkung zwischen unserem Charakter und unseren Fähigkeiten beziehungsweise Idealen und deren Verwirklichung in der Welt. Das Gefühl, bei den Aufgaben, die wir auf unserem Lebensweg vorfinden, zu bestehen oder aber zu versagen, bildet einen entscheidenden Teil unserer Selbstempfindung.

Es zeigt sich, dass hier große Unterschiede in der Lebenserfahrung von Jungen und Mädchen auftreten. Bereits in sehr frühem Alter spielen Jungen lieber mit Jungen und Mädchen mit Mädchen. Von etwa acht Jahren an bis in die Pubertät hinein finden die Geschlechter sich gegenseitig überwiegend »doof«. Auch die Art der Spiele, die Jungen oder Mädchen jeweils miteinander spielen, und deren Gruppendynamik zeigen sehr unterschiedliche Qualitäten.

Jungen sind schon sehr früh auf die Außenwelt, Experimente und Wettbewerb hin orientiert. Sie messen sich mehr als Mädchen miteinander und haben daran Freude. Sie gehen auch härter miteinander um, wenn einer von ihnen einen Fehler macht, und sie haben eine größere Neigung, Fehler selbst wiedergutzumachen. Das Erbringen sichtbarer Leistungen, das öffentliche Sichmessen mit anderen und das Zusammenwirken in einem Team wird von Jungen also von Kindesbeinen an

220   Auch eine emanzipierte Frau ist kein Mann

erlernt, was von den Erwachsenen meist unterstützt wird. Jungen erfahren bereits früh, dass Fehler dazu da sind, um aus ihnen zu lernen, dass es einer gewissen Aggression bedarf, um zu überleben, und dass man an einem Konflikt nicht stirbt. Durch ihr experimentierfreudiges Verhalten lernen sie immer besser einzuschätzen, was sie können, und entsprechend zu handeln.

Mädchen sind in ihrem Spiel und ihren Freundschaften mehr auf den Erhalt einer guten Atmosphäre und der Harmonie in der Gruppe hin orientiert. Sie leiden enorm darunter, wenn sie von der Gruppe ausgeschlossen werden. Die Qualität der Beziehungen zu ihren Freundinnen nimmt einen bevorzugten Rang ein. Unabhängig davon kann in einer Mädchenklasse, ohne dass die Erwachsenen viel davon bemerken, eine starke Hierarchie herrschen. Mädchen lassen sich nicht ohne Weiteres auf einen öffentlichen Wettbewerb miteinander ein, sondern sie beginnen sich bereits früh anzupassen, für andere zu sorgen und durch ein »liebes« und »artiges« Verhalten zu erreichen, dass sie dauerhaft dazugehören. Ein Mädchen, das Hilfe ablehnt, wenn es einen Fehler macht, wird rasch als »kratzbürstig« eingestuft. Wo Jungen in einem Konflikt just eine Art von Annäherung anstreben – sie versuchen die Angelegenheit körperlich auszutragen –, werden Mädchen einander eher aus der Gruppe ausstoßen. Auch in der Familie werden Mädchen noch immer mehr als Jungen für eine gute Atmosphäre und Harmonie in die Verantwortung genommen. So müssen sie zum Beispiel auch häufiger als ihre Brüder auf jüngere Geschwister aufpassen.

Den Mädchen wird also in der häuslichen Erziehung, in der Schule und in der Gruppe der Freundinnen vor allem der liebevolle, angepasste und verantwortliche Aspekt gespiegelt und bestätigt, während Rivalität und öffentliche Aggression verurteilt werden. Vielleicht ist dies eine der Ursachen dafür, dass Frauen meist weniger rasch öffentlich Wut und Ärger zeigen, Rivalitäten und Feindschaften häufiger heimlich ausleben und nur indirekt äußern. Vom Blickwinkel des Stresshaushalts aus betrachtet führt dies jedoch zu den schädlicheren chronischen Stressreaktionen, während das unmittelbare Abreagieren eine kürzere Stressreaktion nach sich zieht, die gesünder ist. Daher sind Fehler für Frauen mehr als für Männer etwas, wofür sie meinen sich schämen und schuldig fühlen zu müssen. Selbstsicherheit und Duchsetzungsvermögen

Soziale Rollenmuster **221**

sind Fähigkeiten, die Frauen häufig erst mühsam erobern müssen, die aber in einer mehr nach männlichen Prinzipien ausgerichteten Arbeitskultur unentbehrlich sind.

9.4 Soziale Rollenmuster

Das Aufbauen einer Karriere mit kleinen Kindern – eine doppelte Belastung?

Es bedeutet für viele Frauen einen ziemlichen Spagat, den widersprüchlichen Forderungen gerecht zu werden, die die heutige Kultur an sie stellt. Es wird immer mehr zur Norm (die man sich selbst und anderen auferlegt), dass Frauen sich mit ihrer Entwicklung und ihrer Karriere beschäftigen. Sie tragen dadurch zu einem erheblichen Teil des Familieneinkommens bei, während gleichzeitig die traditionelle Verantwortung für die pflegenden und häuslichen Aufgaben in vielen Familien noch immer überwiegend auf ihren Schultern ruht. Solange die Kinder noch klein sind, leiden Frauen häufiger und stärker als Männer unter der Doppelbelastung durch die Sorge für die Familie und die Arbeit außerhalb. Insbesondere Frauen mit jüngeren Kindern, die einer Vollzeittätigkeit nachgehen, laufen Gefahr, ein Burnout zu entwickeln.

Frauen in einer Männerwelt

Gesellschaftlich und politisch wird der Druck auf Frauen, ihre Rolle im Wirtschaftssystem zu spielen, immer stärker. War es noch vor dreißig Jahren gesellschaftlich kaum akzeptiert, dass Frauen mit kleinen Kindern arbeiten gingen, werden heute unter der Devise »Kinder gehen vor« Betreuungsmöglichkeiten vor und nach der Schulzeit organisiert, sollen Kindertagesstätten am liebsten auch nachts geöffnet bleiben und wird es auch für Frauen zu einer gesellschaftlichen Verpflichtung, einer Tätigkeit außer Haus – sei es mit oder ohne kleine Kinder – nachzugehen. Das Elterngeld, das in Deutschland seit 2007 bis zu vierzehn

222 Auch eine emanzipierte Frau ist kein Mann

Monate (inklusive zweier Vätermonate) nach der Geburt eines Kindes bezahlt wird, hilft Familien in der ersten Zeit, ihre Lebensgrundlage zu sichern. Aus Angst um ihre beruflichen Chancen nehmen viele Frauen aber nicht die gesamte Zeit in Anspruch.

Die als besonders progressiv geltende bekannte Amsterdamer Hebamme Beatrijs Smulders plädiert leidenschaftlich dafür, im Interesse von Mutter und Kind Frauen einen längeren Ruhezeitraum während der Schwangerschaft und nach der Entbindung zuzugestehen. »Ich kann nicht genug betonen, wie wichtig das erste Jahr nach der Entbindung ist«, sagt Frau Smulders. »In diesem Jahr sollten Sie Ihr Kind zu sich selbst kommen lassen, es mit all seinen Bedürfnissen respektieren. Das fördert später die Autonomie des Kindes und vermittelt ihm Vertrauen sowie eine starke eigene Identität. Auch später, beispielsweise in der Pubertät, wenn das Kind mit unterschiedlichen Konflikten in der Gesellschaft in Berührung kommt, ist dieses sichere Fundament von großer Bedeutung. Ein Kind mit einem sicheren Bindungshintergrund, das in Kontakt mit seinem Kern ist, wird sachgemäßer mit Stress, Konflikten und anderen schwierigen Dingen im Leben umzugehen wissen. Studien haben gezeigt, dass gut verwurzelte Kinder bereits in der Grundschule über besser entwickelte soziale Fähigkeiten verfügen. Auch als junge Erwachsene führen sie engere Freundschaften und im späteren Alter bessere Beziehungen.« Nachdem Frau Smulders diese Gedanken veröffentlicht hatte, erhob sich ein Sturm der Entrüstung, nicht zuletzt unter jungen Frauen, die allein schon den Verweis auf biologische Unterschiede zwischen Männern und Frauen als »unemanzipiert« und also unerwünscht zu empfinden schienen.

Arbeiten zum Zweck des Broterwerbs galt, im Gegensatz zur Sorge für Haus und Herd, Ernährung und Gesundheit, jahrhundertelang als ausgesprochene Männerdomäne. Erst im Laufe der letzten dreißig bis fünfzig Jahre hat sich dies mit zunehmender Geschwindigkeit verändert. Es ist deshalb logisch, dass im Arbeitsleben noch immer eine Kultur dominiert, die stärker im Sinne männlicher Umgangsformen, Normen und Traditionen organisiert ist als nach weiblichen Prinzipien. Dies bedeutet für viele Frauen, dass sie an ihrem Arbeitsplatz in eine Kultur eintauchen, in welcher in Bezug auf Leistungen, Sitzungsstil, Kommunikation und Beurteilungskriterien unausgesprochene Er-

Soziale Rollenmuster **223**

wartungen herrschen, die in erster Linie auf männlichen Denk- und Umgangsformen beruhen. Gleichzeitig werden bei ihnen in vielen Betrieben auf eine eher subtile Weise noch immer die »weiblichen« Qualitäten von Takt, Fürsorge und Bescheidenheit vorausgesetzt. Die moderne Generation der berufstätigen Frauen ist in gewisser Hinsicht eine Pioniertruppe auf diesem Gebiet.

Das bedeutet, dass die meisten Frauen zwischen dreißig und fünfzig in Familien mit einer traditionellen Rollenverteilung aufgewachsen sind, in welchen der Vater die hauptsächliche Verantwortung für das Familieneinkommen trug und außerhalb des Hauses seinem Beruf nachging, während die Mutter – auch wenn sie berufstätig war – die Hauptverantwortliche für die Organisation der Familie war. Als Kleinkind, Kindergartenkind und während der Grundschulzeit hatten diese Frauen Mütter, die größtenteils zu Hause waren und deren wichtigste Aufgabe darin bestand, die Kinder großzuziehen. Für viele dieser Frauen war deshalb die »fürsorgliche Mutter« ein prägendes Rollenmodell und Vorbild. Töchter lernen schließlich vor allem von ihren Müttern, was es bedeutet, Frau zu sein in dieser Welt. Die fürsorgliche Mutter stellt die Familie als Ganzes, die Gemeinschaft, über ihre eigenen Interessen. Ihre Aufgabe ist es, den Hausfrieden zu bewahren und dafür zu sorgen, dass alle anderen Familienmitglieder sich wohlfühlen und gedeihen können. Sie ist jedermanns Halt und Stütze und stets bereit, ihre eigenen Ambitionen zurückzustellen, wenn dies im Interesse des Ganzen notwendig ist. Die Töchter dieser Frauen betraten als erste Generation die männlich geprägte Arbeitswelt, in welcher ganz andere Qualitäten gefordert waren. Mit anderen Worten: Diese Frauen betraten die Welt des Vaters mit der Ausrüstung der Mutter.

Oberflächlich betrachtet gelingt es den meisten modernen Mädchen und Frauen in unserer emanzipierten Gesellschaft hervorragend, den neuen Rollenmustern gerecht zu werden, sie stehen »ihren Mann«. Doch mit ihrer weiblichen Konstitution, ihrem Selbstgefühl und ihren Überlebensstrategien kostet diese Anpassung sie häufig viel mehr Energie, als sie selbst begreifen. In einer tieferen Schicht kommt es zu einer Entfremdung von der eigenen Seele und den eigenen Bedürfnissen. In dem Maße, wie Veranlagung, Seelenstruktur und Erwartungen auseinanderdriften, wird es auch bei modernen berufstätigen Frauen

Auch eine emanzipierte Frau ist kein Mann

zu einer generellen Verwirrung und einer zunehmenden Unsicherheit darüber, wie sie mit ihren Aufgaben zurechtkommen, und über den Wert ihrer eigenen Qualitäten kommen. Am Ende untergräbt das nicht nur das Selbstvertrauen und das Selbstgefühl, sondern auch die Lebensqualität. Es kostet immer mehr Lebenskraft, sich zu behaupten und durchzusetzen. Dies könnte mit ein Grund dafür sein, dass auch Frauen, die ihre Arbeit als befriedigend erfahren und die Aufteilung zwischen häuslichen und beruflichen Aufgaben gut organisiert haben, dennoch eher ein Burnout entwickeln als Männer in einer vergleichbaren Situation.

Beispiel 82

Luise, eine 35-jährige Tochter von Mittelständlern, arbeitet seit einigen Jahren mit Begeisterung im Familienbetrieb ihres Mannes Hans mit. Neben ihrer Arbeit und der Familie pflegt Luise manche anderen Aktivitäten, sie ist Mitglied in einer Theatergruppe und im Sportverein. Außerdem arbeitet sie im Vorstand der Kinderkrippe mit. Nach der Geburt ihres zweiten Kindes vor sechs Jahren wollte sie vorübergehend pausieren, doch Hans betrachtete die Firma als ihr gemeinsames Projekt. Er sagte, es sei unmöglich, einen guten Ersatz für sie zu finden, vor allem jetzt, da die Firma besonders gut lief und sich eine Expansion abzeichnete. Auch Freundinnen rieten ihr ab, »zu Hause Trübsal zu blasen«. Als ihre Schwiegereltern sich bereit erklärten, bei der Betreuung der Kinder einzuspringen, entschloss Luise sich, weiter zu arbeiten. Kurz darauf wurde sie ungeplant schwanger mit ihrem dritten Kind, inzwischen ist es drei Jahre alt. Seit dem unerwarteten Tod von Hans' Vater vor einem Jahr ist seine Mutter auf zusätzliche Betreuung angewiesen. Sie kann nicht mehr mithelfen. Luise bleibt keine Zeit für Besinnung oder Trauer. Als ihre Schwägerin krank wird und Luise die Pflege der Schwiegermutter ganz übernehmen muss, bricht sie zusammen.

Soziale Rollenmuster **225**

Berufstätige Frauen bekommen zu Hause häufig wenig Unterstützung

Die meisten erfolgreichen männlichen Manager in Spitzenpositionen, männliche Fachärzte, die unregelmäßige Dienstzeiten haben, und Männer mit einem eigenen Betrieb sind mit Frauen verheiratet, die größtenteils zu Hause sind oder lediglich einen begrenzten Nebenjob außer Haus haben. Während er den Betrieb am Laufen hält, tut sie dasselbe in der Familie. Seine Arbeit ist gewissermaßen ihr gemeinschaftliches Projekt. Für diese Männer sind ihre Frauen meistens die wichtigste Quelle von Unterstützung, Rat und Fürsorge. Diese Frauen identifizieren sich mit der Arbeit ihres Mannes: Die Energie, die er in seine berufliche Arbeit investiert, wird also von beiden Partnern getragen.[54]

Frauen in hohen gesellschaftlichen Positionen und Managerinnen sind viel häufiger als ihre männlichen Kollegen unverheiratet, und wenn sie verheiratet sind oder in einer festen Beziehung leben, haben sie meistens Partner, die genauso hart arbeiten wie sie. Diese Partner haben also ihr eigenes Arbeitsleben und sind nicht besonders darauf ausgerichtet, ihre Frau bei deren Arbeitsanforderungen zu unterstützen und zu ermutigen. Frauen in führenden und verantwortungsvollen Positionen sind deshalb viel stärker auf sich selbst angewiesen, während doch gerade für sie, als Frau, die soziale Unterstützung so wichtig ist. Auch in Familien, in denen beide Partner einander unterstützen und die häuslichen Aufgaben gleich verteilt sind, kommt es bei der Organisation und der täglichen Bewältigung des Familienlebens zu stärkerem Zeitdruck und mehr Stress als in eher traditionellen Familien, wo einer der Partner einer externen Arbeit nachgeht und der andere für Haus und Herd sorgt und die Abstimmung koordiniert.

Die Organisation eines Familienlebens, in welchem die Anforderungen und Rhythmen zweier unterschiedlicher Berufsumgebungen, von Kinderkrippe, Schulen, sportlichen Aktivitäten, Musikstunden und Nachhilfeunterricht, die Nöte und Sehnsüchte aller Familienmitglieder sowie das soziale Engagement bei Verwandten und Freunden miteinander vereint werden müssen, beschert also noch immer vor allem Frauen extra viel Stress.

Die Arbeitswelt »verweiblicht« sich nur sehr allmählich, und es wird gewiss noch einige Zeit dauern, bis traditionell weibliche Qualitäten und Normen einen Platz in unserem Arbeitsleben erobert haben werden. In den letzten Jahren hat hier ein Umdenken eingesetzt. In Managementhandbüchern und -schulungen wird in zunehmendem Maße dafür plädiert, Führung nicht nur nach den »männlichen« Prinzipien von Hierarchie, Rivalität und Streben nach individueller Autonomie zu realisieren, sondern auch den eher »weiblichen« Prinzipien wie Entfaltung, Solidarität und individuelle Kreativität einen höheren Stellenwert im Betrieb einzuräumen.[55]

10 »Wenn du nicht viel zu tun hast, bist du nicht wichtig.« Der Einfluss unserer Kultur

Nichts deutet darauf hin, dass die Menschheit es im 21. Jahrhundert ruhiger angehen lassen wird. Die Erwartungen in Bezug auf die zu erbringenden Leistungen und individuell zu erreichenden Ziele scheinen trotz der allgegenwärtigen Erschöpfungskrankheiten nichts von ihrem Glanz verloren zu haben. Wir suchen höchstens nach neuen Ansätzen, die geeignet sind, die Arbeits- und Lebensbedingungen noch weiter zu optimieren und noch stärker mit der Anpassungsfähigkeit des Menschen zu experimentieren. Dass die Dynamik der modernen Gesellschaft das große Risiko in sich birgt, dass sich Übermüdung zu einem permanenten Gesundheitsproblem auswächst, ist aus diesem Grund höchst plausibel. Trotzdem ist es unwahrscheinlich, dass die Menschheit − ungeachtet ihres ausgesprochenen Wunsches diesbezüglich − aus diesem Grund dazu übergehen wird, alles »etwas ruhiger anzugehen«.

Jaap van der Stel

10.1 Kurze Geschichte eines Begriffs

Obwohl Burnout immer häufiger vorkommt und als eine typische Krankheit unserer Zeit betrachtet wird, sind Ermüdungssyndrome bereits wesentlich länger bekannt. Im 19. Jahrhundert sprach man von »Neurasthenie« (George Beard),[56] einem Zustand extremer Erschöpfung, der vor allem bei Männern auftrat und starke Gemeinsamkeiten mit dem Chronischen Erschöpfungssyndrom, aber auch mit dem heutigen Burnout-Begriff aufwies. Bis in die Sechziger- und Siebzigerjahre des letzten Jahrhunderts sprach man von Überarbeitung und Midlife-Crisis bei Ermüdungszuständen, die wir heute, seit Freudenberger[57] diesen Begriff in den Siebzigerjahren einführte, als Burnout bezeichnen.

Burnout und Erschöpfungsleiden sind inzwischen zu einer Epidemie angewachsen, die nicht nur Folgen für Zehntausende von Menschen, sondern auch für die Wirtschaft hat. Burnout tritt bei Angehörigen von immer mehr Berufen und in immer jüngerem Alter auf. Offenbar sind kulturelle Veränderungen im Gange, durch welche die Menschen stärker unter Stress stehen und diesem rascher erliegen als früher.[58] Seit dem Zweiten Weltkrieg hat nicht so sehr die Menge der Arbeit zugenommen als vielmehr das Lebenstempo, die Fülle der Anforderungen, die ein Mensch erfüllen muss, sowie die Zahl von Eindrücken, die er verarbeiten soll.[59] Zugleich werden die Erwartungen an das Leben in Bezug auf Wohlstand, Bedürfnisbefriedigung und Glück immer höher, und die Menschen haben stärker als früher das Gefühl, dass es ihre eigene Schuld ist, wenn sie den Anforderungen, die sie selbst und die Kultur an sich stellen, nicht genügen.

Nachfolgend werden einige dieser Kulturfaktoren eingehender betrachtet, die dazu geführt haben, dass unser Stressniveau sich erhöht.

10.2 Expansion und zunehmender Leistungsdruck

Weil die Entwicklung in allen Bereichen der Gesellschaft zur Expansion tendiert – in Betrieben, Schulen und im Städtebau –, wird die Gesellschaft unpersönlicher. Gleichzeitig werden wir durch die modernen Medien und das Internet tagtäglich auf dem Laufenden gehalten über alles, was in der Welt vorgeht. Das Leben, vor allem in den Städten, ist anonymer geworden, doch gleichzeitig wird mehr Wert auf persönliche Meinungen und vor allem Gefühle gelegt. Viel »anonymes« Leid, Konflikte und Spannungen aus der gesamten Welt dringen jeden Tag ungefragt in unsere Leben ein und werden dadurch zu einer persönlichen Angelegenheit. Dadurch ist das soziale Leben komplexer geworden. Die Sicherheit und Geborgenheit der Gruppe, zu der man ganz selbstverständlich gehört (Familie, gesellschaftliche Position, Religionsgemeinschaft, Berufsgruppe), und das »Wir-Gefühl« treten in den Hintergrund. Die Geborgenheit eines überschaubaren sozialen Lebens mit vorhersagbaren Verhältnissen, festen und deutlichen Rollen und den dazu gehörenden Aufgaben hat definitiv einem Leben voller Abwechs-

Lebensstil **229**

lung und Dynamik Platz gemacht. Die Fähigkeit, sich Veränderungen anzupassen, ein großes Maß an Flexibilität ist damit zur Grundvoraussetzung des Lebens geworden. Wir können uns viel stärker als früher als Individuen entwickeln und an unserem persönlichen Wachstum arbeiten. Unser Wohlbefinden hängt somit in zunehmendem Maße von individuellen Entscheidungen, Qualitäten und Fähigkeiten ab: Ich bin für mein Leben verantwortlich.

Doch die Kehrseite der Medaille besteht darin, dass dies – in einer Kultur, die stark auf Erfolg und Leistung gepolt ist – uns unter Druck setzt, im Leben erfolgreich zu sein. Immer mehr werden bereits in der Grundschule PISA-Normen und Zensuren zum wichtigsten Gradmesser der Entwicklung. Und auch später wird unser (gesellschaftlicher) Wert größtenteils an äußeren Leistungen, einer erfolgreichen Karriere und einem hohen Gehalt festgemacht. Tag für Tag wird in den Medien und der Werbung der Mythos genährt, dass das Leben etwas Machbares sei und wir erfolgreich, schön, sexy, reich und glücklich sein können, wenn wir es nur wollen. Dies hat zur Folge, dass der Druck, zu bestehen und gute Leistungen zu erbringen, enorm zugenommen hat und dass es immer stärker als selbst verschuldet erlebt wird, wenn man nicht glücklich und erfolgreich ist. Eigenwert und Zufriedenheit mit sich selbst werden so immer stärker an äußeren Resultaten gemessen und hängen immer weniger mit innerer Motivation und Gefühlen zusammen. Aufgrund all dieser Faktoren nimmt der Druck auf uns alle, von Kindesbeinen an bestmögliche Leistungen zu erbringen und bestimmten Anforderungen zu genügen, enorm zu.

10.3 Lebensstil

Der Mythos des machbaren Lebens führt zu einem gehetzten Lebensstil mit einer übermäßigen Orientierung an der Außenwelt. Dass das Leben komplexer und nervöser geworden ist, äußert sich bereits in einer so einfachen Tätigkeit wie dem Einkauf. Statt uns in aller Ruhe im örtlichen Laden mit unserem Bedarf des täglichen Lebens einzudecken und uns dabei mit dem Bäcker oder Gemüsehändler zu unterhalten, rasen wir nach einem randvoll mit Terminen gefüllten Arbeitstag in einen

230 Der Einfluss unserer Kultur

anonymen Supermarkt, laden den Einkaufswagen voll und stehen dann gereizt in der Schlange vor der Kasse, bis wir an der Reihe sind. Statt in aller Ruhe zu kochen, stellen wir unsere Fertigmahlzeit in die Mikrowelle und verzehren sie dann vor dem Fernseher, wonach wir rasch mit »nützlichen« Tätigkeiten, häufig am Computer, weitermachen. Anstatt uns ruhig mit unserem Kind an den Sandkasten zu setzen, joggen wir hinter dem Kinderwagen durch den Park, um die Zeit, die uns für das dringend nötige Körpertraining zur Verfügung steht, so effizient wie möglich zu nutzen. Wir leben, wenn wir den kulturellen Normen gerecht werden wollen, fast alle unter großem Zeitdruck, Arbeitsdruck und Lebensdruck.

Abgesehen davon, dass wir von uns Erfolg auf der Karriereleiter, ein abwechslungsreiches soziales Leben und eine gut harmonierende Familie erwarten, müssen wir in einem schönen Haus wohnen, ein bis zwei Autos besitzen, aktiv Sport treiben und regelmäßig einen Urlaub in fernen Ländern verbringen, um etwas von der Welt zu sehen. Dies alles schenkt uns möglicherweise Glücksmomente, mit Sicherheit aber auch chronischen Stress, nicht zuletzt deswegen, weil meistens beide Partner hart arbeiten müssen, um dies alles zu ermöglichen. Es fehlt nicht nur an Stille und an Zeit für Erholung und Besinnung, immer häufiger werden Momente, in denen wir ungestört kurz wegträumen könnten, als Unaufmerksamkeit und unnützes Nichtstun erlebt. Das fängt bereits in der Kindheit an, wo Kinder mit dem Auto zur Krippe oder in die Schule gefahren werden, häufig in zwei Teilfamilien wohnen, einen vollen Terminkalender haben und, wenn sie kurz zu Hause sind, vom Computer oder Fernseher in Anspruch genommen werden. Zeit, um den reizüberfluteten Organismus von all den Eindrücken zu regenerieren, gönnt man sich nicht. Studien belegen, dass nicht das Familienleben als solches stressverstärkend wirkt, sondern die Kombination der unterschiedlichen Faktoren. Mütter in einer intakten Familie und mit einer Teilzeittätigkeit leiden im Allgemeinen am wenigsten unter Stress und Übermüdung.

10.4 Immer wach, immer in Bereitschaft

Durch eine Wirtschaft, die rund um die Uhr weiterläuft, wodurch der Arbeitsrhythmus immer weniger durch natürliche Faktoren bestimmt wird und Büro- und Ladenöffnungszeiten keine festen Grenzen mehr kennen, tritt in zunehmendem Maße eine Störung des Biorhythmus auf. Der Wachheit erfordernde Arbeitstag wird immer länger im Verhältnis zu den Ruheperioden. Auch die Abende sind mehr mit allerlei Vergnügungen ausgefüllt, und über den Fernseher kommt die ganze Welt zu uns. Viele junge Menschen surfen bis tief in die Nacht im Internet, und es ist eigentlich »nicht drin«, vorübergehend unerreichbar zu sein. Schliefen in den Sechzigerjahren des letzten Jahrhunderts Erwachsene noch durchschnittlich acht Stunden pro Nacht, so sind es heute nur noch etwa sechseinhalb Stunden, was für die meisten Menschen biologisch gesehen sehr wenig ist.[60]

Nicht nur Erwachsene müssen sich diesem von der Wirtschaft vorgegebenen Rhythmus anpassen, auch für Kinder gilt, dass sie sich nach den Arbeitszeiten ihrer Eltern richten müssen, häufig mit einer organisierten Betreuung vor und nach der Schule. Gestresste Eltern haben häufig gestresste Kinder. Weil viel später als früher zu Abend gegessen wird, gehen kleine Kinder außerdem meist erheblich später zu Bett, während sie am nächsten Morgen sehr früh aufstehen müssen, um rechtzeitig in der Kinderkrippe oder in der Schule zu sein. Das bedeutet, dass sich viele Kinder und Erwachsene eigentlich jeden Tag eine zu kurze Regenerationszeit gönnen, wodurch die Ermüdung, aber auch die Gewöhnung an diesen Mangel noch weiter zunimmt.[61]

10.5 Die Zunahme der Angst in unserer Kultur

Geht man von der Kultur als Ganzer aus, ist eine allgemeine Erhöhung des Stressniveaus durch zunehmende Angst zu verzeichnen. Nicht so sehr die Risiken des Lebens haben zugenommen – es gab sie immer schon –, vielmehr hat sich unsere Art damit umzugehen geändert. Möglicherweise aufgrund der Tatsache, dass wir ein viel luxuriöseres Leben als die Menschen vor fünfzig, hundert oder tausend Jahren führen und

232   Der Einfluss unserer Kultur

existenzielle Lebensbereiche wie soziale Sicherheit, Geburt und Tod stärker unserer Kontrolle unterliegen, hat die Angst, dies alles zu verlieren, zugenommen. Angst vor dem Verlust des Arbeitsplatzes oder Besitzes, Angst vor Krankheiten, Angst vor Mitmenschen (Diebe, Mörder und Terroristen), Angst vor Krieg, Terror und Umweltkatastrophen (um nur einige unserer täglichen Ängste zu nennen) – sie tangiert uns alle, und wir werden durch die Medien und Versicherungen täglich daran erinnert. Im Kern lässt sich diese Angst auf die Angst vor dem Verlust oder der Beschädigung der materiellen Basis unseres Daseins, unseres Körpers und unseres Besitzes, zurückführen. Es ist die Angst, hilflos ausgeliefert zu sein und die Kontrolle über das eigene Leben zu verlieren. Je stärker die Illusion in uns lebt, dass das Leben in jeder Hinsicht machbar sei, umso größer ist die Angst, dies alles zu verlieren und dadurch in dem unausgesprochenen Auftrag, diesen Mythos wahr zu machen, zu scheitern.

Sicherheit ist ein Grundbedürfnis nicht nur von Kindern, sondern aller Menschen. In dem Maße, wie das Gefühl der Sicherheit verschwindet, steigt die Aufmerksamkeit und erhöht sich das Stressniveau. Die Zunahme von Gewalt und Aggression in der Gesellschaft ist deswegen nicht nur eine *Ursache* von Angst und Unbehagen, sondern auch eine *Folge* der Tatsache, dass Stress und Angst zugenommen haben. Ein Mensch, der Angst hat, fühlt sich schneller bedroht und wird eher dazu neigen, um sich zu schlagen und zu kämpfen, als einer, der sich sicher und wohl fühlt. In den Vereinigten Staaten lässt sich gut beobachten, dass die Sicherheit dort, wo sich immer mehr Menschen aus Sicherheitserwägungen bewaffnen, keineswegs zunimmt. In vielen sozialen Alltagssituationen, beispielsweise im Verkehr, reagieren wir infolge der Tatsache, dass Angst und Stress zugenommen haben, explosiver, wodurch es häufiger zu aggressiven Konfrontationen kommt, die bei denjenigen, die deren Zielscheibe sind, wiederum Angst und Unruhe hervorrufen. Dies alles wirkt sich negativ auf die Lebensprozesse aus und kann dazu beitragen, dass ein Mensch ins Burnout gerät.

10.6 Die Bildschirmkultur

In unserer Kultur sind Computer und Fernsehen wichtige Quellen von Informationen, Bildung und Entspannung. Erwachsene, aber auch Kinder sitzen täglich viele Stunden vor dem Fernseher und, je nach Beruf und Hobby, zusätzlich weitere Stunden vor dem Computerbildschirm.[62] Das bedeutet, dass jeden Tag viele Bilder auf uns eindringen, die nicht konkret anwesend und natürlich sind, sondern indirekt und virtuell. Ob es sich nun um Kriegsszenen, Naturerfahrungen oder Begegnungen mit Menschen handelt – solange sie über den Fernseher oder den Computer zu uns kommen, können wir keinen persönlichen Bezug zu ihnen herstellen; außerdem haben wir nur eine sehr eingeschränkte Möglichkeit, eine Auswahl aus all den Bildern zu treffen, mit denen wir uns beschäftigen. Wenn ich eine Naturdokumentation anschaue, kann ich staunen und Bewunderung für die gewaltige Größe der Natur empfinden und fasziniert werden durch die unermessliche Vielfalt an Tieren, Pflanzen oder Landschaften; mein Wissen erweitert sich, dennoch kann ich mich nicht persönlich mit dem identifizieren, was ich in mich aufnehme. Wenn ich in meiner eigenen Umgebung durch die freie Natur streife, kann ich meine Augen über Weiden und Felder schweifen lassen, ich kann mich über die finsteren Wolken am klaren Himmel wundern und die Schönheit der Sonnenstrahlen auf der Meeresbrandung bestaunen. Ich rieche Pflanzendüfte und höre Vögel singen. Ich bestimme selbst, was ich genauer betrachten will oder was ich eher träumend an mir vorüberziehen lassen möchte. Meine Augen sind nicht auf einen Punkt fixiert, mein Körper befindet sich in einem Zustand aktiver Ruhe, gehend oder auch Rad fahrend, genießend. Ich fühle mich mit meiner Umgebung und mir selbst verbunden. Es entsteht ein Gleichgewicht zwischen wacher Aufmerksamkeit und Verträumtheit, eine Wechselwirkung, die von dem natürlichen Raum, der mich umgibt, und meiner inneren Verfassung bestimmt wird. Und wenn es mir gelingt, nicht allzu sehr über die Dinge, die gewesen sind oder noch kommen, nachzugrübeln, befinde ich mich in einem ausgedehnten räumlichen Jetzt, was Organismus und Geist zur Ruhe bringt. Auch wenn es sich hier nicht um einen südamerikanischen Regenwald, die afrikanischen Wüsten oder spektakuläre Ozeane handelt, ich er-

234   Der Einfluss unserer Kultur

fahre dennoch unmittelbar und persönlich die lebendige Natur, aus nächster Nähe.

Selbst bei einem Kartenspiel ist es ein Unterschied, ob ich echte Karten benutze, die ich mischen, auslegen und umdrehen muss, oder mit virtuellen Karten auf einem Monitor spiele, die ich nur durch Mausklicks bewege. Während wir in diese virtuellen Welten versunken sind und mit maximaler Geistesgegenwart am Bildschirm beispielsweise ein Autorennen spielen, werden wir nur in einer sehr einseitigen Weise angesprochen. Der Computer verlangt von unserem motorischen System minimale Bewegungen, unsere Augen stehen still und starren geradeaus, unser Gehirn bleibt passiv: Wir trainieren dabei keine echten motorischen Fertigkeiten, kein wirkliches Gleichgewicht, keine Geschicklichkeit, keine wirkliche Verbundenheit und keine Verantwortung für unser Handeln. Während wir also motorisch inaktiv sind, gelangen von außen enorm viele Bilder in unser Inneres – Bilder, die wir nicht selbst innerlich geschaffen haben, Bilder, die uns im Grunde fremd sind, die uns aufgedrängt werden. Wenn wir ein Buch lesen oder zuhören, wie uns jemand eine Geschichte vorliest, rufen wir selbst innere Bilder hervor mithilfe der Bildwelt, die aufgrund von Erinnerungen, Erfahrungen und Fantasie in uns lebt. Dies ist ein aktiver Prozess, der die Kreativität anregt und das Innenleben bereichert. Wenn wir zu viele vorfabrizierte Bilder in uns aufnehmen, wird dadurch die innere Fantasie und Kreativität abgetötet. Das Innenleben wird nicht aktiviert, sondern unter einem Strom von Bildern begraben und erstickt, die nicht von uns selbst geschaffen wurden, nicht »unser Eigen« sind. Dadurch wird die Möglichkeit, uns aus inneren Quellen zu erholen, auszuruhen und kreativ zu sein, eingeschränkt; der Preis dafür ist ein überreiztes und gestresstes Nervensystem und ein Innenraum voller wesensfremder Bilder.[63]

Gewalt in Fernsehen und Computerspielen

Eine besondere Quelle von Stress stellt die Gewalt in Fernsehen und Computerspielen dar. Dies gilt sowohl für realitätsnah ins Bild gebrachte kriegerische Gewalt wie auch für virtuelle Gewalt in Filmen und Spie-

Die Bildschirmkultur   235

len. Kinder und Jugendliche werden heute mit derartigen gewaltverherrlichenden Fernsehprogrammen, Spielfilmen und Videogames geradezu
überhäuft. Je mehr unschuldige Menschen misshandelt und getötet
werden, umso besser und lustiger scheint das Spiel zu sein; deswegen
empfinden die Täter auch keinerlei Scham oder Mitleid. Schätzungen
aus dem Jahr 2002 zufolge hat ein dreizehnjähriger Jugendlicher in
Deutschland durchschnittlich bereits rund 14.000 Fernsehmorde gesehen.[64] Diese exzessive Gewalt ist in den letzten Jahren nicht weniger
geworden.

Immer mehr Studien belegen, dass dies der kindlichen Entwicklung
abträglich ist und Stresssymptome wie Angst und Aggression fördert.
Dave Grossman, einer der internationalen Experten auf diesem Gebiet,
war lange Zeit als Soldat und Militärpsychologe im amerikanischen
Heer tätig. Seit 1998 forscht er zur »Killologie«, jener Wissenschaft, die
die Effekte von Mord und anderer Gewalt auf unsere Lebensführung
und die Gesellschaft untersucht. Er betrachtet die Auswirkungen der
Mediengewalt auf Kinder und junge Erwachsene mit großer Sorge. So
schreibt er: »Kinder werden in einem Alter, in dem sie buchstäblich
nicht den Unterschied zwischen Wirklichkeit und Vorstellung kennen,
mit Tausenden von Gewaltdarstellungen im Fernsehen bombardiert.
Während Gewalt im Fernsehen und in Kinofilmen zur Unterhaltung
und zum Vergnügen gezeigt wird, essen unsere Kinder ihre Lieblings-
süßigkeiten und kichern, während der ›body count‹, also die Zahl der
Toten, steigt. Wir bringen eine Generation von Kindern hervor, die in
einem sehr jungen Alter lernen, entsetzliche Gewalt mit Vergnügen
und Erregung zu assoziieren – eine gefährliche Assoziation für eine
zivilisierte Gesellschaft.«[65]

Der kanadische Psychologe Albert Bandura führte eine Studie über
Lernprozesse bei Menschen durch und entdeckte, dass das Lernen
durch die Beobachtung anderer und ihres Verhaltens sowie die Reaktion der Umgebung darauf eine wichtige Quelle neuer Fähigkeiten ist.
Dies gilt vor allem, wenn der Täter attraktiv und mutig ist, wenn wir uns
mit ihm identifizieren und wenn sein Verhalten durch eine Belohnung
ausgezeichnet wird. Auch Wiederholung ist wichtig für diese Art des
Lernens. Alle diese Kriterien werden von Gewalt auf dem Bildschirm
und bei Spielen erfüllt.

236 Der Einfluss unserer Kultur

Studien belegen außerdem, dass vor allem explizite Gewalt, die konsequent als »nett« und »lustig« dargestellt wird, einen schädlichen Einfluss hat. Dies gilt insbesondere für Gewalt, die mit viel Action und Sensation, raschen Szenenwechseln und speziellen Effekten verbunden ist, wobei die Opfer keine Rolle spielen; es wird keinerlei Mitleid mit ihnen gezeigt, ein Sich-Versetzen in ihre Lage findet nicht statt. Die Täter sind tollkühn, sie kennen kein Bedauern, keine Scham, und sie werden nie bestraft.

Der Konsum sogenannter »sensibler Gewalt« ist weniger schädlich. Bei dieser Form von Gewalt werden der Tötungsvorgang und andere Gewalttaten keineswegs als nett oder lustig dargestellt, man erhält als Zuschauer die Möglichkeit, sich in das Opfer hineinzuversetzen. Es gibt weniger Action und mehr Dialoge, die Folgen der Gewalt werden realistisch geschildert.

Das Betrachten von Gewalt im Fernsehen, insbesondere von »sensationeller« Gewalt, sowie die Beschäftigung mit gewaltverherrlichenden Videospielen zeitigt vielen wissenschaftlichen Studien zufolge eine Reihe negativer Effekte vor allem bei Kindern, aber auch bei Erwachsenen:

- Es verstärkt Angstgefühle,
- es erhöht die Aggressivität,
- es stumpf ab gegenüber Gewaltanwendung,
- es schwächt die kognitiven Fähigkeiten.

Angst

Es ist wissenschaftlich bewiesen, dass das wiederholte Betrachten von Gewalt im Fernsehen beziehungsweise in Spielfilmen die Angstgefühle der Menschen schürt. Bei Kindern ist dies häufig evident: Bei ihnen treten Symptome wie Albträume und Bettnässen auf, sie suchen Zuflucht bei ihren Eltern. Manchmal können die Symptome über längere Zeit hinweg anhalten, selbst nach einem einzigen Vorfall. Darüber hinaus werden Kinder, wie viele Eltern aus eigener Erfahrung wissen, durch Spiele und Filme mit viel Gewalt hyperaktiv. Dies deutet darauf hin, dass das Stresssystem extrem belastet wird. Kinder entwickeln letzten Endes weniger Vertrauen in die Welt, die sie umgibt, wenn ihnen ständig eine Realität vorgespiegelt wird, in der das Recht des Stärkeren den Ton angibt und Menschen quasi zum Spaß gequält und getötet werden.

Aggressivität

Forschungen zeigen ferner, dass sich Kinder und Erwachsene unmittelbar nach dem Betrachten einer Sendung mit vielen Gewaltaktionen aggressiver gegenüber Menschen und Gegenständen verhalten. Bei einer Studie, die an finnischen Kindergartenkindern durchgeführt wurde, zeigte sich, dass Kinder nach einem gewaltverherrlichenden Film eine größere Neigung entwickelten, andere Kinder zu schlagen, zu beschimpfen, zu bedrohen und deren Spielzeug zu zerstören. Es gibt amerikanische Untersuchungen, die belegen, dass Kinder entsprechend der Zahl von Gewaltaktionen, die sie in ihrem Leben zu sehen bekommen haben, ebenfalls ein verstärkt aggressives Verhalten zeigen, und zwar auch noch als Erwachsene.[66]

Abstumpfung gegenüber Gewalt

Das Betrachten von Fernseh- und Videospielgewalt vermindert die Sensibilität für echte Gewalt. Das Konsumieren von Bildern, die Aggressivität und Gewalt zeigen, verursacht vor allem bei Jungen ein Gefühl von Spannung und Sensation. Wenn sich dies regelmäßig wiederholt, kommt es zu einem Gewöhnungseffekt: Der Betrachter sucht sich extremere Varianten, um dasselbe Gefühl zu erzeugen. Das amerikanische Militär macht sich diesen Abstumpfungseffekt beim Einsatz sogenannter killing simulators zunutze, die eine starke Ähnlichkeit mit gewaltverherrlichenden Videospielen zeigen. Soldaten trainieren virtuell so lange das Erschießen von Mitmenschen, bis sie den erwünschten Grad von Gefühllosigkeit erlangt haben. Sie finden es dann nicht mehr schlimm, dieselben Handlungen auch in Wirklichkeit durchzuführen, und werden so zu »guten Soldaten«. Dave Grossman warnt davor, dass Jugendliche, die sich zu Hause oder in Spielhallen Hunderte von Stunden mit Gewehr-Imitationen oder Joysticks im Erschießen von Spielfiguren üben, in Bezug auf die Anwendung von Gewalt auf die Dauer genauso stark abstumpfen wie entsprechend gedrillte Soldaten.[67]

10.7 Kinder und Stress

Unsere Kultur ist in zunehmendem Maße auf Resultate und Leistungen fixiert. Schon im Kleinkindalter müssen Kinder sich fortwährend beweisen: in der Schule, bei allerlei Sportarten und Privatstunden. Ob es sich nun um Fußball oder Musizieren, Tanz oder Geografie handelt – immer weniger geht es um die Freude, die man an diesen Tätigkeiten erlebt, und immer mehr und in immer jüngerem Alter vor allem um die Leistungen, die man zu erbringen hat. Diese werden ständig durch verschiedenste Tests und Prüfungen gemessen. Wer nicht der Norm entspricht, fällt rasch aus der Gruppe heraus oder wird zu einer ständigen Quelle von Sorgen für Eltern und Lehrer. Viele Kinder erfahren auf diese Weise ununterbrochen, dass etwas an ihnen nicht gut ist. Wie bereits erwähnt führen Grübeln und negative Gedanken über sich selbst sofort zu verschiedensten körperlichen Stressreaktionen.

Es besteht eine beunruhigende Tendenz, wonach Symptome, die mit Erschöpfung und Stress zusammenhängen, in immer jüngerem Alter auftreten. Im Hinblick darauf, dass Kinder sich in jeglicher Hinsicht noch in Entwicklung befinden – Gehirnentwicklung, Stressbalance, Immunität, Gewohnheitsbildung und Seeleneigenschaften –, ist es umso wichtiger, eine optimale Umgebung für sie herzustellen, in der sich die biologischen Rhythmen ausbilden können, die Lebenskräfte für den Aufbau des Körpers verwendet werden können und in welcher die Seele sich getragen von einem Gefühl der Sicherheit entfalten kann.

Da ein Burnout eine lange Vorlaufzeit hat, ist es nahe liegend, zu untersuchen, inwieweit die veränderten wirtschaftlichen Rahmenbedingungen und Familiensituationen der letzten dreißig Jahre einen Einfluss auf die Zunahme der Zahl von Kindern mit problematischem Verhalten wie zum Beispiel Ängste, Schlafprobleme, Hyperaktivität, destruktives Verhalten und Lernschwierigkeiten haben. Die Art und Weise, wie wir in unserer Kultur mit unseren Kindern umgehen, könnte durchaus in einem Zusammenhang mit dem immer häufigeren und früheren Auftreten von Stresssymptomen bei Erwachsenen stehen.

Bindung, Sicherheit und Stress

Eine sichere Umgebung bildet die Basis für unsere spätere Fähigkeit, Beziehungen einzugehen, aber auch für die Fähigkeit, uns selbst zu trösten und mit Frustrationen und Stress umzugehen. Sehr junge Kinder können sich an etwa fünf Menschen wirklich binden.[68] Wenn sie sich bereits früh in ihrem Leben immer wieder an andere Menschen mit anderen Regeln und anderen Rhythmen gewöhnen müssen, führt das zu einer weniger stabilen Ausbildung der Persönlichkeit. Für die meisten Kinder ist es nach allem, was wir darüber wissen, im Hinblick auf den Entwicklungsprozess tragfähiger Bindungen und die Entwicklung ihrer Persönlichkeit nicht gut, bereits in einem sehr frühen Alter in eine Krippe gegeben zu werden oder jeden Tag eine andere Betreuungsperson zu haben.

Ich will damit nicht sagen, dass alle Mütter genau wie früher zu Hause bleiben sollten, sondern nur darauf hinweisen, dass eine externe Betreuung quasi rund um die Uhr und der Krippenbesuch sehr junger Kinder nicht in deren Interesse ist und letztlich genauso wenig im Interesse der meisten Eltern sein kann. Viel besser wäre es, wenn die Gesellschaft nicht nur auf die wirtschaftlichen Interessen blicken würde, sondern bei der Organisation des Arbeitslebens *wirklichen* Raum schaffen würde für die neuen Mitglieder der sozialen Gemeinschaft. Das heißt in der Konsequenz, dass es jungen Eltern, Männern und Frauen, leichter gemacht werden müsste, Teilzeittätigkeiten auszuüben.

Zeit zum Träumen und die Kunst, sich langweilen zu können

Kinder werden heute häufiger von Erwachsenen betreut und haben weniger Freiraum für sich selbst als vor dreißig Jahren oder davor. Sie werden durch allerlei organisierte Aktivitäten beschäftigt, wie zum Beispiel Sportunterricht und Vereine, sowie durch Fernsehen und Computer. Bereits im Kindergarten fällt auf, wie sehr Kinder beschäftigt werden müssen. Sie sind lebhafter und können sich weniger konzentrieren, verfügen über weniger Fantasie und Initiative zum Spielen als die Generationen vor ihnen. Die Kunst, sich gesund zu langweilen, wird von immer

240 Der Einfluss unserer Kultur

mehr Kindern verlernt, so wie es ihre Eltern verlernen, Langeweile bei Kindern zu ertragen. Sie denken sofort, dass sie etwas falsch gemacht haben.»Sich langweilen« bedeutet aber eigentlich: einige Augenblicke lang nicht zu wissen, was man mit seiner Zeit anfangen will, und daraufhin aus sich selbst heraus, aus der eigenen Fantasie und den eigenen kreativen Quellen eine Beschäftigung zu finden, etwas zu spielen oder etwas zu tun. Dadurch lernen wir, unsere eigenen inneren Quellen der Aktivität anzusprechen, wir aktivieren die Fantasie und den Willen, selbst etwas zu unternehmen. Nicht ohne Grund war Langeweile früher etwas, was vor allem im Kindesalter auftrat, junge Erwachsene hatten bereits gelernt, sich sinnvoll zu beschäftigen.

Heute brauchen wir uns nie mehr zu langweilen, sogar auf dem Rücksitz des Autos können Kinder DVDs betrachten, und sobald wir einige Augenblicke lang nicht wissen, was wir tun wollen, was wir mit der Stille oder mit uns selbst anfangen sollen, schalten wir Musik oder den Fernseher an, chatten eine Runde im Internet oder spielen ein Spiel mit unserem Handy. Die Zeit, in der wir träumen und uns in uns selbst versenken können, wird immer knapper. Doch der Preis, den wir für all diese passive Unterhaltung bezahlen, ist ein überreiztes Nervensystem und das Risiko, stets früher und immer massiver auftretende Erschöpfungs- und Stressbeschwerden zu bekommen.

Kinder in sich ändernden Familienstrukturen: Der Anpassungsstand

War das Elternhaus früher ein Ort der Ruhe, an den man sich zurückziehen konnte oder wo man inmitten anderer Kinder beispielsweise im Freien tun konnte, was man wollte, so haben heute die meisten Kinder zwei voll arbeitende Eltern, was bedeutet, dass sie sich bereits früh daran gewöhnen müssen, sich außerhalb der Familie zu behaupten. Sie müssen sich viel früher als die Generationen vor ihnen an Regeln, Gewohnheiten und wechselnde Umgebungen der unterschiedlichen Menschen, die sie betreuen, anpassen lernen.

Immer mehr Kinder leben nach der Trennung ihrer Eltern in Patchworkfamilien. Dies erzeugt sowohl für die betroffenen Eltern wie auch

Kinder und Stress **241**

für die Kinder zusätzlichen Stress. Sie müssen immer wieder umziehen, häufig in ein anderes Viertel oder eine andere Stadt, und sie müssen sich in zwei verschiedenen Umgebungen behaupten und dort Freunde finden. Sie wissen nicht mehr, wo ihr richtiges Zuhause ist. Wenn ein Kind etwas erreichen will oder etwas nicht möchte, kann es sich immer noch an den anderen Elternteil wenden oder die beiden gegeneinander ausspielen. Wenn die Trennung der Eltern überdies mit vielen Konflikten und Auseinandersetzungen über Geld und Umgangsregelungen einhergeht, belastet das die Kinder noch stärker. Gerade bei schwierigen, mit Kämpfen verbundenen Scheidungen, wo jeder Elternteil den anderen schlechtmacht, geraten Kinder in einen unsicheren Zwischenbereich. Beim einen Elternteil lernen sie, den Mund zu halten und nichts darüber zu erzählen, was in ihrer anderen Familie passiert, und sie müssen bereits in jungen Jahren emotional auf eigenen Beinen stehen. Dadurch kommt es häufig bereits früh zu einer »Fragmentierung«, die tief in das Lebensgefühl eingreift. Obwohl viele Kinder oberflächlich betrachtet den Eindruck machen, als könnten sie sich hervorragend anpassen, kostet es sie viel Lebensenergie, die dann nicht für andere Entwicklungsaufgaben wie Spielen und Lernen eingesetzt werden kann. Dasselbe gilt für viele Kinder, die in zwei gegensätzlichen Kulturen aufwachsen und stets unter dem Druck stehen, sich beiden anzupassen.

Gefühle der Sicherheit, Zufriedenheit und dass alles »in Ordnung« ist sind eine wesentliche Grundbedingung für das Gedeihen von Kindern, sie fördern den kohärenten Herzschlag (siehe Seite 131 f.) und die körperliche Entspannung, die die Kinder als Gegengewicht zu unserer übermäßig gestressten Gesellschaft brauchen.

Hinzu kommt, dass die Möglichkeit, sich auf natürliche Weise von Stress und Spannung durch Spiel, Fantasie und Bewegung abzureagieren, vor allem in den Städten immer weniger vorhanden ist. Einerseits durch Mangel an geeignetem Raum, aber auch weil viele Eltern es nicht mehr sicher finden, ihre Kinder draußen spielen zu lassen und sie lieber vor den Fernseher oder ein Computerspiel setzen.

242 Der Einfluss unserer Kultur

Gestresste Kinder – überforderte Eltern

Wir haben bereits gesehen, dass Frauen, die in der Schwangerschaft unter Druck stehen und angespannt sind, ein höheres Risiko haben, dass ihr Baby oder Kleinkind viel weint und schlecht schlafen wird. Dennoch sind unter allen Kultureinflüssen gestresste Eltern und der Fernseher nicht die einzigen Gründe, warum Kinder extrem lebhaft sind, häufig aus dem Bett kommen und ein unkonzentriertes und abweichendes Verhalten zeigen. Manche Kinder, wie zum Beispiel solche mit ADHS (Aufmerksamkeitsdefizit-/Hyperaktivitäts-Störung),[69] bringen eine Veranlagung mit, aufgrund derer sie lebhafter sind und größere Schwierigkeiten damit haben, sich angemessen und der Situation entsprechend zu verhalten. Andere Kinder haben von Geburt an ein empfindliches Stresssystem. Ein Schreikind kann seinen Eltern manchmal über Jahre hinweg Nacht für Nacht den Schlaf rauben. Auch Kinder, die unter Ängsten leiden, Kinder mit einer autistischen Veranlagung und Kinder mit einer zu offenen und sensiblen Konstitution sind rasch überdreht. Sie können durch Faktoren, die andere Kinder überhaupt nicht beeinträchtigen, völlig aus dem Häuschen geraten oder plötzlich aus unerfindlichen Gründen extrem wütend werden. Die Eltern solcher Kinder haben alle Hände voll zu tun, ihren Sohn oder ihre Tochter zu begleiten und zu beschützen und der jeweiligen Umgebung ihre »Gebrauchsanweisung« zu vermitteln, sodass ihr Kind nicht ständig zurückgewiesen wird. Sie führen Gespräche mit den Lehrern, versuchen auf dem Weg über eine andere Mutter ihren Sprössling bei anderen Kindern spielen zu lassen oder die heiß begehrte Einladung für einen Kindergeburtstag zu ergattern. Doch meistens können sie trotz aller Anstrengungen nicht verhindern, dass ihr Kind gelegentlich völlig aus dem Rahmen fällt.

Plötzlich geht Jan, der gerade noch so brav im Sandkasten spielte, auf ein anderes Kind los und beginnt mit der Schaufel auf dessen Kopf herumzuhämmern; eine Stunde nach Beginn des Kindergeburtstags muss der Vater Maria abholen, weil sie nach dem gemeinsamen Anschauen einer spannenden DVD hemmungslos weinen muss. Immer wieder müssen Raschids Eltern in der Schule erscheinen, weil er sich rüpelhaft benimmt und nicht zuhört; Kevins Nachbarn erstatten wegen Kindesmisshandlung Anzeige beim Jugendamt, weil sie den Jungen Abend

für Abend schreien hören. Bei derartigen Verhaltensweisen ist der erste Gedanke bei Eltern, Nachbarn, Freunden und den Eltern anderer Kinder, dass das Problem mit dem Kind an einer falschen Erziehung liegt. Ob die Betreffenden es nun laut aussprechen oder hinter vorgehaltener Hand – die Eltern solcher Kinder spüren immer wieder aufs Neue den Vorwurf und das unausgesprochene Urteil, dass doch alles ihre eigene Schuld sei. Sie hätten eben strenger oder gerade im Gegenteil einfühlsamer sein müssen, sie hätten ihrem Kind mehr Schutz bieten müssen, ihr Kind einfach einmal selbst klarkommen lassen müssen, sie hätten ...
Alles in allem bedeutet das für die betroffenen Eltern große Spannung und Stress. Außerdem wirken sich unterschiedliche Erziehungsansichten zwischen Vater und Mutter bei solchen Kindern häufig viel deutlicher aus, und es ist dann schwierig, an einem gemeinsamen Strang zu ziehen und einander nicht ständig Vorwürfe zu machen. Hinzu kommt, dass die Wartelisten bei den Therapeuten lang sind, und die Hilfe, die irgendwann in Anspruch genommen wird, häufig nicht effizient ist.
Ich habe etliche Eltern von solchen besonderen Kindern in ein Burnout schlittern sehen, und zwar weniger, weil ihr Beruf besonders viel Stress mit sich brachte, sondern vor allem, weil sie so wenig Ablenkung außerhalb der Familie hatten und von den zunehmenden Problemen mit ihrem Kind völlig in Anspruch genommen wurden.

Siehe auch die Übung »Überprüfung von Energie und Lebensstil« in Kapitel 17.3, Seite 345 f. sowie den Test »Wie stark saugt der Bildschirm?« in Kapitel 17.4, Seite 347 f.

Teil III

**Aufstieg aus verbrannten Trümmern
Auf dem Weg zur Erholung**

11   Schritt für Schritt zur Besserung

Der dritte Teil dieses Buches ist der Heilung nach einem Burnout gewidmet. Er kann von Menschen benutzt werden, die von einem Burnout betroffen sind, zur Unterstützung einer Therapie oder einer Coachingperiode. Außerdem kann er Menschen, die kurz vor einem Burnout stehen, zur Vorbeugung gegen ein völliges Burnout nützlich sein. Und schließlich kann dieser Teil Ihnen helfen, wenn Sie einfach besser für sich selbst sorgen wollen. Die dazugehörigen Übungen finden Sie in Teil IV; sie können auch von Therapeuten beim Genesungsprozess ihrer Klienten eingesetzt werden.

11.1   Sich genügend Zeit zur Erholung nehmen

Sowohl bei der Erholung von einem Burnout wie auch zu dessen Vorbeugung ist es wichtig, sich mit den unterschiedlichen Ebenen der Beschwerden auseinanderzusetzen. Es hat keinen Sinn, in der Anfangsphase eines Burnouts alle möglichen Verarbeitungsübungen zu absolvieren oder seelisch angreifende Gespräche zu führen, dies würde die Energie noch weiter erschöpfen. Ferner ist es nicht zu empfehlen, mitten in einem Burnout, wenn man noch müde und meist auch deprimiert ist, wichtige Entscheidungen über das weitere Berufsleben zu treffen oder in diesem Bereich Änderungen vorzunehmen.

> Zuallererst müssen Sie für Ruhe sorgen: Sie müssen sich eine Umgebung und eine Zeit schaffen, in welcher Sie an Ihrer Genesung arbeiten können.

Am besten können Sie mit konkreten Maßnahmen und Übungen auf der Ebene Ihres Körpers und der Vitalität beginnen, wenn nötig medikamentös unterstützt. Dadurch entsteht eine Basis, die es erlaubt, in einer

248 Schritt für Schritt zur Besserung

zweiten Phase auf der Ebene der Seele, des Erlebens und Verarbeitens, aktiv zu werden. In der letzten Phase können Sie an Fragestellungen arbeiten, die mit der Findung einer neuen Arbeitsrichtung zusammenhängen, bei der Sie stärker Ihren eigenen Kurs verfolgen können und ein besseres Gleichgewicht zwischen Ihren Idealen und der Wirklichkeit Ihres (Arbeits-)Lebens entsteht.

Bei den unterschiedlichen Phasen, die ich im Folgenden genauer beschreiben werde, liegt der Akzent zunächst auf dem Körper und der Lebensenergie, dann auf der Seele und schließlich auf dem Ich. Das soll nicht heißen, dass in der ersten Phase die Seele nicht berücksichtigt werden soll (Trauer, Konflikte, Wut) oder dass Sie sich in späteren Phasen nicht weiterhin darin üben sollen, die Lebensenergie in Balance zu halten (alte Gewohnheiten sind hartnäckig). Aufmerksamkeit für die Lebensenergie ist während der gesamten Erholungsphase und auch danach noch notwendig, um einen Rückfall beziehungsweise ein neues Burnout zu verhindern. In diesem Sinn zielt eine Burnout-Therapie darauf ab, dauerhafte Veränderungen im Umgang mit Ihrem Körper, Ihrer Energie und Ihren Seelenkräften zu bewirken.

Wie Sie sich von einem Burnout erholen und wie viel Zeit dies in Anspruch nimmt, hängt stark von der Schwere der Symptome, Ihrem Alter und Ihrer Persönlichkeit, aber auch von der professionellen Begleitung des ganzen Prozesses ab.

Wirkliche Heilung bedeutet, dass Sie nach Ihrem Burnout nicht nur mit neuer Energie durchstarten können, sondern dass Sie auch in einer neuen Weise mit sich selbst umzugehen gelernt haben und die Herausforderungen und Hindernisse des Lebens anders angehen als vor Ihrem Burnout.

11.2 Coaching und Unterstützung

Wenn Sie über Jahre hinweg vorbehaltlos Ihre gesamte Kraft und Energie in Ihre Arbeit und die Verwirklichung Ihrer Ideale gesteckt haben, ist es eine nicht zu unterschätzende Herausforderung, plötzlich auf sich selbst zurückgeworfen zu sein und schmerzhaft die Grenzen des eigenen Vermögens erfahren zu müssen. Ferner ist es nicht leicht, wenn die

Coaching und Unterstützung   **249**

zwingende Struktur des Berufslebens einmal wegfällt und Sie erschöpft und deprimiert sind, dem Alltagsleben eine neue, gesündere Struktur zu geben. Weil Sie in einem Erschöpfungszustand Ihren Rhythmus und Ihren Überblick verloren haben, sich selbst als wertlos erleben und gerade jetzt keinerlei Energie mehr übrig haben, ist es zumeist eine zu große Aufgabe, auf eigene Faust den Heilungsprozess einzuleiten. Es passiert noch immer, dass Menschen, die von einem Burnout betroffen sind, während der ersten Wochen oder Monate erschöpft und trübselig zu Hause sitzen, ohne dass sich nennenswert etwas ändert oder angemessene Hilfe zur Verfügung steht. Durch dieses Nichtstun, die große Leere und das innere Chaos verfallen viele Menschen mit Burnout in eine noch tiefere Erschöpfung und Resignation. Das tatenlose Herumsitzen daheim führt also meistens zu keinem positiven Resultat.

Darum ist es ratsam, sich gleich zu Beginn einen erfahrenen Coach oder Therapeuten zu suchen. Je eher mit einem Coaching oder einer Therapie begonnen werden kann, umso besser stehen die Chancen auf eine Heilung. Der Coach kann ein Sozialarbeiter, ein Gesprächstherapeut, ein Arzt, Psychiater oder Heilpraktiker sein. Der genaue berufliche Hintergrund ist nicht so wichtig, wichtig ist allerdings, dass es sich dabei um jemanden handelt, der sich mit der Begleitung eines Burnouts auskennt und Erfahrung damit hat. Ein Mensch, der sich Zeit für Sie nimmt und der Sie trösten kann, wenn Sie einmal wieder ganz tief unten sind. Ein Mensch, der nicht zu früh daran denkt, wie er Sie wieder in die Arbeitszusammenhänge eingliedern kann, sondern der Ihnen Hoffnung machen kann. Und vor allem jemand, der Ihnen dabei hilft, dass die Burnout-Phase in Ihrem Leben zu einer sinnvollen inneren Reifeerfahrung wird, aus der Sie gestärkt und verwandelt hervorgehen.

Die erste Aufgabe eines Coachs besteht darin, Ihnen dabei zu helfen, Ihr Alltagsleben zu strukturieren, Maß zu halten und Kraft zu sammeln, sodass Ihre Energiebalance sich regenerieren kann. Um zu vermeiden, dass Sie in ein tiefes Loch fallen, ist es gut, sich gleich auch mit sinnvollen und aufbauenden Tätigkeiten auseinanderzusetzen.

Daneben kann ein guter Coach Ihnen Hintergründe und Erklärungen zu Ihrem Burnout liefern und Unterstützung beim Trauerprozess bieten. Denn die illusionslose Konfrontation mit der Situation, dem Gefühl, im Beruf »versagt« zu haben, der Verlust von Idealen – all das ruft, vor allem jetzt, da die Arbeit Sie nicht mehr ablenken kann, viel Gram, Schmerz und Wut hervor. Auch Hilfe beim Aktivieren eines sozialen Netzwerkes und ausreichende Unterstützung durch Freunde und Familienmitglieder sind wichtig, um einer sozialen Isolierung zuvorzukommen und positive Erfahrungen zu fördern. Die Aufmerksamkeit ist in dieser ersten Phase vor allem auf das Hier und Jetzt gerichtet.

Beispiel 83

Marika ist 31 Jahre alt und leitende Angestellte in einem Verlag, als ihr Hausarzt ihr dringend rät, eine Weile beruflich auszusetzen. Sie sucht Hilfe beim Therapeuten, der ihr enthüllt, dass sie ein Burnout hat, und ihr die Symptome erläutert. Marika ist erleichtert, denn sie dachte bereits, dass sie im Begriff war, verrückt zu werden, weil sie in letzter Zeit immer häufiger Termine vergaß und sich überhaupt nicht mehr konzentrieren konnte. Die Gespräche und praktischen Hilfsanweisungen für ihr Alltagsleben helfen ihr während ihres Genesungsprozesses und machen ihr zugleich Hoffnung für die Zukunft. Diese kann sie gut gebrauchen, denn manchmal fühlt es sich für sie so an, als würde sie »niemals mehr aus diesem tiefen Loch herauskommen«. Marika erhält eine Liste mit Lebensregeln: Morgens eine Stunde spazieren gehen, nach dem Mittagessen eine Stunde Siesta, abends zeitig schlafen gehen, statt vor dem Fernseher hängen zu bleiben. Durch die Erläuterungen und Gespräche wird Marika erst richtig klar, wie ausgebrannt sie ist. Es hilft ihr, dass die Anweisungen so praktisch sind und sie nicht viel zusätzliche Energie kosten. Sie geben ihrem Tag wieder eine Struktur.

Obwohl allerlei Kurse und Programme uns etwas anderes weismachen wollen, dauert es nach meiner Erfahrung meistens mindestens ein Jahr, bis ein Mensch, der unter einem echten Burnout leidet, ausreichend wiederhergestellt ist, um wieder in vollem Umfang ins Arbeitsleben einzutreten. Doch es kann auch mehr Zeit in Anspruch nehmen, oder es kann sein, dass es überhaupt nicht mehr gelingt, in die alte Funktion

Der Körper: Bei manchen Krankheiten muss man zum Arzt gehen **251**

zurückzukehren und wieder vollständig am Arbeitsprozess teilzunehmen. Wenn Sie zu früh wieder beginnen und sich nur wenig verändert hat, führt das häufig innerhalb eines Jahres zu einem erneuten Burnout. Deswegen ist es wichtig, dass eine realistische Einschätzung durch einen Betriebsarzt vorgenommen wird, der mit dem Coach oder Therapeuten zusammenarbeitet und sich aktiv für den Wiedereingliederungsprozess einsetzt.

Menschen, die sich krankmelden, weil sie überarbeitet sind, aber noch nicht unter einem echten Burnout leiden, können viel früher wieder einsteigen. Menschen mit leichten Beschwerden können, noch bevor sie richtig krank werden, das Ruder herumwerfen und auf diese Weise ein Burnout vermeiden.

11.3 Der Körper: Bei manchen Krankheiten muss man zum Arzt gehen

Weil die meisten Menschen, die ins Burnout geraten, vielerlei körperliche Beschwerden haben und Warnsymptome häufig missachten, verdient die Diagnose und Behandlung besondere Aufmerksamkeit. Es ist vernünftig, Ihren Hausarzt zu bitten, Sie körperlich durchzuchecken und eine Blutuntersuchung vorzunehmen, um festzustellen, was genau vorliegt. Wie bereits ausgeführt, können viele körperliche Krankheiten ebenfalls zu Erschöpfung führen, so zum Beispiel Blutarmut, Diabetes, Schilddrüsenunterfunktion, Herzleiden, Krebs, Hepatitis, Lyme-Borreliose (Zeckenbisskrankheit) und Vitamin B_{12}-Mangel.[70] Deshalb sollten körperliche Krankheiten ausgeschlossen werden, bevor die Diagnose Burnout gestellt wird.

Natürlich kann es vorkommen, dass jemand, der bereits an einer körperlichen Krankheit leidet, auch noch ins Burnout gerät. Es gibt eine Reihe von stressbezogenen körperlichen Krankheiten, wie zum Beispiel Bluthochdruck und Schilddrüsenfehlfunktionen, die regelmäßig mit einem Burnout einhergehen. In diesem Fall ist es empfehlenswert, eine gesonderte medizinische Behandlung durchzuführen.

252 Schritt für Schritt zur Besserung

═══ Beispiel 84

Klaus konsultiert nicht nur den Psychologen, sondern auch seinen Hausarzt, und es zeigt sich, dass er einen extrem erhöhten Blutdruck hat, der zunächst einmal medikamentös behandelt werden muss; hinzu kommen Entspannungsübungen.

═══ Beispiel 85

Lisbeth hat eine Lungenentzündung, die auch nach einer Antibiotikabehandlung nicht richtig ausheilt. Sie geht zu einem Heilpraktiker, der einen anderen Behandlungsansatz verfolgt, und erhält eine Reihe von Mineralien und Vitaminen, um ihre Widerstandskraft wieder aufzubauen.

11.4 Aktiv Ruhe schaffen

Ein Burnout tritt für das Empfinden der Betroffenen häufig von einem Tag auf den anderen auf, es überfällt sie wie ein großer Schock, sie sind von sich zutiefst enttäuscht. In dieser Krisensituation kommt es in erster Linie darauf an, innere und äußere Ruhe und Stabilität herzustellen. Um das zu erreichen, genügt es nicht, einfach mit Arbeiten aufzuhören, denn häufig geht das gestresste Leben danach genauso weiter. Das fortwährende Grübeln, das Familienleben, der psychische und soziale Druck eingegangener Verpflichtungen, das Abarbeiten längst fälliger Aufgaben und Aufräumen liegen gebliebener Dinge zu Hause, all das erhält den Teufelskreis aus Stress, Unruhe und Ohnmacht aufrecht. Darum ist es notwendig, aktiv Ruhe zu schaffen. Dies ist häufig ein mühsamer Prozess, in welchem Sie Entscheidungen treffen und Distanz zu Situationen aufbauen müssen, bei denen Sie bemerken, dass sie Sie zu viel Energie kosten.

Der Arbeitsplatz

Die Lösung aus der Arbeitssituation ist die erste Notwendigkeit. Das bedeutet, Sie müssen berufliche Aufgaben und andere Verpflichtungen, die auf Ihnen lasten, anderen übertragen und den richtigen Abstand zu Ihrer Arbeit und Ihren Kollegen herstellen. Für die meisten Menschen bedeutet das eine schwere Herausforderung. Manchmal ist es gut und angenehm, wenn die Kollegen etwas von sich hören lassen, ab und zu anrufen oder vorbeikommen; doch die meisten Menschen erleben das auch als ermüdend. Darum sollte ein Mensch mit einem Burnout nicht zu häufig vom begleitenden Therapeuten, dem Chef, Kollegen oder anderen angerufen, geschweige denn unter Druck gesetzt werden, verfrüht wieder an den Arbeitsplatz zurückzukehren. Ehe man sich's versieht, handelt das Gespräch mit einem Kollegen, der Sie besucht, doch wieder von der Reorganisation Ihres Betriebes oder den Problemen mit Ihrem Chef. Meistens werden Sie rasch bemerken, dass all die Sorgen, die für Ihre Kollegen wichtig sind, Sie in diesem Moment nicht besonders interessieren. Das löst wiederum allerlei Emotionen und Schuldgefühle aus, häufig auch Wut und das Gefühl der Machtlosigkeit. Und das ist Gift für den Genesungsprozess.

▬ Beispiel 86

Als sie bereits sechs Wochen krankgeschrieben ist, wird Jutta von einer netten Kollegin besucht, die mit einem großen Blumenstrauß vor der Tür steht. Obwohl sie sich noch überhaupt nicht wieder gut fühlt, versucht Jutta sich trotzdem nichts anmerken zu lassen. Sie zieht ein nettes Kleid an und kocht Tee für ihre Kollegin. Jutta hat keine große Lust, über sich selbst zu reden, so landet das Gespräch schon bald bei der Schule und der neuen Unterrichtsmethode, die seit einem Jahr eingeführt wird. Auch allerlei Ereignisse, die sich im Leben der Kollegin und anderer abgespielt haben, passieren Revue. Ehe sie sich's versieht, hat Jutta sich zwei Stunden lang mit ihrer Kollegin unterhalten. Diese zieht fröhlich ab und berichtet im Kollegium, dass es Jutta schon wieder viel besser gehe. Jutta hingegen ist nach diesem Besuch völlig erschöpft. In der kommenden

254   Schritt für Schritt zur Besserung

Nacht schläft sie schlecht und hat wirre Träume von ihrer Schule. Sie beginnt auch wieder über bestimmte Schüler und das neue Unterrichtssystem nachzugrübeln. Es dauert eine ganze Woche, bis sie sich von diesem Besuch erholt hat.

Am besten ist es, während der ersten Zeit wirklich Abstand aufzubauen zur Arbeit und zu anderen Verpflichtungen, um zu sich selbst zu kommen. Dazu kann gehören, dass Sie vereinbaren, eine Zeit lang keinen Kontakt mit Ihrem Arbeitgeber und Ihren Kollegen zu haben. Oder Sie können übereinkommen, nur eine einzige Kontaktperson zu haben, die zu festen, im Voraus vereinbarten Zeiten Kontakt mit Ihnen aufnimmt. Auch in der Beziehung zu Ihrem Partner und zu Freunden kann es gut sein zu verabreden, nicht über Ihre Arbeit und all Ihre Frustrationen zu sprechen, sondern über schöne Dinge oder neutrale Ereignisse. Das klingt zunächst vielleicht übertrieben oder sogar unsinnig, denn es ist doch eigentlich gut, seine Probleme zu formulieren und auszusprechen! Nein, manchmal ist dies nicht der Fall. Häufig handelt es sich nämlich um ein endloses Wiederholen aller Missstände und Probleme. Und für Ihren Körper macht es keinen Unterschied, ob Sie sich tatsächlich in einer bestimmten Situation befinden, oder ob Sie nur darüber sprechen und nachdenken. Indem Sie sich Vorstellungen darüber bilden, geraten Ihr Nervensystem, Ihr Herz und andere Organe sofort wieder in einen Zustand der extremen Überaufmerksamkeit, in Stress. Ein gut gemeinter Besuch oder Anruf kann deswegen, wie im Falle von Jutta, die Gefühle der Frustration und Ohnmacht noch verstärken.

Zu Hause

Wenn Sie zu Hause oder in der Familie größere Verpflichtungen übernommen haben, indem Sie beispielsweise einen alten oder kranken Angehörigen versorgen, muss darüber nachgedacht werden, wie die Anstrengungen, die Sie sich selbst auferlegt haben, besser in Übereinstimmung mit Ihrer wirklichen Verfassung gebracht werden können. Es kann notwendig sein, dass Familienmitglieder oder professionelle Pfle-

Aktiv Ruhe schaffen **255**

gekräfte bestimmte Aufgaben übernehmen. Wenn auch die normalen Haushalts- und Familienaufgaben zu schwer sind, ist es ratsam, vorübergehend Hilfe von Freunden oder professionellen Hilfsdiensten in Anspruch zu nehmen.

Beispiel 87

Luise muss akzeptieren, dass sie sich nicht mehr länger intensiv um ihre Schwiegermutter kümmern kann und dass sie deren Pflege professionellen Fachkräften übertragen muss. Außerdem zieht sie sich aus dem Familienunternehmen zurück und versucht, sich nicht ständig mit dem Wohl und Wehe der Mitarbeiter zu beschäftigen. Sie bemerkt, dass sie eigentlich schon lange Zeit überhaupt keine Lust mehr auf die sozialen Verpflichtungen hatte, die sie eingegangen ist, und übergibt ihre Aktivitäten in Schule und Kinderkrippe anderen. Es gelingt ihr allerdings, weiterhin für ihre Kinder und den Haushalt zu sorgen. Sie erfährt das sogar als eine Hilfe, durch den Tag zu kommen und nicht nur traurig herumzusitzen und nachzudenken.

Manchmal erfordert es beträchtliche Anstrengungen, Ordnung in das Chaos zu bringen, das in der letzten Zeit entstanden ist. Alle möglichen Aufgaben lasten auf Ihnen, doch Sie wissen nicht genau, welche. Obwohl Sie ständig darüber nachgrübeln, versuchen Sie diese Gedanken sofort wieder beiseitezuschieben und an andere Dinge zu denken. Unterdessen wächst die Unruhe angesichts all der Aufgaben – Stapel unerledigter Post, zugesagte Hilfe, Termine, der Zahnarzt, ein Geschenk für die Freundin kaufen, Ihr Auto muss zum Kundendienst, ein Kindergeburtstag steht an –, von denen Sie wissen, dass Sie sie erledigen müssen, obwohl Sie zugleich fühlen, dass Sie nicht mehr die Energie dafür haben. Als eine Hilfe, in dieser Situation nicht die Übersicht zu verlieren, finden Sie in Teil IV, Kapitel 17.2 eine Übung, wie Sie aktiv Ruhe herstellen können (Seite 341 ff.). Sie kann Ihnen helfen, Entscheidungen zu treffen, was Sie angehen werden und was Sie liegen lassen möchten, was Sie verschieben werden und bei welchen Dingen Sie sich Hilfe holen.

Intermezzo

Aus einem Interview von Arianne Collee
mit Jaap van de Weg

Burnout ist eine Beziehungskrise zwischen Seele und Körper; zu
deren Heilung ist es notwendig, auf den Körper zu hören.

Jaap van de Weg

Jaap van de Weg ist Facharzt für Psychosomatik und Entwicklungsfra-
gen. Seit vielen Jahren führt er eine Praxis, in der er Menschen begleitet,
unter anderem auch bei Burnout.

»Der Körper kündigt bei einem Burnout sein Vertrauen auf. ›Ich mache
nicht mehr mit‹, lautet die Botschaft. Ihr Körper gibt seine Energie nicht
mehr frei. Die Vertrauenskrise zwischen Ihnen und Ihrem Körper kann
nur bewältigt werden, indem Sie gut auf Ihren Körper hören. Regelmäßig frage ich Menschen mit einem Burnout: ›Was sagt denn Ihr Körper
dazu?‹

Wenn jemand sich die Antwort seines Körpers nicht *ausdenkt,* sondern
sie *in sich aufsteigen* lässt, ist diese Antwort fast immer überraschend.
Und ich weiß in solchen Momenten sofort, dass die Antwort nicht aus
dem Denken, sondern aus dem Körper, oder wie ich es bezeichne, dem
›Körperwesen‹ kommt. Mit diesem Körperwesen können Sie sprechen.
Versuchen Sie es einmal. Fragen Sie einmal Ihren Körper, wie er sich
fühlt, wenn Sie ruhig unter der Dusche stehen.

Der Körper ist weiser, als viele Menschen es sich bewusst sind – Ihre
gesamte Geschichte ist in diesem Körper verankert. Sie können am Äußeren ablesen, wenn sich ein Mensch viel ärgert. Der Ärger verändert
die Physiognomie, was sich an den Gesichtszügen beobachten lässt. Die
Funktion des Körperwesens besteht darin, die Schönheit und die Harmonie des Körpers zu erhalten. Menschen, die den ganzen Tag gestresst
vor einem Computer sitzen, beschäftigen sich nicht mit Harmonie,

im Gegenteil. Wenn Sie Ihren Körper strukturell aushöhlen, fordert das Körperwesen irgendwann einen Ausgleich. Es will zurück zu der Schönheit und der Größe, die einst vorhanden waren. Menschen mit einem Burnout erweisen sich häufig als relativ ›gesund‹. Damit meine ich: Die Organe werden nicht geschädigt. Nur funktionieren sie nicht mehr so gut. Ihr Herz rast wie wild, oder sie leiden unter Atemnot. Fast immer handelt es sich um psychosomatische Beschwerden. Das Körperwesen bleibt in gewisser Hinsicht solidarisch mit dem Körper, doch es sagt zur Seele: ›Du musst jetzt wirklich aufhören. Du zwingst mich immer dazu, zu hetzen und weiterzustrampeln. Du misshandelst mich und weigerst dich, auf mich zu hören. Vor den Ferien hattest du alle möglichen guten Vorsätze, doch letztendlich wird nichts davon umgesetzt. Jetzt ist der Moment gekommen, in dem dein Körper so viel Raum und Aufmerksamkeit wie nur möglich beansprucht, um sich erholen zu können.‹

Solche Momente kommen meistens völlig unerwartet. Ich habe das bei einem Freund, der ebenfalls Hausarzt ist, erlebt. Er konnte problemlos acht bis zehn Stunden am Tag arbeiten. Bis er irgendwann in eine kleine Auseinandersetzung geriet und plötzlich zu Hause die Treppe nicht mehr hochkam.

Ich definiere ein Burnout als ›Beziehungskrise zwischen Seele und Körper‹. Eine solche Krise hat eine lange Vorlaufzeit, und sie hängt immer mit der Tatsache zusammen, dass jemand im Grunde nicht das Leben führt, das zu ihm passt. Wenn Sie zu viele Dinge tun, die Sie eigentlich nicht tun wollen, kommen Ihre Motive nicht mehr aus Ihrem tiefsten Inneren, und Ihr inneres Feuer erlischt. Sie fühlen sich überlastet, haben keine Freude mehr an dem, was Sie tun, und verlieren die Verbindung zu Ihren eigenen Willensimpulsen. Am Anfang stellen Sie sich noch die Frage: Wie schaffe ich es bis zum Urlaub? Später lautet sie: Wie schaffe ich es bis zum Wochenende? Ihr Körper beginnt immer stärker unter der Situation zu leiden. Sie streichen darum als Erstes die schönen und angenehmen Dinge. Die nächste Phase ist die, dass Sie einen Teil des Wochenendes nur noch ermattet auf dem Sofa sitzen können. Die Erholung dauert immer länger. Und unterdessen schwelt das ›Beziehungsproblem‹ immer weiter. Bis irgendwann ein Punkt erreicht ist, wo der eine zum anderen sagt: ›Du warst ein netter Mensch, als ich dich heiratete, aber jetzt sehe ich keine Perspektive mehr.‹ Der Körper kündigt bei einem Burnout sein Vertrauen in die Beziehung mit der Seele auf, er weigert sich, so zu arbeiten, wie es sich gehört, und dreht schmollend den Kopf zur Seite. Und er will sich erst dann wieder erholen, wenn das Beziehungsproblem wirklich angegangen wird – es ist genau so wie bei einer Beziehungskrise zwischen Ehepartnern.

Bei einem Burnout muss ein Mensch aufs Neue den Respekt für das entwickeln, was ihm sein Körper erzählt, sodass der Körper wieder Vertrauen zur Seele fasst. Der erste Punkt, der angepackt werden muss, ist also: Das tun, was dein Körper braucht. Und das bedeutet – es klingt einfach, aber für Menschen, die den Kontakt mit ihrem Körper verloren haben, ist es harte Arbeit –, etwas zu tun, was Sie genießen können. Genießen können Sie nur im jeweiligen Augenblick selbst, also ist es notwendig, dass Sie wieder lernen, im Augenblick zu verweilen. Während solcher Momente, in denen Sie genießen, in denen Sie sich wohl und angenehm fühlen, besteht eine gesunde Verbindung zwischen Ihrem Körper und Ihrer Seele. Sie lassen sich gewissermaßen in Ihren Körper hineinfallen und sind nicht nach außen gerichtet, nicht auf die Zukunft, nicht auf die Vergangenheit. Sie sind ganz *im gegenwärtigen Moment*.

Meine Rolle während dieser Phase der Erholung besteht darin, dass ich für die Interessen des Körpers eintrete. Ich bin gewissermaßen der Anwalt des Körperwesens. Und das ist auch notwendig, denn viele Menschen können gar nicht auf ihren Körper horchen, sie wollen nur wissen, wie sie so schnell wie möglich wieder auf die Beine kommen können.

Ich empfehle Menschen mit einem Burnout also zuallererst, so viel wie möglich diejenigen Dinge zu tun, bei denen sie sich wohlfühlen und die sie genießen können. Das heißt, der Betreffende muss sich jetzt erst einmal klarmachen, bei welchen Dingen er sich möglicherweise wohlfühlen könnte. Da war einmal eine Frau, die sagte zum Beispiel: ›Mir fällt nichts anderes ein, aber ich würde am liebsten zu Karstadt gehen und dort eine Tasse Kaffee mit einem Stück Torte bestellen.‹ – ›Hervorragend‹, sagte ich, ›dann gehen Sie jetzt dorthin und tun das.‹ Ein anderer wird vielleicht lieber basteln oder etwas an seinem Haus reparieren. Wichtig ist jedoch, dass man sich keine Ziele setzt, die erfüllt werden müssen. Nichts braucht fertig zu werden, denn dann würde man wieder Zwang ausüben. Tun Sie so ausschließlich wie möglich Dinge, die als Impulse in Ihnen aufsteigen. Folgen Sie dem, was Ihr Körper Ihnen anbietet, folgen Sie der Richtung, in welche Ihre Impulse Sie lenken. Beginnen Sie damit, den Tisch aufzuräumen, und wenn Sie dann auf etwas anderes stoßen, so tun Sie das. Vielleicht bekommen Sie danach den Impuls, mit dem Aufräumen fortzufahren. Diese Bedürfnisse, diese Impulse, die aus Ihrem Inneren kommen, müssen Sie aufs Neue spüren lernen, ihnen folgen lernen, denn damit entsteht wieder eine engere Verbindung zwischen Körper und Seele.

Es kann ganz schön mühsam sein, den eigenen Bedürfnissen Gehör zu schenken, insbesondere für Frauen. Für sie ist es schwieriger, die Familienverpflichtungen beiseitezuschieben. Und gerade diese Verpflichtungen müssen weggenommen werden. Sobald es Ihnen gelingt, mit dem Genießenlernen zu experimentieren und selbst dafür die Verantwortung zu tragen, wird Ihre Energie zunehmen. Dann ist der Moment für die nächste Phase des Heilungsprozesses gekommen.

Während der ersten Phase des Erholungsprozesses arbeite ich mit meinen Klienten an der Beziehung zwischen Seele und Körper; danach betrachten wir vor allem, was sich in der Seele abspielt. Wodurch hat ein Mensch die Verbindung mit den eigenen Willensimpulsen, dem eigenen Kurs verloren? Wir blicken gemeinsam zurück, begegnen unterwegs allem Möglichen, und schließlich schauen wir voraus, um zu sehen, was ein Mensch ab diesem Punkt mit seinem Leben anfangen möchte. Das größte Missverständnis in Bezug auf Burnout ist, dass es etwas Peinliches, Jämmerliches und Dummes sei. Dass man ein Versager sei. Doch ein Burnout ist gerade eine Chance! Und zugleich eine Folge dessen, wie unsere Gesellschaft funktioniert. ›Genießen‹ ist in unserer Gesellschaft ersetzt worden durch ›sich einen Kick holen‹. Wir können nicht mehr im Moment leben. Genießen ist zu einer Art ›Arbeit‹ geworden.

Ich finde es sehr spannend, durch die Schicht des – scheinbaren – Elends hindurchzuschauen und die Chancen zu erkennen. Wenn jemand nach einem Burnout sagt, dass er wieder ›der Alte‹ ist, so ist die Wegstrecke, jedenfalls soweit ich daran beteiligt bin, nicht bewältigt. Denn dann tut man aufs Neue das, was man eigentlich nicht will. Nach einem gut verarbeiteten Burnout wird etwas Neues geboren. Es ist tatsächlich ein Geburtsprozess. Ein weniger gehetzter Lebensstil, eine berufliche Veränderung, mehr innere Ruhe, mehr Selbstrespekt, mehr Freiraum für das Genießen – das sind alles Dinge, für die Menschen nach einem Burnout Raum schaffen. Eigentlich wollten sie bereits viel früher ans Licht kommen, doch es wurde nicht auf sie gehört. Danach folgten das Burnout und das Bejahen des Neuen. Um dieses Neue zu erreichen, ist offenbar vieles erlaubt.«

12 Die Lebenskräfte nähren, begrenzen und schützen

Wie bereits in Teil I und II beschrieben, wird bei einem Burnout die Vitalität einschneidend angegriffen. Ihre Lebenskräfte sind aufgebraucht, aufgrund eines über Jahre hinweg verfolgten Lebensstils mit einer hohen Stressbelastung. Durch von anderen oder sich selbst auferlegte überhöhte Anforderungen, durch ein Arbeitstempo ohne Atempausen und durch schleichende Frustrationen und Enttäuschungen, von denen Sie sich nicht lösen können, haben Sie sich selbst den Boden unter den Füßen weggezogen. Bevor Sie an den tieferen Ursachen Ihres Burnouts arbeiten können, müssen Sie zuerst wieder einigermaßen zu Kräften kommen. Das tun Sie, indem Sie Ihren Lebensleib (siehe Seite 136 ff.) nähren, begrenzen und schützen.

12.1 Was ist Nahrung für Ihre Lebenskräfte?

Was die Lebenskräfte ernährt, ist zum Teil für uns alle dasselbe, zum Teil ist es auch eine individuelle Angelegenheit. Ganz allgemein gesundend wirken folgende Maßnahmen: sich Ruhe gönnen, sich gesund ernähren, ein guter Tag- und Nachtrhythmus und ein angenehmer Ort, wo man sich aufhält. Auch das Leben im Jetzt und das Genießen dessen, was man tut, wirkt auf jeden positiv. Was Sie individuell aufbaut, hängt mit dem zusammen, was Sie als schön erleben und was Ihr Interesse findet. Für den einen ist es ein Genuss, in ein Museum zu gehen, ein anderer erlebt das als ermüdend. Für den einen ist es eine Hilfe, im Sportverein zu trainieren, der andere unternimmt lieber einen Spaziergang in der Natur.

Es ist außerordentlich wichtig, von Anfang an den Lebensrhythmus und die Vitalität zu fördern. Hierbei gilt, dass Sie sich nicht über Ihre Grenzen hinaus verausgaben sollten. Alles, was Sie tun, muss also dem Aufbau dienen. Dies ist für die meisten Menschen mit Burnout sehr schwierig. In Teil IV, im 18. Kapitel, finden Sie Übungen, die Ihnen dabei helfen können (siehe Seite 349 ff.).

262 Die Lebenskräfte nähren, begrenzen und schützen

▬ Beispiel 88

Lisbeth schwimmt gerne und war es früher gewohnt, regelmäßig ins Schwimmbad zu gehen. Jetzt fängt sie wieder mit Schwimmen an, um neue Energie aufzubauen. Doch sie bemerkt, dass sie nach dem Schwimmen völlig erschöpft zurückkommt und mit gemischten Gefühlen an das nächste Mal denkt. Als sie die Übung für die Energiebalance durchführt (Übung 18.3, siehe Seite 351 ff.), stellt sie fest, dass es ihr zwar Freude macht, mit dem Fahrrad zum Schwimmbad zu fahren, doch kaum hat sie ihren Badeanzug angezogen, ist sie bereits todmüde und würde lieber wieder nach Hause fahren. Wenn sie den Moment genauer betrachtet, in dem sie spürt, dass ihre Energie schwindet, sieht sie, dass dies während des Umkleidens in einer Gruppenkabine voller lebhafter Jugendlicher geschieht. Die vielen Menschen und der Lärm erschöpfen sie. Sie informiert sich, wann es etwas ruhiger ist. Es zeigt sich, dass es eine Schwimmzeit für Menschen über fünfzig gibt. Dann besuchen nur wenige Gäste das Schwimmbad. Obgleich sie selber noch lange nicht fünfzig ist, hat niemand ein Problem damit, dass sie zu dieser Zeit kommt. So kann Lisbeth das Schwimmen in aller Ruhe genießen. Wenn sie nach Hause kommt, ist sie zwar müde, aber nicht mehr erschöpft. Sie legt sich erst einmal ein Stündchen hin, bevor sie etwas anderes unternimmt.

▬

Allgemein aufbauende Aktivitäten und für die Vorbeugung und Heilung eines Burnouts grundlegende Aspekte sind:

- Leben in einem gesunden Rhythmus
- gesunde Ernährung
- sinnvolle Bewegung
- Genießenkönnen und eine sinnvolle Tagesstruktur
- mit Achtsamkeit im Jetzt leben
- gesunde innere Bilder.

Sie werden im Folgenden besprochen.

Leben in einem gesunden Rhythmus — **263**

12.2 Leben in einem gesunden Rhythmus

Wenn Sie ins Burnout geraten sind, ist Ihr normaler Lebensrhythmus gestört, und Sie müssen einen neuen Rhythmus finden, weil Sie aufgehört haben zu arbeiten. Manche Menschen bleiben morgens lange im Bett liegen und denken, dass sie sich dadurch ausruhen. Das Gegenteil ist wahr: Wenn Sie zu lange im Bett liegen bleiben, stören Sie das biologische Gleichgewicht, zum Beispiel den Melatoninhaushalt. Die Wiederherstellung eines gesunden Schlafrhythmus hat Priorität. Auch wenn Sie nicht gut einschlafen, ist es wichtig, zu einer festen Zeit – möglichst nicht zu spät – zu Bett zu gehen, und selbst wenn Sie schlecht geschlafen haben, morgens nicht zu lange im Bett liegen zu bleiben. Es ist besser, zu einer festen Zeit aufzustehen, selbst wenn Sie noch müde sind. Dadurch gewöhnen Sie Ihren Körper an einen normalen Tag- und Nachtrhythmus, und der Biorhythmus kann sich erholen.[71]

Den Tag abschließen

Abends sollten Sie im Zugehen auf die Nacht eigentlich keine anregenden Dinge mehr tun, das heißt keine langen Gespräche und keine Telefonate mehr führen, keine nervlich aufreibenden Fernsehsendungen ansehen. Versuchen Sie, bewusst nicht an irgendwelche Konflikte und Ärgernisse zu denken, sondern vielmehr an schöne und angenehme Dinge. Späte Mahlzeiten wirken kontraproduktiv, weil sie den Stoffwechsel belasten. Der Genuss von schwarzem Tee oder Kaffee nach dem Abendessen (bei manchen Menschen schon ab vier Uhr nachmittags) hält wach, weil Koffein bestimmte Neurotransmitter störend beeinflusst und Melatonin abbaut (hierüber gleich mehr). Auch sollten Sie abends lieber nicht angestrengt lesen oder vor dem Computer sitzen und am besten gar nicht fernsehen, weil diese Art von Tätigkeiten Sie aktiviert und Ihren Kopf füllt. Das Starren auf einen beleuchteten Bildschirm beeinträchtigt außerdem den Melatoninhaushalt, was zu Einschlafproblemen führen kann.

Die Kunst besteht darin, den Tag in aller Ruhe abzurunden, etwas aufzuschreiben, einen kleinen Spaziergang zu machen oder sonst etwas

264 Die Lebenskräfte nähren, begrenzen und schützen

zu tun, was Sie entspannt. Auch ein Rückblick auf den vergangenen Tag kann helfen, die Mühle der Gedanken zum Stillstand zu bringen.

Genügend Schlaf

Wenn Sie nicht schlafen können, können Sie sich darin üben, Ihren Körper dennoch auszuruhen. Dies tun Sie nicht, indem Sie darüber nachgrübeln, warum Sie nicht schlafen können. Sorgen Sie dafür, dass Sie es nicht zu kalt oder zu warm haben und dass Sie angenehm liegen. Machen Sie ein paar Entspannungsübungen und denken Sie an angenehme Dinge.

Auch ein Mittagsschlaf kann helfen, eine zusätzliche Ruhestunde zu gewinnen. Dabei ist es ebenfalls wichtig, nicht stundenlang im Bett liegen zu bleiben, sondern die Siesta auf maximal eine Stunde zu begrenzen, möglichst zu einer festen Tageszeit, am besten kurz nach dem Mittagessen. Richten Sie Ihre Aufmerksamkeit nicht zu stark auf das Schlafen, sondern gewöhnen Sie sich daran, sich zu entspannen und auszuruhen, auch wenn Sie nicht schlafen. In Teil IV finden Sie entsprechende Entspannungs- und Einschlafübungen (Seite 326 ff. und 358 ff.).

Wenn Sie an echter chronischer Schlaflosigkeit leiden, können Sie erwägen, sich in eine spezielle Schlafklinik überweisen zu lassen.

Neben der Pflege des Schlaf-Wach-Rhythmus gehört zu einem gesunden Lebensrhythmus regelmäßiges Essen. Während der Mahlzeiten sollten Sie ruhig sitzen, mit Aufmerksamkeit begleiten, was Sie schmecken, und sich Zeit für die Verdauung nehmen. Während des Zeitunglesens oder beim Fernsehen zu essen stört die Verdauung.

Momente innerer Konzentration

Kurze Momente innerer Konzentration im Tagesverlauf sind ebenfalls eine Hilfe, einen gesunden Rhythmus beizubehalten. Es ist wie bei einem Streichquartett: Die Musiker müssen meistens zwischen den einzelnen Sätzen ihre Instrumente nachstimmen, damit das Ganze danach wieder optimal klingt. Dieses »Abstimmen« zwischendurch ist

Ernährung und Aufputschmittel **265**

auch eine gute Gewohnheit für unseren Organismus: kurz eine Pause machen, um wieder in Balance zu kommen. Solche Momente der Ruhe und des Abstimmens, in denen Sie sich kurz aus dem Strom der Tätigkeiten zurückziehen und nach innen kehren, wirken harmonisierend und sind ein probates Antistressmittel. Sie können das durch eine kurze Meditation oder Körperübung erreichen oder indem Sie nur einen Augenblick lang bewusst den jeweiligen Moment genießen. Das alles wirkt stärkend auf Ihre Lebenskräfte und bringt Ihren Organismus zur Ruhe und ins Gleichgewicht. Auch dafür finden Sie im Teil IV, in Kapitel 21, kleine Übungen (siehe Seite 407 ff.).

Sorgen Sie auch dafür, dass Sie nicht immer gehetzt und unter Stress herumrennen. Zu einem gesunden Rhythmus gehört, dass Sie genügend Ruhezonen in Ihre Termine und Pläne einbauen. Das bedeutet, dass Sie Ihren Tag nicht zu voll planen dürfen und rechtzeitig zu Ihren Terminen aufbrechen müssen, damit Sie den Weg in aller Ruhe zurücklegen können und genügend Zeit haben, vom Fahrrad oder dem Auto aus die Natur um Sie herum wahrzunehmen. Ruhiges Fahrradfahren oder Zu-Fuß-Gehen, wobei Sie Ihre Gedanken entspannt schweifen lassen können, schafft eine Möglichkeit, wieder ins Gleichgewicht zu kommen. Nervöses Herumrennen, wobei Sie am Ende auch noch Ihre Schlüssel verlegt haben, außer Atem gegen den Wind ankämpfen, um mit Ihrem Rad voranzukommen, oder fluchend im Stau stehen, während Sie den ganzen Weg über angespannt sind, weil Sie zu spät kommen werden – all das erzeugt Stressreaktionen, die sich in Ihrem Körper noch Stunden später bemerkbar machen.

12.3 Ernährung und Aufputschmittel

Eine gesunde Ernährung und ausreichende Ruhe, um sie zu sich zu nehmen, unterstützen die Wiederherstellung einer gesunden Balance, ebenso wie der Verzicht auf Alkohol, Drogen und gewisse Medikamente, die die Grenzen auf künstliche Weise erweitern.

Die Empfindlichkeit gegenüber Koffein nimmt häufig in Situationen mit übermäßigem Stress und bei einem Burnout zu. Koffein ist in Kaffee, Coca Cola, schwarzem Tee und manchen Schmerzmitteln enthal-

266 Die Lebenskräfte nähren, begrenzen und schützen

ten. Vor allem Menschen, die sich ängstlich und gehetzt fühlen, sollten lieber keinen Kaffee und koffeinhaltige Produkte zu sich nehmen. Koffein beeinflusst die Neurotransmitter und macht Sie aktiv und weniger schläfrig. Es bremst die Bildung von Adenosin, einem Schlafhormon, und stimuliert die Ausschüttung von Adrenalin und Serotonin, die uns aktiv machen. Auch erhöht es den Cortisolspiegel, was verschiedene Stressreaktionen verschlimmern kann. Darüber hinaus führt Koffein bei Menschen, die ohnehin bereits angespannt sind, häufig zu Herzklopfen. Es kann auch zur Hypoglykämie führen, einem zu niedrigen Blutzuckergehalt, was zusätzliche Müdigkeit nach sich zieht.

Wenn Sie besonders viel Kaffee trinken, um wach und leistungsfähig zu bleiben, kann es sein, dass Ihr Körper sich an das Koffein gewöhnt. Das bemerken Sie daran, dass Sie morgens Kopfschmerzen bekommen, wenn Sie keinen Kaffee trinken, oder dass Sie ohne Kaffee leicht schläfrig werden. In diesem Fall sollten Sie lieber die Menge an Kaffee, Tee oder Cola, die Sie zu sich nehmen, allmählich verringern.

Auch Schokolade, Zucker und Nikotin werden häufig dazu benutzt, sich zusätzliche Energie zu verschaffen. Sie stören jedoch irgendwann das gesunde Gleichgewicht im Körper, weil sie den Zuckerhaushalt, die Neurotransmitter und die Hormone beeinflussen. So erhöht Zucker den Serotoningehalt, und Schokolade stimuliert die Endomorphinproduktion, wodurch Sie sich zwar besser fühlen, jedoch auch abhängig von diesen Substanzen werden.

Alkohol nehmen Menschen zu sich, um zur Ruhe zu kommen: Er betäubt das Gehirn. Im Vorfeld eines Burnouts kommt es häufig vor, dass der Betroffene mehr trinkt als früher. Es ist vernünftig, damit rasch aufzuhören, nicht nur weil Alkohol abhängig macht und der Körper sich schnell an ihn gewöhnt, wobei er immer größere Mengen benötigt, um denselben Effekt zu erzeugen, sondern auch weil Alkohol einen negativen Effekt auf das Gehirn und das Immunsystem hat. Kurzfristig betrachtet scheint es so zu sein, dass Alkohol die Stimmung positiv beeinflusst, weil er entspannt und Ängste dämpft. Doch letztendlich verstärkt Alkohol Angstgefühle sogar und beeinträchtigt den Schlaf.[72]

12.4 Sinnvolle Bewegung

Bewegung, vor allem im Freien, ist eine der besten Methoden, um die angegriffenen Lebenskräfte zu regenerieren. Bewegung hat auch einen positiven Effekt auf den Einschlafvorgang, sogar noch Stunden danach. Wenn Sie jeden Tag einen Spaziergang in mäßigem Tempo machen, wobei Sie ruhig die Umgebung wahrnehmen und zum Beispiel auf die wechselnden Qualitäten des Lichts und den natürlichen Wandel durch die verschiedenen Jahreszeiten achten, stärkt das die Vitalkräfte. Dies kann ein wichtiger Faktor bei der Erholung von einem Burnout sein. Spazierengehen ist eine ruhige, gleichmäßige und rhythmische Bewegungsform, wobei die Verbindung mit der Erde auf selbstverständliche Weise gepflegt wird und die Gedanken sich beruhigen. Später, wenn Ihre Kondition es erlaubt, können andere Sportarten wie zum Beispiel Nordic Walking, Langstreckenlauf, Skifahren, Schlittschuhlaufen, Fahrradfahren oder Schwimmen je nach Jahreszeit und persönlicher Neigung ebenfalls gute Bewegungsformen darstellen. Bei alledem ist es wichtig, dass die Freude daran, das Genießen, im Vordergrund steht. Es geht nicht darum, fanatisch und leistungsorientiert einen Sport zu betreiben, sondern das zu tun, was angenehm ist, und dabei rechtzeitig Ruhepausen einzubauen und die eigenen Grenzen nicht zu überschreiten. Widerwilliges Laufen oder Radfahren wirkt nicht stressmindernd, sondern führt nur zu zusätzlichem Druck.

Außer Sport können auch mehr meditative Bewegungsformen gewählt werden, die die Verbindung zwischen Körper und Seele harmonisieren. Eurythmie,[73] bestimmte langsame Yogaformen, Qigong oder manche Tanzarten wie zum Beispiel Biodanza können hier gute Dienste leisten. Es ist von Vorteil, jemanden zu suchen, der Ihnen helfen kann, die für Sie richtige Bewegungsform zu finden. Für den einen mag das der Trainer in der Sportschule sein, für einen anderen ein Heileurythmist oder ein Biodanza-Lehrer. Die tägliche kurze Pflege dieser Bewegungsarten fördert ebenfalls die Wiederherstellung der Lebensenergie.

268 Die Lebenskräfte nähren, begrenzen und schützen

Beispiel 89

Klaus entscheidet sich dafür, zusammen mit einem Trainer in einer kleinen Gruppe seine Kondition langsam wieder aufzubauen, zunächst in einer Sportschule und später durch Leichtathletik (Laufen) und Übungen im Freien. Es hilft ihm, dass dies unter Aufsicht eines Experten stattfindet und deutliche Vereinbarungen gelten. Außerdem ist es zusammen mit anderen Teilnehmern viel angenehmer. Klaus genießt vor allem die freie Natur, es ermutigt ihn, zu spüren, wie seine Kondition sich allmählich verbessert.

Beispiel 90

Johanna, die Krankenschwester, schreibt sich auch in einer Sportschule ein, doch sie bemerkt rasch, dass ihr das nicht guttut, sie wird noch müder davon. Das liegt weniger an den Übungen als an der Umgebung. Obwohl es sich um eine kleine Sportschule handelt, sind dort drei Monitore mit unterschiedlichen Programmen aufgestellt. Sie produzieren stumme Bilder mit Untertiteln. Schlagzeilen aus aller Welt, Anschläge, Katastrophen, Naturbilder, ein Quiz – alles stürmt unaufgefordert auf sie ein, und sie kann sich nicht dagegen verschließen, weil die Übungsgeräte in unmittelbarer Nähe der Monitore stehen. Gleichzeitig läuft dort laute Musik, etwas, was sie überhaupt nicht mag. Diese Umgebung führt dazu, dass Johanna in der Sportschule ihre gesamte Energie verliert. Sie hält Rücksprache mit ihrem Arzt, der ihr rät, einfach jeden Tag draußen spazieren zu gehen oder mit dem Fahrrad zu fahren und daneben Heileurythmie zu machen, weil Letztere besonders aufbauend auf die Lebensenergie wirkt. Außerdem kann Johanna durch die eurythmischen Übungen lernen, ihren Kräfteorganismus besser gegen die Einflüsse der Umgebung abzugrenzen. Bereits nach kurzer Zeit erweist sich die tägliche Viertelstunde mit diesen Übungen als Quelle der Entspannung und des Aufbaus, und tatsächlich lässt ihre Überempfindlichkeit gegenüber Eindrücken nach.

12.5 Genießen Sie, was Sie tun

Wofür Sie sich auch entscheiden, wichtig ist, dass Sie es genießen lernen und es weniger aus Pflicht oder Gewohnheit tun. Überlegen Sie sich, worauf Sie wirklich Lust haben, und versuchen Sie auch die kleinen Dinge des Lebens zu genießen. Das bedeutet: aufmerksam werden für Ihre Umgebung und für die kleinen Geschenke, die jeder Tag bereithält. Körperliche, handwerkliche und künstlerische Tätigkeiten wie zum Beispiel Gartenarbeit, Kochen, Musizieren oder Näharbeiten können dazu beitragen, das Gleichgewicht wiederzufinden und die Stressspirale zu durchbrechen. Lenken Sie Ihre Aufmerksamkeit auf das Jetzt. Möglicherweise erfreut Sie ein Museumsbesuch, Fotografieren, das Lesen von Gedichten oder das Anhören von Musik. Es ist gut, etwas zu wählen, das nicht allzu viel Anstrengung fordert und gleichzeitig dennoch eine gewisse innere Aktivität braucht. Weniger geeignet ist das passive Sich-ablenken-Lassen durch Fernsehfilme oder Surfen im Internet. Welche Aktivitäten Sie auch wählen: Führen Sie sie gezielt durch, und halten Sie Maß dabei!

▬▬ Beispiel 91

Marika berichtet über den Genesungsprozess nach ihrem Burnout Folgendes: »Es wurde letztendlich ein langwieriger und schmerzhafter Prozess, den ich bewältigen musste. Alle meine Sicherheiten waren verschwunden, es blieb nur noch die ›nackte Marika‹ übrig, mit der ich mich auseinandersetzen musste. Meine Therapeutin unterstützte mich dabei, sie half mir auch, schöne Dinge zu finden, Dinge, an denen ich Freude erleben konnte, möglichst zusammen mit einer Freundin oder einem Freund, wobei wir vereinbarten, nicht über Probleme zu reden, sondern uns voll und ganz auf das Genießen des konkreten Augenblicks zu beschränken. Da wurde mir klar, wie lange es her war, dass ich mir zum letzten Mal Zeit für solche Dinge genommen hatte.«

▬▬

Häufig werden Sie lernen müssen, Aktivitäten so umzusetzen, dass sie nicht abbauend wirken, sondern aufbauend und nährend. Das bedeutet:

das Tempo verringern, regelmäßig Pause machen und aufhören, bevor eine zu große Erschöpfung eintritt. Fragen Sie sich immer wieder, ob eine Tätigkeit angenehm war und ob sie Ihnen Energie vermittelt oder aber genommen hat. Menschen mit Burnout, die die Alarmsignale des Körpers über Jahre hinweg systematisch ignoriert haben, wodurch der Lebenssinn gestört ist, fällt es meist schwer, diese Grenze aufzuspüren, und noch schwieriger ist es, sich an sie zu halten.

Beispiel 92

Susanne, die von ihren Kollegen gemobbt wurde und seit ein paar Wochen wegen Burnout zu Hause bleiben muss, erhält von ihrem Hausarzt den Rat, jeden Morgen einen kleinen Spaziergang zu machen. Als der Arzt sich zwei Wochen später erkundigt, wie es ihr geht, berichtet sie, dass sie von diesen Spaziergängen todmüde wird, sie aber trotzdem jeden Tag gemacht hat. Es zeigt sich, dass sie sich eine recht anspruchsvolle Strecke ausgesucht hat, die sie am liebsten innerhalb einer bestimmten Zeit zurücklegen will. Auf diese Weise, dachte sie, könnte sie am schnellsten ihre Kondition wieder aufbauen und sich erholen. Trotz der Tatsache, dass das Spazierengehen, wenn es auf diese Weise betrieben wird, ihr nicht guttut, denkt sie nicht daran, damit aufzuhören, bis der Hausarzt nachfragt und Susanne klar wird, dass sie einem alten Muster folgt: weitermachen bis zum Umfallen.

Sinnvolle Tageseinteilung

Wenn Sie Ihre gesamte Energie und Kraft in Ihre Arbeit gesteckt haben und damit alle Hände voll zu tun hatten, ist es schwierig, den Tag sinnvoll einzuteilen und zu füllen, wenn Sie plötzlich krankgeschrieben zu Hause sitzen. Darum ist es wichtig, so schnell wie möglich wieder eine Tagesstruktur zu finden, die die Wiederherstellung der vitalen Kräfte und der Lebensfreude fördert. Eine sinnvolle Beschäftigung muss nicht unmittelbar nützlich im Sinne von produktiv sein; es geht darum, dass

Genießen Sie, was Sie tun **271**

Sie Freude daran haben und dass Sie dem, was Sie tun, Bedeutung verleihen. Dadurch werden Ihre Handlungen wieder mit Ihrem Inneren verbunden, und Sie führen sie mit ungeteilter Aufmerksamkeit aus. Es geht darum, nicht mehr aus Pflicht, sondern aus freiem Willen zu handeln, aus Begeisterung für das, was Sie gerade tun. Besonders gut eignen sich handwerkliche Tätigkeiten dafür, solange sie in einem ruhigen Tempo und ohne Leistungsdruck durchgeführt werden. Bei solchen Tätigkeiten sind Sie ganz selbstverständlich im Jetzt gegenwärtig, darum stellen sie ein gutes Mittel gegen endloses Grübeln dar. Die Seele kann sich in ruhiger, andächtiger Aufmerksamkeit und durch das Tun der Hände wieder mit der Welt verbinden. Menschen mit heranwachsenden Kindern können eine solche sinnvolle Ausfüllung des Tages manchmal finden, indem sie mit ihren Kindern zusammen etwas Schönes tun, aber auch bestimmte Haushaltsaufgaben wie zum Beispiel Brotbacken oder kleine Renovierungsarbeiten im Haus eignen sich dafür. Auch die Arbeit im eigenen Garten oder dem von Freunden kann hervorragend zur Entspannung beitragen.

Ein Mensch, der ausgebrannt ist, arbeitet häufig langsam, es fällt ihm schwer, Pläne zu machen und den Überblick zu behalten, darum helfen ihm überschaubare Tätigkeiten. Häufig ist es gar nicht möglich, die volle Belastung eines laufenden Haushalts zu tragen. Es ist deshalb empfehlenswert, mit den anderen Hausgenossen darüber zu reden, welche sinnvolle Aufgabe für Sie infrage kommt. Handelt es sich um eine Tätigkeit außerhalb der Wohnung, ist es das Beste, sich etwas zu suchen, was zu Fuß oder mit dem Fahrrad erreichbar ist, und darauf zu achten, dass diese Tätigkeit Sie nicht erschöpft oder unter Druck setzt, weil doch wieder eine Leistungsorientierung ins Spiel kommt.

Bei alledem sollten Sie jederzeit darauf achten, Ruhemomente einzubauen.

▬▬ Beispiel 93

Erich hat sich in seiner Tätigkeit als Lehrer völlig verausgabt und hat nun, da er zu Hause ist, für nichts mehr Kraft. Er bemerkt, dass Kochen ihm Spaß macht, doch das Einkaufen bekommt er nicht auf die Reihe. Ihm fehlt der Überblick, um alles, was er an diesem Tag

272   Die Lebenskräfte nähren, begrenzen und schützen

benötigt, mit einem einzigen Einkauf zu besorgen, darum muss er an manchen Tagen mehrfach losziehen. Auch eine Einkaufsliste ist keine Lösung, denn er vergisst immer wieder bestimmte Dinge aufzuschreiben. Außerdem erschöpft ihn das Einkaufen. Er beschließt, sich die Einkäufe nach Hause liefern zu lassen, nachdem er sich zusammen mit seiner Frau ein Menü überlegt hat. Bevor er zu kochen beginnt, schreibt Erich eine Liste mit einer Übersicht der einzelnen Schritte, die für die Zubereitung des Menüs nötig sind. Danach nimmt er sich viel Zeit, um in aller Ruhe zu kochen. Dabei versucht er alle Abläufe, auch die kleinsten, ruhig und in der festgelegten Reihenfolge durchzuführen. Außerdem übt er sich darin, bei Tätigkeiten wie zum Beispiel Kartoffelschälen oder Gemüseputzen mit voller Aufmerksamkeit dabei zu sein.

Auch wenn Sie noch so erschöpft sind: Gar nichts tun ist meistens nicht die beste Lösung. Im Gegenteil: Es ist für Ihre Heilung gerade wichtig, dass Sie nicht in eine soziale Isolation geraten. Vor allem Menschen, die alleine wohnen, sind in dieser Hinsicht gefährdet, schließlich ist es schwierig, wenn man so müde ist, Kontakte mit Freunden und Bekannten zu pflegen, und wenn man über den eigenen Zustand spricht, wird das schnell als Gejammer gewertet. Sinnvolle Tätigkeiten außerhalb der Wohnung durchbrechen die Isolation und lenken von der Neigung ab, immer wieder über die berufliche Situation und sich selbst nachzugrübeln. Ehrenamtliche Tätigkeiten können hier eine gute Hilfe sein. Aber auch da ist es wichtig, Maß halten zu lernen und die eigenen Grenzen nicht übermäßig zu strapazieren.

Beispiel 94

Nachdem Klaus drei Monate lang arbeitsunfähig war, fand er eine ehrenamtliche Tätigkeit in einem Informationszentrum für Naturschutzfragen. Vier Vormittage pro Woche arbeitete er im Garten, er genoss die Natur und die Tatsache, dass er wieder ein wenig unter Menschen kam. Nach zwei Monaten wurde er, als Biologe, gebeten, auch Kurse für Schulkinder abzuhalten. Ehe er sich's versah, hatte er zugesagt, doch als er sein Vorbereitungsmaterial für den ersten Kurs zusammenstellte, bemerkte er, dass sich die Aufgabe wie ein Berg vor ihm auftürmte. Es gelang ihm nicht, seine Unterlagen in eine geordnete Form zu bringen.

12.6 Aufmerksam im Hier und Jetzt leben

Im Hier und Jetzt leben, die Aufmerksamkeit auf die Dinge richten, mit denen man gerade beschäftigt ist, und nicht über das nachgrübeln, was noch kommt, ist eine Kunst, die, wenn Sie sie beherrschen, unmittelbar Ruhe im Körper erzeugt. Sie legen Ihren Überbereitschafts-Zustand einen Moment lang ab und versetzen sich in eine wahrnehmende Seinsverfassung, die sich ausschließlich mit dem Jetzt befasst: Was erfahre ich jetzt gerade, in meinem Körper, in der Welt, in meinen Gedanken? Sie verbinden sich dann auf andere Weise und intensiver mit Ihrem Körper, Ihrer Umgebung und dem, was Sie in diesem Moment gerade tun.

Das Wissen um den Lebenskräfteorganismus und die Lebensenergie ist seit Tausenden von Jahren in den östlichen Traditionen und Heilverfahren lebendig. Die Pflege der eigenen Lebenskräfte ist in Kulturen, in denen der Buddhismus eine prägende Rolle spielt, eine Selbstverständlichkeit. In deren Sprachen existieren vielerlei Wörter für die Lebensenergie, Vokabeln, die in den westlichen Sprachen vergeblich zu suchen sind.

Seit einigen Jahrzehnten schwappen Schulungs- und Meditationsformen zur Pflege der inneren Ruhe und Gelassenheit aus dem Osten zu uns herüber. In den letzten zwanzig Jahren wurden diese alten Techniken, die das Ziel haben, stärker im Jetzt zu leben, zunehmend verwestlicht und in die traditionelle Heilkunde integriert.[74] So entstanden in letzter Zeit immer mehr Gruppentrainingsverfahren in Achtsamkeit (mindfulness), eine Aufmerksamkeitsschulung, die auf östlichen Meditations- und Yogatechniken beruht, allerdings in ein westliches, nachvollziehbares Modell überführt wurde.[75]

274   Die Lebenskräfte nähren, begrenzen und schützen

▬ **Beispiel 95**

Erich, der Geschichtslehrer, nimmt zwei Monate lang einmal in
der Woche an einem Kurs in Achtsamkeit teil und meditiert nach
Absprache jeden Tag nach dem Aufstehen eine halbe Stunde. Außerdem macht er Yoga-Übungen und schult sein Bewusstsein für
die kleinen Dinge des Lebens. Der Kurs ist sehr systematisch aufgebaut. Es wird dort überhaupt nicht über Probleme gesprochen,
sondern den Teilnehmern werden Techniken vermittelt, durch die
sie lernen, anders mit ihren Gedanken und Gefühlen umzugehen.
Erich findet es interessant, anderen Betroffenen zu begegnen und
dabei zu erleben, dass auch sie ihre Schwierigkeiten damit haben,
vermeintlich einfache Aufgaben auszuführen und sie vor allem
durchzuhalten.

▬

12.7   Gesunde innere Bilder

Während eines Burnouts sind Sie überempfindlich gegenüber Eindrücken, die von außen kommen. Vor allem am Anfang ist es darum sinnvoll, Eindrücke zu selektieren. Die Einschränkung der Informationen,
die durch die Medien auf Sie einstürmen, ist ein erster Schritt dazu. Via
Fernsehen, Radio und Zeitung kommt Tag für Tag das gesamte Weltgeschehen und vor allem auch das Elend der Welt zu Ihnen ins Wohnzim-
mer. Dabei handelt es sich um Bilder, die keine aufbauende Kraft haben
und innere Unruhe erzeugen; hinzu kommt, dass Sie selbst wenig zur
Lösung der auf diese Weise vermittelten Probleme beitragen können.

Menschen, die in ein Burnout geraten sind, beschäftigen sich am
Anfang häufig geradezu obsessiv mit allen Frustrationen im Umkreis
ihres Berufes und ihres Arbeitsplatzes. Ihr Gedankenleben wird stumpf
und grüblerisch. Das ständige Herumdenken führt zu keiner Lösung,
es erschöpft Sie nur. Indem Sie aber Fantasie und positive, bewegliche
Bilder in sich aufkommen lassen, wird es möglich, das Gedankenleben wieder in Bewegung zu bringen und zu kräftigen. Gesunde, heilende Bilder in Märchen, Geschichten, Gedichten und Kinderbüchern
wirken gesundend auf den Lebensleib. Am Anfang kann es sein, dass

Therapien zur Stärkung der Lebenskräfte **275**

es Ihnen aufgrund mangelnder Konzentration noch sehr schwerfällt, ein Buch durchzulesen. Gerade dann kann es hilfreich sein, ein bestimmtes Bild herauszugreifen und dieses zu vertiefen. Schöne, bildhaft erzählte Kinderbücher sprechen nicht den Intellekt, sondern die Fantasie an und ernähren das »innere Kind« (siehe auch den Abschnitt »Innere Nahrung« durch Bilder aus Märchen und Geschichten, Kapitel 18.8, Seite 364). Auch Naturwahrnehmungen und künstlerische Tätigkeiten wie zum Beispiel Zeichnen und Malen bereichern das innere Leben und stärken die Lebenskräfte. Wenn diese sich einigermaßen regeneriert haben, können Sie auch anfangen, meditative Übungen zu betreiben.

12.8 Therapien zur Stärkung der Lebenskräfte

Medikamente und Substanzen, die die Lebenskräfte stärken

Schulmedizinische Medikamente werden häufig eingesetzt, um die Symptome eines Burnouts zu bekämpfen, insbesondere Schlafmittel, Tranquilizer und Antidepressiva. Letztere bewirken, dass die Cortisolrezeptoren im Hippocampus zunehmen und die HHN-Achse besser funktioniert. (Auch Gesprächstherapien, Meditation, Yoga und andere Therapien können übrigens nachweislich positiv auf die Cortisolwerte und die HHN-Achse wirken.) Unter dem Gesichtspunkt der Regeneration der Lebenskräfte muss gefragt werden, ob es vernünftig ist, diese Mittel in einem frühen Stadium zu verwenden, weil sie im Allgemeinen zu einer weiteren Erschöpfung und »Verhärtung« des Lebenskräfteorganismus führen. Außerdem rufen sie häufig unangenehme Nebenwirkungen hervor, und es erfordert manchmal große Anstrengungen, sie wieder abzusetzen. Wenn ein Burnout als eine sinnvolle Lebenskrise betrachtet wird, können diese Mittel mit ihrer verflachenden Wirkung den Prozess der Selbsterkenntnis und inneren Bereicherung empfindlich konterkarieren.

Naturheilmittel, wie zum Beispiel anthroposophische oder homöopathische Präparate, sowie Kräuter können eine gesündere Hilfe bei der Unterstützung der Lebensprozesse darstellen.[76] Bei chronischem Stress

276 Die Lebenskräfte nähren, begrenzen und schützen

werden sowohl die Verdauung wie auch der körperliche Aufbau beeinträchtigt, und so kann es auch dann zu Mangelerscheinungen kommen, wenn wir gut essen. Es kann dann sinnvoll sein, vorübergehend Nahrungsergänzungspräparate einzunehmen, um diesen Mangel auszugleichen. Der Genuss von fettem Fisch und/oder Fischöl kann die Stabilität der Gemütsstimmung und die Widerstandsfähigkeit verbessern. Dieser Effekt beruht darauf, dass Omega-3-Fettsäuren die Wirkung mancher Neurotransmitter günstig beeinflussen.[77] Wenn ein Mangel vorliegt, dauert es einige Monate, bis eine Besserung eintritt. Es gibt auch Nahrungsergänzungspräparate, die bestimmte Körperfunktionen unterstützen, wie zum Beispiel den Zuckerhaushalt oder die Widerstandskraft. Es ist wichtig, in diesen Dingen auf sachverständige Hilfe zurückzugreifen und nicht auf eigene Faust eine ganze Palette von Ergänzungspräparaten zu sich zu nehmen.

Äußere Anwendungen

Äußere Anwendungen sind eine gute Hilfe zur Anregung der Lebenskräfte. Es handelt sich dabei um Therapien, die am Körper angewandt werden, wie zum Beispiel Einreibungen, Massagen oder Bäder. Häufig werden dabei vitalisierende ätherische Öle verwendet.[78] Es gibt vielerlei Formen entspannender und aktivierender Massagen, die dem Ziel der Wiederherstellung des Körpergleichgewichts dienen, so zum Beispiel die (anthroposophische) »rhythmische Massage nach Ita Wegman« mit ihrer besonderen Berücksichtigung der inneren Organe, und die Shiatsu-Massage, die sich auf die Energiepunkte bezieht. Es gibt auch Bäder-Therapien, wie zum Beispiel das sogenannte Nährbad oder Ölbäder, die entspannend und stärkend wirken (siehe Teil IV, Seite 366 ff.). Auch die Akupunktur gehört zu den äußeren Anwendungen. Mit all diesen unterschiedlichen Techniken wird – durch Stimulation von Energiepunkten, Energiebahnen oder Organen – die blockierte Lebenskraft in Bewegung gebracht und der Körper revitalisiert.

Kunsttherapie

Jegliche Kunst und vor allem die aktive künstlerische Betätigung baut den Lebensleib auf. Kunsttherapie wird auf unterschiedliche Weise ausgeübt. Die Grunddisziplinen sind:

- bildende Kunst (Malen, Zeichnen, Plastizieren und andere bildende Kunstdisziplinen)
- Bewegung (Eurythmie, Tanz, Drama, Tai Chi)
- Stimme und Musik (Sprache, Gesang, Instrumente).

Jede Grunddisziplin kennt unterschiedliche Formen mit unterschiedlichen Anwendungsweisen. Darum benutzen viele Therapeuten mehrere Techniken parallel. Bei der Kunsttherapie können zwei Zugänge gewählt werden: impressiv und expressiv.

Beim impressiven Ansatz wird die Kunst wie ein Heilmittel angewendet, zumeist unter Leitung eines Kunsttherapeuten. Der Therapeut wählt für die Anwendung der impressiven Therapie jeweils auf Ihre persönliche Situation zugeschnittene Techniken, Materialien oder Bewegungsformen aus und vermittelt Ihnen durch deutliche Aufträge, was Sie tun sollen. Er bittet Sie, mit einer bestimmten Farbe oder einem bestimmten Rhythmus zu arbeiten, oder führt mit Ihnen spezielle Bewegungsübungen durch mit dem Ziel, bestimmte, spezifische Bereiche und Funktionen des Lebenskräfteorganismus (Lebensleibs) zu stärken. So wirkt beispielsweise das wahrnehmungsintensive Zeichnen eines einfachen Objekts gut bei Nervosität, und das dynamische Zeichnen fördert die innere Beweglichkeit.[79]

Es gibt Eurythmieübungen, die dazu beitragen können, den Lebenskräfteorganismus besser zu begrenzen und ihn stabiler zu machen. Auch durch Stimm- und Bewegungsübungen können Sie an Ihrer Vitalität arbeiten. Weil der Lebenskräfteorganismus eng mit dem physischen Körper verbunden ist, wirken Sie durch diese Techniken heilend bis in die Körperprozesse hinein (beispielsweise Immunität, Blutdruck, Muskeltonus).

Die Lebenskräfte nähren, begrenzen und schützen

▬ Beispiel 96

Lara, die Erzieherin, fühlt sich erschöpft. Sie möchte gerne künstlerisch arbeiten, um neue Kraft zu schöpfen, und geht ein halbes Jahr lang jede Woche zur Maltherapie. Zu Hause übt sie täglich das Wahrnehmen und Zeichnen einer Pflanze. In der Malstunde macht sie Übungen im sogenannten Nass-in-nass-Malen, einer Aquarelltechnik mit pflanzlichen Farben. Die Therapeutin leitet Lara während der ersten Zeit recht genau an, was sie tun muss, und gibt ihr bestimmte Farben vor, mit denen sie arbeiten soll. Lara empfindet das als angenehm, weil sie gerade so wenig Energie hat. Ihre Kreativität ist völlig verschüttet. Mit Unterstützung der Therapeutin schafft sie zu ihrer eigenen Überraschung wunderbare Bilder mit Motiven aus der Natur und den Jahreszeiten. Das Malen tut ihr gut. Lara beschäftigt sich innerlich immer weniger mit der Schule und lernt, den jeweiligen Moment zu genießen. Es fällt ihr auf, dass sie jetzt in der Natur viel mehr Farben wahrnimmt und stärker mit den Jahreszeiten mitlebt. Lange Zeit ist die Malstunde für sie der Höhepunkt der Woche.

Die expressive Kunsttherapie geht von der Seele aus: Sie bringen durch Bilder oder Bewegung Ihr Inneres zum Ausdruck. Auf diese Weise können Sie sich auch ohne Worte äußern. Dieser Ansatz regt die Kreativität an und ist mit der Arbeitsweise eines Künstlers verwandt. Bei dieser Therapieform ist es wichtig, sich nicht nur künstlerisch zu äußern, sondern danach auch auf den Prozess zurückzublicken und ihn bewusst zu machen und zu formulieren (die expressive Kunsttherapie wird auch in Kapitel 13.5 näher charakterisiert, siehe Seite 292 f.).

Natürlich lassen sich impressive und expressive Formen nicht völlig voneinander trennen: Auch bei einem Auftrag mit exakten Vorgaben wird in die Ausführung etwas von Ihrer eigenen Expressivität einfließen, und auch bei dem expressiven Ansatz haben Technik, Farbe und Material Auswirkungen auf Ihre Lebenskräfte.

Intermezzo

Aus einem Interview von Arianne Collee mit Josephine Levelt

»Bilder sprechen die Sprache des Inneren.«

Josephine Levelt ist Psychotherapeutin und Kunsttherapeutin. Sie arbeitet seit vielen Jahren mit Menschen, die in ein Burnout geraten sind, durch Gespräche und Kunst.

»Kunst hat eine besonders heilende Wirkung. Bilder sprechen nämlich unmittelbar die Sprache des Inneren und berühren zugleich eine sehr tiefe Schicht in uns. Dies gilt natürlich auch für Menschen mit Burnout. Charakteristisch für Klienten mit Burnout ist, dass sie aus dem Gleichgewicht geraten sind: Sie wissen nicht mehr, was sie wollen, können nicht mehr richtig nachdenken, werden von Gefühlen überflutet oder fühlen gar nichts mehr. Ich versuche mit ihnen das Gleichgewicht von Denken, Fühlen und Wollen wiederherzustellen. Der künstlerische Zugang bietet vielerlei Möglichkeiten. Wenn ein Mensch beispielsweise von Gefühlen überflutet wird, lasse ich ihn plastizieren, weil dies Halt bietet und ihn dazu herausfordert, einer Sache selbst Form zu verleihen. Auch Wahrnehmungsübungen wie zum Beispiel das Nachzeichnen eines Löffels oder einer Streichholzschachtel können helfen, sich wieder auf gesunde Weise mit der Welt zu verbinden. Wenn man in einem Burnout steckt, ist die Beziehung zu der Welt, die einen umgibt, häufig gestört: Man nimmt zu viele Impulse auf; es ist schwierig, zu selektieren und sich zu konzentrieren. Das aufmerksame Betrachten und wahrheitsgetreue Wiedergeben eines einfachen Gegenstandes führt zu einem besseren inneren – entspannten – Fokus und damit zu einem ausgewogeneren Verhältnis zur Außenwelt. Probieren Sie es selbst einmal aus und zeichnen Sie Ihre eigenen Schuhe. Sie werden nach der Übung bemerken, dass Sie Ihre Umgebung anders wahrnehmen. Durch das aufmerksame

Betrachten und wahrheitsgetreue Wiedergeben lernen Sie die Dinge neu zu sehen und gelangen so zu einer neuen, realistischeren Beziehung zur Außenwelt.

Häufig beginne ich die erste Stunde einer Sitzung – diese dauern zwei Stunden – mit künstlerischem Tun. Viele Menschen finden das auch angenehm, weil sie dann weniger denken müssen. Wenn Sie sich – sei es malend, plastizierend oder zeichnend – durch Ihre Hände ausdrücken, gelingt es Ihnen leichter, all das, was sich in Ihrem Kopf abspielt, links liegen zu lassen. Außerdem wird Ihr Erleben, Ihr Herz, also die Bereiche, in denen Sie eine ›eigene Farbe‹ haben, über die Kunst viel leichter angesprochen als durch Gespräche.

Während einer Burnout-Therapieeinheit, die drei bis fünf Monate in Anspruch nimmt, findet ein gründlicher Prozess des ›Reinemachens‹ statt. Denn häufig sind Burnout-Beschwerden die Folge früherer unverarbeiteter Ereignisse wie zum Beispiel eine Ehescheidung, der zu frühe Tod der Mutter oder grundsätzliche finanzielle Probleme. Unverarbeitete Angelegenheiten kosten viel Energie, sie blockieren den Fluss und die Entwicklung in Ihrem Leben. Klienten räumen gemeinsam mit mir ›ihren Schrank‹ auf; zuerst müssen alle alten Dinge betrachtet und ihrer Wichtigkeit entsprechend geordnet werden, dann entsteht Raum für das Neue, für neue Schritte und eine neue Zukunft. Diesen Prozess kenne ich aus eigener Erfahrung. Ich wurde im sogenannten Hungerwinter 1944/45 geboren, und dank einiger ›Krisen‹ konnte ich die Angst und den Schrecken, die ich seit meiner frühen Kindheit in mir trug, verarbeiten. Ich habe verstehen gelernt, woher meine eigene Schwere stammte. Heute stehe ich viel leichter im Leben.

Menschen mit Burnout tragen häufig eine gewisse Schwere mit sich herum. Ich helfe ihnen, diese Schwere anzugehen und zu verwandeln. Das Betrachten des Chaos in Zeiten der Krise gehört durchaus zum schöpferischen Prozess und führt letztendlich zu größerem innerem Reichtum und Freiheit. Wer eine solche Wegstrecke gut bewältigt, wird am Ende positiver, kreativer und wieder mehr er selbst sein.

Dieser Aufräumprozess kommt in Gang, indem beim künstlerischen Arbeiten und bei den Gesprächen die Lebensgeschichte des Betreffenden inklusive aller Themenbereiche, die darin eine wesentliche Rolle spielen, Revue passiert. Dazu darf auch gehören, dass man zu Hause auf der Couch sitzt und über sich nachdenkt. Auch gebe ich weitere Hausaufgaben mit, wie zum Beispiel einen Museumsbesuch mit dem Auftrag, sich eine Abbildung des jeweils schönsten und hässlichsten Gemäldes mitzunehmen. So erkunden Menschen ihre Innenwelt, ihre Gedanken, Gefühle und Impulse in einer unbefangenen, neuen Weise.

Jede Einheit ist maßgeschneidert, doch es wird auch an einer Reihe fester Themen gearbeitet. Die erste Sitzung ist immer der materiellen Umgebung gewidmet: Wie gehen Sie mit Besitz um? Wie oft sind Sie umgezogen? Wie erlebten Sie diese Umzüge? Woran hängen Sie und woran nicht? Über diese Fragen wird dann zu Hause weiter nachgedacht.

Ein anderes Thema ist die Art und Weise, wie ein Mensch mit Zeit und Rhythmus umgeht. Das ist ein sehr aktuelles Thema, denn wir alle sind sehr aktiv und nach außen orientiert, dadurch gönnen wir uns zu wenig Raum, um all die Eindrücke, die durch unseren Körper, unsere Seele und unseren Geist aufgenommen wurden, zu verarbeiten. Ich bringe Menschen bei, wie sie sich einen ›Atemraum‹ schaffen können. Ich rege sie beispielsweise an, Spaziergänge in der Natur zu machen, ein Skizzenbuch mitzunehmen und dort eine Blume oder bestimmte Blattformen zu zeichnen. Während einer solchen Übung wird deutlich, dass man nur dann gut wahrnehmen kann, wenn man sich die Zeit nimmt, bei allem, was man sieht, zu verweilen.

Auch das Thema des Sich-Verbindens wird in jeder Einheit behandelt: Wie knüpfen Sie Verbindungen, und wie gehen Sie damit um? Wir versuchen gemeinsam dahinterzukommen, welches Verhalten wirklich zu einem Menschen gehört. Welche Haltung, welche Verhaltensweisen werden als stimmig erlebt? Menschen mit mangelnder Wertschätzung für sich selbst haben häufig die Neigung, anderen viel zu stark entgegenzukommen. Dadurch kennt sie niemand wirklich, sie werden in gewisser Weise ›negiert‹, und es entsteht ein Teufelskreis. Daran kann der Betreffende arbeiten, indem er sich Schritt für Schritt seine Gedanken, Gefühle und Impulse bewusst macht. Wenn sich herausstellt, dass eine große Kluft besteht zwischen dem, wie er sich fühlt, und dem, was er tut, gebe ich ihm eine Übung, die ihm hilft, die Mitte zwischen Extremen zu finden: Ich bitte ihn darum, auf einem Blatt zu malen, was er fühlt, und auf dem anderen, wie er handelt. Dadurch wird der Unterschied zwischen Fühlen und Handeln im wahrsten Sinne ›greifbar‹. Danach bitte ich den Betreffenden, ein leeres Blatt zwischen die beiden anderen zu legen und darauf die Verbindung zwischen beiden zu malen. Das Gespräch über die Art und Weise, wie beim Malprozess die Verbindung zwischen beiden Seiten zustande kommt, kann regelrecht die Augen öffnen. Manchmal bemerkt der Betreffende erst dann, dass er nicht aus sich selbst heraus reagiert, sondern dass er das tut, was seiner Meinung nach ein anderer von ihm will, weil er glaubt, dass dieser ihn dann ›nett‹ findet.

Die Kombination aus künstlerischem Tun, Gesprächen und Aufträgen, die zu Hause erledigt werden können, wirkt überraschend gut. Allmählich entwickelt der beziehungsweise die Betreffende mehr Selbsterkenntnis und eine stärkere Verbindung mit derjenigen Persönlichkeit, die er oder sie eigentlich ist. Es findet eine Neuordnung der Innenwelt statt. Vor allem die künstlerischen Aufträge helfen den Menschen, ihren eigenen Prozess aktiv in die Hand zu nehmen, möglicherweise weil sie sich, ohne dabei Worte verwenden zu müssen, darin wiedererkennen und wiederfinden. Während meiner Ausbildung zur Kunsttherapeutin habe ich gelernt, von der Psychologie zur Sprache der Bilder zu wechseln und umgekehrt. Außerdem habe ich gelernt, die Sprache der Bilder zu verstehen. Man kann unter anderem an der Art und Weise, wie jemand mit Farben umgeht, sehr viel ablesen, und auch die Komposition oder der Grad der Ausarbeitung ist vielsagend. Was ich zum Beispiel häufig sehe, ist eine scharfe Zweiteilung zwischen Unten und Oben, wobei oben relativ viel geschieht: Wolken, Sonne usw. Häufig deutet das auf einen ›sehr beschäftigten Kopf‹ hin. Wenn ich jemanden bitte, eine Landschaft zu malen, tun manche das, indem sie von einem Zentrum ausgehen. Das sind Menschen, die dazu neigen, sich selbst als Mittelpunkt der Welt zu betrachten. So zeigt sich die Psychologie in der Bildsprache. Auch Menschen, die überhaupt keine künstlerische Vorbildung mitbringen, haben durchaus einen ganz eigenen Stil. Dieser Stil erzählt alles darüber, wer sie sind und wie sie in der Welt stehen. Dieses Wiedererkennen ist für die Klienten häufig ein Wunder. Ein heilsames Wunder ...«

13 Die Seele: Eine gesunde Balance finden

Bei einem Burnout und bereits in der Zeit davor sind Gefühle, Gedanken und Willensimpulse aus dem Gleichgewicht geraten und stehen nicht mehr unter der Regie des Ichs. Das Selbstbild hat einen gehörigen Dämpfer erfahren, und häufig haben sich auch viel Wut und Gram über die berufliche Situation angestaut. All diese Faktoren hindern den Aufbau der Lebenskräfte; darum ist es gut, der Frage nachzugehen, welche Faktoren unser seelisches Wohlbefinden fördern oder stören.

Bei der Frage, welche Faktoren unser seelisches Wohlbefinden fördern und welche es stören, kann Folgendes eine Rolle spielen:

- die verborgene Bedeutung unserer Arbeit,
- wie wir mit Stress umgehen lernen können,
- wie wir Negativität überwinden beziehungsweise Positivität üben können:
  - in den eigenen Gedanken,
  - in Bezug auf die Umgebung,
- wie wir im Gespräch mit unseren inneren Selbsten auf unsere inneren Stimmen hören können.

13.1 Die verborgene Bedeutung unserer Arbeit

Nicht mehr arbeiten zu können bedeutet einen großen Verlust. Es ruft Kummer und Wut hervor, und es müssen Raum für die Verarbeitung und Unterstützung vorhanden sein. Wenn Sie jahrelang verbissen versucht haben, mit dem Kopf über Wasser zu bleiben, und immer mehr aus Pflicht und Verantwortungsgefühl für Ihre Aufgaben gelebt haben, ist es eine schwierige Übung, wieder Freude und Befriedigung am Leben selbst und an Dingen, die keinen unmittelbaren produktiven Nutzen haben, er-

284 Die Seele: Eine gesunde Balance finden

fahren zu lernen. Aber die Bedeutung der Arbeit für die Erfüllung des Lebens hat bei Menschen mit einem Burnout häufig einen übermäßigen Wichtigkeitsgrad eingenommen, und ein Leben ohne Arbeit, und sei es auch nur vorübergehend, können sie sich nicht vorstellen. Unser Arbeitsplatz oder unsere Firma hat darum, ganz abgesehen von ihrer Bedeutung als Arbeitsstätte, noch eine andere, verborgene und existenziellere Bedeutung erhalten: Eine erfolgreiche Karriere besagt, dass man erwünscht ist. Wenn man am Arbeitsplatz wahrgenommen und geschätzt wird, verleiht einem dies das Gefühl, dass man letztendlich doch »gut« ist; eine Anstellung als Lehrer beweist, dass man nicht dumm ist; der Kampf mit dem Chef oder die Fähigkeit, Spannungen zu ertragen, bedeuten, dass man sich (wenigstens diesmal) nicht kleinkriegen lässt ...

Durch die Krisensituation brechen sich häufig unverarbeiteter Ärger und Kummer von früher Bahn, der Zugang zu gewissen bis dahin verdeckten Teilen der Seele liegt plötzlich offen zutage. Abgesehen davon, dass dies ein schmerzhafter Prozess ist, macht er es auch keineswegs leichter, diese zumeist verborgenen Bedeutungen der Arbeit auf eine bewusste Erfahrungsebene zu heben. Durch das Besprechen und Verarbeiten von Leid und Frustrationen in der heutigen Situation und deren Verknüpfung mit Lebenserfahrungen einer weiter zurückliegenden Zeit wächst aber ein Bewusstsein dafür, wie frühere Situationen und Muster aus Ihrer Arbeit, aus Beziehungen und aus Ihrer Kindheit im heutigen Leben weiter wirksam sind. Sie gelangen dann allmählich zu einer klareren Sicht auf bestimmte Muster, die Sie unfrei machen, beispielsweise bei der Arbeitsmoral: Sie können nie Nein sagen, Sie fühlen sich für alles verantwortlich, Sie haben die Neigung, in die Rolle des Opfers zu schlüpfen, Sie wollen sich nur ungern Dinge aus der Hand nehmen lassen usw. Dadurch kann die Einsicht in Ihre eigene Rolle bei der in Ihrem Arbeitsbereich entstandenen Situation wachsen, und Sie können eingerostete und unfrei machende Muster durchbrechen.

Beispiel 97

Klaus kann allmählich immer klarer erkennen, dass er sich noch immer in einer Auseinandersetzung mit seinem Vater befindet. Als er den Schmerz über den Mangel an Intimität und Bestätigung

Mit Stress umgehen lernen **285**

in der Beziehung zu seinem Vater sowie über dessen frühen Tod wirklich fühlen darf, wird es möglich, eine neue, positivere innere Beziehung zu seinem Vater aufzubauen. Danach braucht er nicht mehr ständig zu beweisen, dass er kein »Weichei« ist. Dadurch verbessert sich übrigens auch die Beziehung zu dem Sohn seiner Partnerin.

Siehe auch die Übung »Aufspüren alter Muster im Jetzt« in Kapitel 19.8, Seite 388 ff.

13.2 Mit Stress umgehen lernen

Für Menschen mit Burnout oder in einer früheren Phase des Burnout-Prozesses kann es hilfreich sein, sich besonders damit zu beschäftigen, wie man mit Stress umgehen lernen kann. Dies gelingt bereits ein ganzes Stück besser, wenn Sie es schaffen, bewusster mit Ihren Lebenskräften umzugehen. Doch auch in unserer Psyche lassen sich viele Quellen von Stress finden: Man stellt zu hohe Anforderungen an sich oder degradiert sich durch ständige Selbstkritik, man stellt sich gewohnheitsmäßig infrage hinsichtlich des eigenen Aussehens oder der eigenen Leistungen, man traut sich aus Angst vor Zurückweisung nicht Nein zu sagen, oder man hat Angst, Fehler zu machen – dies sind nur einige Beispiele für die vielen Möglichkeiten, die uns erschöpfen können. So kann es beispielsweise notwendig sein zu lernen, Bemerkungen und bestimmte Situationen nicht immer gleich persönlich zu nehmen, sondern sie auch als etwas zu betrachten, was mit dem anderen zu tun hat. Dabei ist es wichtig, sich selbst realistischer und vor allem milder zu beurteilen und sich zu bemühen, Fehler nicht sofort als Katastrophe zu empfinden. Wenn Sie erkennen, dass das Eingehen von Risiken – und damit auch die Gefahr, Fehler zu machen – einfach zum Leben dazugehört und dass Sie ohne Fehler niemals wirklich vorankommen können, hilft Ihnen das, weniger angespannt mit sich umzugehen. Fehler sind da, um aus ihnen zu lernen, und nicht, um erbarmungslos mit sich selbst ins Gericht zu gehen. Auch kann es wichtig sein, dass Sie in Ihren Äußerungen selbstsicherer

286 Die Seele: Eine gesunde Balance finden

werden. Das bedeutet, abhängig von der jeweiligen Situation, eindeutig Ja oder Nein zu sagen und deutlich auszusprechen, was Sie wollen (oder nicht wollen), statt sich um eine Antwort herumzudrücken. Siehe auch die Übung »Fehler machen dürfen« in Kapitel 19.3, Seite 372 ff.[80]

▬ Beispiel 98

Bei Philipp kam die Firma immer an erster Stelle, er sagte niemals Nein und bemerkte nicht, dass er sich damit überforderte. Andererseits betrachtete er es als »Genörgel«, wenn seine Frau sich wieder einmal beklagte, dass er so wenig zu Hause war. Er begibt sich in eine kognitive Verhaltenstherapie, wo er sich viel besser wahrnehmen lernt. Er beginnt, Zusammenhänge zwischen seinen Gedanken, seinen Gefühlen und seinem Verhalten zu entdecken und übt sich darin, noch stärker auf seine eigenen Grenzen zu achten und sich weniger schuldig zu fühlen, wenn er einmal Nein sagt. Auch die Kommunikation mit seiner Frau wird offener, wodurch sie weniger zu »nörgeln« braucht und er frei von der Leber weg aussprechen kann, wo bei ihm der Schuh drückt.

▬ Beispiel 99

Meike ist ihren Aufgaben im Kinderhort nicht gewachsen, weil sie sich niemals traut, sich zu verteidigen, und sofort durcheinander ist, wenn jemand sie kritisiert. Sie besucht einen Kurs zur Stärkung des Selbstvertrauens und lernt dort, wie sie besser mit sich in Einklang bleibt, auch dann, wenn jemand sie kritisiert oder seinen Ärger an ihr auslässt. Sie beginnt zu erkennen, dass der Ärger der Eltern häufig viel eher mit deren persönlicher Situation und Ohnmacht zusammenhängt als mit ihr selbst und ihrer Arbeit. Sie übt sich darin, nicht sofort Ja zu sagen, wenn Menschen sie um etwas bitten, sondern sich gegebenenfalls etwas Bedenkzeit auszubedingen, bis sie, der jeweiligen Situation entsprechend, einen deutliches Ja oder Nein spürt und dies dann auch aussprechen kann.

13.3 Negativität überwinden

Chronische Sorgen, düstere, negative und wütende Gedanken und ständiges Grübeln höhlen die Lebenskräfte aus. Wir sahen, wie Menschen wie Klaus, Tom und Lisbeth von Groll gegenüber Kollegen, Vorgesetzten und der gesamten Betriebsorganisation ergriffen wurden. Darüber zu reden hat Sinn, wenn es im Dienste des Ordnens und Verarbeitens von Gefühlen und der Neufindung der eigenen Position im Ganzen dient. Aber das ständige Kreisen um dieselben Probleme und das Schmieden fruchtloser Rachepläne schadet letztendlich nur Ihnen selbst. Darum kann es gut sein, die Übung des »Gedankenstopps« (siehe Seite 374 ff.) durchzuführen, sobald Sie wieder zu grübeln beginnen. Das bedeutet, Sie beenden bewusst die unablässige Gedankenmühle und schaffen sich feste Zeiten, in denen Sie nicht an Ihre Arbeit und die Dinge, die mit ihr zusammenhängen, denken wollen, andererseits aber auch Zeiten, in denen Sie sich dies bewusst zugestehen. Dies ist eine Methode, um die Selbstkontrolle wiederzugewinnen und Spannung abzubauen. Dabei kann es hilfreich sein, ein Heft anzulegen, in dem Sie Ihre Gedanken aufschreiben, ein Heft, das Sie zu gegebener Zeit auch wieder zuklappen und zur Seite legen können. Wenn Sie gewohnheitsmäßig insbesondere nachts häufig grübeln, kann es hilfreich sein, diesen Moment bewusst auf den Tag zu verschieben und sich abends stattdessen Zeit für eine schöne Geschichte oder glückliche Erinnerungen zu nehmen.

Beispiel 100

Tom bemerkte, wie viel Energie es ihn kostete und wie wenig es ihm eigentlich nützte, wenn er ständig machtlos und voller Wut auf seine Schule, seine Kollegen und vor allem den Rektor herumlief. Seine Therapeutin half ihm, indem sie Verständnis zeigte und Tom die Gelegenheit gab, seine Frustration und Wut zu äußern; doch sie half ihm auch dabei, eine Verbindung zu seinem Kummer und Schmerz herzustellen: Tom, der viele Jahre als hochmotivierter Lehrer hervorragende Arbeit geleistet hatte, musste mit ansehen, wie seine Ideen und seine Arbeitsweise immer weniger mit dem

288 Die Seele: Eine gesunde Balance finden

Kurs seiner Schule und den Vorgaben der Schulbehörde übereinstimmten. Für ihn war es hilfreich, täglich eine Stunde lang seine Ideen und Vorstellungen in ein Heft zu schreiben und auf der anderen Seite des Heftes zu notieren, in welchem Verhältnis diese Vorstellungen zur derzeitigen Schulpolitik standen. Den Rest des Tages übte er, dem ständigen Drang, an die Schule zu denken, Einhalt zu gebieten, indem er sich sagte, dass er gleich Zeit dafür frei machen würde, jetzt aber zunächst an angenehmere Dinge denken wollte. Zu seiner eigenen Überraschung gelang es ihm innerhalb einer Woche, viel weniger als sonst an seine Schule zu denken. Außerdem waren seine Gedanken jetzt, da er seine eigenen Vorstellungen zu Papier bringen konnte, weniger einseitig negativ.

Positivität üben

Viele Menschen, vor allem wenn sie in gedrückter Stimmung sind, finden es schwierig, positive Gedanken über sich selbst, ihre täglichen Erfahrungen und die Dinge ihrer Umgebung aufkommen zu lassen. Wenn man wie im Beispiel von Johanna (siehe Beispiel 35, Seite 93 f.) ständig die mehr oder weniger direkt ausgesprochene Kritik von Kollegen ertragen muss, dämpft dies das Selbstvertrauen empfindlich. Wenn man wie Susanne (siehe Beispiel 36, Seite 97 f.) lange Zeit in der Position des Sündenbocks verharrt, erzeugt dies große Unsicherheiten, was die eigene Leistungsfähigkeit betrifft. In solchen Situationen kann es hilfreich sein, sich bewusst darin zu üben, wieder positiver auf sich selbst und die eigene Lebenssituation zu blicken. Das kann beispielsweise geschehen, indem Sie jeden Abend etwas aufschreiben, womit Sie an diesem Tag wirklich zufrieden waren, oder Ihre positiven Eigenschaften benennen und prüfen, wie und wann Sie sie einsetzen. Manchmal kann es auch eine Hilfe sein, Ihren Partner beziehungsweise Ihre Partnerin dabei einzubeziehen. Ferner können Sie sich darin üben, Ihren Blick auf die Außenwelt bewusst neutral oder aber positiver zu gestalten, zum Beispiel, indem Sie eine bestimmte Tageszeit wählen, in welcher Sie alle Kritik, die Sie spüren, auf sich beruhen lassen und sich bewusst entscheiden, in allen Situationen ein positives Element zu sehen oder zu suchen. Das klingt am Anfang etwas gewollt, aber Sie werden bald bemerken, dass dies möglich ist und dass eine unmittelbar entspannende Wirkung davon ausgeht.

Siehe auch die Übung »Positivität« in Kapitel 20.2, Seite 393 ff.).

13.4 Im Gespräch mit den eigenen Selbsten: Auf die inneren Stimmen hören

Wenn Sie Ihr Inneres als eine Vielfalt unterschiedlicher Selbste betrachten (siehe Seite 146 ff.), über die das Ich Regie führen muss, wird es interessant, einmal hinzuhören, was Ihnen die unterschiedlichen Teilpersönlichkeiten zu erzählen haben. Durch Zeichen-, Schreib- und Plastizierübungen, insbesondere aber mithilfe eines Menschen, der entsprechend ausgebildet ist, können Sie lernen, diesen Selbsten eine Stimme zu geben und sie sich aussprechen zu lassen.

Die meisten Menschen lernen relativ problemlos, auf ihre inneren Selbste zu horchen. Es funktioniert überraschend einfach und schnell. Indem Sie sich auf einen bestimmten Seelenteil konzentrieren und diesen sich völlig »aussprechen« lassen, können Sie Zusammenhänge entdecken, die Ihnen bisher nicht klar gewesen sind. Die Kunst besteht darin, so zuzuhören, dass Sie möglichst nicht über das urteilen, was die inneren Stimmen Ihnen zu sagen haben, und sie nicht dazu verdonnern, anders zu sein, als sie sind. Denn das tun wir im normalen Leben bereits häufig genug, vor allem mit unseren verstoßenen Selbsten. Die meisten Persönlichkeitsteile sind irgendwann in unserem Leben entstanden, um uns zu helfen oder uns zu schützen, und wenn wir dahinterkommen, worin ihre Aufgabe besteht, können wir neue Entscheidungen treffen. Vielleicht ist ja dieser Schutz gar nicht mehr notwendig und es geht inzwischen auch auf weniger verkrampfte Weise; oder vielleicht wollen Sie auch anderen Teilen, die bis jetzt eher im Verborgenen lebten, mehr Raum zugestehen. Ich möchte dazu auf einige Übungen in Teil IV, Kapitel 19 verweisen (siehe Seite 376 ff.).

Beispiel 101

Jutta wird von jemandem gecoacht, der selbst früher pädagogisch tätig war und jetzt mit dem sogenannten Voice Dialogue arbeitet. Sie macht Bekanntschaft mit ihren unterschiedlichen Selbsten. Diesen Ansatz empfindet sie als eine reizvolle Art, Menschen und deren innere Entwicklung zu betrachten. Nach anderthalb Jahren kehrt sie an ihre Schule zurück, jedoch mit weniger Stunden und in einer anderen Funktion. Sie unterrichtet jetzt an drei Tagen Kinder, die eine besondere Betreuung brauchen. Außerdem beschließt sie, parallel dazu eine Ausbildung in der Voice-Dialogue-Methode zu absolvieren. Nach einigen Jahren entscheidet sie sich, die Schule zu verlassen. Sie gründet eine eigene Coachingpraxis für Menschen in pädagogischen Berufen, die schon bald hervorragend läuft.

13.5 Therapien, die sich an die Seele wenden: Psychotherapie und expressive Kunsttherapie

Psychotherapie

Wenn es gelingt, sich in einer sicheren Umgebung, unterstützt von einem Therapeuten, an das eigene Innere zu wenden und zu formulieren, was man erlebt, ist es möglich, sich selbst zu reflektieren. Sie können sich dann Ihre Muster im Denken, Fühlen und Handeln bewusst machen und von den latenten Gefühlen und Entscheidungen erfahren. So können Sie andere Entscheidungen treffen und neue Seinsformen ausprobieren.

In der ersten Phase der Therapie stehen vor allem die Unterstützung und die Schaffung von Ruhe und Überblick im Vordergrund, später geht es darum, Emotionen erfahren und äußern zu können. Auch als erwachsener Mensch können Sie durchaus noch an alten Mustern, Ängsten oder unverarbeitetem Schmerz »kleben«: Die »Rückstände«, die mit der Verarbeitung biografischer Erfahrungen zusammenhängen, müs-

Therapien, die sich an die Seele wenden **291**

sen in die Hand genommen werden. Sich ausweinen zu können und Zusammenhänge zwischen Ihrer Gegenwart und Ihrer Geschichte zu entdecken schafft Raum für etwas Neues. Dies kann sowohl mit Ihrer Kindheit wie auch mit Erfahrungen in Ihrem Leben als Erwachsener in Verbindung stehen. Eine Burnout-Phase lädt dazu ein, diese Dinge genauer zu betrachten und Selbsterforschung zu betreiben. So können Sie auch jetzt noch alten Schmerz verarbeiten und Ballast zu etwas verwandeln, das fruchtbar wird für die Zukunft.

Es gibt viele Formen von Psychotherapie, die nach unterschiedlichen Traditionen arbeiten; sie sind sowohl auf Individuen wie auch auf Paare, Familien und Gruppen ausgerichtet.

Beispiel 102

Roxane begibt sich in eine individuelle Psychosynthese-Therapie. Sie erhält hier zum ersten Mal die Gelegenheit, den alten Schmerz über den Tod ihrer kleinen Schwester und ihre unerreichbaren Eltern bewusst zu spüren und zu verarbeiten. Nach der Trauer um das, was war, stellt sie eine neue Bilanz auf. Ein Jahr nach Beginn ihres Burnouts beschließt sie, etwas zu tun, worauf sie wirklich Lust hat – etwas, das ganz und gar zu ihr gehört.

Beispiel 103

Es gelingt Susanne nicht so recht, sich von den Mobbing-Erfahrungen in der Redaktion zu lösen. Sie unterzieht sich einer traumabearbeitenden EMDR-Therapie, um ihre Erinnerungen besser verarbeiten zu können. Nach sechs Sitzungen ist sie in der Lage, der für sie so traumatischen Zeit in der Redaktion einen Ort zuzuweisen. Sie reagiert nicht mehr allergisch und kopflos auf kleine Sticheleien von Freunden, und sie kann jetzt an die für sie so unangenehme Zeit zurückdenken, ohne Herzklopfen zu bekommen oder Wut zu empfinden.

Beispiel 104

Lisbeth ging in eine Gruppentherapie: »Es war für mich eine enorme Hilfe, mit den anderen Gruppenmitgliedern Erfahrungen aus-

292 Die Seele: Eine gesunde Balance finden

zutauschen, gemeinsam zu weinen und auch viel miteinander zu lachen. Ich habe auch viel dabei gelernt, zum Beispiel was meine eigenen Normen und Werte sind, und dass ich sie, wenn ich das will, ändern kann. Durch das Feedback der anderen sah ich, wo ich bei meiner Chefin meine Grenzen überschritten hatte und in welchen Situationen ich immer wieder zu weit gegangen war. Ich lernte die dahinter liegenden Muster erkennen und fand mithilfe meiner Gruppenkameraden den Mut, häufiger auch mal Nein zu sagen. Durch gemeinsame Entspannungs- und Meditationsübungen habe ich gelernt, besser auf die Signale meines Körpers zu hören. Und außerdem habe ich dabei ein paar gute Freundinnen gewonnen.«

Expressive Kunsttherapie

Außer durch Gespräche, die auf Verarbeitung und Selbsterkenntnis abzielen, kann das Erleben therapeutisch durch expressive Kunsttherapie (Malen, Plastizieren, Bewegung und Musik, siehe Seite 277 f.) unterstützt werden. Bei diesen expressiven künstlerischen Therapieformen stellen Sie eine Verbindung zu Ihrem Inneren her, das Sie dadurch zum Ausdruck bringen. Sie wählen – stärker als bei der impressiven Kunsttherapie – jeweils Ihr eigenes Material, Form, Farben oder Gebärden. Ganz wesentlich ist es, danach den Prozess zu beschreiben und die Erfahrung mit jemandem, sei es der Therapeut oder ein Gruppenmitglied, zu teilen. Bei der impressiven Therapie ist dies weniger wichtig.

Es gibt die unterschiedlichsten expressiv künstlerisch-therapeutischen Übungen. So kann beispielsweise aktives Weltinteresse geübt werden als Gegengewicht zu dem Gefühl, den Eindrücken, Aufgaben und Verpflichtungen ausgeliefert zu sein, die Ihnen von außen aufgezwängt werden. Die Erforschung innerer Prozesse und Erfahrungen geht auf diesem nonverbalen Weg viel tiefer und ist viel direkter. Durch Kunsttherapie kann dies in einer bedrohungsfreien, bildhaften Weise stattfinden. Stärker als wenn Sie über die Dinge reden geht es hier darum, unmittelbar Situationen und Gefühle zu erfahren. Geschichten,

Gedichte und Liedertexte können als Unterstützung der Therapie eingesetzt werden. Es arbeitet sich besonders gut in einer Gruppe, wo Erfahrungen miteinander geteilt und besprochen werden können.

▬ Beispiel 105

Roxane macht parallel zu ihrer Psychosynthese auch eine Kunsttherapie. Der Therapeut arbeitet mit unterschiedlichen Techniken,
doch immer geht es darum herauszufinden, wie Roxane die Dinge
erfährt und was sie dabei fühlt. Zum ersten Mal seit langer Zeit
bringt sie durch Farbe und Ton ihre Gefühle wieder zum Ausdruck,
außerdem beginnt sie wieder zu schreiben. Mit dem Therapeuten
spricht sie über das, was sie beschäftigt, und daraus resultieren
wiederum neue Aufträge. Eine innere Quelle der Kreativität beginnt wieder in ihr zu fließen. Sie erkennt, dass sie ihr ganzes Leben nur gearbeitet hat, um »alles am Laufen zu halten«. Nach dem
Tod ihrer Schwester, als die Situation zu Hause immer schwieriger
wurde, setzte sie sich dafür ein, den Laden ihrer Eltern weiterzu-
führen. Träumen, Geschichten ausdenken und Zeichnen waren
nach dem Tod ihrer Schwester tabu. Ihre knapp bemessene Freizeit
verbrachte sie mit ihren Hausaufgaben, denn die waren nach der
Meinung ihrer Eltern das Wichtigste. Sie musste das Leben ernst
nehmen. Auch in der Lebens- und Wohngemeinschaft war Roxane
immer damit beschäftigt, für andere zu sorgen. Heute wird ihr klar,
dass es mindestens zehn Jahre her ist, dass sie zum letzten Mal etwas gezeichnet hat, während es früher für sie so lebensnotwendig
war wie das Atmen. Sie immatrikuliert sich an der Kunsthochschu-
le, wo sie den Unterricht und ihre alte/neue Kreativität mit vollen
Zügen genießt.

Intermezzo

Aus einem Interview von Arianne Collee mit Leo Beth

»Mein eigenes Burnout war für mich eine der wichtigsten
Erfahrungen in meinem Leben.«

Leo Beth ist Arzt und Biografieberater. Seiner Ansicht nach ist ein Burnout eine einzigartige Möglichkeit – eine zweite Chance –, um den eigenen Kurs wiederzufinden. Leo Beth arbeitet gerne mit Klienten, die ein
Burnout erlitten haben.

»Menschen, die ins Burnout geraten, sind grundsätzlich starke Menschen. Du kannst nur ein Burnout erleiden, wenn du jemand bist, der
sich verbrennt. Ich mag Typen, die mit Leidenschaft leben. Die an der
Wirklichkeit etwas ändern wollen, die etwas zum Guten wenden wollen.
Menschen, die ihre ›Legende‹ leben wollen und sich mit allen Kräften
dafür verausgaben. Dieser Heroismus spricht mich an. Manchmal gehört dazu ein Bruch in der Karriere. Und so unvernünftig das zunächst
auch klingen mag: Die Leidenschaft ist wichtiger.

Das Phänomen Burnout kenne ich selbst durch und durch. Vor fast
zwanzig Jahren wurde ich auf dem Fahrrad angefahren. Ich saß auf der
Straße und fühlte mich plötzlich völlig erschöpft. Ich landete mit einem
Knall auf dem Boden der Tatsachen: ›Was mache ich eigentlich gerade?‹ Mein Hausarzt kam zu dem Schluss, dass ich – so nannte man
das damals – ›überarbeitet‹ war. Nach einer kurzen Ruhephase begann
es mir zu dämmern, was wirklich los war. Ich hatte zusehen müssen,
wie zwei meiner Berufe sich in Rauch aufgelöst hatten, aber durch das
Burnout wurde mein eigenliches Ideal, mein tiefster Impuls sichtbar.
Mir wurde bewusst, was ich in meinen früheren Berufen eigentlich
immer gewollt hatte, nämlich Menschen einen Weg weisen, durch welchen sie Aktivitäten entfalten können, mit denen sie der Welt ihr Bestes
geben können.

Intermezzo **295**

Gut ein Jahr nach meinem Sturz vom Fahrrad arbeitete ich selber mit Menschen mit Burnout. Es war eine Variante dessen, was ich früher als Hausarzt in Amsterdam hatte tun wollen – mir ging es nicht nur um die Bekämpfung von Symptomen durch Medikamente, wenn sie mit der x-ten Mittelohrentzündung zu mir kamen, sondern ich wollte gemeinsam mit meinen Patienten eine Antwort suchen auf die Frage, ob ihr Kranksein in diesem Moment möglicherweise ein Signal dafür war, dass sie in ihrem Leben nicht mehr auf dem richtigen Kurs waren.

Ich beginne jede Einheit damit, dass ich mir zusammen mit dem Klienten einen Überblick über das Hier und Jetzt verschaffe. Zuerst müssen die Schwachstellen im Deich abgedichtet werden. Wenn jemand beispielsweise total im Stress ist wegen eines Besuches beim Betriebsarzt, gehe ich natürlich darauf ein. Hinterher blicken wir gemeinsam darauf zurück, und zwar aus einem ganz bestimmten Grund: Entscheidend bei Menschen mit Burnout ist das sogenannte ›Stocken des Willens‹ – sie wollen eigentlich zunächst einmal gar nichts mehr. Die einzige Art und Weise, eine neue Verbindung zum Willen herzustellen, besteht darin, auf die Vergangenheit zurückzublicken. Denn die Zukunft ist noch in Nebel gehüllt; wenn wir aber die Tatsachen des Lebens, das hinter uns liegt, betrachten, werden wir als Mensch sichtbar, und zwar mit all unseren Werten, die uns leiten, und allem, woran wir glauben. Die Tatsachen liegen offen zutage.

Die Frage, *wie* wir auf diese Tatsachen blicken, spielt dabei eine entscheidende Rolle. Sehen wir uns selbst als Opfer, als Akteur in unserer Geschichte, oder sind wir Koautor? Um unser Leben wieder selbst in die Hand nehmen zu können, ist es notwendig, uns als schöpferischer und nicht nur als leidender Mensch zu betrachten. Um dies zu erreichen, gehe ich gemeinsam mit meinen Klienten der Frage nach, wo die Vergangenheit unverwechselbar ihre persönliche Handschrift trägt. Danach betrachten wir, auf welche Weise und durch welche Maßnahmen wir dieser Handschrift aufs Neue Gestalt verleihen können.

Hier ein Beispiel: Ich hatte einige Sitzungen mit einem Pädagogen. Er war ins Burnout geraten, nachdem die Schulleitung sich nicht hinter ihn gestellt hatte, als er zu Unrecht beschuldigt wurde, sich einigen Schülern gegenüber zu aufdringlich verhalten zu haben. Dieser Mensch hatte sich immer sehr um das Wohl und Wehe seiner Schüler gekümmert. Aber seine Art wohlgemeinter Nähe wurde an seiner Arbeitsstelle nicht mehr geschätzt. Aufgrund dieser Vorgänge begann er stark an sich zu zweifeln. Im Rückblick auf seine Vergangenheit sahen wir, dass es ihm eigentlich immer darum gegangen war, anderen Nähe zu geben, und zwar in einer absolut integeren Form. Durch diesen Rückblick konnte er sich von Neuem mit dem verbinden, der er eigentlich ist: ein ›Mensch der Nähe‹. Darin besteht seine persönliche Handschrift. Von hier aus gelangten wir zu der Frage, wo er mit seinen besonderen Qualitäten zu seinem Recht käme. Wo wäre sein ›Produkt‹ erwünscht? Tatsächlich hat er dann diesen Ort gefunden.

Früher fanden Menschen ihre Sinngebung im Glauben, heute ist das anders. Vielen Menschen bietet der Glaube keine Orientierung mehr, also müssen sie ihren Ankerpunkt aus ihrem eigenen Lebenslauf, aus ihrer eigenen Mythe beziehen. Es ist meine Überzeugung, dass für uns alle ein Auftrag, ein Drehbuch existiert. Und diese Legende, den Grund, warum wir hier sind, entdecken wir am Leben selbst.

Wenn alles normal verläuft, macht jeder etwa in der Lebensmitte im beruflichen Bereich einen – um es im Jargon der Personalentwicklung auszudrücken – Umschlag vom ›outside in‹ zum ›inside out‹ durch. Am Anfang des Berufslebens ist es so, dass man sich nach dem richtet, was von einem erwartet wird. Doch ab einem bestimmten Moment ist es notwendig, dass wir uns ›inside out‹ orientieren und uns die Frage stellen, wer wir sind und wie wir uns optimal zum Ausdruck bringen können. Wer diesen Umschlag nicht selber einleitet, dem kann ein Burnout dabei helfen. Wenn wir auf der Autobahn eine Ausfahrt verpasst haben, bekommen wir etwas später eine weitere Chance. Menschen, die bereits die ›inside out‹-Orientierung umgesetzt haben, erleiden nie ein Burnout.

Charakteristisch für ein Burnout ist ferner, dass Menschen stark an ihren eigenen Kompetenzen zu zweifeln beginnen. Darum führe ich bei allen meinen Klienten eine Fähigkeitsanalyse durch. Die Menschen sollen dadurch eine bessere Sicht auf ihre Talente gewinnen und auf das, was sie für bestimmte Funktionen attraktiv macht, sodass sie sich wieder sicher fühlen können.

Ich arbeite selten länger als ein halbes Jahr mit einem Klienten. In den ersten drei Monaten geht es um eine Bestandsaufnahme des Vergangenen und darum, die tiefsten Impulse des Betreffenden zu formulieren. Weil diese während des ganzen Lebenslaufes sichtbar sind, entscheiden sich Klienten regelmäßig dafür, dieselbe Arbeit wie bisher zu machen, sie jetzt aber auf andere Weise zu gestalten. Mit Klienten, die eine andere berufliche Tätigkeit suchen, gehe ich der Zukunft entgegen. In diesem Abschnitt der gemeinsamen Arbeit tun wir das buchstäblich, indem wir wandern. Wir blicken zusammen in die Ferne und machen uns bewusst, welchen Hindernissen wir unterwegs begegnen. Es genügt nämlich nicht, nur Ideale zu haben, um sein Ziel zu erreichen. Man braucht auch Realitätssinn dafür. Es geht darum, dass der Betreffende beim Umsetzen seiner tiefsten Impulse lernt, die eigenen Möglichkeiten und Beschränkungen zu berücksichtigen.

In meiner Coachingpraxis habe ich häufig mit Menschen zu tun, die nicht verstehen können, dass ihre Ideale nicht von allen geteilt werden. So habe ich einmal mit einem Reisebusfahrer gearbeitet. Er hatte eine Lawine losgetreten, indem er darauf hinwies, dass sein Busunternehmen mit nicht mehr ganz verkehrssicheren Fahrzeugen arbeitete. Nun mobbten ihn seine Kollegen. Er erhielt immer die schlechtesten Dienstpläne und die schlechtesten Fahrzeuge. Irgendwann geriet er ins Burnout. Es wurde ihm vorgeworfen, dass er schmutzige Wäsche wusch und damit die Arbeitsplätze seiner Kollegen gefährdete. Der Betreffende verstand überhaupt nicht, dass er der Einzige war, dem es wichtig war, zuverlässige Fahrzeuge zu fahren statt solche mit abgefahrenen Bremsen usw. Als wir gemeinsam auf sein Leben zurückblickten, entdeckte er, dass Rechtschaffenheit und Verantwortungsbewusstsein immer wichtige Werte für ihn gewesen waren, hier kannte er keinen Spaß. Er war schon in der Schule immer derjenige gewesen, der aus der Klasse geschickt wurde, weil er seine Mitschüler verteidigte. Beim Rückblick sah er, dass sein großes Verantwortungsgefühl eigentlich einen Mehrwert für ihn darstellte. So wird er auch in Zukunft jederzeit auf den Missstand hinweisen, wenn ein Busunternehmen mit abgefahrenen Bremsen fährt, doch beim nächsten Mal wird er die Sache geschickter angehen, das heißt einen geeigneteren Zeitpunkt wählen und zuvor eine bessere Basis dafür schaffen. Er ist jetzt auf Stellensuche und erwähnt in seinem Bewerbungsschreiben, dass Integrität und Offenheit wichtige Werte für ihn darstellen. Darauf erhält er ausschließlich positive Reaktionen; es gibt also auch Firmen, die solchen Grundsätzen ebenfalls einen hohen Wert beimessen.

Unsere Ideale sind für uns oft so selbstverständlich, dass wir uns gar nicht vorstellen können, dass andere Menschen sie nicht ebenfalls haben. So kommt es, dass häufig das Letzte, was ein Fisch kennenlernt, das Wasser ist. Menschen mit einem Burnout fühlen sich wie ein Fisch auf dem Trockenen. Nun erhalten sie die Chance, dahinterzukommen, in welchem Element sie gerne schwimmen. Und dann können sie sich eine Umgebung suchen, wo es Wasser gibt ...

Ich erlebe kaum, dass einer meiner Klienten rückfällig wird. Wo ein Wille ist, ist ein Weg. Wenn Menschen ihre Inspiration wieder ergriffen haben, werden sie sie häufig in die Praxis umsetzen. Es ist eine wunderbare Erfahrung, dies zu erleben!«

14   Das Ich: Auf der Suche nach neuer Motivation

Eigentlich sind Sie in der Erholungsphase nach einem Burnout fortwährend dabei zu üben, das Gleichgewicht zwischen Ihnen und der Welt wiederzufinden. Sie beginnen, bewusster auf all die unterschiedlichen Seelenstimmen zu hören, und Sie üben sich darin, Ihre Lebenskräfte aufzubauen, statt sie zu erschöpfen. Es geht darum, sich selbst und das eigene Leben wieder »in den Griff« zu bekommen. Sie versuchen stärker, die Balance zwischen Verbinden und Loslassen zu halten, zwischen Autonomie und dem Dasein als Teil einer sozialen Gemeinschaft, zwischen den eingegangenen Verpflichtungen und der Entscheidung für die eigenen Belange.

Balance zu halten zwischen unterschiedlichen Impulsen, Gefühlen und Ideen, zwischen den eigenen Interessen und denen der anderen ist eine Angelegenheit des Ichs. Es verlangt einen gewissen Abstand zu sich selbst und den eigenen Seelenregungen. Selbstreflexion ist eine typisch menschliche Eigenschaft, kein einziges Tier besitzt sie. Letztendlich ist es dieses bewusste Ich, das abwägen und Entscheidungen treffen kann. Sie können die Übungen und die Möglichkeiten, die in den letzten beiden Kapiteln geschildert wurden, niemals durchführen, ohne Ihr Ich einzuschalten; und es ist unser Ich, das uns fähig macht, uns weiterzuentwickeln, in welcher Lebensphase wir uns auch befinden mögen.

14.1   Gleichgewicht üben

Die Spannung zwischen unseren eigenen Fähigkeiten, Wünschen und Sehnsüchten und den Anforderungen, die unsere Umgebung, unsere Familie, unsere Arbeit und die Kultur an uns stellen, führt, wie wir sahen, häufig zu einem ungesunden Spagat. Die Kunst zu üben, darin das eigene Maß zu finden – selbst dann, wenn es noch so vieles gibt, was nötig, nützlich, interessant und schön ist –, ist eine wichtige Quel-

300   Das Ich: Auf der Suche nach neuer Motivation

le unserer Lebenskraft. Es gibt viele Wege, wie Sie ein solches Gleichgewicht üben können. Sie können beispielsweise in die kleinen alltäglichen Situationen Entscheidungsmomente einbauen, in denen Sie kurz Abstand nehmen und sich fragen: »Will ich das wirklich?« oder »Muss es wirklich auf diese Weise sein?« Auch ein abendlicher Rückblick auf den Tag, verbunden mit einer Frage (nicht mit einem Urteil!), stärkt die Fähigkeit zur Reflexion und bringt uns weiter in der Kunst des Kurshaltens. Wenn Sie bewusst Dinge anfangen, aber auch zu einer selbst vereinbarten Zeit wieder damit aufhören, stärkt dies das Ich und drängt die Abhängigkeit von Internet, Fernsehen, Telefonieren oder Kreuzworträtsellösen zurück. Im 20. Kapitel können Sie verschiedene Übungen zu diesem Thema finden (siehe Seite 392 ff.).

14.2 Tun Sie, was Sie wollen, und wollen Sie, was Sie tun

Das Erlebnis der Befriedigung durch die tägliche Arbeit bildet eine wichtige Säule eines gesunden Arbeitslebens. Das funktioniert nur, wenn Sie voll hinter dem stehen können, was Sie tun, und es selbst wollen, kurz, wenn Sie wirklich zu Ihrer Arbeit und Ihren Aufgaben motiviert sind. Dies ist natürlich nicht ständig bei jeder Aufgabe oder Tätigkeit möglich, aber es geht darum, dass Sie sich im Großen und Ganzen mit Ihren Aufgaben verbinden und sich beteiligt fühlen, sei es nun zu Hause oder am Arbeitsplatz. Gelingt einem das, so ist es auch möglich, bei unangenehmen, aber unvermeidbaren Aufgaben zu wollen, was man tun muss, auch wenn das, was zu erledigen ist, nicht zum Schönsten gehört, was man sich vorstellen kann.

Motiviert werden wir alle zum Teil von außen (Geld, Bestätigung, Erfolg), doch hier geht es nun um die intrinsische (Selbst-)Motivation (siehe Seite 195 f.). Ohne diese intrinsische Motivation wird jede Arbeit zur Routine, an der sich nur wenig Freude erleben lässt. Mit Eigenmotivation können Sie auch unangenehme Aufgaben erledigen, ohne sich dabei aufzureiben. Zu viel und vor allem unfreie und zu fanatisch ausgelebte Motivation wie zum Beispiel bei Menschen mit einem starken »inneren Terrier« lässt dagegen das Pendel in die andere Richtung ausschlagen und erschöpft die Lebenskräfte.

Von der Machtlosigkeit zur Autonomie **301**

Vor einem Burnout ist es häufig so, dass Sie alles nur noch tun, weil Sie es tun *müssen:* Alles ist zur Pflicht geworden, Sie haben zu nichts mehr wirklich Lust. Das, was Sie trotzdem noch wollen, gelingt nicht mehr so, wie Sie es sich vorgestellt haben, und am Ende wollen Sie überhaupt nichts mehr. Häufig ist eine Situation entstanden, die von einem konstanten und zerstörerischen inneren Widerstand gegen alles, was Sie tun müssen, geprägt ist. Sie führen einen permanenten inneren Dialog, in welchem Sie sich ständig sagen, dass Sie etwas nicht wollen und nicht können, oder Sie schimpfen in Gedanken wütend auf Ihre Kollegen oder Familienmitglieder ein. Das kostet enorm viel Energie, die eigentlich vergeudet ist. Sie bauen gewissermaßen ein Hindernis auf, gegen das Sie dann ständig anrennen. Dies zu stoppen ist etwas, was man lernen kann. Jedes Mal, wenn Sie bemerken, dass der Strom destruktiver und negativer Gedanken wieder in Gang kommt, können Sie Ihren Blick nach außen wenden und Ihre Aufmerksamkeit auf etwas Positives richten. Sie können versuchen, sich froh zu fühlen über die Amsel, die so schön singt, oder das farbige Herbstblatt, das vor Ihnen herabsegelt, oder über Ihren Kollegen, der Ihnen einfach so eine Tasse Kaffee bringt ...

Siehe auch die Übungen »Gedankenstopp« in Kapitel 19.4 (Seite 374 ff.) und »Positivität« in Kapitel 20.2 (Seite 393 ff.).

14.3 Von der Machtlosigkeit zur Autonomie

Das Gefühl, keinen Einfluss mehr auf Ihre eigene Situation zu haben, und die Unmöglichkeit, Ihre Arbeit so auszuführen, wie Sie selbst es wollen, münden in erster Linie in ein Gefühl der Sinnlosigkeit und der Machtlosigkeit. Eine Burnout-Phase kann eine Herausforderung darstellen, mehr innere Autonomie zu entwickeln und dadurch weniger abhängig von der Situation und dem Beifall Ihrer Umgebung zu werden. Häufig bedeutet dies, dass Sie sich für einen anderen Arbeitsplatz entscheiden müssen, wo Sie stärker in Übereinstimmung mit Ihren eigenen Idealen und Möglichkeiten arbeiten können. Manchmal ist das nicht möglich, dann wird es sich darum handeln, Veränderungen an Ihrer bisherigen Arbeit vorzunehmen. Auch dann ist es unumgänglich,

302 Das Ich: Auf der Suche nach neuer Motivation

dass Sie eine gewisse innere Autonomie gegenüber Ihrer Umgebung entwickeln und damit Ihren eigenen Zielen dienen. Das bedeutet, dass Sie sich eigene Ziele setzen und ab und zu mit sich selbst eine Bestandsaufnahme durchführen müssen.

Ein extremes Beispiel dafür berichtet Nelson Mandela in seiner Autobiografie:[81] Nach einigen Jahren in Gefangenschaft muss er auf Robben Island zusammen mit anderen Gefangenen als Strafmaßnahme im Steinbruch arbeiten, wo das Leben fast unerträglich hart ist. Dennoch genießt es die Gruppe der Kameraden, dass sie nun täglich einen Spaziergang durch die Natur machen können, statt den ganzen Tag eingesperrt zu verbringen. Es gelingt ihnen, ihre Gefühle über die Situation von dem Zwang der Umgebung abzukoppeln, die nur eine Devise kennt: Wir tun dies, um euch zusätzlich zu erniedrigen und zu strafen. Es gelingt ihnen, sich auf das Positive, das die Situation bietet, auszurichten und sich nicht zu stark auf die negativen Dinge, die im Übermaß vorhanden sind, zu fokussieren.

Mit diesem Bestreben, autonome Entscheidungen zu treffen, üben Sie das Gegenteil der Opferposition. Wenn Sie selbst bestimmen, wie Sie sich fühlen, und sich nicht total von der Umgebung und den Erwartungen anderer »leben lassen«, löst sich das Gefühl der Machtlosigkeit und Sinnlosigkeit auf. Sie beginnen, sich aktiv in die Situation hineinzustellen, nicht nur mit dem, was Sie tun, sondern vor allem auch damit, wie Sie es tun. Sie verbinden sich aktiv mit Ihrer eigenen Lebenssituation, wie sie auch sein mag (siehe hierzu auch die Übungen »Positivität«, Seite 393 ff., »Meditation«, Seite 396 ff., und »Leben im Jetzt«, Seite 404 f.).

▬ Beispiel 106

Leonie hat keine Freude mehr an ihrer Arbeit, seit ihr Mann so krank ist: Sie macht sich ständig Sorgen. Sie besucht einen Meditationskurs und übt sich darin, immer stärker im Jetzt zu bleiben. Außerdem achtet sie bewusst auf die positiven Dinge, die sich ereignen. Wenn sie dies tut, bildet ihre Arbeit sogar eine Ablenkung und hilft ihr, die Situation zu Hause zu bewältigen.

Von der Machtlosigkeit zur Autonomie **303**

Wenn Sie autonom sein wollen, ist es eine Voraussetzung, dass Sie eine eigene Identität erleben, dass Sie Sie selbst sein können. Dies ist längst nicht für jeden eine Selbstverständlichkeit. Wie wir bereits sahen, sind wir stark von Erfahrungen der Vergangenheit geprägt; manchmal sind die Erwartungen anderer, aber auch alte Muster und Ideen so sehr mit uns selbst verwoben, dass wir anfangen, sie als unsere Identität zu betrachten. Eigentlich aber haben wir uns dann nur sehr mit bestimmten Teilpersönlichkeiten identifiziert. Ein Burnout kann die große Chance sein, eine neue Orientierung bei Fragen wie diesen zu gewinnen: Wer bin ich und was kann ich? Was will ich entwickeln? – Eine Burnout-Phase kann auf diese Weise durchaus eine Hilfe sein, sich verstärkt selbst zu finden, die eigene Identität sehen zu lernen und sie zu entwickeln.

▬▬ Beispiel 107

Tom, der engagierte Lehrer, ist ein Kriegskind und wurde nach dem gefallenen Zwillingsbruder seiner Mutter genannt. Er bemerkt, dass sein ganzes Leben eigentlich stets im Zeichen des Wiedergutmachens eines Verlustes gestanden hat. Tom begreift, welch unmögliche Aufgabe das eigentlich war, und beginnt sich selbst und seine Ideale auf andere Weise zu sehen. Sein Ideal, Kindern eine schöne Jugend zu ermöglichen und vermittelnd und beruhigend mit Eltern umzugehen, hat er viel zu verkrampft umgesetzt, wodurch dann gerade eine Spannung in der Klasse entstand, die niemand als angenehm erlebte. Die Wut auf seinen Rektor und die ganze Welt hängt möglicherweise mit all der Machtlosigkeit in seiner Kindheit zusammen. Er bemerkt, dass er noch immer damit beschäftigt ist, seine längst verstorbene Mutter zu beruhigen: »Es geht mir gut, Mutter, mach dir keine Sorgen!« Doch unterdessen stellt er viel zu spät fest, dass es ihm überhaupt nicht gut geht. Tom entdeckt, dass er endlich sein eigenes Leben führen möchte. Er macht zusammen mit anderen Kriegskindern eine Familienaufstellung, wodurch er in guter Weise von seiner Rolle als »Wiedergutmacher« und Friedensstifter Abschied nehmen kann. Zu seinem Erstaunen kommt er dahinter, dass der Onkel, dessen Namen er trägt, nur 34 Jahre alt wurde, also bei seinem Tod 21 Jahre jünger war, als Tom

304   Das Ich: Auf der Suche nach neuer Motivation

jetzt ist. Dann nimmt er respektvoll Abschied von seinem Onkel Tom, seinem Namensgenossen. Auch wenn Tom bereits 55 ist, er fühlt plötzlich doch ganz stark, dass es noch nicht zu spät ist.[82]

14.4 Die Kunst, im Lebenslauf das Steuer zu übernehmen

Je mehr Bewusstsein wir für uns selbst entwickeln, umso bewusster können wir uns Ziele setzen und autonom werden in Bezug auf die Stimmen und Gewohnheiten unserer Vergangenheit und die Erwartungen unserer Umgebung. Dies ist eigentlich eine Kunst, die wir unser ganzes Leben lang üben können: sich nicht vom Leben überschwemmen zu lassen und auch nicht krampfhaft an alten Sicherheiten, Identitäten und Beziehungen festzuhalten. Ja zu sagen zu dem, was uns das Leben bringt, und gleichzeitig immer in Entwicklung zu bleiben und sich zu wandeln, Themen aufzugreifen und auch wieder loszulassen. Wir können dadurch immer mehr das Steuer in unserem Lebenslauf übernehmen, uns Ziele setzen und wieder korrigieren und uns bewusst in eine lebenslange, anhaltende Entwicklung hineinstellen. Dazu gehört auch, besser mit Enttäuschungen und Widerständen umgehen zu lernen.

Der Umgang mit Enttäuschungen

Enttäuschungen können aus realen Schwächen von mir selbst oder bei Kollegen hervorgehen, es können aber auch Projektionen sein. Wenn ich beispielsweise einen Kollegen (Freund oder Partner) stark idealisiere und ihm Eigenschaften andichte, die nicht auf der Realität beruhen, kommt zwangsläufig irgendwann der Tag, an dem er diesem Bild nicht mehr gerecht werden kann und mich enttäuschen muss. Auch wenn ich so stark mit einem Ideal lebe, dass ich die »widerspenstige« Wirklichkeit aus den Augen verliere, führt dies früher oder später zur Enttäuschung.

Es ist die Aufgabe des Ichs, regelmäßig zu prüfen, wie die wirklichen Verhältnisse beschaffen sind: Stehen Geben und Nehmen noch miteinander im Gleichgewicht? Befinden sich die eigenen Fähigkeiten in einem realistischen Verhältnis zu den selbst gestellten Idealen und Zielen? Welche Wünsche und Ängste projiziere ich auf den anderen, wodurch dieser unfrei wird und ich enttäuscht werde? Wenn es gelingt, Ziele realistischer zu setzen, habe ich größere Chancen, sie auch zu erreichen. Wenn ich es schaffe, mir meine Erwartungen deutlich zu machen, sie auszusprechen und an der Wirklichkeit zu testen, laufe ich weniger Gefahr, enttäuscht zu werden. Wenn ich Projektionen erkennen kann, werden sie mir vor allem etwas über mich selbst erzählen. Reibereien mit anderen und Enttäuschungen sind dann nicht länger Energiefresser, sondern sie eröffnen mir die Möglichkeit, besser mit mir selbst und meinen Kollegen umzugehen. Und sollte es sich tatsächlich um eine Arbeitsumgebung handeln, die immer wieder Enttäuschungen bereithält, ist es das Beste, dort aufzuhören und eine andere Arbeit zu suchen.

Siehe auch die Übung »Reflexion – Bin ich noch auf Kurs?« in Kapitel 20.1 (Seite 392 f.).

Geistesgegenwart üben

Die Fähigkeit, den eigenen Lebenslauf zu steuern, hängt mit dem Bewusstsein zusammen. Wir können sie trainieren, indem wir uns regelmäßig Momente für eine Bestandsaufnahme frei machen und während des Tages immer wieder Geistesgegenwart üben. Leben im Jetzt, ruhiges Wahrnehmen der Situation, in der wir uns befinden, ohne uns zu hetzen oder unruhig oder ängstlich voraus- oder zurückzublicken – das sind Fähigkeiten, die in vielen Meditationspraktiken geübt werden. Es bedeutet, vollständige Wachheit im Jetzt zu pflegen, sich ruhig im eigenen Körper zu verankern und der gegebenen Situation ohne Vorurteile, Irritationen oder Ängste entgegenzutreten. Je besser wir dies lernen, umso ruhiger werden wir im Leben stehen und umso weniger werden wir gestresst sein.[83]

Entsprechende Übungen finden Sie in Kapitel 20, ab Seite 392.

14.5 Therapien, die sich an das Ich wenden: Von der Therapie zur inneren Entwicklung

Therapie bedeutet »Behandlung«. Man begibt sich meistens in Therapie wegen einer Krankheit, einer Störung oder etwas, was einen beschwert. So etwas tun wir, wenn etwas schiefgegangen ist, wenn wir Dinge ändern wollen, wenn wir uns in alten Mustern festgefahren haben und sie nicht alleine verändern können. Therapie hat also mit Wachstum zu tun, mit dem Wunsch, sich zu ändern, mit innerer Entwicklung. Immer mehr Menschen wollen nicht erst krank werden, keine pathologischen Entwicklungen zum Anlass für Veränderung nehmen. Sie wollen als gesunder Mensch in Entwicklung bleiben. Sie sehen inneres Wachstum als eine Voraussetzung für ein sinnvolles Leben an. Wenn wir einen Begleiter für einen solchen Prozess suchen, so muss dies nicht jemand sein, der sich mit dem beschäftigt, was krank oder gestört ist, sondern vielmehr mit dem, was gesund ist und gestärkt werden will. Wir vollziehen dann den Schritt vom Bekämpfen von Störungen hin zu einem bleibenden gesunden Im-Leben-Stehen und damit zur Vermeidung und Vorbeugung von Krankheiten wie Burnout. Dies bezeichnet man als »Salutogenese«.[84]

Das Wort Salutogenese setzt sich zusammen aus dem lateinischen Wort salus, »Gesundheit«, und dem griechischen Wort genesis, »Ursprung, Herkunft«. Salutogenese untersucht und stärkt also den Ursprung von Gesundheit. Das Wort Pathogenese dagegen bedeutet »Entstehung von Krankheit oder Leiden«. Es stand jahrhundertelang im Mittelpunkt der westlichen Heilkunde.[85] Beide Ansätze erstreben Gesundheit, doch der Unterschied zwischen Pathogenese und Salutogenese liegt in demjenigen, worauf wir unsere Aufmerksamkeit richten. Beim pathogenetischen Konzept ist Gesundheit als »Abwesenheit von Krankheit« definiert. Um gesund zu sein und zu bleiben, müssen wir darum (ständig) Krankheit bekämpfen. Bei der Salutogenese ist Gesundheit ein aktiver Zustand des Wohlbefindens und des Zurechtkommens mit sich und der Welt, der mehr ist als nur die Abwesenheit von Krankheit. Wir orientieren uns auf die Quellen von Gesundheit hin und versuchen diese zu stärken. »Entwicklung« und »Veränderung« sind dabei Kernbegriffe: Wir werden stärker durch Hindernisse, Krankheit,

Therapien, die sich an das Ich wenden 307

Frustration und Stress, weil wir immer besser mit uns selbst und der Welt, die uns umgibt, umzugehen lernen. Damit steht die Salutogenese für kontinuierliche innere Entwicklung. Therapien und Coachings, die sich an das Ich wenden, sind durchweg salutogenetischer Natur.

Biografische Gespräche und Sinn vermittelnde Therapien orientieren sich an dieser Ebene, wobei es sich darum handelt, gemeinsam mit dem Berater die eigene Biografie zu ergründen und sich von Neuem in der eigenen Lebensrichtung zu orientieren. Auch die Psychotherapie, die sich zunächst an die Seele wendet, wird in der letzten Phase oft bewusst an der Findung eines eigenen Kurses arbeiten. Dies ist auch wichtig, um ein neuerliches Burnout zu vermeiden.

Für Übungen zur Selbststeuerung, Sinngebung und geistigen Nahrung siehe Kapitel 20, Seite 392 ff.

15 Burnout als Herausforderung zur Wandlung

15.1 Wieder an die Arbeit gehen – mit allen Höhen und Tiefen

Burnout ist ein Prozess, bei dem es eine ganze Weile dauern kann, bis Sie wirklich nicht mehr weiterkönnen. Dasselbe gilt auch für die Genesung: Sie braucht Zeit. Es ist ein Prozess mit Höhen und Tiefen. Zunächst sind Sie zu fast nichts mehr in der Lage, und es bedeutet schon viel, wenn es Ihnen gelingt, wieder ein wenig zu schlafen, den Tag zu überstehen und sinnvolle und vor allem angenehme Dinge tun zu können. Durch verschiedene therapeutische Maßnahmen, genügend Abstand zur Arbeitssituation und Ruhe wird es Ihnen auf der Ebene der körperlichen Beschwerden, des Schlafrhythmus und der Vitalität nach den ersten Monaten meistens um einiges besser gehen. Die Lebensenergie kehrt wieder zurück. Sie fühlen sich nicht mehr nur todmüde, Sie bekommen wieder Lust, etwas zu unternehmen.

Wenn sie spüren, dass ihre Vitalität wieder ein wenig zunimmt, sind viele Menschen so froh, dass sie sofort wieder ihre Grenzen überstrapazieren. Sie tun viel zu viel, helfen sofort anderen oder lassen ihre Mittagsruhe ausfallen. Insbesondere dann, wenn der »Sklaventreiber« und die »fleißige Ameise« (siehe Seite 146 ff.) das Kommando führen, gehen sie zu früh wieder an die Arbeit. Darum ist die Erholungszeit nach einem Burnout meistens eine Phase, die auch Rückschläge kennt.

■■■ Beispiel 108

Juttas Erholungsphase ging mit starken Schwankungen einher. Auch noch nach einigen Monaten wechselten sich Tage, an denen es ihr viel besser ging, mit solchen ab, an denen sie sich wieder elend fühlte. Auch ihre Stimmungen konnten noch längere Zeit sehr unausgeglichen sein. Jutta bemerkte, dass sie, während sie früher eigentlich relativ robust war, jetzt außerordentlich stressanfällig blieb. Allein schon der Gedanke an die Arbeit, beispielsweise nach einem gut gemeinten Anruf eines Kollegen, genügte während der ersten Monate, um ihr gesamtes Stresssystem aus dem Gleichgewicht zu werfen und ihr schlaflose Nächte zu bereiten. Bei unvorhergesehenen und unwillkommenen Ereignissen, zum Beispiel wenn sich Ferienpläne zerschlugen oder wenn sie sich wegen ihrer pubertierenden Tochter frustriert fühlte, war sie sofort fix und fertig. Aber auch Dinge, die sich in der Welt ereigneten, wie die Gefahr einer kriegerischen Eskalation in fernen Ländern, eine Naturkatastrophe oder Meldungen über neue Sparpläne im Schulwesen, führten stärker als früher zu Angst und Wut und konnten einen Rückfall auslösen.

Berüchtigt ist die Spannung, die der Termin beim Kontrollarzt oder ein obligatorisches Gespräch mit dem Chef, ja selbst der gemütliche, aber auch mit der Arbeitssituation konfrontierende kurze Besuch von Kollegen hervorrufen kann. Solche Dinge lassen sich jedoch nicht vermeiden, und Sie tun besser daran, sie als »Übung, wie man bei sich bleiben kann«, zu betrachten und nicht sofort in Stress zu geraten, als den Versuch zu machen, sie zu umgehen oder durch den möglichen Rückfall (beziehungsweise die Angst vor ihm) wieder Wut und Anspannung aufzubauen.

Häufig wird behauptet, die Genesungschancen nach einem Burnout seien größer, wenn von Anfang an die Verbindung zum Arbeitsplatz nicht abreißt. Der Arbeitnehmer muss dann häufig für eine Tasse Kaffee in seiner Abteilung aufkreuzen, sich regelmäßig in seinem Team blicken lassen und sobald wieder ein wenig Energie vorhanden ist regelmäßig halbtags als »überzähliges Personal« mitarbeiten. Nach meiner Erfahrung funktioniert diese Strategie jedoch keineswegs befriedigend. Sie konfrontiert zu sehr mit den Problemen, verstärkt häufig den Widerwillen und schafft überdies Verwirrung bei den Kollegen, was wiederum neuen Stoff zum Grübeln mit sich bringt. Diese Strategie erzeugt häufig mehr Stress als Freude, denn man sollte während der ersten Zeit nach einem Burnout nichts anderes tun, als wieder Kraft zu sammeln. Frustrationen gibt es in dieser Phase ohnehin mehr als genug.

310   Burnout als Herausforderung zur Wandlung

Wenn jemand überarbeitet ist und kurz *vor* einem Burnout steht, kann diese Strategie des Kontakthaltens mit dem Arbeitsplatz und den Kollegen allerdings durchaus angebracht sein. Dann bedeutet sie eine Reduzierung des Arbeitsdrucks, ohne sofort in ein tiefes Loch zu fallen. Wenn gleichzeitig ein entsprechendes Coaching stattfindet, durch das die Betreffenden aktiv lernen, sich anders zu ihrer Arbeit zu stellen und besser mit ihren Grenzen umzugehen, kann dadurch tatsächlich ein Burnout vermieden werden.

Ich plädiere dafür, Menschen mit einem wirklichen Burnout ruhig die Zeit zu geben, die sie benötigen, um sich ganz wiederherzustellen. Meistens wird es notwendig sein, mindestens drei Monate bis zu einem halben Jahr überhaupt nicht zu arbeiten und auch nicht zu viel daran zu denken. Danach kann, wenn die Vitalität es zulässt, vorsichtig damit begonnen werden, wieder in die Arbeit einzusteigen. Wenn am Arbeitsplatz erhebliche Spannungen im Spiel waren, muss zuerst geprüft werden, ob sich eine Lösung für dieses Problem findet. Häufig ist es besser, die Betroffenen in einer anderen Abteilung oder sogar mit einer anderen Stelle wieder ins Arbeitsleben einsteigen zu lassen.

Wenn es zu Hause wieder einigermaßen läuft und Sie Ihre Arbeit in durchdachter Weise allmählich ausbauen können, werden Sie bemerken, dass dies zunächst enorm mühsam ist. Dinge, die früher gleichsam von selbst liefen, erweisen sich jetzt plötzlich als extrem widerspenstig. Hintergrundgeräusche, viele Menschen, die gleichzeitig reden, Kollegen, die hereinplatzen – all das stört und lenkt stärker als früher ab. Gespräche führen, Multitasking und das Planen und Strukturieren des Arbeitstages fällt noch schwer, der Spannungsbogen ist häufig noch kurz. Am Ende eines Vormittags fühlen Sie sich bereits todmüde. Dies sind ganz normale Dinge, und sie gehören dazu. Sie sind kein Grund, nicht wieder mit der Arbeit anzufangen, Sie müssen alles lediglich etwas ruhiger angehen lassen. Noch immer muss die Betonung auf der Seite des Aufbaus liegen und nicht auf dem Verausgaben.

Wieder an die Arbeit gehen – mit allen Höhen und Tiefen **311**

━━ Beispiel 109

Susanne hat eine Stelle bei einer Wochenzeitung gefunden. Zu Beginn kostet es sie viel Mühe, ihren neuen Kollegen zu vertrauen: Sie fühlt sich scheu und gehemmt. Sie hat ihr ganzes Selbstvertrauen verloren, und das Verfassen eines kleinen Artikels fordert ihr viel mehr Anstrengung ab als früher. Mit einem geeigneten Begleiter und aufgrund der guten Stimmung an ihrem neuen Arbeitsplatz bewältigt sie diese Phase jedoch ohne größere Probleme, und ein halbes Jahr nach ihrem vorsichtigen Neustart kann sie wieder in Vollzeit arbeiten. Es stellt sich heraus, dass sie jetzt gut in ihr Team passt, niemand findet sie eigenartig oder mobbt sie. Natürlich ist sie unglaublich erleichtert, doch zugleich bemerkt sie, dass sie noch immer empfindlich reagiert, wenn jemand Witze macht oder sie ein wenig aufzieht.

━━

Während der Aufbauphase geht es darum, die Belastung durch die Arbeit gut zu verteilen. Vier halbe Tage zu arbeiten ist besser als zwei ganze Tage, weil Sie sich nachmittags zu Hause ausruhen und möglicherweise auch einen Mittagsschlaf machen können. Wenn Sie dennoch ganze Tage arbeiten wollen, ist es gut, besonders lange Pausen einzuplanen und dabei wenn möglich die Arbeitsumgebung kurz zu verlassen. Falls Sie ein eigenes Büro haben, können Sie dort vielleicht eine kurze Mittagsruhe halten, indem Sie das Telefon auf stumm schalten, die Tür schließen und sich mindestens eine halbe Stunde Ruhe gönnen oder, was noch besser ist, schlafen.

Manche Berufe sind mit einer solchen Hektik verbunden, dass es nicht richtig gelingt, sich wieder in die alten Arbeitszusammenhänge zu integrieren. Dann kann es möglicherweise eine Hilfe sein, vorübergehend etwas anderes anzufangen. Manchmal geht das innerhalb der Firma, in der Sie arbeiten, manchmal kann jedoch der Wechsel in ganz andere Arbeitszusammenhänge notwendig werden. Unter den geänderten Anforderungen und Bedingungen sollten Sie dann darauf achten, Ihre Grenzen besser zu überwachen und effizienter mit Ihrer Zeit und Ihrer Energie umzugehen. Nachtwachen und Spätschichten können auf keinen Fall empfohlen werden. Wochenenddienste hingegen können in

312 Burnout als Herausforderung zur Wandlung

manchen Berufen durchaus Möglichkeiten für einen ruhigen Aufbau bieten, weil dann häufig weniger Betrieb ist und in den Abteilungen eine andere Atmosphäre herrscht. In Bereichen, in denen der Arbeitsdruck am Wochenende durch personelle Unterbesetzung sogar besonders hoch ist – wie es häufig im Pflegebereich erlebt werden kann –, besteht jedoch die Gefahr, sich gleich wieder von Neuem zu verausgaben.

Beispiel 110

Johanna beginnt nach einer Zeit der Genesung und Wiedereingliederung, anderthalb Jahre nachdem sie sich von ihrer Abteilung verabschiedet hatte, in einer Poliklinik zu arbeiten, die zu der jugendpsychiatrischen Einrichtung gehört, in der sie früher schon angestellt war. Doch jetzt hat sie andere Vorgesetzte und neue Kollegen. Sie hat nur tagsüber Dienst und braucht keinerlei Krisensituationen zu bewältigen. Auch an den Wochenenden hat sie frei. Erst nach einem Jahr kann sie allmählich wieder damit beginnen, gelegentlich eine Spätschicht zu übernehmen. Sie will absolut nicht mehr an ihre frühere Stelle zurückkehren.

15.2 Den eigenen Kurs verfolgen: Eine neue Richtung finden

Burnout ist eine Kulturkrankheit und zugleich eine individuelle Lebenskrise. Eine Burnout-Phase bedeutet zwangsläufig auch eine Konfrontation mit persönlichen Werten, Normen und Verhaltensweisen, die bis dahin selbstverständlich waren, jetzt jedoch offenbar geändert werden müssen. Ein Mensch mit einem Burnout geht durch ein tiefes Tal. Schließlich führt der Weg aber viele Menschen zu einer Vertiefung von Selbsterkenntnis und Lebensgefühl, und sie erleben diese Zeit im Rückblick als eine Bereicherung ihres Lebens. Burnout führt dann zu einer Neubesinnung bezüglich der Art und Weise, wie man im Leben steht.

Den eigenen Kurs verfolgen: Eine neue Richtung finden **313**

Ein Burnout hat deswegen häufig einschneidende Folgen für den Lebensstil und die Lebensrichtung. Die Fähigkeit, die eigenen Grenzen deutlicher wahrzunehmen, mit ihnen umgehen zu lernen und bei drohender Überlastung Nein zu sagen, ist etwas, was sich auf die gesamte private und berufliche Lebensführung auswirkt. Es kann sein, dass diese neue Art, mit den Dingen umzugehen, nicht mehr zu der alten Arbeitssituation, ja nicht einmal zum bisherigen Beruf oder zur bisherigen Beziehung passt. Eine große Zahl von Menschen, die in ein Burnout geraten, entscheidet sich danach für eine radikale Neuausrichtung im beruflichen Bereich, manchmal aber auch im Privatleben. Andere bleiben zwar bei ihrem Beruf, geben ihm aber einen neuen Inhalt.

Wenn die alte Vitalität auch nach längerer Zeit nicht völlig wiederhergestellt ist, werden Sie dies einkalkulieren müssen, indem Sie weniger arbeiten und/oder sich zu Hause weniger aufbürden. Doch häufig ist auch eine veränderte Mentalität, eine andere Lebenseinstellung entstanden. Es wird Ihnen klar, dass es noch mehr gibt in der Welt als harte Arbeit und hohe Leistung. Sie haben eine realistische Einschätzung dessen vorgenommen, was Sie eigentlich aushalten und was Ihnen angenehm ist. Es zeigt sich, dass es auch andere Dinge gibt, die das Leben lebenswert machen, Tätigkeiten, die aufbauender sind, aber auch ihre Zeit erfordern, wenn Sie sie mit Hingabe pflegen wollen. Wenn Sie nach einem Burnout weniger arbeiten oder einen weniger stressbehafteten Beruf oder Arbeitsplatz annehmen, ist es deshalb realer (und auch gesünder), dies als eine freie Entscheidung zu betrachten und nicht etwa als eine Form teilweiser Berufsunfähigkeit.

Beispiel 111

Marika wurde klar, dass es viele Faktoren gegeben hatte, wodurch sie ihre Stellung und ihre Aufgaben im Verlag lange Zeit als befriedigend erlebt hatte, dass sie jedoch auch bereits längere Zeit »unterschwellig« über die Frage nach dem Nutzen und dem Sinn ihrer Arbeit gegrübelt hatte. Sie entschied sich dafür, ihrem Herzen zu folgen und aus ihrem Hobby, dem Kochen, ihren neuen Beruf zu machen. Zwei Jahre nach Beginn ihres Burnouts arbeitet sie heute drei Tage in der Woche in einem kleinen iranischen Restaurant. Daneben erledigt sie ehrenamtliche Lektoratsarbeiten für den Verlag. Die konkreten Resultate ihrer neuen Arbeit und die Freude, die sie anderen bereitet, indem sie so wunderbar für sie kocht, inspirieren sie immer wieder neu. Sie besucht gerne ihre Schwestern und deren Familien, und manchmal unternimmt sie etwas mit ihrer Mutter.

Beispiel 112

Bei Lara dauerte es lange, bis sie alles, was mit der Schule zu tun hatte, wirklich loslassen konnte. Als es ihr gelungen war, genoss sie mehr als früher das Zusammensein mit ihren eigenen Kindern. Durch die Kunsttherapie, an der sie teilnahm, entdeckte sie, dass sie eine künstlerische Ader hatte, die sie gerne weiterentwickeln wollte. Sobald ihre Energie es zuließ, begann Lara eine Ausbildung im Bereich bildende Kunst und richtete sich zu Hause so ein, dass sie dort malen konnte. Später begann sie auf der Grundlage ihrer langjährigen Erfahrung mit Kleinkindern Geschichten für diese Altersgruppe zu verfassen und zu illustrieren und fand sogar einen Verleger, der ihre wunderbaren Bilderbücher veröffentlichte.

Beispiel 113

Nach neun Monaten fühlt sich Klaus was seine Lebensenergie betrifft so weit wiederhergestellt, dass er Kurse in einem Bildungszentrum geben kann. Doch wenn er an seine alte Arbeit denkt, gerät er sofort wieder unter Spannung. Er nimmt an einer Wiedereingliederungsmaßnahme teil und stellt fest, dass ihm das Unterrichten viel reizvoller erscheint als die Vorstellung, in seinen alten Betrieb zurückzukehren. Er macht eine Zusatzausbildung als Lehrer und findet eine Anstellung an einer Realschule. Hier kann er aufs Neue seine ganze Begeisterung und Kreativität ausleben. Allerdings achtet er jetzt mehr auf seine Grenzen als zuvor.

Den eigenen Kurs verfolgen: Eine neue Richtung finden **315**

Während einer Therapie oder einer Coachingphase können Sie sich Ihre alten Überlebensmechanismen und die Entscheidungen, die Sie in der Vergangenheit getroffen haben, bewusst machen. Wo bis dahin eine selbstverständliche Orientierung auf Leistung und das Urteil von anderen hin herrschte, entsteht nun eine bessere Abstimmung zwischen den Forderungen der Außenwelt und den eigenen Wünschen, Fähigkeiten und Idealen. Unfrei machende Muster aus der Vergangenheit können durchbrochen werden. Außerdem können Sie üben, sich gegenüber zwingenden kulturellen Normen und Tabus freier zu fühlen. Dies bedeutet: weniger aus der Routine heraus leben, bewusster im Moment gegenwärtig sein, sich durch kleine tägliche Wunder überraschen lassen. Ein innerer Entwicklungsweg mit täglich wiederkehrenden Momenten der Besinnung kann die Lebenskräfte dauerhaft stärken. Die Bewusstwerdung der Lebensideale und des eigenen geistigen Impulses kann schließlich auch eine Hilfe sein, wenn es darum geht, neue Entscheidungen im Berufsleben zu treffen.

Beispiel 114

Paul, der 49-jährige klinische Psychologe, arbeitet als Manager in einem großen Krankenhaus, als er wegen eines Burnouts arbeitsunfähig wird. In dem Erholungsjahr, das nun folgt, besinnt er sich mit der Unterstützung eines Biografieberaters auf sein Leben und seine Arbeit und erkundet seine eigenen Interessen und Kenntnisse. Er realisiert, dass er zwar durchaus für Managementaufgaben begabt ist und viel Geld damit verdient, dass seine eigentliche Begeisterung jedoch auf dem Gebiet der psychotherapeutischen Arbeit mit Klienten liegt. Er beschließt, viele Aufgaben abzustoßen. Außerdem möchte er gern einen Tag pro Woche zu Hause bei seiner kleinen Tochter sein. Seine kleine Praxis hat bald immer mehr Zulauf, und nach anderthalb Jahren kündigt er seinen Job und genießt die direkte, persönliche Arbeit mit Menschen.

Viele Menschen berichten, dass sie sich nach einer Burnout-Phase stärker auf innere Werte hin orientiert und ein ausgewogeneres Gleichgewicht zwischen dem Arbeitsleben und den Werten, die außerhalb dieses Bereichs fallen, gefunden haben, wie zum Beispiel Familie, Natur, Kunst und die eigene innere Entwicklung. Innerlich das Gleichgewicht zu wahren, das Leben intensiv genießen zu können und den eigenen Werten treu zu bleiben wird von vielen Menschen als eine tiefe Bereicherung des Lebens und der Beziehungen zu anderen Menschen erfahren.

Beispiel 115

Marika erlebt rückblickend die Zeit ihres Burnouts als eine knallharte Art von Zurechtweisung durch ihren Körper, weil sie immer weitermachte wie bisher und sich damit ruinierte. Sie ist froh, dass sie ihrem Leben auf diese Weise eine andere Richtung geben konnte und dass sie dank der Krankheit eine große innere Entwicklung durchgemacht hat. Ihren Morgenspaziergang pflegt sie noch immer, und abends blickt sie mit einer bestimmten Fragestellung auf den Tag zurück. »Um glücklich zu sein, brauche ich nicht mehr die perfekte Frau, Geliebte, Freundin, Schwester oder Managerin zu sein, sondern ich orientiere mich jetzt stärker auf meine inneren Ziele.« Dennoch hat sie auch das Gefühl eines gewissen Verlustes: »So wie ich vor meinem Burnout war, werde ich niemals mehr sein. Die Landschaft vor dem Tiefpunkt war stürmisch, unwegsam, rau, aber auch wunderbar wild. Die Landschaft nach dem Tiefpunkt hat sanfte Hügel, es gibt schöne Felder, ich finde es herrlich, dass ich dort bin, doch manchmal kann es vorkommen, dass ich Heimweh habe.«

15.3 Wie kann ich ein (neues) Burnout vermeiden?

Aus der Darstellung des Burnout-Prozesses und der Genesung lässt sich unschwer folgern, was präventiv wirkt:

> Die Kunst besteht darin, das richtige Gleichgewicht zwischen Arbeit und Entspannung, äußeren Verpflichtungen und innerer Motivation zu finden.

Hartes Arbeiten muss, für sich genommen, nicht schlecht sein, doch ist es wichtig, über den Arbeitstag verteilt Pausen einzubauen und den Tag gut abzurunden. Wenn Sie einen eigenen Betrieb haben, freiberuflich oder zu unregelmäßigen Zeiten arbeiten, ist es ratsam, einen festen freien Tag einzuplanen, sodass Sie Ihr soziales Leben danach ausrichten können. Mindestens ein solcher wirklich arbeitsfreier Tag pro Woche ist eine gesunde Gewohnheit. An diesem Tag führen Sie auch keine geschäftlichen Telefonate, schreiben keine Berichte, machen keine Termine oder Planungen, sondern richten Ihren Geist vorübergehend auf andere Dinge.

Auch im Jahreslauf ist es gut, Ruhephasen einzubauen, während derer sich Körper und Geist erholen können. Wie lange diese Ruhephasen sinnvollerweise dauern, wird für jeden unterschiedlich sein, doch häufig kann eine Woche, in der Sie etwas völlig anderes tun oder ein paar Tage wandern gehen, bereits Wunder wirken. Vielleicht ist es auch von Vorteil, weniger hektische Urlaube zu buchen und sie etwas auszudehnen oder sich häufiger für kurze Zeit mit Ihrem Partner oder einem Freund beziehungsweise einer Freundin einfach zurückzuziehen – ohne Laptop und Arbeitsunterlagen! Sie können sich auch ab und zu eine Retraite-Woche in der Einsamkeit gönnen, eine Zeit, in der Sie sich auf sich selbst und Ihre Arbeitssituation besinnen können.

Jeder Mensch hat seine eigenen, individuellen Warnsignale, die sich bemerkbar machen, wenn er zu stark unter Stress gerät. Beim einen sind das die Mühle der Gedanken und ein gestörter Schlaf, beim anderen

318   Burnout als Herausforderung zur Wandlung

sind es Migräneanfälle, depressive Stimmungen oder erhöhter Alkohol-konsum. Oder Sie fühlen sich nach einem Arbeitstag ungewöhnlich leer und erschöpft. Es ist gut, diese Signale zu kennen und die notwendigen Maßnahmen zu ergreifen, wenn sie auftreten. Dies geschieht am besten, indem Sie Ihren Terminplaner zur Hand nehmen und alle überflüssigen Dinge streichen oder sich eine Woche frei nehmen, um Liegengebliebenes aufzuräumen und zu erledigen. Achten Sie dann besonders darauf, welche Aufgaben Sie übernehmen, und versuchen Sie, statt für andere zu sorgen, etwas zu unternehmen, was Sie selbst aufbaut. Letztendlich ist es besser, sich, wenn Sie todmüde sind oder eine Grippe im Anzug ist, in einem frühen Stadium für eine Woche krankzumelden, als später monatelang krankgeschrieben zu bleiben.

Die Natur ist eine Quelle der Gesundheit und Erholung, doch Sie müssen sich selbst auf Ihre Weise eine Verbindung zu ihr suchen, indem Sie beispielsweise die Jahreszeiten mit ihren Farben und der wechselnden Tier- und Pflanzenwelt intensiver zu erleben versuchen oder für die Pflanzen in Ihrem Garten oder auf dem Balkon sorgen. Durch den bewussten Aufbau einer inneren Verbindung zu der Landschaft, die Sie umgibt, indem Sie sie wirklich wahrnehmen und an ihr »Anteil nehmen«, bauen Sie sich selbst auf. Das geschieht zum Beispiel durch einen täglichen Spaziergang oder eine regelmäßige Radtour, bei der Sie mit offenen Augen um sich schauen und hören.[86]

Auch Kunst zu erleben und vor allem selbst zu schaffen wirkt stärkend und heilend auf die Lebens- und Seelenkräfte. Vielleicht tut es Ihnen gut, in einem Chor mitzusingen oder einmal in der Woche in einer Gruppe zu malen oder plastisch zu arbeiten oder sich einem Lesekreis für Literatur und Poesie anzuschließen. Es geht vor allem darum, dass Sie sich Aktivitäten aussuchen, die Ihre Kreativität anregen – Dinge, mit denen keinerlei Pflichten verbunden sind, die Sie alleine oder gemeinsam mit anderen tun, ausschließlich zu Ihrem eigenen Vergnügen und nicht, um irgendetwas zu leisten.

Schließlich ist es gut, die »normalen Dinge« des Lebens so zu erledigen, dass Sie spüren, dass Sie sich dadurch entwickeln. Das ist möglich, wenn Sie ein gewisses Maß an Reflexion einbauen, wenn Sie sich bewusst entscheiden, bestimmte Dinge zu tun und andere zu unterlassen, und sich regelmäßig Zeit für sich selbst nehmen – Zeit, die Sie dafür verwenden, über etwas nachzusinnen oder zu meditieren.

Indem Sie an Ihrer eigenen inneren Entwicklung arbeiten, verbindet sich das Ich mit der Seele, den Lebenskräften und dem Körper. Dadurch sind wir besser in der Lage, unseren eigenen Lebensmotiven treu zu bleiben, ohne dabei unsere Grenzen zu überschreiten.

Die Übungen im letzten Teil dieses Buches wollen Hilfen für diesen Weg bieten.

Teil IV

Übungen

Annejet Rümke und Natalie Peters

16   Grundübungen

In diesem letzten Teil des Buches finden Sie Übungen, die zum vorangegangenen Text gehören, die Sie jedoch auch unabhängig davon durchführen können. Es sind Übungen mit unterschiedlichem Charakter. Einige gehören zu Teil I und II, diese Übungen dienen der Selbsterforschung. Sie sind hilfreich, um Antworten auf Fragen zu finden, die Sie sich vielleicht nach dem Lesen des Textes stellen, wie zum Beispiel: Wie steht es mit meiner persönlichen Energiebalance? Befinde ich mich im Burnout oder bin ich auf dem Weg dorthin? Wie gehe ich mit meiner Energie um? Tue ich genügend Dinge, durch die ich mich aufbaue? Wie viel Stress erfahre ich an meinem Arbeitsplatz und in meinem Privatleben? Welche Dinge wirken besonders entspannend und helfen mir, im Gleichgewicht zu bleiben? Wie verhält es sich mit den unterschiedlichen inneren Stimmen, welche inneren Teile treiben mich an, und warum? Gibt es Selbste, die zu wenig Aufmerksamkeit erhalten? Gibt es alte Muster, die noch immer unbewusst weiterwirken und die mich behindern? Tue ich bei meiner Arbeit diejenigen Dinge, bei welchen ich mit dem Herzen dabei sein kann?

Darüber hinaus gibt es auch Übungen, die zu Teil III gehören. Diese sollen es Ihnen durch aktives Bemühen ermöglichen, ausgeglichener im Leben zu stehen. Es sind Übungen, die Ihnen bei der Erholung von einem Burnout ebenso wie zur Vorbeugung helfen können.

Für alle Übungen gilt: Sie brauchen sie nicht komplett abzuarbeiten, und schon gar nicht in der Reihenfolge, wie sie hier stehen. Wählen Sie einfach die Übungen aus, die Sie ansprechen und die Ihnen im jeweiligen Moment hilfreich erscheinen. Es kann aber auch interessant sein, gerade solche Übungen zu machen, gegen die Sie im ersten Moment eine Abneigung empfinden. Häufig sind es die dominanten Teile, wie der »Sklaventreiber« oder der »Perfektionist« (siehe Seite 146 ff.), die bestimmte Übungen ablehnen – sie passen nicht in ihr Schema.

324   Grundübungen

Welche Übungen Sie auch machen: Führen Sie sie nicht verbissen durch oder als eine Pflicht, die Sie sich selbst auferlegen, sondern versuchen Sie beim Üben Freude und Milde gegenüber sich selbst zu empfinden. Es kann auch angenehm sein, bestimmte Übungen zusammen mit jemand anderem durchzuführen und dann die Erfahrungen auszutauschen. Sie können diese Übungen nach Belieben abändern, erweitern oder verkürzen.

In diesem Kapitel werden einige Grundübungen besprochen; diese wirken für sich oder auch als Auftakt oder Bestandteil verschiedener anderer in diesem Kapitel entwickelter Übungen. Wir beschreiben zunächst die Grundprinzipien und geben Beispiele für:

- Sich erden
- Entspannungsübungen
- Wahrnehmen
- gezielte Konzentration oder ungeteilte Aufmerksamkeit
- Visualisieren.

16.1 Sich erden

Es gibt viele Arten, sich zu erden. »Sich erden« besagt: Sie verbinden sich gut mit dem eigenen Körper, mit der Erde unter Ihnen und dem Himmel über Ihnen. Mittels innerer Bilder stellen Sie einen Kontakt zu diesen Gebieten her – zu Ihrem Körper, der Erde und dem Himmel. Sich erden bedeutet, mit einem wachen Geist in sich selbst zu ruhen. Sie können sich erden, um sich zu entspannen, um Ihren Körper und Ihren Geist zur Ruhe zu bringen, oder aber als Vorbereitung auf eine Meditation, eine Visualisierung, ein Gespräch oder eine schwierige Aufgabe. Sich erden hilft Ihnen, sich in Ruhe in Ihrem eigenen Körper zu erleben und sich unbefangen für all das zu öffnen, was Ihnen das Leben in diesem Moment bringt, aber auch, um sich – wenn es notwendig ist – vor einem Übermaß an Eindrücken oder Anforderungen zu schützen. Sich erden kann eine Vorbereitung auf alle im Folgenden beschriebenen Übungen darstellen, bei denen Sie sich nach innen wenden und sich auf sich selbst konzentrieren.

Erdungsübung **325**

Es gibt sehr viele verschiedene Erdungsübungen. Wir wollen hier eine davon beschreiben, die Sie selbst abwandeln, erweitern oder verkürzen können.

16.2 Erdungsübung, um sich mit Erde und Himmel und dem eigenen Herzen als Zentrum zu verbinden

- Setzen Sie sich bequem hin. Stellen Sie eine gute Verbindung mit dem Stuhl her, auf dem Sie sitzen, und mit dem Boden unter Ihren Füßen. Wenn Sie wollen, schließen Sie die Augen.
- Spüren Sie, wie Ihre Füße fest auf dem Boden ruhen.
- Fühlen Sie die Schwere Ihres Körpers und wie der Stuhl (und die Erde unter ihm) das Gewicht Ihres Körpers trägt.
- Lassen Sie Ihre Füße recht schwer werden, ebenso Unterschenkel, Oberschenkel, den Po. Lassen Sie Ihre Rückenwirbel sich setzen, Ihre Schultern hängen, Ihre Handgelenke schlafen, Ihre Hände in Ihrem Schoß ruhen. Lassen Sie Ihre Zunge los und Ihren Kiefer hängen, lassen Sie Ihre Augenlider schwer werden.
- Werden Sie ganz schwer, geben Sie sich der Schwerkraft hin, der Anziehungskraft von Mutter Erde.
- Lenken Sie nun Ihre gesamte Aufmerksamkeit zu Ihren Füßen hin, Ihren Fußsohlen.
- Schauen Sie, ob Sie sie für die Erde öffnen können, sodass sie in direkter Verbindung zur Erde und ihrer Lebenskraft stehen.
- Fühlen Sie, wie die Kraft der Erde aufwärts strömt und Sie mit ihrer Vitalität erfüllt. Fühlen Sie, wie diese Energie durch Ihre Füße, Beine, Ihr Becken und Ihren Bauch nach oben, in Ihr Herz strömt.
- Lassen Sie Ihr Herz zu einem Kelch werden, in welchem Sie diese Vitalität auffangen können.
- Lassen Sie diese Energie strömen und den Kelch sich füllen.
- Lenken Sie jetzt die Aufmerksamkeit auf Ihren Scheitel und den Raum darüber.
- Stellen Sie eine Verbindung mit einer reinen Energie über Ihnen her. Vielleicht fühlt sich das wie ein strahlendes Licht oder eine Farbe an.

326   Grundübungen

- Lassen Sie diese Verbindung stärker werden.
- Lassen Sie diese Energie in Licht, Farbe und Gefühl über sich strömen und durch Sie hindurchströmen.
- Lassen Sie diese Energie Ihr Herz füllen.
- Lassen Sie Ihren ganzen Körper von dieser Energie durchströmen.
- Erleben Sie nun die beiden Ströme gleichzeitig: die Kraft der Erde unter Ihnen, die Sie mit ihrer vitalen Energie trägt und ernährt, und die Lichtkraft über Ihnen, die Sie erfüllt und inspiriert.
- Fühlen Sie, wie diese beiden Ströme sich in Ihrem Körper begegnen. Erleben Sie Ihr Herz, lauschend im Jetzt.

16.3 Entspannungsübung

Entspannungsübungen bringen Körper und Seele zur Ruhe und dienen dadurch dem Aufbau der Vitalität. Im entspannten Zustand ist es leichter, sich inneren Bildern zuzuwenden und aus dem Traumbewusstsein heraus mit einem wachen Geist zu arbeiten. Wenn Sie täglich Entspannungsübungen machen, »zwischendurch« oder vor dem Schlafengehen, wird es Ihnen immer besser gelingen, sich mit einer kurzen Übung ins Gleichgewicht zu bringen, auch dann, wenn Sie im Alltag spüren, wie in Ihnen Stress aufsteigen will. Entspannungsübungen können Sie für eine kurze Entspannung während eines hektischen Tages anwenden, als Hilfe vor dem Einschlafen oder als Vorbereitung für weitere in diesem Buch beschriebene Übungen.[87]

16.4 Entspannungsübung in sieben Schritten

Im Folgenden wird eine einfache, kurze Entspannungsübung in sieben Schritten beschrieben, die Sie zu Hause durchführen können, aber auch an der Bushaltestelle, am Arbeitsplatz, mitten in einem Laden, kurz, überall, wo Sie wollen. Auch hier gilt wieder: Übung macht den Meister. Wenn Sie diese Übung regelmäßig machen, zuerst jeden Tag zweimal langsam und einige »Runden« nacheinander, wird sie mit der Zeit immer besser wirken, auch wenn Sie dann lediglich ein paar Minuten

Entspannungsübung 327

Zeit haben für nur eine einzige Runde. Sie lernen dabei, sich für kurze Momente nach innen zu wenden, zur Ruhe zu kommen und sich zu entspannen, sodass Sie diese Fähigkeit schließlich in den unterschiedlichsten Situationen anwenden können.

- Setzen Sie sich ruhig mit geradem Rücken hin. Schließen Sie, wenn Sie wollen, die Augen oder starren Sie auf eine neutrale Stelle am Fußboden vor Ihnen. Atmen Sie ein paarmal ruhig und tief ein und aus. Richten Sie jetzt Ihre Aufmerksamkeit auf Ihren Körper und atmen Sie ruhig weiter.
- Zuerst richten Sie Ihre Aufmerksamkeit auf Ihre Füße und Unterschenkel und lassen beim Ausatmen alle Spannung darin los, wobei Sie zu sich sagen: »Eins.«
- Danach konzentrieren Sie sich auf Ihre Oberschenkel, den Po, das Becken, den unteren Rücken- und Bauchbereich und lassen auch dort die Spannung los: »Zwei.«
- Nun verlegen Sie Ihre Aufmerksamkeit in den Brustbereich, die Schultern, Arme und Rücken und lassen die Spannung wegfließen: »Drei.«
- Jetzt richten Sie Ihre Aufmerksamkeit auf Nacken und Hals, Gesicht, Wangen, Kiefer, Augen, Augenbrauen, Stirn, den ganzen Kopf und entspannen sich: »Vier.«

Danach gehen Sie den ganzen »Weg« zurück und versuchen die Entspannung mit jedem Schritt zu vertiefen:

- Sie richten Ihre Aufmerksamkeit wieder auf Schultern, Arme, den Rücken und den Brustbereich und vertiefen die Entspannung. Sie entspannen sich mit dem Ausatmen: »Fünf.«
- Als Nächstes konzentrieren Sie sich auf den unteren Rücken- und Bauchbereich, Po, Becken und Oberschenkel und verstärken die Entspannung mit der Ausatmung: »Sechs.«
- Zum Schluss lenken Sie Ihre Aufmerksamkeit erneut auf Ihre Unterschenkel und Ihre Füße. Sie vertiefen die Entspannung und verbinden sich wieder mit der Erde, wobei Sie alles, was an Spannung vorhanden ist, von der Erde aufnehmen lassen: »Sieben.«

328 Grundübungen

Diese »Runde« wiederholen Sie einige Male. Enden Sie immer wieder bei »sieben« auf dem Boden. Danach können Sie sich kurz strecken und etwas bewegen.

16.5 Die Übung in sieben Schritten, verbunden mit einem meditativen Text

Sie können diese Übung auch mit einem Spruch verbinden, der von dem Finden der Ruhe als aktiver Kraft in Ihnen selbst handelt, einer Ruhe, die Sie durch nach innen gewendete Willenskraft mobilisieren können.

Ich trage Ruhe in mir,
Ich trage in mir selbst
Die Kräfte, die mich stärken.
Ich will mich erfüllen
Mit dieser Kräfte Wärme,

Ich will mich durchdringen
Mit meines Willens Macht.
Und fühlen will ich
Wie Ruhe sich ergießt
Durch all mein Sein,

Wenn ich mich stärke,
Die Ruhe als Kraft
In mir zu finden
Durch meines Strebens Macht.[88]

Wenn Sie die Entspannungsübung in sieben Schritten eine Weile geübt haben, indem Sie jeden Schritt gezählt haben, sagen Sie jetzt statt »Eins«, »Zwei«, »Drei« usw. einen Teil dieses Spruches und verbinden sich mit dessen Inhalt.

Übung in sieben Schritten, mit meditativem Text **329**

- Richten Sie Ihre Aufmerksamkeit auf Ihren Körper. Atmen Sie ruhig weiter.
Zuerst konzentrieren Sie sich auf Ihre Füße und Unterschenkel. Beim Ausatmen lassen Sie alle Spannung darin los:

Ich trage Ruhe in mir.

- Dann lenken Sie Ihre Aufmerksamkeit auf Oberschenkel, Becken, Bauch. Sie lassen die Spannung los und sagen:

Ich trage in mir selbst
Die Kräfte, die mich stärken.

- Sie achten jetzt auf Brust, Schultern und Arme und lassen die Spannung abfließen, wobei Sie sagen:

Ich will mich erfüllen
Mit dieser Kräfte Wärme.

- Nun lenken Sie Ihren Sinn auf Nacken, Hals, Gesicht und Kopf. Sie lassen die Spannung abfließen und sprechen:

Ich will mich durchdringen
Mit meines Willens Macht.

- Dann stehen wieder Schultern, Arme, Rücken und Brustbereich im Mittelpunkt. Vertiefen Sie die Entspannung:

Und fühlen will ich
Wie Ruhe sich ergießt
Durch all mein Sein.

- Danach richten Sie Ihre Aufmerksamkeit auf die untere Rücken- und Bauchregion, Po, Becken und Oberschenkel und vertiefen die Entspannung:

330   Grundübungen

Wenn ich mich stärke,
Die Ruhe als Kraft
In mir zu finden.

- Zum Schluss lenken Sie Ihre Aufmerksamkeit auf Unterschenkel und Füße. Sie verstärken die Entspannung und verbinden sich wieder mit der Erde, dabei lassen Sie alles, was an Spannung vorhanden ist, von der Erde aufnehmen:

Durch meines Strebens Macht.

Auch dies können Sie einige Male wiederholen. Nach einer gewissen Zeit werden Sie alleine dadurch, dass Sie den Text still für sich selbst sprechen oder denken, zu Ruhe und Entspannung gelangen, aber stets mit einem wachen, offenen Geist.

16.6 Wahrnehmen

Viele Übungen beginnen mit bewusstem und aufmerksamem Wahrnehmen: Sie nehmen sich selbst wahr, Ihren Körper, Ihre Gefühle, Ihre Gedanken und Ihr Verhalten, aber auch Menschen und Situationen in Ihrer Umgebung, ja auch Ihre Reaktionen auf beziehungsweise Interaktionen innerhalb dieser Situationen oder mit Menschen.

Manche Wahrnehmungsübungen dienen dazu, sich selber besser kennenzulernen.

Bei der Körperwahrnehmung geht es darum, Spannung, Entspannung, Schmerz, Ermüdung, Hunger, das eigene Herz, besonders aber auch angenehme Gefühle in Ihrem Körper bewusster wahrzunehmen. Auch Ihren »Lebensleib« (siehe Seite 136 ff.) können Sie bewusster wahrzunehmen beginnen: Können Sie Müdigkeit oder Vitalität spüren? Wovon werden Sie müde, und was vermittelt Ihnen im Gegenteil Energie? Wie steht es mit der Empfindlichkeit für Eindrücke in bestimmten Alltagssituationen (Arbeit, Privatsphäre, Läden)? Welche Interaktionen mit anderen Menschen gehen Sie ein, und wie wirken diese auf Ihre Vitalität?

Wahrnehmen 331

Solche Körper- und Energiewahrnehmungen können Ihnen helfen, besser auf die Signale Ihres Körpers und Ihre eigenen Grenzen zu achten. Wie gehen Sie mit Ihren Lebenskräften um? Hören Sie auf Ihren Körper?

Es kann sich auch um das Wahrnehmen von Prozessen handeln, die sich in der Seele abspielen: Welche Art von inneren Dialogen führen Sie? Wie schaden Sie Ihrer eigenen Lebenstüchtigkeit durch negative Gedanken über sich selbst? Welche vertrauten Muster helfen Ihnen beziehungsweise hindern Sie in Ihrem Alltag?

Viele Menschen finden es schwierig, sich selbst (und den anderen) unbefangen wahrzunehmen. Sie fühlen sofort, wie alle möglichen Urteile, Schuldgefühle, Erklärungen oder Selbstkritik aufsteigen: ein ununterbrochener Strom von Kommentaren zu allem, was sie tun und lassen. Dieser »innere Kommentar« ist eine Form der Selbstreflexion (und eine Reflexion der Welt, die Sie umgibt), die zumeist nicht sehr produktiv und häufig negativ gefärbt ist. Dadurch trägt er dazu bei, dass Sie sich selbst erschöpfen. Darum ist es gut, den bewussten Entschluss zu fassen, diesen Strom von Kommentaren ab und zu zum Schweigen zu bringen und lediglich ganz unbefangen auf die jeweilige Situation und sich selbst zu blicken, oder aber zu beschließen, einmal besonders auf die positiven Dinge zu achten. Indem Sie auch solche Aspekte registrieren, können Sie bestimmte Muster umformen und verwandeln, sodass Sie in einer positiveren und aufbauenderen Weise im Leben zu stehen beginnen.

Schließlich gibt es Wahrnehmungsübungen, die mit der Außenwelt zusammenhängen, zum Beispiel das zeichnende Wahrnehmen (siehe Seite 401 ff.). Es handelt sich dabei häufig um kleine Übungen, die Sie immer mal zwischendurch machen können, anstatt sich durch Grübeln oder einen unablässigen Strom von Gedanken ablenken zu lassen. Diese Übungen helfen Ihnen, sich auf etwas Objektives und häufig auch Positives in Ihrem Umkreis zu konzentrieren. Sie haben eine stressmindernde Wirkung und unterstützen den vitalen Aufbau, weil sie die Psyche zur Ruhe bringen.

332 Grundübungen

16.7 Gezielte Konzentration oder ungeteilte Aufmerksamkeit

Gezielte Konzentration oder ungeteilte Aufmerksamkeit bedeutet, dass Sie Ihre gesamte Aufmerksamkeit auf Empfindungen in Ihrem Körper, Ihre Atmung, einen Sinneseindruck in Ihrer Umgebung (beispielsweise Geräusche), eine Bewegung, die Sie machen (beispielsweise Laufen), eine Handlung, die Sie ausführen (zum Beispiel Händewaschen) lenken. Sie können sich auch ganz auf ein bestimmtes Thema konzentrieren, einen Text, ein Gedicht, ein Gebet oder einen Spruch. Es geht bei dieser ungeteilten Aufmerksamkeit darum, eine starke, gezielte Konzentration aufzubringen, ohne dabei zu urteilen oder etwas ändern zu wollen – ohne sich selbst zu kritisieren, ohne irgendwelche Nebengedanken und ohne Zwang. Diese gezielte Konzentration erzeugt innere Ruhe und ist ein guter Auftakt für weitere meditative Übungen sowie für Visualisierungen. Das klingt einfach, doch für die meisten Menschen ist es etwas, das sie ihr ganzes Leben lang kontinuierlich üben können.

16.8 Visualisieren

Visualisieren bedeutet: innere Bilder schaffen. Visualisieren kommt vom lateinischen Wort »visus« (der Anblick, das Sehen), aber eigentlich handelt es sich um Bilder, die Sie nicht nur innerlich sehen, sondern die auch durch möglichst viele Sinneseindrücke unterstützt werden. Wenn Sie beispielsweise das innere Bild eines Flusses aufrufen, ist es gut, das Wasser strömen zu sehen. Welche Farben hat es? Scheint die Sonne oder ist es neblig? Treibt etwas auf dem Wasser, balanciert etwas auf den Wellen? Können Sie die Ufer erkennen? Aber auch: Können Sie das Geräusch der ans Ufer klatschenden Wellen hören? Können Sie die Vögel in den Büschen tschilpen hören? Können Sie das Wasser und das Gras riechen? Können Sie das kühle Wasser auf Ihrem Körper spüren? – Je mehr Sinne Sie einbeziehen, umso lebendiger wird das Bild, und umso stärker wird die Visualisierung.

Innere Bilder, also auch Erinnerungen und Träume, stammen aus unserem Lebenskräfteorganismus oder »Lebensleib« (siehe Seite 136 ff.). Wir lassen sie in unsere Seele aufsteigen, in unser Tagesbewusstsein.

Visualisieren **333**

Wenn Bilder nur im Lebensleib bleiben, können wir sie nicht in unser Tagesbewusstsein aufnehmen. Sowohl beim Träumen wie beim Visualisieren ist es schwierig, die Bilder im »normalen« Bewusstsein festzuhalten. Wir vergessen sie, sie entgleiten uns, sobald andere Eindrücke in unser Bewusstsein treten. Wollen wir die Bilder dennoch festhalten und uns an einen Traum oder eine Visualisierung erinnern, so ist es gut, sich ein paar Stichworte oder Kernbilder aufzuschreiben (bei Träumen funktioniert dies am besten, wenn Sie einen Notizblock auf Ihrem Nachttisch liegen haben und im Dunkeln ein paar Bilder notieren). Wenn Sie erneut die Ebene des Traumes betreten, können Sie dann durch Assoziationen zu dem, was Sie aufgeschrieben haben, die Bilder wieder hervorrufen und weiter damit arbeiten.

Es geht also bei dieser Art von Bildern ausdrücklich nicht darum, sie sich so zu merken, wie wir uns Tatsachen, Termine oder mathematische Formeln merken, sondern darum, die Bilder immer wieder neu aufzubauen. Sobald Sie das tun, beginnen sie von Neuem zu wirken. Dies gilt vor allem auch für das Erinnern von Liedern, Gedichten und Geschichten. Nicht die Worte helfen Ihnen dabei weiter, sondern die im Innern aufgebauten Bilder. Weil die Bilder aus unserem Lebensleib stammen, können wir unsere Lebenskräfte nähren und stärken, wenn wir uns mit positiven Bildern versorgen. Umgekehrt höhlen wir unsere Vitalität aus, wenn wir uns ständig negative Bilder vorstellen, vor allem Bilder des eigenen Versagens.

Wir können uns aber auch auf kommende Ereignisse vorbereiten, indem wir uns diese Situationen bildhaft vorstellen. Diese Ereignisse werden dann, wenn sie sich in Wirklichkeit abspielen, befriedigender verlaufen. Wir bereiten unseren Lebensleib durch bewusst hervorgerufene Bilder vor, und dadurch ist es für uns leichter, eine innere Struktur festzuhalten und uns in die tatsächliche Situation einzufügen. Dies wirkt noch stärker, wenn wir es am Vorabend tun oder sogar über mehrere Abende wiederholen. Wir nehmen dann diese Bilder mit in die Nacht hinein, wo sie sich gleichsam von selbst verstärken. Wir können dieses Prinzip beispielsweise als Lehrer vor einer Klasse anwenden (indem wir uns den Inhalt der Stunde oder die einzelnen Schüler vorstellen, aber auch uns selbst, während wir gerade etwas Interessantes erzählen), aber auch vor einem schwierigen Gespräch mit dem Chef (Sie rufen dann

334 Grundübungen

innerlich ein lebendiges Bild von sich selbst hervor, während Sie ganz entspannt mit Ihrem Chef reden) oder als Therapeut (indem Sie sich ein knappes Bild der Patienten oder Klienten formen, die am nächsten Tag zu Ihnen kommen). Das funktioniert auch, wenn Sie Probleme mit jemandem haben, beispielsweise einem Kollegen oder einem schwierigen Kind in der Klasse. Stellen Sie sich diesen Menschen abends so vor, wie er ist. Versuchen Sie das Bild des anderen so exakt wie möglich zu zeichnen und beziehen Sie dafür, genau wie vorhin beim Beispiel mit dem Fluss, so viele Sinneswahrnehmungen mit ein wie möglich. Achten Sie dabei gerade nicht auf Ihre eigenen Gefühle in Bezug auf den anderen, verharren Sie einfach bei dem Bild dieser Person, ganz ohne jedes Urteil oder irgendwelche Ängste. Gelingt Ihnen dies, werden Sie bemerken, dass die Probleme mit der betreffenden Person von selbst nachlassen und dass Sie in unterschiedlichen Situationen besser mit ihr umgehen können.

Man kann spontan visualisieren, das ist zum Beispiel dann der Fall, wenn wir uns auf unseren Urlaub freuen oder schöne Erinnerungen aufsteigen lassen. Sie können dies auch durch Hilfsmittel erreichen: Urlaubsfotos, Szenen eines Bilderbuches und viele Kunstwerke sind im Grunde Hilfsmittel, mit denen sich innere Bilder hervorrufen lassen. Es ist nicht das Foto, das Sie froh macht, sondern die Erinnerung an den schönen Wasserfall oder die nette Begegnung; das Foto hilft Ihnen, die Stimmung und die Situation innerlich wieder aufzurufen.

Ein weiteres Hilfsmittel ist die Sprache: Worte, Texte. Es können geschriebene Worte sein, beispielsweise ein Spruch, ein Gedicht, ein Lied. Das folgende Gedicht von Christian Morgenstern vermittelt beispielsweise ein starkes Bild von freudiger, farbiger Vitalität:

Butterblumengelbe Wiesen,
Sauerampferrot getönt –
O du überreiches Sprießen,
Wie das Aug' dich nie gewöhnt!
Wohlgesangdurchschwellte Bäume,
Wunderblütenschneebereift –
Ja, fürwahr, ihr zeigt uns Träume,
Wie die Brust sie kaum begreift.[89]

Es sind nicht die Worte an sich, die hier wirken, sondern die Bilder, die die Worte hervorrufen. Die Psalmen des Alten Testaments, die Suren des Koran, die Lehren des Buddha – all das sind Beispiele für Texte, die innere Bilder hervorrufen und bereits jahrhunderte-, manchmal jahrtausendelang Menschen Kraft und Halt geben angesichts der Ereignisse in ihrem Leben. Auch Legenden, Mythen und Märchen haben eine solche Wirkung auf unsere Seele und unsere Lebenskräfte. Wenn Sie ins Burnout geraten sind oder kurz davor stehen, kann es deshalb gut sein, sich mit solchen gesunden inneren Bildern zu »ernähren« (siehe auch Kapitel 18.8, Seite 364).

Auf viele Menschen wirken »gesprochene Bilder« noch stärker als Worte, die man lesen muss. Sie können dies selbst ausprobieren, indem Sie einen Text auswendig lernen und ihn sich dann laut vorsprechen; die Worte verlagern sich dann in eine andere Ebene, wo sie als Bilder oder, wie es im Englischen so schön heißt, »by heart«, aus dem Herzen zu wirken beginnen.

Es kann auch ein anderer den Text für Sie sprechen. Je mehr dieser andere auch selbst die Bilder, von denen er erzählt oder die er vorliest, in sich aufruft, umso besser wirken sie. Aus diesem Grund wirken erzählte Geschichten so stark auf Kinder und Erwachsene, und darum wird in vielen Bereichen mit Visualisierungen gearbeitet, um beispielsweise die Teilnehmer von Kursen oder Ausbildungen dazu anzuregen, eigene Bilder aufsteigen zu lassen (dabei kommt es darauf an, die Bilder so offen zu halten, dass jeder sie ausreichend individuell aufrufen und ausfüllen kann).

17   Sich selbst wahrnehmen: Registrierübungen

Das Prinzip der Registrierübungen besteht darin, dass man einen Aspekt des eigenen Lebens herausgreift und über einige Zeit mit besonderer Aufmerksamkeit betrachtet. Sie verändern zunächst noch nichts, Sie registrieren lediglich, wie Sie mit dem von Ihnen gewählten Aspekt umgehen. Sie können dies auf folgenden Gebieten tun:

- Verhalten: schlafen, essen, hetzen, Arbeitseffizienz, Ja sagen, ohne nachzudenken usw.
- Gedanken: Untergangsstimmung, grübeln
- Gefühle: Angst, Unruhe, Begeisterung, Dankbarkeit
- Ihre Beziehung zu anderen: Interaktion, zu lieb sein, Streit und Auseinandersetzungen ...

Häufig registrieren Sie auch eine Kombination aus Verhalten und den dazugehörigen Gedanken und Gefühlen.

Es ist wichtig, einen Notizblock oder ein Heft griffbereit zu haben und die Registrierungen zu festen Zeiten, beispielsweise dreimal täglich, oder sofort während der Beobachtung festzuhalten. Durch das Registrieren werden Sie sich stärker bestimmter Muster bewusst. Was zunächst selbstverständlich und unbewusst verlief, wird aus dieser Selbstverständlichkeit herausgehoben und in das Licht der Aufmerksamkeit gerückt. Manchmal sorgt schon das allein für Verschiebungen im Verhalten, aber bei den meisten Übungen, die mit einer Registrierung beginnen, ist danach eine Auswertung vorgesehen, aufgrund derer Sie bestimmte Veränderungen wählen und üben können.

Im Folgenden finden Sie einige Registrierübungen, Sie können sich aber auch selbst welche ausdenken und auf Lebensgebiete anwenden, die Sie genauer betrachten möchten.

17.1 Übung: Fragen zur Selbstanalyse: Bin ich (fast) im Burnout?

Vielleicht lesen Sie dieses Buch, weil Sie beunruhigt sind und wissen wollen, ob Sie zu viel Stress verarbeiten müssen oder bereits ausgebrannt sind. Vielleicht sind Sie in einem pflegenden oder seelsorgerischen Beruf tätig und wollen wissen, worauf Sie achten oder wonach Sie fragen müssen, um dahinterzukommen, welche Beschwerden Ihres Gegenübers stressabhängig sind und ob ein Anlass besteht, an ein Burnout zu denken. Lesen Sie die Checkliste mit Beschwerden und Verhaltensweisen durch und füllen Sie die Kästchen aus, wobei Sie Noten von 0 bis 3 vergeben:

0 = keine Beschwerden
1 = wenige Beschwerden
2 = erträgliche, aber störende Beschwerden
3 = starke Beschwerden.

Weil andere manche Dinge schärfer sehen, kann es sinnvoll sein, auch den Partner oder eine andere nahe stehende Person zu bitten, den Fragebogen für Sie auszufüllen, und das Resultat danach mit den eigenen Beobachtungen zu vergleichen.

Zählen Sie am Schluss die Punkte zusammen.
0–25: Machen Sie sich keine Sorgen. Sie leiden möglicherweise unter einigen Stresssymptomen. Versuchen Sie diesen gezielt entgegenzuwirken (siehe das Kapitel über Vorbeugung, Seite 247 ff.).
25–45: Aufpassen! Es gibt bei Ihnen zu viele Stressfaktoren und zu wenig entspannende Momente. Achten Sie auf Ihre Balance und versuchen Sie, sich mehr Zeit für Entspannung und schöne Dinge zu nehmen.
45–80: Sie befinden sich in der Gefahrenzone! Sie sind überarbeitet oder auf dem besten Weg, ins Burnout zu geraten. Teilen Sie Ihr Leben anders ein und beginnen Sie mit Entspannungsübungen. Sprechen Sie mit Ihrem Vorgesetzten, um möglicherweise ein Coaching zu bekommen.
80 und mehr: Sie haben (erhebliche) Burnout-Symptome.

338 Checkliste Stressbelastung

Körperliche Beschwerden

Meine Kondition lässt nach. ☐

Meine Widerstandskraft lässt nach.
Ich bin anfälliger für Erkältungen,
Grippe, Infektionen;
Wunden entzünden sich schnell. ☐

Ich leide unter stärkeren prämenstruellen
Beschwerden und/oder Orgasmus-
störungen/Potenzstörungen. ☐

Ich habe regelmäßig Kopfschmerzen. ☐

Mir ist manchmal schwindlig, oder ich
habe Schwindelanfälle. ☐

Ich leide unter Herzklopfen und/oder
Hyperventilation. ☐

Ich habe einen zu hohen Blutdruck. ☐

Ich habe Darm- und/oder Verdauungsprobleme, zum Beispiel Bauchschmerzen,
Blähungen, Nahrungsmittel-
unverträglichkeiten oder Durchfall. ☐

Ich leide an Magenschmerzen
und/oder Übelkeit. ☐

Ich habe Muskelkater und
schmerzende oder steife Gelenke. ☐

Ich habe RSI-Beschwerden
(beispielsweise Schmerzen im Nacken-
oder Schulterbereich, im Arm
oder in der Hand). ☐

Ich habe in letzter Zeit körperliche
Krankheiten entwickelt, oder diese
Krankheiten sind instabiler geworden:
Diabetes, erhöhter Cholesterinspiegel,
Schilddrüsenüber- oder -unterfunktion,
Herzbeschwerden. ☐

Summe: ☐

Vitalität

Ich fühle mich immer müde, sogar
wenn ich genügend geschlafen habe. ☐

Ich kann nur schwer einschlafen, schlafe
zu leicht und/oder werde nachts immer
wieder wach beziehungsweise wache
sehr früh morgens auf. ☐

Ich habe keine Lust mehr auf/keine Energie
mehr für Sex. ☐

Ich kann mich nicht mehr so gut
konzentrieren. Ich vergesse Termine.
Ich verlege immerzu irgendwelche Dinge. ☐

Ich habe Probleme mit dem Aufnehmen
und Behalten von Informationen. ☐

Ich bin sensibler für Eindrücke: Geräusche,
Licht, Gerüche usw. ☐

Ich habe das Gefühl, ständig unter
Spannung zu stehen; es gelingt mir nicht
mehr, mich zu entspannen. ☐

Ich ertappe mich bei zielloser Hyperaktivität; ich benehme mich wie ein
kopfloses Huhn. ☐

Ich habe angefangen, mehr Koffein, Nikotin,
Süßigkeiten, Schokolade oder Alkohol zu
konsumieren. Ich brauche Schlaf- und
Schmerzmittel, um den Tag zu überstehen. ☐

Ich habe weniger Zeit für meine Hobbys.
Ich verbringe mehr Stunden vor dem
Fernseher und/oder im Internet.
Ohne Druck schaffe ich nichts. ☐

Ich fühle mich nach einem Arbeitstag oder
nach Aktivität völlig erschöpft. ☐

Summe: ☐

Checkliste Stressbelastung   **339**

Erleben und Emotionen

Ich habe wenig Lust, etwas Schönes zu unternehmen.
Ich fühle mich regelmäßig matt und leer, trübe Gedanken
nehmen überhand. ☐

Ich fühle mich mehr als früher ängstlich und/oder leide unter
Angstträumen. ☐

Ich bin unzufrieden über meine Arbeit und/oder Lebenssituation. ☐

Ich bin regelmäßig frustriert über und wütend auf Menschen
in meiner direkten Umgebung. Ich empfinde regelmäßig Wut auf
beziehungsweise bin enttäuscht von Vorgesetzten und Kollegen. ☐

Ich komme nicht zu den Dingen, die ich erledigen muss.
Ich habe oft das Gefühl, zu versagen und nicht genug zu leisten.
Ich habe immer Angst, aufzufliegen. ☐

Ich habe bemerkt, dass ich oft emotional reagiere. Ich fühle
mich regelmäßig bereits durch kleine Dinge gereizt.
Ich bin labiler als früher. ☐

Ich werde häufiger in Konflikte und Auseinandersetzungen
hineingezogen, zum Beispiel zu Hause, im Straßenverkehr oder
an meiner Arbeitsstelle. ☐

Ich fühle mich regelmäßig macht- und perspektivlos in Bezug
auf meine Situation zu Hause und/oder an meinem Arbeitsplatz. ☐

Wenn ich über mich in meiner Situation nachdenke und über
all die Aufgaben, die auf mich warten, spüre ich, wie Panik
aufkommt. ☐

Ich fühle mich schuldig in Bezug auf all die Dinge, die ich
nicht schaffe. ☐

Ich versuche Probleme in zunehmendem Maße zu leugnen
oder zu vermeiden.
Ich bemerke, dass ich Situationen und Menschen aus dem Weg
gehe, um Konfrontationen oder Fragen auszuweichen. ☐

Ich fühle mich schnell durch andere verletzt und in meinen
Qualitäten nicht anerkannt. ☐

Summe: ☐

340 Checkliste Stressbelastung

Selbststeuerung und Motivation

Ich begeistere mich weniger für Dinge, für die ich mich früher engagiert habe. Ich bemerke, dass ich bei meiner Arbeit weniger motiviert bin.

Ich finde es schwieriger als früher, komplexe Situationen gut zu überschauen und zu beurteilen.

Ich bemerke, dass ich meine Tätigkeiten schlechter planen kann. Dadurch komme ich regelmäßig zu spät oder erscheine gar nicht zu Terminen.

Ich habe Probleme, Entscheidungen zu treffen, und wage es nicht, Risiken einzugehen. Ich stürze mich in Dinge, ohne zuvor das Für und Wider gut abzuwägen.

Ich kann nicht mehr flexibel und mit Humor reagieren.

Andere finden, dass ich krampfhaft an meinen Prinzipien festhalte.

Mir ist, als würde ich in einem klapprigen Auto Rennen fahren und kann weder die Bremse finden noch richtig steuern.

Trotz der Probleme und/oder körperlichen Signale mache ich weiter, sogar dann, wenn ich eigentlich zu müde dafür bin.

Ich finde mich selbst weniger kreativ als früher.

Ich erlebe mich häufiger als früher als zynisch und gleichgültig.

Ich beginne mein Selbstvertrauen zu verlieren, hege regelmäßig negative Gedanken über mich selbst.

Ich ertappe mich dabei, dass ich den Gedanken an den Tod als Lösung sehe. Ich habe manchmal Selbstmordgedanken oder -pläne.

Summe: ☐   Gesamtsumme: ☐

17.2 Übung: Aktiv zur Ruhe kommen – Aufgaben trennen

Gibt es bei Ihnen zu Hause oder an Ihrem Arbeitsplatz gewisse Aufgaben, die eigentlich dringend erledigt werden müssen, die Sie jedoch immer wieder vertagen, weil Sie nicht die Energie dazu aufbringen können (Rechnungen bezahlen, Altpapier wegbringen, Knöpfe annähen, den Ölstand des Wagens kontrollieren, mit Ihrem Kind zum Friseur gehen, die Decke des Badezimmers streichen usw.)? Weil Sie diese Dinge immer hinausschieben, drängen sie sich Ihnen immer stärker auf, sie geistern durch Ihren Kopf, hindern Sie am Einschlafen und erzeugen permanente Unruhe und Spannung an der Grenze Ihres Bewusstseins. Folgende Übung kann Ihnen helfen, hier die nötigen Entscheidungen zu treffen.

Ziele sind:
- dass Sie damit aufhören, darüber nachzugrübeln, was alles noch getan werden muss, von Ihnen jedoch jeden Tag nicht getan wird,
- dass Sie bewusste Entscheidungen für Tätigkeiten treffen,
- dass Sie Dinge delegieren.

- Fertigen Sie eine Aufstellung aller Aufgaben und Tätigkeiten an, die Sie eigentlich tun müssten, die Ihnen aber unlieb sind und/oder die Sie immer wieder hinausschieben oder über die Sie stets nachgrübeln.
- Hängen Sie diese Liste drei Tage lang irgendwo auf und ergänzen Sie sie, wenn Ihnen weitere Punkte einfallen.
- Nach einigen Tagen können Sie die Liste überprüfen. Nehmen Sie sich richtig Zeit dafür.

- Nehmen Sie drei neue Blätter und geben Sie ihnen folgende Überschriften:
  A Dinge, die ich teilweise oder ganz anderen übertragen kann oder die eigentlich überhaupt nicht erledigt werden müssen
  B Dinge, die ich selbst erledigen muss, aber nicht sofort
  C Dinge, die nur von mir erledigt und nicht hinausgeschoben werden können.

342   Sich selbst wahrnehmen: Registrierübungen

- Verteilen Sie die Aufgaben und Tätigkeiten der ersten Liste in diese drei Kategorien.
- Im Laufe der darauf folgenden Woche arbeiten Sie mit diesen drei Blättern – es braucht nicht alles auf einmal erledigt zu werden! Entscheiden Sie selbst, wie lange Sie pro Tag daran arbeiten wollen, es sollte nicht mehr als eine Stunde sein, und hören Sie dann auf. Lassen Sie die Sache dann ruhen bis zum nächsten Tag.

Arbeiten mit Liste A:
Dinge, die ich teilweise oder ganz anderen übertragen kann oder die eigentlich überhaupt nicht erledigt werden müssen.

Schritt 1: • Bedenken Sie für jede Aufgabe von Liste A, wem Sie sie übertragen könnten und wie und wann Sie die betreffende Person fragen werden.

Schritt 2: • Fragen Sie diese Personen, ob sie bereit sind, die entsprechenden Aufgaben für Sie zu erledigen. Vielleicht bekommen Sie manchmal ein Nein zu hören; lassen Sie sich dadurch nicht entmutigen, fragen Sie jemand anderen.

- Übergeben Sie die Dinge dem oder den anderen.
- Falls Sie zu müde sind, das selbst zu tun, können Sie jemand anderen bitten, Ihnen zu helfen, es zu organisieren, das heißt beispielsweise für Sie anzurufen oder eine E-Mail zu schreiben.

Arbeiten mit Liste B:
Dinge, die ich selbst erledigen muss, aber nicht sofort.

Schritt 1: • Legen Sie für jede Aufgabe von Liste B einen konkreten zeitlichen Rahmen für die Verschiebung fest (ein Monat, ein halbes Jahr, ein Jahr) und notieren Sie diesen dann auf der Liste.

- Teilen Sie anderen, die mit diesen Aufgaben zu tun haben, mit, dass Sie sie verschieben. Sollte es zu kompliziert sein,

Aktiv zur Ruhe kommen – Aufgaben trennen **343**

darüber direkt zu kommunizieren, schreiben Sie einen Zettel oder eine E-Mail. Bitten Sie notfalls jemand anderen, dies für Sie zu tun.

Schritt 2: • Schreiben Sie Folgendes groß und deutlich unten auf die Liste:»Über diese Aufgaben werde ich mir nicht mehr den Kopf zerbrechen, bis der Termin erreicht ist.«

• Erteilen Sie sich selbst die Erlaubnis, diese Dinge wirklich zu verschieben.

• Lesen Sie die Liste noch einmal durch und fällen Sie die bewusste Entscheidung, diese Tätigkeiten wirklich loszulassen.

Schritt 3: • Legen Sie die Liste in eine Schachtel und verstauen Sie sie an einer bestimmten Stelle. Schreiben Sie den Termin, wann die Aufgaben erledigt sein sollen, in Ihren Kalender und legen Sie eine Zeit fest, zu der Sie wieder auf die Liste schauen wollen. (Notieren Sie sich gegebenenfalls auch, wo Sie die Liste aufbewahren).

• Wenn Sie zwischendurch feststellen, dass Sie doch wieder anfangen, sich den Kopf zu zerbrechen, dann denken Sie an Ihren Entschluss und die Liste, die an einer ganz bestimmten Stelle liegt, bis die Zeit dafür gekommen ist. Lassen Sie die Sache los.

Schritt 4: • Holen Sie die Liste beim (ersten) Termin hervor und beschließen Sie aufs Neue, welche Aufgaben Sie erledigen können, welche eventuell ein weiteres Mal verschoben werden können und welche nicht mehr aktuell sind.

Arbeiten mit Liste C:
Dinge, die nur von mir erledigt und nicht hinausgeschoben werden können.

Schritt 1: • Überprüfen Sie Liste C und besprechen Sie eventuell mit Ihrem Partner, mit Familienmitgliedern, Kollegen oder Coach, welche Maßnahmen Sie ergreifen können, um die Aktivitäten, die Sie in Kürze (und vor allem selbst) erledigen wollen, weniger belastend zu gestalten.

344 Sich selbst wahrnehmen: Registrierübungen

Schritt 2: • Stellen Sie einen Zeitplan in Form eines übersichtlichen und nicht zu vollen Wochenplans auf, der die Aufgaben, die Sie wirklich erledigen wollen, enthält. Erledigen Sie dann diese Aufgaben, doch halten Sie Maß: Nehmen Sie sich vor, ein bis zwei pro Tag abzuarbeiten. Notieren Sie diese Aktivitäten beim entsprechenden Datum in Ihrem Kalender, eventuell auch Teilaufgaben, sodass Sie eine Übersicht erhalten.

Schritt 3: • Machen Sie in Ihren Terminkalender einen deutlichen goldenen Haken oder notieren Sie eine entsprechende Bemerkung, wenn Sie die Aufgabe erledigt haben. Gönnen Sie sich eine schöne Belohnung, wenn Sie bestimmte schwierige oder unangenehme Aufgaben, die Sie immer wieder verschoben haben, schließlich doch bewältigt haben.

Schritt 4: • Wenn Sie bemerken, dass etwas nicht zu schaffen ist, reduzieren Sie die Belastung, holen Sie sich Hilfe und schreiben Sie die Aufgaben nachträglich in Liste A.

Diese Übung können Sie von Zeit zu Zeit wiederholen.

17.3 Übung: Überprüfung von Energie und Lebensstil

Diese Übung ist zu empfehlen, wenn Sie im Begriff sind, ein Burnout zu erleiden, aber noch nicht völlig ausgebrannt zu Hause sitzen, oder wenn Sie sich wieder in der Aufbauphase auf dem Weg zu einem normalen Leben befinden.

- Machen Sie sich eine Woche lang Notizen über Stress und Entspannung. Nehmen Sie dazu ein Notizbuch, das Sie den ganzen Tag über in Ihrer Jacke oder Ihrer Tasche bei sich tragen können. Nehmen Sie pro Tagesabschnitt zwei Seiten und schreiben Sie auf die linke Seite angenehme Momente, Augenblicke der Ruhe und der Entspannung und auf die rechte Seite die Momente mit Hektik, Hass, Irritation und Stress. Schreiben Sie diese Dinge sofort auf und warten Sie nicht bis zum Abend.
- Ziehen Sie für jeden Tagesabschnitt Bilanz, indem Sie auf der linken Seite eine Note dafür vergeben, in welchem Maße Sie sich entspannt gefühlt haben, und auf der rechten eine Note für das Ausmaß, wie gestresst Sie waren. Betrachten Sie, ob diese Bilanz für Sie im Gleichgewicht ist.
- Wenn die Bilanz nicht ausgeglichen ist, überlegen Sie, an welcher Stelle Sie etwas ändern könnten. Handelt es sich vor allem um Dinge auf der Entspannungsseite, die Sie hinzufügen könnten, oder gibt es Dinge auf der Stressseite, die vermeidbar wären? Es kann durchaus sein, dass Sie nicht so sehr etwas hinzufügen oder streichen müssen, sondern sich darin üben müssen, dasselbe in anderer Weise zu tun.

Nachfolgend finden Sie ein Beispiel: In der dort beschriebenen Situation könnte die betreffende Person folgende Entschlüsse fassen:
- Es gibt diverse Dinge, die einfach geregelt werden müssen. Dafür schaffe ich Raum, statt mich immer davon frustrieren zu lassen, dass ich eigentlich bestimmte Arbeiten geplant hatte, zu denen ich dann nicht komme.
- Auch wenn ich zu spät im Schwimmbad ankomme, freue ich mich dennoch über die Kinder und knüpfe nette Gespräche mit anderen Eltern an.

346   Sich selbst wahrnehmen: Registrierübungen

Montagvormittag

Momente der Ruhe

Heute Nacht gut geschlafen.

7.10   Langsam aufgewacht, Tasse Tee im Bett, mich angekleidet.

8.30   In aller Ruhe zur Arbeit geradelt, schönes Wetter.

10.45–11.00   Kaffee getrunken und die Vögel im Garten beobachtet.

12.30–13.15   Nette Mittagspause und kurzer Spaziergang mit Anneliese, sie hörte sich meine Frustrationen an und machte Späße.

Bewertung: 2–3

Anstrengende und stressbelastete Momente

6.30   Hochgefahren, weil der Wecker meines Partners klingelte, aber dann wieder eingeschlafen.

7.30   Frühstück mit den Kindern, dafür sorgen, dass sie ein Pausenbrot mitnehmen und rechtzeitig in die Schule kommen.

8.45–10.45   Viel organisatorischer Kram, Anrufe, komme nicht wirklich zu dem, was ich eigentlich tun wollte heute Morgen. Frustration!

11.00–12.30   Schwierige Reorganisations-Sitzung, Chef gestresst, ich ärgere mich über seine Gesprächsleitung und bin aufgeregt. Ich mache mir Sorgen darüber, wie es mit unserer Abteilung weitergehen wird.

Bewertung: 2

Donnerstagnachmittag

Momente der Ruhe

14.00   Gute Team-Besprechung mit Peter, viel gelacht.

18.30   Wir kommen nach Hause, es riecht gut, das Essen ist schon fertig, und jeder hat gute Laune.

Bewertung: 3

Anstrengende und stressbelastete Momente

15.00   Schnell alles fertig machen und etwas früher nach Hause, weil ich mit Laura zum Zahnarzt muss. Ich muss sie antreiben, gerade noch rechtzeitig zur Tür hinaus mit dem ängstlichen Kind.

16.00   Volles Wartezimmer, Zahnarzt hat Verspätung, es ärgert mich, dass ich jetzt warten muss und hinterher nicht rechtzeitig zurück bin, um Tim zum Schwimmunterricht zu bringen.

17.15   Tatsächlich zu spät, muss stark in die Pedale treten, verärgerte Sportlehrerin kanzelt Tim ab, der gar nichts dafür kann, fühle mich schuldig und wütend.

Bewertung: 1

17.4 Test: Wie stark saugt der Bildschirm?

Viele Jugendliche, aber auch Erwachsene, sind bildschirmsüchtig. Es kann sein, dass Sie Abend für Abend vor dem Fernseher sitzen, sich durch die Programme zappen oder nicht mehr aufhören können, im Internet zu surfen oder irgendwelche Computerspiele zu spielen. Sie können sich nicht mehr vom Bildschirm lösen, verbringen viele Stunden täglich davor und gehen viel später zu Bett, als Sie ursprünglich wollten. Häufig entstehen solche Muster schleichend, und wir sind uns ihrer nicht bewusst. Die folgende Übung dient dem Zweck, zu überprüfen, inwieweit der Fernseher, der Computer oder eine andere Art von Bildschirm Sie im Griff hat.

- Halten Sie eine Woche lang schriftlich fest, wie viele Stunden Sie vor den Bildschirmen verbringen, sei es am Fernseher oder am Computer (Spiele, Surfen, E-Mails, Facebook, Chatten).
- Notieren Sie die Anfangs- und Endzeit auf einem Zettel, den Sie neben den Fernseher oder Ihren Computer legen. Tun Sie dies sofort und warten Sie nicht damit, sonst erhalten Sie ein verzerrtes Bild.

Fragen zum Nachdenken

- Reagieren Sie gereizt, wenn Sie nicht fernsehen, mailen, simsen usw. können?
- Zappen Sie viel und geraten Sie einfach so in irgendwelche Sendungen, bei denen Sie dann »hängen bleiben«?
- Bestimmen Sie selber vorher, was Sie sehen oder tun wollen, oder gleiten Sie von einem Programm ins andere oder von einer Website zur nächsten, ohne dass Sie sich vorher wirklich dafür entschieden haben?
- Wer hat das Sagen, Sie oder der Computer beziehungsweise Fernseher?
- Können Sie mit Spielen oder Surfen aufhören, wenn Sie einmal angefangen haben?
- Sind Sie anderen gegenüber ehrlich in Bezug auf die Menge an Zeit, die Sie vor dem Fernseher oder Computer verbringen, und das, was Sie in dieser Zeit wirklich tun?

348 Sich selbst wahrnehmen: Registrierübungen

- Versuchen Sie einmal, auf einen Fernsehabend oder eine Internet-Sitzung zurückzublicken. Wie fühlen Sie sich – im Kopf, im Körper, welche Art von Gefühlen und Impulsen spüren Sie? Was haben Sie gesehen, wie denken Sie jetzt darüber, wie wichtig war es, rückblickend, diese Sendungen gesehen zu haben?
- Versuchen Sie auch einmal, am Ende einer Woche zurückzublicken. Können Sie sich daran erinnern, was Sie alles gesehen haben? Welche Sendungen sind bei Ihnen »hängen geblieben« und welche haben sich in Ihrer Erinnerung wie Schnee unter der Sonne aufgelöst? Was hat der Fernseher Ihnen in dieser Woche an Entspannung oder Spannung, an Befriedigung, Entwicklung gebracht? Wie wichtig ist das aktuell in Ihrem Leben?
- Wie viel Zeit würden Sie gewinnen, wenn Sie den Fernseher vor die Tür stellen würden, und wie viele wesentliche Dinge würden Sie verpassen?
- Wie viel Zeit würden Sie gewinnen, wenn Sie Ihren Computer eine Weile lang nicht benutzen würden, und wie viele wesentliche Dinge würden Sie nicht tun beziehungsweise versäumen?
- Würden Sie in der gewonnenen Zeit etwas anderes zur Entspannung tun, zum Beispiel ein Gespräch führen, etwas lesen, etwas Soziales, Kulturelles, Künstlerisches unternehmen, vielleicht aber auch schlafen?

- Versuchen Sie einmal, eine Woche ohne Fernsehen und Computer zu leben, achten Sie darauf, was Sie mit der Zeit anfangen, die Sie dadurch zur Verfügung haben. Fühlen Sie sich anders? Und wenn ja, wie?
- Legen Sie fest, wie viel Zeit pro Tag Sie vor dem Fernseher und am Computer verbringen wollen, und halten Sie sich daran.
- Versuchen Sie, um die Auswirkungen der Bildschirme zu kompensieren, jeden Tag Zeit frei zu machen, in der Sie ganz bewusst Natureindrücke oder Kunst aufnehmen und eigene innere Bilder hervorbringen.

18 Übungen für die Lebenskräfte: Inneres Wahrnehmen und Aufbau der Lebenskräfte

18.1 Übung: Bewusstwerdung der Auswirkungen von Stress und guten Erinnerungen auf den Körper

Beginnen Sie mit einer kurzen Erdungsübung (siehe auch Seite 324 ff.).

- Schließen Sie die Augen. Stellen Sie den Kontakt mit Ihrem Herzen her, atmen Sie ein paarmal auf Ihr Herz zu.
- Machen Sie sich Ihren Körper bewusst und nehmen Sie wahr, ob und wo Sie eine Spannung spüren beziehungsweise eine Entspannung.
- Rufen Sie sich jetzt, ohne die Augen zu öffnen, eine Situation in die Erinnerung, die noch nicht allzu lange zurückliegt, in der Sie sich angespannt, wütend oder ängstlich fühlten. Greifen Sie am besten eine ganz normale Alltagssituation heraus. Einige Beispiele: Sie mussten sich extrem abhetzen und befürchteten, zu spät zu kommen; Sie regten sich im Straßenverkehr auf; Sie bekamen Ihre Arbeit nicht fertig; jemand hat Sie unfreundlich behandelt; Sie waren wütend auf Ihren Partner oder die Kinder. – Jede Situation, in der Sie Anspannung, Gereiztheit oder Angst spürten, eignet sich für diese Übung. Stellen Sie sich die Situation so konkret und lebendig wie möglich vor.
- Leben Sie sich aufs Neue in die Situation ein. Was sahen Sie, was hörten Sie, wie roch es damals? Was fühlten Sie? Leben Sie noch einmal einige Minuten in dieser unangenehmen Situation.
- Lenken Sie Ihre Aufmerksamkeit jetzt wieder auf Ihren Körper und nehmen Sie wahr, was Sie fühlen. Wo gibt es eine Spannung, was geschieht mit Ihrer Konzentration, Ihren Gedanken und Gefühlen?
- Registrieren Sie dies und schreiben Sie es kurz auf.

- Tun Sie nun dasselbe mit einem noch nicht allzu lange zurückliegenden Ereignis, bei welchem Sie sich glücklich, dankbar und/oder voller Liebe fühlten. Machen Sie sich auch dazu kurze Notizen.

350 Übungen für die Lebenskräfte

- Beenden Sie die Übungen und betrachten Sie, was Sie wahrgenommen haben. Worin besteht der Unterschied? Machen Sie sich die Auswirkungen der von Ihnen selbst hervorgerufenen Erinnerungen auf Ihren Körper bewusst. Werden Sie sich über den Effekt alltäglichen Ärgers auf Ihren Körper klar. Und auch darüber, wie Sie Ihren Körper zur Entspannung bringen können, indem Sie bewusst positive Bilder und Erinnerungen aufrufen.

18.2 Übung: Energieleck

Schritt 1: Setzen Sie sich in Schlafanzug und Socken in einen bequemen Stuhl in einem warmen Zimmer. Machen Sie eine kurze Entspannungsübung (siehe beispielsweise Seite 326 ff.). Halten Sie die Augen geschlossen und konzentrieren Sie sich auf Ihren Körper. Formen Sie mit Ihren Händen flache Schalen und tasten Sie damit, etwa einen Zentimeter von der Hautoberfläche entfernt, Ihren Körper ab. Sie berühren sich also nicht, aber Sie spüren durchaus Unterschiede in der Wärme sowie die unterschiedliche »Ausstrahlung« an bestimmten Körperstellen. Lassen Sie sich dabei Zeit und nehmen Sie sorgfältig wahr, welche Stellen empfindlich oder kühl sind. Prüfen Sie, ob Sie spüren können, an welcher Stelle Ihres Körpers Sie Energie verlieren.

Schritt 2: Legen Sie dann Ihre Hände auf diese Stellen und spüren Sie, wie dies Schutz bietet. Lassen Sie Ihre Hände dort eine Weile liegen, schützen und wärmen Sie sich selbst. Fühlen Sie, wie es ist, wenn Sie diese empfindlichen Stellen abdecken, stützen, stärker abschließen.

Schritt 3: Wenn Sie diese sensiblen Stellen wahrgenommen haben, können Sie ihnen eine Woche lang besondere Aufmerksamkeit zukommen lassen und sich schützen, beispielsweise durch zusätzliche Kleidungsstücke, einen Schal oder einen Hut, den sie aufsetzen. Dasselbe erreichen Sie, indem Sie die betreffenden Stellen dünn mit einem entspannenden und schützenden ätherischen Öl wie zum Beispiel Lavendel- oder

Rosenöl einreiben, eventuell in Kombination mit einer Salbe (beispielsweise Aurum Lavandula comp. Salbe von Weleda), oder mit Solum-Uliginosum-Öl beziehungsweise Torföl. Dies hilft Ihnen, Ihre Energie besser festzuhalten und sich abzugrenzen.

Sie können die Wirkung noch durch eine passende Affirmation verstärken (siehe Seite 364 ff.), die Sie aussprechen, während Sie die Salbe oder das Öl auf die entsprechenden Stellen auftragen.

Schritt 4: Notieren Sie während einer weiteren Woche, in welcher Situation und an welcher Stelle Ihres Körpers Sie spüren, dass Ihre Energie wegfließt, und wie es ist, sich dagegen selbst zu schützen. Was hilft Ihnen? Sie können beispielsweise mit dem Abstand experimentieren, den Sie anderen gegenüber einhalten. Wenn Sie spüren, dass Sie Energie verlieren, wenn diese Ihnen zu nahe kommen, vergrößern Sie den Abstand oder stellen Sie beispielsweise während eines Gesprächs einen Tisch oder einen anderen Gegenstand zwischen sich und den anderen.

Entscheiden Sie am Ende der Woche, ob Sie manche dieser schützenden Maßnahmen weiter in Ihr Leben integrieren wollen, und nehmen Sie ab und zu eine Bestandsaufnahme vor.

18.3 Übung: Energiebalance

Für diese Übung benötigen Sie eine Dreiviertelstunde, in der Sie ungestört sind.

Was Sie brauchen:
- Buntstifte oder eine Schachtel Pastellkreiden. Verwenden Sie am besten die flache Seite der Kreide oder schraffieren Sie mit dem Buntstift (als Hilfe, nicht zu »zeichnen«)
- drei Blätter Papier (DIN A4) und eventuell noch etwas, worauf das Papier gelegt werden kann.

352 Übungen für die Lebenskräfte

Die Übung wirkt am besten, wenn Sie nicht neugierig vorausspicken, sondern sie Schritt für Schritt absolvieren. Lesen Sie also den jeweils nächsten Schritt nicht, bevor Sie den vorangehenden erledigt haben. (Tipp: Lesen Sie jeden Schritt ganz durch, bevor Sie sich an die Ausführung begeben.)

Schritt 1: • Nehmen Sie sich zunächst fünf Minuten Zeit für eine kurze Erdungs- oder Entspannungsübung, wodurch Sie sich bewusst mit Ihrem Körper verbinden. Möglicherweise haben Sie eine persönliche Methode, wie Sie dies tun, Sie können dafür aber auch eine der beschriebenen Basisübungen verwenden (siehe Seite 324 ff.).

Schritt 2: • Nehmen Sie ein Blatt Papier, eventuell mit einer Unterlage, und die Buntstifte oder Pastellkreiden. Lenken Sie Ihre Aufmerksamkeit auf Ihre häusliche Situation, Ihr Privatleben: den Ort, wo Sie wohnen (Haus, Garten, Umgebung), Freizeitaktivitäten, Aufgaben, Ihren Lieblingsort, Ihre Familie, unerledigte Dinge, die auf Sie warten, Dinge, die Sie noch tun wollten. Statt sich den Kopf zu zerbrechen, sollten Sie darüber eher »träumend nachsinnen«, etwa so, als würden Sie quasi wie im Traum durch Ihr Leben spazieren. Lassen Sie die Atmosphäre bei sich zu Hause auf sich wirken, lenken Sie Ihre Aufmerksamkeit sowohl auf die Dinge, die Sie als positiv erfahren, wie auch auf diejenigen, die Sie problematisch finden oder die Ihnen zu schaffen machen.

• Währenddessen greifen Sie immer wieder zum Stift, ganz spontan, ohne dabei nachzudenken, und lassen Sie ihn (mit der flachen Seite!) auf dem Papier seinen Weg nehmen (mit offenen Augen). Bilden Sie sich keine Vorstellungen, versuchen Sie nicht, etwas zu »zeichnen«. Versuchen Sie vor allem nicht, etwas »Schönes« zustande zu bringen. Schmecken und riechen Sie gewissermaßen die Atmosphäre dessen, was in Ihnen aufsteigt, und lassen Sie die Farben auf dem Papier spielen und dem Ausdruck verleihen, worauf Ihre Aufmerksamkeit in diesem Moment gerichtet ist.

Energiebalance **353**

- Immer wenn ein anderer Aspekt Ihrer häuslichen Situation in Ihr Blickfeld tritt, greifen Sie, ohne lange darüber nachzudenken, nach einer neuen, passenden Farbe und lassen diese sich auf dem Papier aussprechen.
- Nehmen Sie sich dafür fünf bis zehn Minuten.

Schritt 3:
- Betrachten Sie nun, was entstanden ist, blicken Sie auf die verschiedenen Aspekte Ihres Privatlebens, die sichtbar geworden sind.
- Fragen Sie sich, wie es damit steht: Welche Dinge geben und welche nehmen Ihnen Energie? Ziehen Sie die Energiebilanz dieses Teils Ihres Lebens (dafür können Sie nachstehende Tabelle verwenden).
- Notieren Sie die einzelnen Aspekte Ihres Privatlebens. Deuten Sie durch ein Kreuzchen in der richtigen Spalte an, welche Dinge Ihnen Energie nehmen und welche Ihnen Kraft geben. Die meisten können sowohl Energie kosten als auch schenken; in diesen Fällen sollten Sie prüfen, ob sie mehr geben als nehmen oder umgekehrt. Tun sie beides in gleichem Maße, dann sind sie »energieneutral«; Sie können dann ein Kreuzchen in beide Spalten schreiben.
- Legen Sie Ihre Zeichnung zur Seite.

Schritt 4:
- Lösen Sie sich einen Moment lang völlig von Ihrer häuslichen Sphäre und greifen Sie zum zweiten Blatt. Führen Sie nun denselben Vorgang mit Ihrer Arbeitssituation durch.
- Spazieren Sie in Gedanken durch Ihren Arbeitstag: den Weg dorthin, die Kollegen, Termine, Aufgaben, Begegnungen, Telefongespräche, die sozialen Aspekte, Engpässe, Erwartungen, den Arbeitsdruck, die Räume, in denen Sie arbeiten ... Nehmen Sie die Atmosphäre an Ihrem Arbeitsplatz wahr und machen Sie sie mit den Farben auf Ihrem Blatt sichtbar.
- Nehmen Sie sich dafür wiederum fünf bis zehn Minuten Zeit.

Schritt 5:
- Benutzen Sie die zweite Tabelle, um die Energiebilanz Ihrer Arbeitssituation zu ziehen.

354   Übungen für die Lebenskräfte

Schritt 6: • Greifen Sie jetzt wieder zum ersten Blatt. Vergessen Sie einen Moment lang, wie das Bild, das Sie da sehen, entstanden ist, und achten Sie nur darauf, was Sie auf dem Papier erblicken: die Verbindungen der Farben, den Kontrast, die Bewegung. Wie sieht das als Ganzes aus?

• Stellen Sie sich die Frage, was diese Zeichnung von Ihnen will, was notwendig ist.

Vielleicht fehlt eine bestimmte Farbe, oder Sie verspüren vielleicht das Bedürfnis nach mehr (oder gerade weniger) Kontrast, Tiefe oder Bewegung. Vielleicht überwiegt ein bestimmter Bereich, oder etwas kommt nicht wirklich zu seinem Recht. Möglicherweise erfahren Sie zu viel oder zu wenig Himmel oder Boden, Verbundenheit, Substanz, Struktur ... Betrachten Sie, welche Frage in dieser Zeichnung liegt und ob Sie darauf eingehen können, indem Sie etwas ändern oder hinzufügen.

• Dann verweilen Sie kurz bei dem, was Sie erreicht haben.

Welche Veränderung ist es, die Sie an Ihrer häuslichen Situation vorgenommen haben? Welche Qualität haben Sie hinzugefügt oder verändert? Versuchen Sie, auch dies für sich selbst zu formulieren. Notieren Sie ein paar Stichworte.

Schritt 7: • Lösen Sie sich von Ihrer Zeichnung und nehmen Sie wieder das zweite Blatt. Führen Sie dasselbe mit dem Bild Ihrer Arbeitssituation durch.

Schritt 8: • Schreiben Sie für sich selbst einige Sätze zu folgenden Themen auf:

– Wie steht es mit der Energiebalance
 (zu Hause und/oder am Arbeitsplatz)?

– Welche Änderungen haben Sie darin vorgenommen?

– Was bewirken diese Änderungen für Ihre Energiebilanz?

Versuchen Sie, diese Übung in konkrete Änderungen zu Hause oder an der Arbeitsstelle umzusetzen.

Angenehme Dinge tun **355**

Die Energiebilanz im Privatleben

Aspekte meines Privatlebens	gibt mir Energie	nimmt mir Energie
....	....	....
....	....	....
....	....	....

Die Energiebilanz am Arbeitsplatz

Aspekte der Arbeit	gibt mir Energie	nimmt mir Energie
....	....	....
....	....	....
....	....	....

18.4 Übung: Angenehme Dinge tun

Kochen Sie sich einen leckeren Tee, setzen Sie sich hin und nehmen Sie sich einmal richtig Zeit. Sorgen Sie dafür, dass Sie nicht gestört werden. Vielleicht legen Sie eine schöne Musik auf und tun etwas, wodurch Sie zur Ruhe und zu sich selbst kommen. Lassen Sie Bilder von Tätigkeiten in sich aufsteigen, die Ihnen gefallen oder gefielen, als Sie noch Energie und Zeit dafür hatten. Vielleicht malen Sie gerne, arbeiten gern im Garten, gehen gern spazieren oder tanzen oder lesen Gedichte. Stellen Sie sich selbst lebendig vor, wie Sie dabei sind, diese Dinge zu tun, und benutzen Sie dafür Ihre guten Erinnerungen. Sie stellen sich also sich selbst beim Malen oder Spazierengehen vor und fühlen dann, was mit Ihrer Energie und Ihrer Stimmung geschieht. Manchmal erzeugt bereits das Aufrufen der Atmosphäre, die mit diesen Tätigkeiten verbunden ist, ein angenehmes Gefühl. Wählen Sie eine oder mehrere

Aktivitäten aus und nehmen Sie sich vor, möglichst je eine Stunde an zwei Tagen in der kommenden Woche damit zu verbringen. Wählen Sie auch ein paar kleine Dinge aus, die Sie jeden Tag fünf Minuten lang tun können.

Vielleicht denken Sie jetzt: Ja, aber dafür habe ich im Moment überhaupt keine Energie. Dennoch kann es sinnvoll sein, sich darüber hinwegzusetzen und etwas auszuwählen und einfach zu tun.

- Planen Sie den Zeitpunkt sorgfältig.
- Es kann sinnvoll sein, Ihrem Partner und den anderen Familienmitgliedern zu erklären, warum diese Aktivität für Sie wichtig ist.
- Bitten Sie sie, Sie dabei zu unterstützen oder jedenfalls Ihren Wunsch zu respektieren – sie sollten Sie in solchen Momenten also nicht stören oder Ihre Aufmerksamkeit beanspruchen.
- Wenn Sie die Vorbereitung zu viel Energie kostet, dann bitten Sie jemanden, Ihnen zu helfen.
- Manchmal ist es eine Hilfe, sich mit jemandem abzusprechen, um beispielsweise gemeinsam schwimmen oder spazieren zu gehen.
- Es kann durchaus auch sinnvoll sein, eine Zeit einzuplanen, in der Sie mit sich allein sind: in der Sie für einige Minuten »einfach so« Ihre Lieblingsmusik hören oder alleine durchs Zimmer tanzen, während niemand Sie sieht oder hört.

Führen Sie die gewählten Tätigkeiten aus und machen Sie danach eine kleine Energiebilanz-Übung. Achten Sie dabei darauf, unter welchen Umständen und in welchen Momenten Ihre Energie verstärkt wurde oder aber wegströmte. Denn es Ihnen hilft, machen Sie sich Notizen. Häufig ist ein Teil dessen, was Sie tun, aufbauend, und ein anderer hat die gegenteilige Wirkung. So kann es beispielsweise sein, dass die Aktivität, die Sie ausgewählt haben, durchaus schön ist, aber die Ausführung zu anstrengend wurde (Sie haben einen zu großen Spaziergang gemacht) oder Sie nicht zur rechten Zeit aufgehört haben (Sie wollten zu viele Bahnen schwimmen oder zu lange malen). Es ist häufig sehr schwierig, genau zu spüren, wann der Punkt erreicht ist, wo es genug ist und die aufbauende Wirkung in eine abbauende (ermüdend, zu lange oder zu viel) umschlägt.

Wenn Sie diese Übung auch auf den seelischen Bereich anwenden wollen, können Sie versuchen, einmal auf die unterschiedlichen Selbste zu achten (siehe Seite 146 ff.). Der »Atlas« sagt zum Beispiel, dass Sie nichts für sich selbst tun dürfen und jetzt schon gar nicht, wo Sie den anderen ohnehin kaum gerecht werden können. Oder Sie wollen spazieren gehen und der »Schuldige« befürchtet stets, Sie könnten jemandem aus Ihrer Firma begegnen – was wird der wohl denken, wenn Sie nicht zu Hause sitzen und Trübsal blasen, sondern »einfach so« etwas Schönes unternehmen (während alle anderen sich abrackern)? Oder der »Perfektionist« in Ihnen mahnt, dass Sie, wenn Sie schon malen, dies besonders schön tun müssen; und der »Sklaventreiber« ruft, dass Sie, wenn Sie Energie zum Tanzen haben, genauso gut auch nützliche Dinge tun können; und der »Kritiker« findet, dass Sie ja ohnehin nichts Rechtes zustande bringen ...

Es kann dann hilfreich sein, bewusst andere Teilpersönlichkeiten einzubeziehen. Lassen Sie den Bonvivant in Ihnen einmal so richtig genießen, und erlauben Sie dem Eremiten die dringend benötigte Ruhe.

Was Sie auch wählen, versuchen Sie, es auf die Energie abzustimmen, die Ihnen jetzt zur Verfügung steht. Machen Sie sich Mut durch Dinge, die gelungen sind und die Sie genießen konnten. Rufen Sie sich zum Beispiel vor dem Schlafengehen noch einmal das Bild des schönen Vogels, den Sie sahen, vor Augen, oder sich selbst, als Sie so herrlich durchs Zimmer tanzten.

Blicken Sie am Ende dieser Woche auf das zurück, was Sie getan haben, die kleinen Dinge, aber auch die größeren Aktivitäten, und überlegen Sie sich weitere für die kommende Woche. Versuchen Sie regelmäßig und möglichst täglich solche kleinen Geschenke in Ihren Tagesablauf und Ihre Woche einzuplanen.

18.5 Test: Verborgene Energiefresser

Manche Menschen sind besonders empfindlich für Hintergrundgeräusche, elektromagnetische Felder (beispielsweise von technischen Geräten wie Computer, Telefon und Lampen) oder bestimmte Arten von künstlichem Licht, Sende- oder Empfangsgeräten.

358 Übungen für die Lebenskräfte

Unsere Umgebung ist voller Hintergrundgeräusche und Maschinenlärm. Das Summen der Klimaanlage, die ratternde Waschmaschine, Radios, Nachbarn, Straßenverkehr, Baustellen oder Flugzeuge am Himmel über uns – sie alle können zu Stressquellen werden, deren wir uns wenig bewusst sind, aber denen wir unseren Körper jeden Tag aufs Neue aussetzen. Auch bestimmte Lampen und zu viel Licht in der Nacht können unseren Schlaf stören und bei manchen Menschen eine versteckte Quelle von Anspannung und Stress darstellen.

Achten Sie einmal darauf, wie viele solcher verborgenen Energiefresser sich in Ihrer Arbeitsumgebung und bei Ihnen zu Hause angesammelt haben – und auch darauf, ob Sie sich besser fühlen, wenn manche summenden und brummenden Geräusche, bestimmte Sender oder Lampen usw. nicht in Ihrer Nähe sind. Können Sie Ihre eigene Umgebung in dieser Hinsicht verbessern? Wie steht es mit der Luftqualität in Ihrem Haus und an Ihrem Arbeitsplatz? Reicht die Frischluftzufuhr?

Ist es Ihnen möglich, bewusst Orte aufzusuchen oder zu schaffen, wo die Umgebung gesundend auf Sie wirkt und wo solche Störungen fehlen?

18.6 Test: Schlafen Sie genug?

Zu wenig schlafen zu können hängt häufig damit zusammen, dass wir nicht loslassen können. Außerdem sind wir so an wenig Schlaf gewöhnt, dass es uns schwerfällt, eindeutig zu sagen, wie viele Stunden wir eigentlich davon bräuchten, um keine Defizite aufkommen zu lassen.

Es kann also sein, dass es uns schwerfällt, den Arbeitstag loszulassen und den Übergang hin zu Ruhe und Schlaf zu vollziehen. Oder aber Ihr Partner braucht viel weniger Schlaf als Sie und geht später zu Bett, wodurch Sie zu kurz kommen. Ebenso ist es möglich, dass Sie Ihren Körper noch zu später Stunde zu sehr belasten, wodurch er mit der Verarbeitung von Eindrücken und der Verdauung beschäftigt ist, sodass er den Übergang zum Biorhythmus der Nacht nicht vollziehen kann. Die unterschiedlichsten Seelenregungen können den Stresslevel erhöhen und Sie dadurch am Einschlafen hindern. Und schließlich gibt es »Stör-

Test: Schlafen Sie genug?   **359**

sender« von außen, wie zum Beispiel Lärm, Licht, die Ihre Aufmerksamkeit in Anspruch nehmen. Häufig leiden auch Eltern von kleineren Kindern unter Schlafmangel.

Fragen zum Nachdenken

- Wie viele Stunden schlafen Sie durchschnittlich nachts während einer normalen Arbeitswoche, und wie viel während der Ferien, wenn Sie keinen Wecker stellen? Wie groß, glauben Sie, ist Ihr natürlicher Schlafbedarf?
- Wachen Sie morgens auf, weil der Wecker klingelt, oder von selbst, weil Sie ausgeschlafen haben?
- Fühlen Sie sich morgens, wenn Sie wach werden, ausgeruht?
- Gönnen Sie sich genügend Zeit, um in aller Ruhe wach zu werden, oder stürzen Sie sich in den Tag?
- Werden Sie abends, nachts und am frühen Morgen häufig von Ihren Kindern gestört, die Ihre Aufmerksamkeit fordern?
- Gibt es eine bestimmte Zeit am Tag, zu welcher Sie nicht mehr durch Anrufe, E-Mails oder anderes gestört werden wollen? Wenn Sie keine solche Zeit haben, was ist der Grund dafür? Trauen Sie sich, Nein zu sagen gegenüber Menschen, die Sie stören? Wie schwer fällt es Ihnen, den Tag zu beschließen, wach machende Dinge bleiben zu lassen und sich zum Schlafengehen zu entschließen?
- Liegen Sie abends noch lange wach, bevor Sie einschlafen? Und wenn ja, warum?
  - Mein Bett ist nicht bequem.
  - Mir ist zu kalt oder zu warm.
  - Ich habe Schmerzen.
  - Ich bin ängstlich oder wütend.
  - Ich fühle mich durch die Unruhe meines Partners gestört.
  - Um mich herum gibt es zu viel Lärm, die mich wach hält.
  - Es wird zu früh hell in meinem Schlafzimmer.
  - Ich grüble zu viel: Vieles, was am vergangenen Tag passiert ist, geht mir immer noch durch den Kopf.

360 Übungen für die Lebenskräfte

- Ich habe einen vollen Kopf, weil ich die Sorgen wegen des nächsten Tages oder der nächsten Tage nicht beiseiteschieben kann.
- Ich habe einen vollen Kopf, weil ich über meine Arbeit nachgrüble.
- Ich habe einen vollen Kopf, weil ich über Dinge nachdenke, die ich nicht geschafft habe.
- Ich bin wütend auf mich, weil ich finde, dass ich versage oder nicht genügend tue.
- Ich mache mir Sorgen um mich selbst und meine Familie.
- Ich habe einen vollen Kopf, weil ich mich über gewisse Dinge ärgere.

Usw.

Ein weiterer Grund, dass Sie morgens zerschlagen aufwachen, kann darin liegen, dass Sie nachts eine sogenannte Apnoe bekommen, eine Phase, in der die Atmung kurz stockt und Ihr Gehirn zu wenig Sauerstoff erhält. Schnarchen kann ein Hinweis darauf sein. Ihr Hausarzt kann dies feststellen.

Wenn Sie festgestellt haben, dass Sie prinzipiell zu wenig schlafen, können Sie durch die obigen Fragen prüfen, woran das liegt. Haben Sie Probleme mit dem Einschlafen, so versuchen Sie einmal, die Dinge, die Sie vom Schlaf abhalten, zu regeln oder etwas an ihnen zu ändern. Auch ein Spaziergang tagsüber trägt noch Stunden später dazu bei, leichter in den Schlaf zu kommen. Achten Sie auch tagsüber auf Momente der Entspannung und schauen Sie, ob Sie Zeiten finden, um eine kleine Siesta einzuschieben.

Versuchen Sie einmal eine ganze Woche lang abends keine wach machenden Dinge zu betreiben wie Fernsehen, Computerarbeit, intensive Gespräche oder anregende Telefongespräche, Auseinandersetzungen, konzentrierte Kopfarbeit oder Besuche. Versuchen Sie stattdessen, entspannende Dinge zu tun: Lesen Sie beispielsweise ein wenig, machen Sie einen kleinen Abendspaziergang, nehmen Sie ein Lavendelbad usw., machen Sie etwas Yoga oder ein paar Entspannungsübungen und eine Meditation, um den Tag abzurunden. Gehen Sie eine Stunde früher schlafen, als Sie es gewohnt sind. Prüfen Sie, ob Sie dadurch länger schlafen und mehr Energie bekommen.

Hilfen für das Einschlafen

Sorgen Sie dafür, dass Ihnen nicht zu warm oder zu kalt ist, im letzteren Fall nehmen Sie eine Wärmflasche mit ins Bett. Achten Sie darauf, dass Sie warme Füße haben. Sorgen Sie dafür, dass es in Ihrem Schlafzimmer dunkel genug ist. Bei störendem Lärm durch Nachbarn oder Straßenverkehr benutzen Sie Ohrstöpsel oder suchen Sie sich einen anderen Ort zum Schlafen. Üben Sie, Geräusche einfach an sich vorüberrauschen zu lassen und sich nicht darum zu kümmern.

Ärger ist eine gute Methode, sich wach zu halten. Schließen Sie den Tag ab, sorgen Sie dafür, dass Sie kurz vor dem Einschlafen nicht mehr intensiv arbeiten oder reden, Auto fahren oder vor einem Bildschirm sitzen. Nehmen Sie sich Zeit, vom Tag zur Nacht überzugehen. Machen Sie zum Beispiel eine Rückschauübung oder eine Meditation (siehe unten).

Versuchen Sie es so einzurichten, dass keine Sorgen wegen des nächsten Tages Sie bedrücken. Legen Sie die Kleider für den nächsten Tag bereits am Vorabend zurecht, packen Sie Ihre Tasche und machen Sie sich klar, dass Sie im jetzigen Moment doch nichts ändern können.

Trinken Sie vor dem Schlafengehen ein Glas warme Milch[90] oder beruhigenden Kräutertee wie Fenchel, Eisenkraut oder einen Schlaftee-Mix. Trinken Sie ihn in aller Ruhe, im Hintergrund sollten kein Fernseher und kein Radio laufen, und Sie sollten auch nicht währenddessen noch schnell den Computer ausschalten oder Ihre Tasche packen.

Auch das bereits genannte Lavendelbad, etwas Eurythmie, Yoga, Tai-Chi-Übungen und/oder eine Meditation sind am Abend sinnvoll. All das wird Ihnen helfen, entspannter in die Nacht hineinzugehen und leichter ein- sowie besser durchzuschlafen.

Legen Sie sich ins Bett und machen Sie eine Entspannungsübung. Rufen Sie danach schöne und glückliche Erinnerungen auf, die Sie als

362 Übungen für die Lebenskräfte

Bilder vor sich sehen sollten. Es handelt sich dabei um eine Art »Wachträumen«: Die Bilder sollen ineinander verschwimmen und in echte Träume oder tieferen Schlaf übergehen. Ärgern Sie sich vor allem nicht, verlassen Sie Ihr Bett nicht noch einige Male, sondern entspannen Sie sich und machen Sie sich klar, dass das ruhige und entspannte Liegen Ihrem Körper ebenfalls Ruhe vermittelt. Dasselbe gilt, wenn Sie im Laufe der Nacht aufwachen. Stehen Sie nicht immer wieder auf und schalten Sie vor allem das Licht nicht an. Wache Momente während der Nacht sind etwas ganz Normales. Wenn Sie sich nicht darüber ärgern, ist die Chance größer, dass Sie einfach wieder einschlafen.

Manchmal, wenn es Ihnen wirklich nicht gelingt, die Sorgen zu vergessen und das Grübeln abzustellen, kann es allerdings hilfreich sein, kurz aufzustehen, etwas zu trinken und eventuell ein wenig zu lesen. Dadurch kommen Sie auf andere Gedanken und lenken sich ab. Legen Sie sich dann wieder hin und machen Sie eine Entspannungsübung. Häufig gelingt es dann, wieder einzuschlafen.

Falls Sie mit Ihrem Partner / Ihrer Partnerin in einem Ehebett schlafen und durch seine oder ihre Bewegungen, Geräusche oder Gegenwart vom Schlaf abgehalten werden: Ärgern Sie sich nicht, sondern entscheiden Sie sich für eine eigene Decke, ein eigenes Bett oder ein eigenes Schlafzimmer.

18.7 Übung: Ruhemomente in den Alltag einbauen

In unserer hektischen und auf Aktion ausgerichteten Kultur vergessen wir häufig, Ruhemomente einzuschalten. Für unsere Lebenskräfte, unsere Vitalität und Stimmung wäre es aber viel besser, wenn wir dies täten. Sorgen Sie also dafür, dass Sie im Verlauf des Tages regelmäßig kleine Pausen einbauen und sich für kurze Momente von Ihrer Arbeit und anderen Sorgen und Mühen lösen. Laufen Sie einmal um den Block, machen Sie eine kurze Entspannungsübung oder Visualisierung und genießen Sie einfach mal eine heiße Tasse Kaffee oder Tee zwischendurch.

Obwohl es gewiss nett ist, zusammen mit Kollegen zu Mittag zu essen, ist es häufig auch gut, einen Moment allein zu sein. Bei lebhaften

Ruhemomente in den Alltag einbauen   **363**

Gesprächen und inmitten einer vollen Kantine ist es schwierig, innerlich wirklich zur Ruhe zu kommen. Wenn Sie alleine einen kleinen Spaziergang machen oder sich einen Moment hinsetzen, kommt es jedoch darauf an, dass Sie sich in solchen Momenten nicht weiter den Kopf über Ihre Arbeit und das, was damit zusammenhängt, zerbrechen, sondern dass Sie dies alles einmal wirklich ganz loslassen. Dabei kann es hilfreich sein, bewusst die Natur, die Sie umgibt, den Lichteinfall, einen kleinen Vogel oder ein spielendes Kind intensiv wahrzunehmen und die gesamte Aufmerksamkeit darauf zu richten.

Wenn Ihre Arbeit so hektisch ist, dass dies alles nicht möglich ist und Sie nicht einmal kurz an die frische Luft gehen können, ist es vielleicht gut, sich klarzumachen, dass Arbeitspausen nicht ohne Grund gesetzlich geregelt sind und gerade eine kurze Auszeit die Konzentration auf Ihre Aufgaben fördert, wenn Sie danach wieder loslegen. Schließlich können Sie sich immer noch auf die Toilette zurückziehen, um dort eine kleine Entspannungsübung oder Visualisierung durchzuführen.

Meistens ist es eher so, dass wir denken, wir hätten keine Zeit für eine Pause. Aber es zeigt sich, dass alles viel weniger problematisch ist, wenn wir es tatsächlich tun.

Eine andere Art, sich Ruhemomente zu schaffen, besteht darin, sich mehr Zeit für die Dinge zu nehmen, die Sie tun müssen. Wenn Sie etwas früher aufbrechen, können Sie ruhiger laufen oder fahren, Sie brausen dann nicht wie ein Besessener durch die Straßen. Für Ihren Stresshaushalt bedeutet das einen großen Unterschied, obwohl es, wenn man die reale Zeit misst, nur ein paar Minuten ausmacht. Auch wenn Sie sich Zeit nehmen, um etwas mit voller Aufmerksamkeit zu tun, schaffen Sie Ruhe in Ihrem Körper und Ihrer Seele und nähren Ihre Lebenskräfte. Machen Sie es sich also zur Gewohnheit, in jedem Tagesabschnitt eine Reihe bewusst gewählter Ruhe- und Entspannungsmomente einzubauen.

364 Übungen für die Lebenskräfte

18.8 »Innere Nahrung« durch Bilder aus Märchen und Geschichten

Bilder nähren die Lebenskräfte. Je fantasievoller und reicher sie sind, umso besser. Häufig können Sie, wenn Sie unter einem Burnout leiden, aufgrund mangelnder Konzentration nicht einmal mehr einen Roman oder die Zeitung lesen. An Bildern reiche Kinderbücher oder Märchen sind jedoch noch möglich.

Wählen Sie eine Geschichte, die Sie anspricht. Lesen Sie langsam und lassen Sie die Bilder ruhig auf sich wirken. Lesen Sie nicht zu viel, also nicht ein Märchen nach dem anderen, sondern kosten Sie die Geschichten aus und versuchen Sie später die Bilder noch einmal vor das innere Auge zu rufen. Sie können nach dem Lesen einer Geschichte auch eine Szene, die Sie besonders berührt hat, in eine Zeichnung oder ein gemaltes Bild umsetzen. Wenn Sie die Geschichte sich selbst oder anderen nacherzählen, verstärkt das die innere Aktivität und die Lebenskraft noch mehr. Versuchen Sie dabei, den Text nicht wirklich zu wiederholen, sondern lassen Sie sich von Ihren eigenen lebendigen Bildern führen. Es ist gut, sich über eine längere Zeit, beispielsweise eine Woche, mit ein und derselben Geschichte zu beschäftigen.

Besonders abends vor dem Schlafengehen können solche Übungen hilfreich sein, um besser ein- und durchzuschlafen. Indem Sie sich in solche Bilderwelten vertiefen, stärken Sie Ihr Traumselbst und gleiten leichter in den Schlaf hinüber.

18.9 Affirmationen: Bilder in den Lebensleib einsenken

Eine Affirmation ist ein möglichst von Ihnen selbst formulierter bildhafter Satz, mit dem Sie einige Zeit arbeiten, um bestimmte Muster, die sich in Ihre Gewohnheiten, Verhalten, Gedanken und Gefühle eingeschlichen haben, zu verändern. Alles, was wir wie selbstverständlich aus Gewohnheit heraus tun, ist in unseren Lebensleib (unsere Lebenskräfteorganisation, siehe Seite 136 ff.) »hinuntergesunken«.

Affirmationen: Bilder in den Lebensleib einsenken   **365**

Schritt 1: Wählen Sie ein Thema, mit dem Sie arbeiten wollen. Sie wollen zum Beispiel weniger nervös sein, wenn Sie mit Eltern von Kindern in Ihrer Klasse sprechen, Sie möchten sich morgens nicht mehr so abhetzen, oder Sie möchten die Natur stärker genießen, statt gestresst durch die Gegend zu rasen.

Schritt 2: Affirmationen wirken auf den Lebensleib, und dieser versteht keine negativen Formulierungen. Er ist eine innere Organisation, die aus und mit Bildern arbeitet, und vor Bilder lässt sich kein Minuszeichen setzen. Wenn ich Sie auffordere, nicht an ein rotes Auto zu denken, werden Sie sofort ein rotes Auto vor sich sehen. Wenn ich mir vorstelle, dass ich nicht wütend oder nervös bin, muss ich zunächst das Bild dessen, was ich bin, aufrufen. Der zweite Schritt besteht also darin, sich ein Bild von dem zu machen, was ich wirklich will, und zwar in der Situation, an der ich arbeite. Beispiel: Sie wollen selbstsicher und entspannt dastehen, wenn Sie mit den Eltern sprechen; Sie wollen in Ruhe frühstücken und gemütlich zur Arbeit fahren; Sie wollen Ihre Aufmerksamkeit auf Vögel und Pflanzen richten, statt unterwegs Probleme zu wälzen.

Schritt 3: Nun bilden Sie aus dieser positiven Qualität einen kurzen Arbeitssatz. Es gelten einige Spielregeln dafür: Der Satz muss im Präsenz (Gegenwart) stehen und das Wort »ich« enthalten, denn er handelt von Ihnen. Wichtig ist, dass es ein Tätigkeits-Satz ist, also ein Satz mit einem Verb. Durch eine Affirmation setzen Sie einen Veränderungsprozess in Gang, dazu passt das Tätigkeitswort im Bild. Das Allerwichtigste an dem Satz ist jedoch, dass der Text ein für Sie positives Bild evoziert. Affirmationen mit abstraktem oder negativem Text funktionieren nicht. Es geht darum, positive innere Bilder zu mobilisieren.

Eine Affirmation könnte beispielsweise so lauten: »Wenn ich mit Eltern arbeite, spüre ich meine Kraft und bleibe freundlich.« Oder: »Wenn ich zur Arbeit fahre, nehme ich mir viel Zeit dafür und genieße die Natur.«

Häufig müssen Sie eine Weile suchen, bis Sie einen wirklich guten Satz gefunden haben und es im Innern »Klick« macht.

366 Übungen für die Lebenskräfte

Dabei sollte man bedenken, dass Affirmationen keine Zaubersprüche sind. Es geht darum, dass Sie sich ein reales Ziel beziehungsweise Bild vornehmen. Selbst wenn ich mir jahrelang den Satz vorsage:»Wenn ich mich wirklich anstrenge, kann ich fliegen«, werden mir dadurch doch niemals Flügel wachsen.

Schritt 4: Sorgen Sie jetzt dafür, dass Sie Ihre Affirmation an eine Stelle oder mehrere Stellen schreiben, wo Sie ihr regelmäßig von selbst begegnen, beispielsweise auf den Spiegel über dem Waschbecken, über die Tür, durch die Sie Ihre Wohnung verlassen, auf den Nachttisch neben Ihrem Bett oder auf einen Zettel in Ihrer Tasche oder Ihrer Geldbörse. Die Kunst besteht darin, die Affirmation – den Text und vor allem auch das dazugehörende Bild – einige Male pro Tag aktiv und intensiv in der Seele aufzurufen.

Wenn Sie auf der Ebene des Lebensleibes etwas verwandeln wollen, müssen Sie sich mindestens vier Wochen damit beschäftigen. Von dort aus wird das neue innere Bild dann seine Wirkung auf Ihr Erleben und Handeln entfalten. Arbeiten Sie darum vier Wochen lang jeden Tag einige Male mit Ihrer Affirmation, und Sie werden bemerken, dass durch die Kraft der von Ihnen aktivierten inneren Bilder Veränderungen in Richtung dieser Bilder auftreten werden.

Nach vier Wochen können Sie diese Affirmation loslassen und eventuell zu einer anderen übergehen.

18.10 Das Nährbad und andere Anwendungen

Eines der altbewährten Rezepte, um die Lebenskräfte zu unterstützen, ist ein Bad mit Heilkräutern oder ätherischen Ölen in warmem Wasser.

Das sogenannte *Nährbad* stellt eine einfache Methode dar, der Vitalität wieder auf die Sprünge zu helfen, die Kräfte zu regenerieren und die Widerstandskraft gegen Erkältungen zu stärken.

Das Nährbad und andere Anwendungen **367**

Zutaten für ein Nährbad
- ein halber Liter Milch (am besten frisch vom Bauernhof)
- eine Zitrone
- ein großer Löffel Honig
- ein Ei.

Idealerweise sollten all diese Zutaten biologischer Herkunft sein, weil sie dann eine gesündere und stärkere Wirkung auf den Lebensleib entfalten werden.

Ein Nährbad sollte man am besten morgens nehmen, wenn es aber besser in Ihren Tagesablauf passt, kann es auch abends stattfinden. Nehmen Sie es zweimal pro Woche über dreieinhalb Wochen hinweg (also siebenmal insgesamt), und setzen Sie dann zwei Wochen aus. Nehmen Sie es danach weitere sieben Wochen lang einmal wöchentlich an einen festen Tag.

- Füllen Sie die Badewanne mit angenehm warmem, aber nicht zu heißem Wasser.
- Legen Sie ein großes, bequemes Handtuch oder einen Bademantel bereit.
- Nehmen Sie eine Schüssel, in welcher Sie den halben Liter Milch, das Ei und den Honig miteinander verquirlen. Gießen Sie die Flüssigkeit in das Badewasser und verrühren Sie sie durch einige langsame, lemniskatische Bewegungen mit dem Wasser.
- Halbieren Sie die Zitrone und pressen Sie sie aus. Gießen Sie auch den Zitronensaft ins Wasser und geben Sie danach auch die Zitronenschale hinzu.
- Ihr Bad ist jetzt fertig. Setzen Sie sich in die Badewanne und bleiben Sie 20 Minuten im Wasser. Sorgen Sie dafür, dass das Wasser die Temperatur hält.
- Wenn Sie aus dem Bad gestiegen sind, sollten Sie sich nicht abduschen oder abtrocknen; wickeln Sie sich einfach in das große Handtuch oder den Bademantel und legen Sie sich danach einige Zeit ins Bett. Decken Sie sich dabei gut zu.
- Danach kleiden Sie sich an und beginnen Ihren Tag.

368 Übungen für die Lebenskräfte

Neben den Nährbädern können Sie auch *Bäder mit ätherischen Ölen* oder *Bademilch* anwenden. Lavendel am Abend wirkt entspannend, Rosmarin morgens wirkt weckend und erwärmend, Rosenöl harmonisierend. Lassen Sie die Badewanne volllaufen. Nehmen Sie ein leeres Marmeladenglas und füllen Sie es zur Hälfte mit warmem Wasser. Gießen Sie etwas Öl hinein, schrauben Sie den Deckel zu und schütteln Sie das Ganze ordentlich. Gießen Sie dann das durchgeschüttelte Öl-Wasser-Gemisch in das Bad und rühren Sie es mit lemniskatischen Bewegungen in das Badewasser ein.

Auch nach einem Bad mit ätherischen Ölen kann es angenehm sein, sich eine kurze Ruhephase zu gönnen.

19 Übungen für die Seele: Verarbeiten und verwandeln

19.1 Test: Was hindert Sie daran, gut für sich zu sorgen?

Machen Sie eine Liste mit Dingen, die Sie entspannen.

Betrachten Sie dann, welche Entspannungsquellen Sie links liegen lassen und welche Faktoren es sind, die Sie in Stress versetzen. Es ist gut möglich, dass Letzteres aufgrund von bestimmten Ängsten geschieht.

Einige Beispiele:
- Sie arbeiten immerzu übermäßig viel, weil Sie Angst haben, das Pensum nicht zu schaffen oder Ihren materiellen Wohlstand zu verlieren.
- Sie gehen aus Angst vor Ausgrenzung jeden Tag mit Ihren Kollegen in einer belebten Kantine essen, obwohl Sie keinen Lärm mögen und lieber alleine spazieren gehen würden.
- Sie unternehmen keinen Waldspaziergang aus Angst, sich zu verlaufen oder unangenehmen Personen zu begegnen.
- Sie haben keinen Sex, obwohl Sie eigentlich Lust dazu hätten, aus Angst, sonst nicht genügend Schlaf zu bekommen.

• Betrachten Sie diese Aufzählung und fragen Sie sich, wie realistisch diese Ängste sind. Dienen sie wirklich als Schutz und erhöhen sie Ihr Lebensglück? Oder stehen sie Ihnen im Weg, wo Sie genießen wollen, und steigern vor allem Ihr Gefühl des Gehetztseins und den Stress?
• Wählen Sie dann eine der entspannenden Tätigkeiten auf Ihrer Liste aus und beschließen Sie, sich in der kommenden Woche nicht um Ihre Ängste zu kümmern. So lehnen Sie beispielsweise einen zusätzlichen Auftrag ab, selbst wenn Sie damit mehr Geld verdienen könnten, oder Sie unternehmen einen Waldspaziergang mit dem festen Vorsatz, keine Angst zu haben und sich nicht zu verirren.
• Bewerten Sie nun, wie Ihnen das gefallen hat, und machen Sie damit weiter und/oder wählen Sie in einer anderen Woche eine andere entspannende Tätigkeit, um diese ungestört zu genießen.

370   Übungen für die Seele

19.2 Übung: Meine Erwartungen an mich selbst und andere

Hier geht es um den Weg vom »Was ich muss« zum »Was ich will und was ich dafür brauche«.

Das Gefühl, irgendwelchen Erwartungen genügen zu müssen, kann zu einer Quelle von Stress und Spannung werden. Die folgende Übung bietet eine Möglichkeit, die Erwartungen, die Ihre Umgebung an Sie hat, sowie die Erwartungen, die Sie an sich selbst stellen, zu überprüfen, sodass Sie anders damit umgehen können. Die Übung besteht aus acht Schritten.

Schritt 1: Machen Sie eine Liste mit den Erwartungen, die – Ihrer Meinung nach – Ihre Familie, Kollegen, Patienten, Klienten, Schüler usw. an Sie stellen.

Wählen Sie eine dieser Erwartungen aus, um damit zu arbeiten, am besten eine, die Sie jeden Tag Energie kostet, weil sie zu Ärger oder Konflikten führt oder weil Sie ständig gedanklich damit beschäftigt sind.

Schritt 2: Überprüfen Sie den Realitätsgehalt dieser Erwartung. Dies tun Sie, indem Sie Ihrer Umgebung konkrete Fragen dazu stellen:

- Leidet Ihre Familie wirklich darunter, wenn die warme Mahlzeit aus einer einfachen Suppe besteht statt eines reichhaltigen Menüs, wie Sie es immer kochen?
- Erwarten Ihre Kollegen wirklich ein so umfangreiches, sprachlich perfektes Protokoll ohne Tippfchler, oder wäre eine einfache, kurze Zusammenfassung ebenfalls ausreichend?

Es kann sein, dass Ihre Umwelt tatsächlich all das von Ihnen erwartet; genauso gut ist es aber möglich, dass Sie entdecken, dass niemand diese Erwartungen an Sie stellt – außer Sie selbst.

Schritt 3: Überprüfen Sie Ihre eigenen Gefühle ...
... bezüglich der Erwartungen Ihrer Umgebung beziehungs-

Meine Erwartungen an mich selbst und andere   371

weise Ihrer eigenen Erwartungen an sich selbst (meistens wird es sich um eine Kombination aus beidem handeln).

Sie können dazu eine Grafik anfertigen: Zeichnen Sie einen Kreis und tragen Sie mit wenigen Stichworten Ihre Beschreibung der Situation und der Erwartung, die damit verbunden ist, ein (Beispiel:»Meine Kollegen erwarten von mir ein sehr ausführliches, qualitativ hochwertiges Protokoll der Sitzung.«).

Zeichnen Sie dann einen zweiten, größeren Kreis um den ersten herum. Schreiben Sie in diesen zweiten Kreis, wiederum in Stichworten, alle Gefühle und Gedanken, die in Ihnen aufsteigen, wenn Sie an diese Situation/Erwartung denken. Gestehen Sie sich gegebenenfalls zu, dass Sie höchst widersprüchliche Gedanken und Gefühle haben.

Schritt 4: Versuchen Sie, sich einen Überblick über die beteiligten »Selbste« (siehe Seite 146 ff.) zu verschaffen.

Zeichnen Sie einen dritten, noch größeren Kreis um den zweiten herum.

Versuchen Sie, in diesem Kreis die unterschiedlichen Selbste zu benennen, die an den Gefühlen und Gedanken im zweiten Kreis beteiligt sind. Das können gegensätzliche oder aber einander verstärkende Teile sein.

Sie können jetzt sehen, wie die verschiedenen Selbste miteinander in Konflikt stehen oder aber sich verbünden, um Sie aufzustacheln!

Wenn Sie sich einen Überblick über den inneren Kampf und die Interessen der verschiedenen »Parteien« verschaffen können, ist es oft möglich, sich darüber zu erheben und zu entdecken, wie Sie mit dieser Situation umgehen wollen.

Schritt 5: Machen Sie sich klar, was Sie selbst wollen und brauchen.

Schritt 6: Kommunizieren Sie darüber. Sie können es auch Ihrem Chef, Ihren Kollegen, Ihrem Partner oder Familienmitgliedern erklären.

372 Übungen für die Seele

Schritt 7: Suchen Sie alleine oder gemeinsam eine Lösung.

Schritt 8: Machen Sie nach einiger Zeit eine Bestandsaufnahme, ob die gefundene Lösung funktioniert.

19.3 Übung: Fehler machen dürfen

Manche Menschen setzen sich selbst extrem unter Druck, weil sie sich nie zugestehen, Fehler machen zu dürfen. Dies führt insbesondere in neuen, ungewohnten Situationen und am Arbeitsplatz zu fortwährendem Druck und Anspannung. Es können unterschiedliche Gründe sein, die dazu führen, sich selbst keine Fehler zuzugestehen. Sie können diesen Gründen anhand folgender Übungen nachgehen: 19.8 Aufspüren alter Muster im Jetzt, Seite 388 ff.; 19,5 Dominante Selbste, Seite 376 ff.; 19.6 Unterdrückte und verstoßene Selbste, Seite 379 f. oder 19.7 Ihre »inneren Kinder«, Seite 381 ff.

In dieser Übung »Fehler machen dürfen« geht es nicht darum herauszufinden, warum Sie sich keine Fehler erlauben können, sondern darum, dass Sie lernen, sich selbst zuzugestehen, Fehler zu machen beziehungsweise bei möglichen Fehlern weniger rasch in Panik zu geraten und sich selbst milder zu beurteilen, wenn Ihnen tatsächlich ein Fehler unterlaufen ist. Vielleicht können Sie sogar ein wenig über Ihre eigenen Fehler lachen. Nehmen Sie sich für diese Übung einige Wochen. Sie besteht aus drei Teilen.

Teil 1: Formulieren Sie eine Affirmation (siehe Kapitel 18.9, Seite 364 ff.) über Fehler und leben Sie damit mindestens vier Wochen lang. Formulieren Sie nach diesen vier Wochen eventuell noch eine weitere Affirmation zum Thema Fehler. Diese Affirmationen können beispielsweise in folgende Richtung gehen: »Jeder macht Fehler, also auch ich. Fehler sind dazu da, um aus ihnen zu lernen.« Oder: »Fehler ermöglichen Entwicklung. Ich behalte meine Würde, wenn ich einen Fehler mache.«

Fehler machen dürfen **373**

Teil 2: Stellen Sie fest, in welchen Situationen Sie am meisten Angst haben, Fehler zu machen. Ist das der Moment, wenn Sie vor der Klasse stehen, oder sind es Situationen, in denen Sie befürchten, sich in Gesellschaft zu blamieren, weil Sie nicht wissen, welche Fußballmannschaft ein Spiel gewonnen hat, oder auf einem Fest vergessen haben, wie Ihr Gesprächspartner heißt, während er Ihren Namen noch kennt? Sind es die Momente, in denen Sie sich unterwegs verfahren oder jemanden falsch ansprechen, etwas Dummes sagen oder schlichtweg nicht Bescheid wissen? Notieren Sie all die Situationen, vor denen Sie Angst haben, übersichtlich in ein Heft, und zwar auf die linke Seite, und halten Sie dann auf der rechten Seite fest, was in Ihrer Vorstellung das Schlimmste ist, was eintreten kann, wenn Sie diesen Fehler machen. Beispiel: sich unsterblich blamieren, ausgelacht werden, sich verirren, Ihre Autorität als Pädagoge verlieren, entlassen werden und so weiter.

Wählen Sie jetzt eine Situation aus, die Sie nicht im selben Maße als bedrohlich erleben, und beginnen die eigentliche Übung damit.

Sie beschließen, in der nächsten Woche den entsprechenden Fehler zwei- oder dreimal absichtlich zu begehen. Legen Sie eventuell im Voraus die Zeit und die Situation fest und schreiben Sie sie in Ihren Terminkalender, damit Sie sie nicht »vergessen«. Führen Sie im selben Heft nun ein »Fehlertagebuch«, in welchem Sie Ihre Erfahrungen mit dem Fehlermachen festhalten. Während Sie diese selbst gewählten Fehler absichtlich machen, sollten Sie darauf achten, wie die anderen darauf reagieren. Bemerken sie sie überhaupt? Lachen sie Sie aus? Werden Sie abgewiesen oder angegriffen?

Achten Sie auch darauf, was mit Ihnen selbst geschieht: Bekommen Sie tatsächlich einen knallroten Kopf? Beginnen Sie zu stottern? Gelingt es Ihnen die ganze Nacht nicht mehr, den richtigen Weg zu finden, und müssen Sie jemanden um Auskunft bitten? Und so weiter.

Wählen Sie in der darauf folgenden Woche zwei andere Fehler, an denen Sie weiterüben.

374 Übungen für die Seele

Teil 3: Achten Sie schließlich während der gesamten Phase, in der Sie üben, Fehler zu machen, darauf, ob andere Fehler machen. Richten Sie Ihr Augenmerk dabei auch auf Ihr eigenes Gefühl als Zuschauer: Was empfinden Sie, wenn jemand etwas Falsches sagt, sich verfahren hat oder Ihren Namen nicht kennt? Beobachten Sie, wie der andere mit seinem Fehler umgeht. Schauen Sie, ob Sie Menschen finden, die genau so damit umgehen, wie Sie es sich wünschen, und benutzen Sie sie als ein Rollenmodell für sich selbst. Vielleicht können sie Sie zu einer neuen Affirmation inspirieren.

Diese Übung lässt sich auch sehr gut in einer Gruppe zusammen mit anderen Menschen durchführen, die ebenfalls Angst haben, Fehler zu machen. Dabei kann es sehr lustig zugehen, und Sie werden möglicherweise ermutigt, weniger ängstlich in der Welt zu stehen.

19.4 Übung: Gedankenstopp

Der Gedankenstopp ist eine Übung, durch welche die ununterbrochene Mühle ängstlicher und negativer Gedanken gestoppt werden kann, um bewusst Raum für positive Erfahrungen zu schaffen. Er ist eine Methode, um die Selbstkontrolle wiederzuerlangen und Anspannungen zu vermindern.

Das Ziel dieser Übung besteht darin, die Gedanken, die sich unaufhörlich in Ihrem Kopf drehen, bewusst zum Stillstand zu bringen und feste Zeiten zu schaffen, in denen Sie sich erlauben zu grübeln beziehungsweise dies nicht zu tun.

Schritt 1: Beschaffen Sie sich ein Heft und legen Sie einmal am Tag einen Zeitpunkt fest, an dem Sie Ihre Grübelgedanken niederschreiben, beispielsweise morgens von 10:00 Uhr bis 10:45 Uhr, möglichst aber nicht abends vor dem Schlafengehen. Sie können dies in einer unstrukturierten Form tun, einfach in der Folge, wie sie in Ihnen aufsteigen, oder aber für jedes »Themengebiet« eine ganze Seite reservieren (Arbeit, Familie,

Gedankenstopp **375**

Haus und Finanzen ...), je nachdem, worüber Sie sich jeden Tag Sorgen machen.

Schritt 2: Jetzt stellen Sie Ihren Wecker so, dass er nach einer halben Stunde, spätestens aber nach einer Stunde (nicht länger!) klingelt, und schreiben anschließend alle Grübelgedanken auf, die Ihnen durch den Kopf gehen.

Schritt 3: Wenn die Zeit um ist, schließen Sie das Heft und verwahren es sorgfältig. Dann sagen Sie zu sich Folgendes:»So! Das war die Grübelstunde. Den Rest des Tages werde ich mich mit positiveren Gedanken beschäftigen.«

Schritt 4: Jetzt kommt es darauf an, dies tatsächlich umzusetzen. In dem Augenblick, in dem Sie sich beim Grübeln ertappen, sagen Sie zu sich:»Hör auf mit dem Grübeln! Ich grüble nur noch während meiner Grübelstunde von ... bis ...«

Wenn es Ihnen anfangs noch schwerfallen sollte, sich nur noch einmal am Tag auf diese Weise den Kopf zu zerbrechen, können Sie sich auch dreimal eine Viertelstunde dafür reservieren oder zweimal eine halbe Stunde, solange Sie nur darauf achten, außerhalb dieser Zeiten nicht zu grübeln, innerhalb dieser Zeiten jedoch so viel wie möglich. Es kann hilfreich sein, sich im Voraus etwas zu überlegen, womit Sie sich ablenken können, wenn Sie doch wieder ins Grübeln geraten. So können Sie beispielsweise ein Sudoku lösen, an ein schönes Urlaubserlebnis oder an Ihr wunderbares Enkelkind denken. Sie können auch zeichnerische Wahrnehmungsübungen machen oder ein schwieriges Gedicht auswendig lernen. Es geht darum, dass Sie sich auf angenehme Weise ablenken und sich streng an die selbst gesetzten Grübelzeiten halten, sogar dann, wenn Sie gar keine Lust zum Grübeln haben.

Halten Sie eine Woche lang dieselben Zeiten ein und prüfen Sie dann, ob Sie möglicherweise für die folgende Woche ein anderes Schema beziehungsweise eine andere Zeit festlegen

376 Übungen für die Seele

wollen. Sie werden bemerken, dass dies hilft. Auf diese Weise bekommen Sie Ihre Gedanken besser unter Kontrolle, und meistens werden Sie nach einer Weile die Grübelzeit, die Sie pro Tag benötigen, reduzieren können.

Wenn Sie ein Mensch sind, der vor allem nachts viel grübelt, kann Ihnen diese Übung besonders helfen, weil Sie die Grübelmomente auf den Tag verlegen.

19.5 Test: Dominante Selbste

Die folgende Übung können Sie über mehrere Tage verteilen. Sie können sie sich alleine vornehmen, aber es macht auch Spaß, sie zusammen mit einigen vertrauten Menschen durchzuführen. Versetzen Sie sich während des Rollenspiels mit allem Ernst in die unterschiedlichen Persönlichkeitsteile (trotzdem ist es nicht verboten, zu lachen!).

Schritt 1: Verhalten Sie sich so, als würden Sie sich irgendwo bewerben. Man bittet Sie, Ihre sieben besten Charaktereigenschaften aufzuschreiben. Denken Sie nicht lange darüber nach. Schreiben Sie lediglich mit kurzen Stichworten und in maximal zwei Minuten Ihre sieben besten Eigenschaften auf (aber bitte ehrlich sein!). Die Chance ist groß, dass damit Ihre dominanten oder primären Persönlichkeitsteile benannt worden sind.

Leben Sie einige Tage lang mit jeweils einer dieser Charaktereigenschaften. Versuchen Sie, auf nicht mehr als nur eine Eigenschaft gleichzeitig zu achten. Beobachten Sie, in welchen Situationen dieser Aspekt von Ihnen in den Vordergrund tritt. Welche Vorteile bringt er Ihnen und welche Nachteile? Können Sie ein »Selbst« (siehe Seite 146 ff.) benennen, mit dem diese Eigenschaft verbunden ist?

Schritt 2: Spielen Sie jetzt eine kleine Solo-Szene und sorgen Sie dafür, dass Sie kein ungebetenes Publikum dabei haben.

Identifizieren Sie sich ganz mit diesem einen Persönlichkeitsteil.

Überzeichnen Sie dessen Charakterzüge, sodass Sie förmlich
ganz und gar Verantwortungsbewusstsein (oder Engagiertheit, Zielstrebigkeit, Gelassenheit, Effizienz, Sorgfalt, Ehrlichkeit ...) sind.

Stehen, gehen und bewegen Sie sich völlig aus diesem Selbst
heraus, sprechen Sie aus reinem Verantwortungsbewusstsein
(oder Engagiertheit, Zielstrebigkeit, Gelassenheit usw.).

Spüren Sie, wie Sie jeweils »in Ihrem Körper stecken«, wenn
Sie sich einseitig mit dieser Energie identifizieren. Halten Sie
dies so lange wie möglich durch und stellen Sie sich ständig
einige der nachfolgenden Fragen. Sie können sie kurz schriftlich beantworten und dann wieder in die Energie zurückkehren, die Sie gerade ergründen:

- Welcher Teile Ihres Körpers sind Sie sich am meisten be-
  wusst?
- Wo spüren Sie Spannung?
- Wo spüren Sie Entspannung?
- Wie verhält es sich mit Ihrer Atmung?
- Gibt es Körperteile, derer Sie sich nicht oder kaum bewusst
  sind?
- Ist Ihnen warm oder kalt?
- Bewegen Sie sich rasch oder träge, schwer oder leicht?

- Was wollen Sie mit dieser Energie erreichen?
- Was wollen Sie um jeden Preis vermeiden?
- Welche unangenehmen Konsequenzen könnten drohen,
  wenn Sie sich nicht so verantwortungsbewusst, engagiert,
  gelassen usw. verhalten würden? Welche unangenehmen
  Dinge könnten geschehen?
- Wovor behütet Sie diese Energie?
- In welchen Situationen kommt Ihnen diese Energie beson-
  ders gelegen?
- Auf welche Weise hilft sie Ihnen?

378   Übungen für die Seele

- Welche Assoziationen oder Erinnerungen steigen auf, wenn Sie sich voll und ganz in diese Energie versetzen?
- Wissen Sie, wann und unter welchen Umständen Sie diese Eigenschaft zum ersten Mal erfahren haben?
- Warum brauchten Sie diese Qualität damals so dringend, und wie ging es später weiter?
- Ähneln Sie möglicherweise jemandem, den Sie kennen oder kannten?
- Wonach sehnen Sie sich, wenn Sie sich eine Zeit lang in diese Energie eingelebt haben?

Schritt 3: Häufig ist es so, dass die starke Identifikation mit einer bestimmten Energie die entgegengesetzte Qualität hervorruft. Achten Sie darauf, ob das auch bei Ihnen geschieht. Ist dies der Fall, so erforschen Sie diese andere Qualität oder Eigenschaft auf dieselbe Weise.

Schritt 4: Versuchen Sie nun, diese beiden Qualitäten miteinander ins Gleichgewicht zu bringen. Sie können beispielsweise die eine links von sich platzieren und die andere rechts und sich selbst in dem Raum zwischen ihnen erleben. Sie können sie auch modellieren oder zeichnen. Was brauchen Sie, um diesen beiden Teilen Ihrer selbst Raum zu geben und sie im Gleichgewicht zu halten?

Auf diese Weise können Sie versuchen, in ein inneres Gespräch mit den unterschiedlichen Teilen Ihrer Persönlichkeit einzutreten. Je mehr Sie von ihnen verstehen lernen – das heißt wie und unter welchen Umständen Sie diese Eigenschaften entwickelt haben –, umso stärker werden Sie sie in den Griff bekommen. Sie werden es erkennen, wenn plötzlich der »Liebling« oder der »Regelfanatiker« in Ihnen auf der Bühne erscheint, und wissen, warum er sich ausgerechnet in diesem Moment angesprochen fühlt. Sie können sich frei entscheiden, ob Sie dem »Verantwortungsbewussten« erlauben wollen, die Zügel zu übernehmen, oder ob möglicherweise gerade Ihr »Leichtfuß« an der Reihe ist. Es ist eine spielerische Weise, sich selbst besser kennenzulernen, die dazu führt, dass Sie sich allmählich größere innere Freiheit und ein stärkeres Gleichgewicht erwerben.

19.6 Test: Unterdrückte und verstoßene Selbste

Denken Sie an jemanden, der Sie besonders irritiert. Das kann jemand in Ihrem Berufsumfeld sein, eine Figur aus einer Soap, jemand aus Ihrer Familie, ein Politiker oder ein Schauspieler. Stellen Sie sich diese Person so konkret wie möglich und quasi »zum Anfassen« vor.

Erstellen Sie eine Liste der Eigenschaften dieser Person, die Sie so irritieren.

Es handelt sich dabei offenbar um Charaktereigenschaften, die Sie nicht schätzen.

Wahrscheinlich ist von allen etwas »zu viel« vorhanden: zu egozentrisch, zu leichtsinnig, zu vorsichtig, zu kindisch, zu reizbar, zu sexy, zu träge ... Diese Charaktereigenschaften können als Schlüssel fungieren, durch den Sie Ihren eigenen »verstoßenen« Persönlichkeitsteilen auf die Spur kommen.

Leben Sie ein paar Tage mit einer dieser Eigenschaften. Fragen Sie sich, wie es wäre, wenn Sie selbst diese Eigenschaft hätten. Wie würde es sich anfühlen, selbst so faul oder so arrogant, so schwach, so egozentrisch, so ziellos usw. zu sein?

Testen Sie dies auch in einem kleinen Rollenspiel für eine Person. Schlüpfen Sie für einige Momente in die Schuhe der betreffenden egozentrischen (leichtsinnigen, vorsichtigen, naiven, reizbaren, ängstlichen usw.) Person, nehmen Sie ihre Haltung an. Übertreiben Sie das Ganze ein wenig, um die beschriebenen Qualitäten richtig spüren zu können.

Blicken Sie, stehen Sie, bewegen Sie sich, laufen Sie so, wie sie es tut. Reden Sie so, wie diese Person sprechen würde, sagen Sie Dinge, die auch sie sagen würde.

- Wie fühlt sich das an?
- Wie fühlt sich Ihr Körper an, wenn Sie sich in diese Energie einleben?
- Sind Sie sich anderer Teile Ihres Körpers bewusst als sonst?

380 Übungen für die Seele

- Wo spüren Sie Spannung oder aber Entspannung beziehungsweise Raum?
- Empfinden Sie Leichtigkeit oder Schwere?
- Auf welche Weise benutzen Sie Ihre Stimme anders als sonst?
- Was ist unangenehm an dieser Haltung? Was ist angenehm daran?
- Steigen Erinnerungen oder Assoziationen in Ihnen auf?
- Müssen Sie möglicherweise an jemanden denken, den Sie früher einmal kannten?
- Können Sie sich an eine Situation erinnern, in welcher Sie sich auf diese Weise verhalten haben? Und was für Folgen hatte dies? Oder eine Situation, in welcher ein anderer diese Haltung Ihnen gegenüber einnahm? Wie waren die damaligen Umstände, welche Gefühle hatten Sie dabei?
- Welche unangenehmen Folgen könnte es nach sich ziehen, wenn Sie sich jetzt so verhalten würden?
- Was ist das Gefährliche daran?

Über unsere verstoßenen Persönlichkeitsteile bilden wir meistens rasch ein deutliches Urteil: Sie sind unerwünscht und zu einem jämmerlichen Dasein tief in den dunkelsten Winkeln unsere Seele verurteilt. Dennoch können sie uns Wichtiges mitteilen, und je stärker wir uns weigern, auf sie zu hören, umso listenreicher werden sie in ihren Versuchen, sich Gehör zu verschaffen. Dann sprudeln sie plötzlich irgendetwas unvorbereitet heraus und bringen alles durcheinander. Oder wir begegnen ihnen gespiegelt im Verhalten unseres Chefs, unseres pubertierenden Sohns, unseres Partners, der Schwiegermutter oder des Nachbarn. Wenn es gelingt, in ein inneres Gespräch mit diesen verstoßenen Aspekten unserer Persönlichkeit einzutreten, kann dies einen wichtigen Beitrag zu unserem inneren Gleichgewicht liefern. Dann wird plötzlich deutlich, warum wir offenbar ständig solche unangenehmen (hilfsbedürftigen, zynischen, egozentrischen usw.) Menschen anzuziehen scheinen: Sie können uns etwas über uns selbst lehren.

Prüfen Sie, ob Sie den von Ihnen entdeckten verstoßenen Selbsten etwas mehr Raum zur Verfügung stellen können.

19.7 Übung: Ihre »inneren Kinder«

Für diese Übung brauchen Sie Pastellkreide oder Ton.

Tief in unserem Inneren tragen wir alle Seelenteile, die mit unserer Kindheit und unseren guten oder schlechten Erfahrungen mit Eltern, Geschwistern und Menschen außerhalb der Familie verbunden sind. Man bezeichnet sie als das »innere Kind«. So haben sehr viele Menschen ein inneres Kind, das verletzt ist, ein spielerisches oder »magisches« Kind, das herrlich und endlos spielen kann, einen Rebellen, der auf niemanden hört und zugleich sehr unternehmungslustig und wagemutig ist, oder eines, das sehr brav ist und sich nicht traut, etwas Falsches zu tun. Ein Kind, das sehr klein und ängstlich ist, eines, das so wütend ist, dass es am liebsten heftig brüllen oder mit dem Fuß aufstampfen würde, eines, das zaubern kann und das Elfen zwischen den Blättern, Drachen in den Wolken oder Monster unter dem Bett sieht.

Die Energie, die diese inneren Kind-Teile für uns beinhalten, kann einen großen Einfluss auf die Art und Weise haben, wie wir in unserer Arbeit, unseren Beziehungen und in der Welt stehen. Wenn wir uns regelmäßig verletzt, klein oder machtlos fühlen oder aber schon beim geringsten Anlass extrem ängstlich beziehungsweise wütend werden, kann es sein, dass sich ständig ein unglückliches inneres Kind meldet, obwohl wir uns dessen gar nicht bewusst sind. Wir können dies überprüfen, indem wir uns fragen: »Wie alt fühle ich mich eigentlich, wenn ich auf diese Weise meine pubertierende Tochter anschreie oder ängstlich vor der Konfrontation mit meinem Kollegen flüchte? Oder wenn ich mich plötzlich sehr unglücklich und einsam fühle?«

Meistens wissen wir dann sofort, »wie alt« wir sind, das heißt zu welchem Alter unser Verhalten passt. Dies kann uns auf die Spur eines unserer inneren Kinder bringen.

Die Energie, die von glücklichen oder »magischen« Kind-Teilen getragen wird, ist in unserem Erwachsenenleben manchmal tief ins Verborgene abgesunken; sie kann uns, wenn wir sie befreien und zum Strömen bringen, helfen, mit mehr Lebensfreude und Kreativität im Leben zu stehen.

Die folgende Übung bietet eine spielerische Möglichkeit, zwei junge innere Kinder aufzurufen, mit ihnen ins Gespräch zu kommen und auf

382 Übungen für die Seele

das zu hören, was sie uns sagen wollen. Wir können dieselbe Übung auch mit dem »inneren Schulkind« oder dem Pubertierenden in uns durchführen.

Sie benötigen dafür:
- einen leeren Tisch mit drei Blättern Zeichenpapier (am besten mit etwas gröberer Struktur)
- Pastellkreide und eventuell Ton
- Papiertücher oder ein Stück Küchenrolle.

Führen Sie zur Vorbereitung zehn Minuten lang eine Erdungsübung oder eine Entspannungsübung durch (siehe die Basisübungen, Seite 324 ff.).

Schritt 1:
- Lassen Sie sich von Ihrer Fantasie an einen Ort entführen, den Sie als junges Kind kannten (als Sie noch den Kindergarten besuchten oder in die Grundschule gingen). Ein Ort, wo Sie sich gerne aufhielten, den Sie gerne aufsuchten, um dort zu spielen, vielleicht irgendwo im Freien, vielleicht auch im Haus.
- Stellen Sie sich vor, dass Sie wieder dort sind. Schauen Sie sich um und nehmen Sie alles wahr. Rufen Sie sich die Umstände bis in die kleinsten Details vor das innere Auge. Welche Dinge sehen Sie um sich herum, welche Geräusche hören Sie? Welche Düfte können Sie riechen? Wie fühlt sich der Boden unter Ihren Füßen an? Ist es ein Teppich, sind es Fliesen, ein harter Erdboden, Gras, ist er weich, sandig, feucht …?
- Während Sie hier stehen, an diesem Ort Ihrer Kindheit, hören Sie irgendwo in der Nähe ein Kind lachen. Schauen Sie sich um und sehen Sie dieses Kind – das sind Sie selbst, wie Sie damals waren, als Sie hier spielten. Schauen Sie sich zu und sehen Sie, wie viel Spaß Sie dabei hatten.
- Beobachten Sie sich, wie Sie glücklich und sorglos dort spielen. Wie alt sind Sie? Wie sind Sie gekleidet? Wie sehen Ihre Haare aus?

Ihre »inneren Kinder« **383**

- Was tun Sie gerade? Haben Sie Spielzeug, eine Puppe oder etwas anderes bei sich?
- Horchen Sie auf Ihr Lachen. Genießen Sie Ihr Spiel. Halten Sie dieses Bild von sich selbst fest, verbinden Sie sich vollständig mit diesem glücklichen Kind und kehren Sie dann zu Ihrem beobachtenden Selbst zurück.
- Lenken Sie Ihre Aufmerksamkeit jetzt auf einen anderen Eindruck. Es sind die Laute eines Kindes, das nicht glücklich spielt, sondern »verletzt« und unglücklich ist. Dieses Kind ist irgendwo ganz in der Nähe. Sie können es vielleicht nicht sofort sehen, denn es hat sich an einem Ort versteckt, wo niemand es finden kann. Aber Sie wissen, wo Sie suchen müssen, denn auch dieses Kind sind Sie selbst. Suchen Sie das Kind: Wo hat es sich versteckt? Was für ein Ort ist das, wo es sich sicher genug fühlt, um sagen zu können, was es quält?
- Beobachten Sie dieses Kind: Wie alt sind Sie jetzt? Betrachten Sie Ihre Kleidung, Ihre Schuhe, Ihre Haare. Die Gebärden Ihres Körpers, Ihre Gestik.
- Was genau fühlt dieses Kind gerade – Kummer, Einsamkeit, Wut, Angst, Zurückweisung oder was sonst?
- Halten Sie auch dieses Bild fest und verbinden Sie sich vollständig mit diesem verletzten Kind.
- Wenn Sie über Ihre Schulter schauen, können Sie Ihr anderes Kind immer noch sehen, wie es fröhlich spielt.
- Es wird Zeit, diesen Ort jetzt zu verlassen. Lassen Sie diese beiden Kinder hier an den Orten zurück, die Sie ausgewählt haben, aber nehmen Sie die Bilder davon mit.
- Lassen Sie Ihre Aufmerksamkeit nun langsam ins Hier und Jetzt zurückkehren.
- Hören Sie die Geräusche um sich herum, riechen Sie die Düfte des Ortes, wo Sie sich gerade befinden.
- Spüren Sie den Stuhl, auf dem Sie sitzen, fühlen Sie intensiv den Boden unter Ihren Füßen.
- Fühlen Sie sich wieder ganz und gar im Hier und Jetzt ein.

384   Übungen für die Seele

- Sie haben in Ihrer eigenen Innenwelt Bilder von zwei Kindern gesehen. Lenken Sie Ihre Aufmerksamkeit auf das Kind, das Ihnen in diesem Moment am klarsten vor Augen steht, und rufen Sie es so deutlich wie möglich vor Ihrem inneren Auge auf.

Schritt 2:
- Nehmen Sie das erste Zeichenblatt und die Pastellkreiden zur Hand. Schaffen Sie zunächst auf dem Papier die Art von Umgebung, in welcher sich das Kind befindet. Sie brauchen keineswegs ein komplett eingerichtetes Zimmer mit Tischen und Stühlen oder eine Weide mit Kühen wiederzugeben; wählen Sie ganz einfach Farben, die für Ihr Gefühl zu diesem Ort gehören, und lassen Sie eine Stimmung entstehen, indem Sie vorsichtig etwas Farbe auf das Papier auftragen, und zwar mit der Seite der Pastellkreiden (nicht mit der Spitze!). Verreiben Sie sie mit der Fingerspitze oder einem Tüchlein. Lassen Sie die verschiedenen Farben beim Verreiben ruhig ein wenig ineinander übergehen. Konzentrieren Sie sich bei dieser Tätigkeit auf das Bild des Kindes, das sich hier befindet. Schließen Sie auch ab und zu die Augen, um das Bild intensiv hervorrufen zu können.
- Wenn Sie die Stimmung der Umgebung des Kindes auf dem Papier haben erscheinen lassen, lassen Sie auch das Kind entstehen. Es braucht keine naturgetreue Darstellung zu sein. Wichtig ist, dass das Kind in irgendeiner Weise zeigt, wer es ist. Ist das Kind groß oder klein in Bezug auf die Umgebung? Steht, liegt oder sitzt es? Rudert es mit den Armen in der Luft oder sind diese hinter dem Rücken verschränkt oder verbergen das Gesicht? Ist der Kopf nach oben gewendet oder nach unten oder gar versteckt?
- Lassen Sie die Gebärden, die Gestik des Kindes sprechen und versuchen Sie, die Einzelheiten so stark wie möglich zu beschränken.
- Wählen Sie ein oder zwei Charakteristika, die besonders typisch für dieses Kind sind. Vielleicht trägt es eine gelbe Schleife in den Haaren, oder es hält ein rotes Spielzeugauto

Ihre »inneren Kinder« **385**

in der Hand, vielleicht trägt es Gummistiefel oder den blauen Pullover, den Sie immer anhatten.

Der Vorteil von Pastellkreiden besteht darin, dass Sie Dinge, die Ihnen nicht gefallen, wegreiben, verwischen oder abändern können. Spielen Sie damit, bis Sie das Kind darin erkennen können.

- Wenn Sie es angenehmer finden, mit Ton zu arbeiten, können Sie das Kind auch modellieren, statt es zu zeichnen.
- Arbeiten Sie nicht zu lange daran (zehn Minuten sind völlig ausreichend); wenn Sie zu lange weitermachen, können Sie sich in überflüssige Details verlieren und dem Wunsch nach besonders schöner Ausarbeitung erliegen, wodurch Sie am Kern der Sache vorbeigehen.

Schritt 3:
- Stellen Sie das Bild des Kindes in einem gewissen Abstand vor sich hin und betrachten Sie es. Versuchen Sie einen Namen für dieses Kind zu finden – im Sinne der alten Heldennamen wie zum Beispiel: »Boris, der auf seiner Schaukel durch die Luft fliegt«, »die tapfere Anna«, »der wütende Bernd«, »die kleine traurige Josephine« oder »die immer zum Lachen aufgelegte Jutta«. Prüfen Sie, ob der Name wirklich zu dem Kind passt, und ändern Sie ihn gegebenenfalls.
- Stellen Sie sich vor, Sie könnten mit diesem Kind sprechen – was würden Sie ihm sagen?
- Stellen Sie diesem Kind innerlich ein paar Fragen und horchen Sie, welche Antworten es darauf geben würde. Vielleicht wollen Sie Fragen etwa folgender Art stellen: Was ist es, was dich so zum Lachen/Weinen/Schweigen usw. bringt? Wovor hast du Angst? Wonach sehnst du dich, wovon träumst du? Was brauchst du? Was willst du mir sagen?
- Achten Sie einmal darauf, welche Fragen in Ihnen aufsteigen und welche Antworten sich einstellen.
- Schreiben Sie diese Fragen am Ende der Übung am besten auf, zusammen mit den Antworten.

386 Übungen für die Seele

Schritt 4: • Wenn Sie dem Kind genügend Aufmerksamkeit geschenkt haben, schließen Sie die Augen und rufen Sie das Bild des anderen Kindes im Innern auf. Tun Sie Ihr Möglichstes, auch dieses Bild klar und lebendig erscheinen zu lassen. Arbeiten Sie in derselben Weise nun an dem Bild dieses zweiten Kindes.

Schritt 5: • In dieser Geschichte gibt es eine dritte Person. Diese Person kennt beide Kinder, wie kein anderer sie kennt; diese Person weiß genau, was sie tun oder sagen kann, um jedem Kind das zu geben, was es am meisten braucht. Das ist Ihre eigene innere »weise Frau« beziehungsweise Ihr »weiser Mann«. Vielleicht wollen Sie einen Moment lang die Augen schließen und ein Bild dieses alten Weisen in sich aufrufen, der jeden Aspekt von Ihnen kennt wie kein anderer.
- Wenn Sie sich ein Bild von ihm machen konnten, halten Sie auch dieses fest, in derselben Art, wie Sie es zuvor mit den beiden Kindern getan haben. Vielleicht bleibt es nur bei einfachen Farben, vielleicht entsteht aber auch eine Gestalt – lassen Sie sich überraschen.
- Stellen Sie den alten Weisen/die alte Weise neben eines der beiden Kinder.
- Beobachten Sie, ob er/sie weiß, was dieses Kind braucht.
- Schauen Sie, ob Sie hören können, welche Worte (des Trostes, des Rates, der Bestätigung oder Sonstiges) der/die alte Weise sprechen will – und wie das Kind diese aufnehmen kann.
Vielleicht möchte er oder sie dem Kind etwas geben, etwas, was ihm fehlt, oder ein Symbol für eine Qualität, die es braucht.
- Wenn Sie möchten, können Sie auch das zeichnen oder modellieren – und danach betrachten, wie sich das Kind dadurch ändert, dass es dieses Objekt oder Symbol empfangen hat.
- Wenn Sie mit Ton gearbeitet haben, können Sie die drei Figuren an einem Ort im Raum in Bezug zueinander an-

Ihre »inneren Kinder« **387**

ordnen. Probieren Sie unterschiedliche Aufstellungen aus und entdecken Sie, in welcher Anordnung zueinander sie aufgestellt werden wollen.

Schritt 6:
- Denken Sie über den Platz nach, den diese inneren Kinder (die tief in Ihrem Inneren leben) in Ihrem heutigen Leben einnehmen. Sie können dazu etwas schriftlich für sich festhalten.
- Wann spüren Sie, dass die innere Energie des verletzten Kindes in Ihnen aktiviert wird? Und in welchen Situationen?
- Wie gehen Sie damit um? Geben Sie dem Kind, wonach es verlangt, was es braucht?
- Unterdrücken Sie die Bedürfnisse des Kindes?
- Welche Vorteile hat das, welche Nachteile?
- Wann spüren Sie, dass die Energie des glücklichen Kindes in Ihnen aktiviert wird? In welchen Situationen geschieht das?
- Wie gehen Sie damit um? Bekommt das Kind, was es braucht, oder werden seine Bedürfnisse geleugnet oder unterdrückt?
- Welche Vor- oder Nachteile hat dies?
- Welche Gefühle erlebten Sie früher an den Orten, die Sie visualisiert haben?
- Welche Gefühle erleben Sie jetzt, wenn Sie darauf zurückblicken?
- Welche Qualitäten erfahren Sie in der oder dem alten Weisen?
- Inwiefern und auf welche Weise spielen die Qualitäten des oder der alten Weisen eine Rolle in Ihrem täglichen Leben?
- Wann traten Sie zum letzten Mal in Kontakt mit diesen inneren Kindern?
- Und der oder die alte Weise? Begegnen Sie ihren Geschenken im Leben? Vielleicht manchmal fast nicht erkennbar, verborgen in etwas anderem? Können Sie seine oder ihre weisen Worte vernehmen?

388 Übungen für die Seele

Schritt 7: • Versuchen Sie, wenn Sie diese Übung durchgeführt haben, eine Woche lang bewusst Kontakt mit einem der inneren Kinder zu halten, und fragen Sie sich in unterschiedlichen Situationen, wie es diese wohl beurteilen würde. Tun Sie etwas Schönes, speziell für oder mit diesem Kind, und trösten Sie es, wenn es ängstlich oder wütend ist. Vielleicht kann Ihr inneres Kind Sie ja inspirieren, manche Dinge in Ihrem Leben anders anzugehen oder andere Dinge zu tun (beziehungsweise manche Dinge gar nicht mehr zu tun ...).

19.8 Übung: Aufspüren alter Muster im Jetzt

Mit dieser Übung können Sie alten Verletzungen auf die Spur kommen, die vermeintlich harmlosen Vorfällen in der Gegenwart unerwartete und besondere Brisanz verleihen: Situationen, Ereignisse und Konfrontationen (am Arbeitsplatz, zu Hause, mit Freunden oder Fremden), die Sie stark mitnehmen, die Sie stärker, als sie es Ihrer Meinung nach tun dürften, durcheinanderbringen oder sich machtlos fühlen lassen. Konfrontationen, die Sie immer wieder in ein altes und fruchtloses Muster zurückfallen lassen, können Sie mit dieser Übung ergründen und die dahinterliegende Dynamik verstehen lernen. Dies kann dazu beitragen, dass Sie sich freier fühlen und verhalten, sodass Sie nicht immer wieder aufs Neue in dieselben Fallen geraten.

Sie benötigen dafür:
– mindestens 6 DIN-A4-Blätter
– ein paar Buntstifte
– einen Kugelschreiber oder Ähnliches.

Schritt 1: • Greifen Sie sich eine reale (häufig vorkommende) Situation heraus und leben Sie sich so stark wie möglich in sie ein. Wo waren Sie, wer war sonst noch dabei? Was geschah genau? Was wurde gesagt?

Aufspüren alter Muster im Jetzt **389**

Schritt 2: • *Blatt 1:*
Fertigen Sie eine schnelle, cartoonartige Skizze der Situation an, mit Darstellungen der Menschen, die am stärksten daran beteiligt waren, und Ihnen selbst.
Dies soll keine objektive Wiedergabe der äußeren Situation sein, sondern eine subjektive: Es geht darum, wie Sie sie erfahren haben.
Übertreiben Sie bei den Proportionen und dem Ausdruck der Figuren; spielen Sie mit ihrer Größe und ihrer Position zueinander (der eine kann zehnmal größer sein als der andere oder zwanzig Paar Fäuste haben, einen großen Mund oder keine Ohren – wie auch immer. Auf diese Weise entsteht eine karikierende Wiedergabe der Situation).
• Ordnen Sie jeder wichtigen Figur auf der Skizze eine Äußerung zu – *nicht das, was damals wirklich gesagt wurde,* sondern das, *was Sie im damaligen Moment als die dahinterliegende Botschaft erfahren haben* – ganz subjektiv, aus dem Gefühl heraus (»Du hast ja doch nichts zu melden«, »Du kapierst wirklich gar nichts«, »Das ist wieder mal typisch für ihn, der mit seinem egoistischen Getue«, »Hilfe, hör auf!«, »Ich schaff das nicht mehr« usw.).
• Wenn Sie sich in diese Situation zurückversetzen – was ist dann Ihr innerer, subjektiver, gefühlsmäßiger Impuls, Ihre Reaktion darauf, welche Neigung haben Sie?
Wichtig ist nicht, was Sie in dieser Situation tatsächlich taten, sondern vielmehr *Ihr unmittelbarer subjektiver Impuls,* der durch diese Situation hervorgerufen wurde (beispielsweise schlagen, weglaufen, weinen, schreien, sich verstecken usw.).

Schritt 3: • *Blatt 2:*
Zeichnen Sie diesen Impuls oder Ihre Reaktion in derselben interpretierenden Weise. Ordnen Sie jetzt auch sich selbst eine Äußerung zu: Welche Worte, unmittelbar aus tiefstem Herzen gesprochen, gehören zu diesem Impuls oder dieser Reaktion?

390 Übungen für die Seele

- Betrachten Sie die letzte Zeichnung und konzentrieren Sie sich auf das Gefühl, das Sie dabei erleben. Versuchen Sie, dieses Gefühl in sich wachzurufen. Wo in Ihrem Körper spüren Sie es, wie fühlt es sich an?

Schritt 4:
- *Blatt 3:*
  Zeichnen Sie dieses Gefühl in Ihrem Körper.
- Welche Äußerung oder welcher verbale Ausdruck gehört dazu?
- Schließen Sie die Augen und konzentrieren Sie sich auf den Ort in Ihrem Körper und auf dieses Gefühl. Woher kennen Sie es?
  Erkennen Sie es wieder, vielleicht aus einer viel älteren Situation? Hängt es womöglich mit Ihrem früheren Arbeitsplatz zusammen, oder stammt es vielleicht aus Ihrer Jugend?
- Finden Sie die *älteste Erinnerung,* die dieses Gefühl an dieser Stelle in Ihrem Körper hervorruft.

Schritt 5:
- *Blatt 4:*
  Skizzieren Sie diese alte Situation, wie Sie es bei der ersten Zeichnung getan haben – sich selbst und die anderen Menschen, die daran beteiligt sind, wie sie sich zueinander Ihrem subjektiven Erleben nach verhalten, und zwar nicht jetzt, sondern damals, so, wie es sich damals anfühlte.
- Ordnen Sie diesen Figuren ebenfalls sie charakterisierende Äußerungen zu – nicht das, was buchstäblich gesagt wurde, sondern die von Ihnen erfahrene dahinterliegende Botschaft.

Schritt 6:
- Blicken Sie aus der Gegenwart auf diese alte Situation, beobachten Sie sich selbst darin.
- Was könnte Ihnen hier helfen? Die Umstände können Sie nicht ändern, aber Sie können bestimmte innere oder vielleicht auch äußere Qualitäten aufrufen, die Ihnen helfen können. Welche von ihnen wäre dies? Was brauchen Sie? (Beispiel: Mut, Liebe, Freiraum.)

Aufspüren alter Muster im Jetzt **391**

- *Blatt 5:*
  Skizzieren Sie diese Qualitäten. Wenn Sie nicht unmittelbar zu einem Resultat kommen, können Sie sie zeichnend erkunden. Versuchen Sie hierfür Worte zu finden: »Was ich in dieser Situation brauche, ist ...« (zum Beispiel Mut, Liebe, Freiraum, Freiheit).

Schritt 7:
- Betrachten Sie jetzt nochmals die aktuellere Situation (Blatt 1). Wie lässt sich die »helfende Qualität« der letzten Zeichnung auf diese Situation anwenden?
- Wie könnten Sie diese Hilfe für sich selbst realisieren? Was würde das konkret bedeuten?

- *Blatt 6:*
  Schreiben Sie mit einigen Stichworten auf, was Ihnen dazu einfällt.

20 Übungen für die Selbststeuerung, Sinngebung, geistige Substanzbildung

20.1 Übung: Reflexion – Bin ich noch auf Kurs?

Bei dieser Übung arbeiten Sie eine ganze Woche lang an einem Rückblick und einem Vorblick.

- Welche Vorstellungsbilder hatten Sie vor zehn Jahren und vor fünf Jahren in Bezug auf das, was Sie mit Ihrem Leben anfangen wollten? Was für Pläne hatten Sie damals? Versuchen Sie, sich daran zu erinnern, und tragen Sie es in ein Heft ein. Tun Sie das einige Tage jedes Mal ungefähr eine Dreiviertelstunde lang. Sie können eventuell auch Zeichnungen dazu anfertigen und ihnen, wenn Sie wollen, durch Pastellkreiden oder Buntstifte Farbe verleihen.
- Wenn Sie das Gefühl haben, damit fertig zu sein, betrachten Sie Ihr heutiges Leben und vergleichen Sie es mit den Wünschen, Zielen, Plänen, Träumen von damals. Betrachten Sie, wie Ihr Leben während der letzten fünf Jahre in Wirklichkeit verlaufen ist. Erkennen Sie bestimmte Muster? Gibt es eine bestimmte »Richtung«, die daraus spricht?
- Nehmen Sie das Heft und schreiben Sie auf eine linke Seite, was von Ihren Plänen verwirklicht wurde, und auf die rechte, was anders gelaufen beziehungsweise nicht gelungen ist.
  Wie steht es heute damit, sind Sie Ihren Intentionen treu geblieben? Sind Sie unbemerkt davon abgewichen? Sind Sie auf ein Nebengleis oder in eine Sackgasse geraten? Oder ist das Leben ganz anders verlaufen, als Sie es sich vorgestellt hatten, fühlt sich jetzt aber dennoch gut und passend an?
- Betrachten Sie auch, wodurch Sie bestimmte Richtungen eingeschlagen haben. Manchmal bemerken Sie, dass Sie erst durch unangenehme Dinge wie Konflikte oder ein Burnout den Mut bekamen, Ihre Stelle zu wechseln oder Ihren Lebensstil zu ändern, obwohl dies eigentlich bereits viel früher notwendig gewesen wäre. Manchmal gibt

es auch einen physischen Grund, warum Sie von der geplanten Route abgewichen sind, beispielsweise einen Bandscheibenvorfall oder eine Allergie.

- Nehmen Sie sich Ihr Heft am nächsten Tag wieder vor und betrachten Sie, ob Sie jetzt noch etwas ergänzen wollen.
- Dann betrachten Sie Ihr Leben, wie es verlaufen ist und wie es jetzt ist, und besinnen sich auf eine bestimmte Richtung. In welche Richtung möchten Sie weitergehen? Was wollen Sie in der kommenden Zeit entwickeln? Welche inneren Ziele wollen Sie verwirklichen? Schreiben Sie dies alles auf eine neue linke Seite.
- Fragen Sie sich erst danach, wie realistisch diese Ziele sind und wie Sie sie realisieren können. Was brauchen Sie in Ihrem äußeren Leben, um an den inneren Zielen zu arbeiten? Versuchen Sie sich konkrete Vorstellungen darüber zu bilden, wie Ihr Leben in fünf Jahren aussehen wird. Malen Sie es sich in lebendigen Bildern aus, wobei Sie sich selbst in bestimmten Situationen sehen, und versuchen Sie wahrzunehmen, wie Sie sich dabei fühlen. Wenn Sie sich zum Beispiel an demselben Arbeitsplatz wie jetzt sehen, wie fühlt sich das an? Falls Sie sich in einem anderen Haus sehen: Wie sieht es aus, und wie fühlen Sie sich dort? Experimentieren Sie mit unterschiedlichen Bildern in unterschiedlichen Situationen. Tun Sie dies ein paar Tage nacheinander. Ziehen Sie am Ende der Woche Bilanz und legen Sie für sich einen Kurs und eine Richtung fest, eine Intention für die kommenden fünf Jahre.

20.2 Übung: Positivität

Manche Menschen finden es, insbesondere wenn sie trübe gestimmt sind, schwierig, positive Gedanken über sich selbst, ihre alltäglichen Erfahrungen und die Dinge um sie herum zu bilden. Dann kann es hilfreich sein, bewusst zu üben, wieder positiver auf sich selbst, die eigene Lebenssituation und die Umgebung zu blicken.

Sie können dies erreichen, indem Sie beispielsweise jeden Abend in Ihr Tagebuch oder in Ihren Terminkalender etwas zu folgenden Themen eintragen:

394   Übungen für die Selbststeuerung

- womit Sie an diesem Tag wirklich zufrieden waren,
- positive Ereignisse dieses Tages – ein kleines Wunder, eine nette unerwartete Begegnung, der schöne Spaziergang, den Sie gemacht haben, ein herrlicher Sonnenuntergang ...,
- Ihre positiven Eigenschaften und wie und wann Sie diese einsetzen können.

Auf diese Weise üben Sie sich bewusst darin, auf die positiven Seiten Ihres Lebens und Ihres Charakters zu achten und diesen besondere Aufmerksamkeit zu schenken. Oft ist es hilfreich, sich selbst zu belohnen, wenn etwas tatsächlich gut geklappt hat. Manchmal kann es auch sinnvoll sein, den Partner oder einen Freund/eine Freundin einzubeziehen.

Ferner können Sie üben, Ihren Blick auf die Außenwelt bewusst neutral oder positiv zu gestalten.

Dies tun Sie, indem Sie eine bestimmte Tageszeit auswählen, zu der Sie jegliche Kritik, die Sie spüren, links liegen lassen und sich bewusst dafür entscheiden, in allen Situationen ein positives Element zu sehen oder zu suchen. Dies mag zu Beginn erzwungen wirken, aber Sie werden bald bemerken, dass es möglich ist und dass sofort eine entspannende Wirkung davon ausgeht. Ein Schulkind, das zehn Rechenaufgaben mit sechs Häkchen und dem Kommentar »Weiter so, sechs Richtige!« zurückbekommt, wird den Tag ganz anders erleben als ein Kind, das dieselben Aufgaben mit vier großen Kreuzen versehen und dem Kommentar »Schon wieder vier Fehler!« erhält. So geht es auch uns: Wenn wir versuchen, das Glas als halb voll zu sehen statt als halb leer oder die glimpflich verlaufenen Seiten eines Unglücks wahrzunehmen, erweisen wir uns einen guten Dienst. Es geht nicht darum, das Negative zu leugnen oder wegzuwischen, es geht auch nicht darum, schwierige Lebensumstände durch »magisches Denken« zu negieren; bei der Positivitätsübung handelt es sich darum, den Versuch zu machen, in allen Situationen – also auch in den unangenehmen und schmerzhaften – etwas Positives zu entdecken.

In allen großen Weisheitslehren der Menschheit wurde und wird diese Übung, die Dinge positiv zu betrachten, beschrieben und praktiziert. In unserer Zeit können wir bis in die Physiologie des Körpers hinein nachweisen, dass positive Bilder und Gedanken unsere Immuni-

Vom Sinn der kleinen Dinge **395**

tät gegenüber Krankheiten erhöhen und eine positive Auswirkung auf unser gesamtes Stresssystem haben. Ganz abgesehen davon werden Sie rasch bemerken, dass sich Ihre Laune bessert und Ihre Lebensfreude zunimmt.

20.3 Übung: Vom Sinn der kleinen Dinge – eine Übung zum aktiven Erzeugen von Motivation

Manchmal stecken wir beruflich in Situationen, in denen es besonders schwierig ist, motiviert zu bleiben. Es findet eine betriebliche Umstrukturierung statt, die wir nicht bejahen können, unsere Kollegen sind nicht gerade nett, es herrscht eine negative Atmosphäre mit hoher Unzufriedenheit, oder wir sind inhaltlich nicht mit der Politik des Unternehmens einverstanden.

Nicht immer ist es möglich, in solchen Situationen sofort zu kündigen und das Unternehmen zu verlassen. Gleichzeitig führen solche Umstände dazu, dass wir schneller ausgebrannt sind, vor allem dann, wenn wir uns innerlich ständig gegen die Situation wehren, praktisch jedoch wenig daran ändern können.

In einer solchen Lage kann es gut sein, bewusst positive Momente in sich aufzurufen oder zu schaffen. Momente, in denen es wichtig war, dass Sie da waren und das taten, was Sie damals getan haben. Momente, so unscheinbar und kurz sie auch gewesen sein mögen, in welchen Sie wirklich Begeisterung erlebten: ein freundliches Wort zur Sekretärin Ihres Kollegen, eine nette Begegnung mit dem Pförtner, eine kurze Hilfestellung gegenüber einem Patienten, der in ein anderes Sprechzimmer umziehen musste, eine Tasse Kaffee mit einem neuen Kollegen. Gerade um solche kleinen Dinge und Interaktionen mit anderen geht es hier. Richten Sie Ihre Aufmerksamkeit speziell auf solche Situationen, und versuchen Sie abends auf dem Heimweg in einem Rückblick derartige Momente im Tagesverlauf zu finden, die Ihnen persönlich Befriedigung bereitet und Ihnen das Gefühl gegeben haben, dass Sie »zählen«.

Sie können sich auch ein Projekt ganz für sich selbst vornehmen oder sich einen Auftrag erteilen, den nur Sie kennen und der nur Sie betrifft. So machen Sie sich unabhängiger von den Stimmungen, Erwartungen

396   Übungen für die Selbststeuerung

und Vorfällen in Ihrer Umgebung; Sie beginnen Dinge zu tun, weil
Sie sie tun wollen, und nicht, weil Sie sie tun müssen. So habe ich mir
einmal vorgenommen – ich hatte eine neue und anstrengende Stelle in
einem etwas unpersönlichen Krankenhaus angetreten –, besser auf die
Pflanzen in meinem Büro zu achten, weil ich immer vergaß, ihnen Wasser zu geben, und dann vor den verkümmerten gelben Überbleibseln
stand. Ich kaufte einige Bücher über die Pflege von Zimmerpflanzen,
suchte mir ein paar besonders schöne aus und achtete sorgfältig darauf,
dass ich sie mit Liebe und Aufmerksamkeit pflegte. Innerhalb kürzester
Zeit entwickelten sich meine Pflanzen in ungeahnter Weise und gedie-
hen prächtig, als hätten sie nie etwas anderes gekannt. Zu meinem Erstaunen kamen bald Kollegen auf mich zu, die mir ihre verkümmerten
Pflanzen in Pflege gaben, weil sie der Meinung waren, ich hätte einen
»grünen Daumen«. Das gab mir ein angenehmes Gefühl; und obwohl
es sich nicht unmittelbar um den Inhalt meiner Arbeit drehte, hatte ich
eine Situation geschaffen, die ich jeden Tag aufs Neue genießen konnte,
ganz unabhängig von allem, was sonst auf meiner Station geschah oder
welche Aufgaben ich zu erfüllen hatte. Es förderte nicht nur mein Auto-
nomiegefühl, sondern auch meine Arbeitsmotivation.

20.4 Meditation

Meditation ist eine Praxis der Reflexion und Konzentration, die in vielen
Kulturen und spirituellen Traditionen gelehrt und ausgeübt wird, vom
alten Ägypten über die Indianerkulturen in Amerika, die Schamanen
in Sibirien, Europa, Australien und Afrika bis zur jüdischen und christ-
lichen Mystik, vom Sufismus, der mystischen Tradition des Islam, bis
hin zu den östlichen spirituellen Traditionen im Zusammenhang mit
dem Buddhismus. Offenbar wird Meditation bereits seit Jahrtausenden
von Angehörigen der unterschiedlichsten Kulturen als ein wesentlicher
Bestandteil ihres inneren Lebens und ihrer Schulung betrachtet. Darüber hinaus wird Meditation auch als Methode zur Heilung und Selbstheilung angewandt.

Das Wort Meditation hat in den unterschiedlichen Strömungen und
für unterschiedliche Menschen jeweils eine andere Bedeutung. Ihr

Meditation **397**

Kern ist eine Form der nach innen orientierten Konzentration. Begriffe wie ungeteilte Aufmerksamkeit, Achtsamkeit und Visualisierung werden häufig als Synonym für Meditation verwendet.

Meditation bedeutet in erster Linie die vollständige Konzentration im Jetzt auf einen Inhalt, ein Bild oder den eigenen Körper. Während des Meditierens fokussieren Sie sich also auf einen einzigen Inhalt und lassen alle anderen Gedanken, Gefühle und Impulse an sich vorübergehen: Sie schenken ihnen keine Aufmerksamkeit. Dies klingt einfach, ist es jedoch keineswegs. In uns lebt nämlich eine Fülle von Gedanken, Gefühlen und Impulsen, die, wenn wir wach sind, unwillkürlich als ein konstanter Strom innerer Bilder, Worte und Bewegungen in uns aufsteigen. Wenn dieser Strom aufhört, verlieren wir meistens unser Bewusstsein und schlafen ein. Meditieren bedeutet: sich innerlich orientieren, geistesgegenwärtig bleiben und sich auf ein selbst gewähltes Thema, Bild oder einen Text fokussieren, unter Aufrechterhaltung des wachen Bewusstseins.

Vieles in der gegenwärtigen Meditationskultur stammt aus buddhistischen Traditionen. Das Wesentliche besteht darin, sich in ständiger Wachheit völlig auf das Jetzt zu konzentrieren. Sie vertiefen sich beispielsweise vollständig in die Atmung oder die Wahrnehmung Ihres Körpers. Immer wenn Sie bemerken, dass Gedanken, Gefühle oder Willensimpulse in Ihnen aufkommen, nehmen Sie diese wahr. Danach lassen Sie sie los, um Ihre Aufmerksamkeit wieder völlig auf das Hier und Jetzt zu lenken. Auf diese Weise lösen Sie sich von dem konstanten Strom der Gefühle und Gedanken, der sich halb bewusst in der Seele manifestiert. Diese Art der Meditation wird als Sitzmeditation ausgeübt, aber auch als Laufmeditation oder Yogaübung. Sie hat eine stark harmonisierende und vitalisierende Wirkung.

Seit einigen Jahren ist Meditation als tägliche Praxis in den Vereinigten Staaten und in Westeuropa stark auf dem Vormarsch. Meditation wird von vielen als Instrument der inneren, geistigen Entwicklung eingesetzt. Aber häufig hat sich das meditative Training auch von den ursprünglichen Hintergründen emanzipiert und wird als Methode zur Stressreduktion, Schmerzbekämpfung, Heilung und Entspannung angewandt. Dies gilt zum Beispiel für die sogenannte Achtsamkeit (mindfulness), eine von dem amerikanischen Arzt und Forscher

398 Übungen für die Selbststeuerung

Jon Kabat-Zinn entwickelte, auf buddhistischen Praktiken basierende Entspannungsmethode, die heute stark verbreitet ist. In seinem Buch »Gesund durch Meditation« sagt er darüber Folgendes: »Die Heilwirkung [...] einer ›einfachen‹ Meditation [wie der Atembeobachtung] steht der Heilwirkung einer strukturierteren Methode in nichts nach. Das Ruhen im Atem ist keineswegs weniger wertvoll als die Konzentration auf andere Aspekte der inneren und äußeren Erfahrung.«[91]

Rudolf Steiner legt im Rahmen seines anthroposophischen Schulungswegs bei der Meditation den Schwerpunkt auf die Schulung eines gestärkten Denkens und eines vertieften Fühlens. Auch bei ihm geht es um vollständige Konzentration. Gegenstand der Meditation sind jedoch weniger der Körper und die Körperprozesse, sondern Worte, innere Bilder oder bestimmte Gedanken, die intensiv in der Seele lebendig gemacht werden. So zum Beispiel der Satz: »Weisheit lebt im Licht.«[92] Es geht darum, mit voller Konzentration diesen einen Inhalt zu denken und ihn zusammen mit den dazugehörenden Gefühlen innerlich lebendig zu machen. Danach wird der Inhalt der Meditation wieder ausgelöscht und es wird wahrgenommen, was in der Seele mit dem Denken, Fühlen und Wollen geschieht.

Sie können also auf vielerlei Weise meditieren und mit fast jedem Inhalt und jeder Empfindung. Sie können Körperempfindungen als Ausgangspunkt nehmen oder die eigene Atmung, aber auch ein Gebet, ein Gedicht, einen Spruch oder eine Abbildung. Meditation erfordert Disziplin und Ausdauer. Für viele Menschen ist es bereits eine anspruchsvolle Aufgabe, sich jeden Tag eine halbe Stunde hinzusetzen und sich nur auf einen einzigen Inhalt zu konzentrieren. Bei denen, die es durchhalten, führt dies zu einem Entspannungseffekt auf den Körper und stärkt die Kräfte von Seele und Geist.

Heute werden viele Kurse, Hör-CDs und Bücher angeboten, mit deren Hilfe Menschen individuell oder in Gruppen meditieren lernen können. Dies ist ein Weg, dem Alltagsstress und -trubel besser und mit mehr Ruhe begegnen zu können.

20.5 Sich mit einem Inhalt verbinden, der Ihr Interesse findet

Wenn Sie müde sind oder vor einem Burnout stehen, werden Sie die Neigung entwickeln, sich besonders bei solchen Dingen einzuschränken, die Ihnen Freude machen, Sie aufbauen oder entspannen. Auch wenn Sie langweilige Arbeiten zu erledigen haben oder Ihre Stellung oder Lebenssituation keine interessanten Perspektiven mehr bietet, besteht leicht die Gefahr, dass Sie gewissermaßen »einnicken« und zu nichts Wesentlichem mehr kommen. Doch eigentlich sollten Sie gerade in turbulenten Zeiten oder in Phasen, in denen Sie sich nicht mehr inspiriert fühlen, besondere Aufmerksamkeit für solche Dinge entwickeln, für die Sie sich begeistern, Dinge, die nichts mit Ihrer Arbeit zu tun haben, Dinge, die Sie in völliger Freiheit wählen und nur zum eigenen Vergnügen tun.

Wenn Sie zum Beispiel gern im Garten arbeiten, sollten Sie gerade Zeit in solche Tätigkeiten investieren und sich an den Blumen in Ihrem Garten oder auf Ihrem Balkon erfreuen. Wenn Sie gern musizieren: Üben Sie jeden Tag auf Ihrem Instrument, auch wenn es nur eine Viertelstunde ist. Wenn Sie gerne lesen: Sorgen Sie dafür, dass Sie sich in jene Dinge vertiefen, die für Sie interessant sind.

Häufig ist es hilfreich, sich ein kleineres oder größeres Projekt vorzunehmen. So können Sie sich zum Beispiel einen Sommer lang besonders mit der Pflege von Rosen beschäftigen oder ein halbes Jahr lang in das Thema »Biografie« vertiefen, indem Sie Bücher darüber lesen, oder Sie können die Filme von Ingmar Bergman anschauen oder eine bestimmte Zeichentechnik lernen, sich einen Tag lang mit Rembrandt beschäftigen oder die Etüden von Chopin üben. Sie können auch eine neue Sprache lernen oder die Geschichte einer bestimmten Gegend erforschen, am besten so, dass Sie sich auch selbst dorthin begeben. Jedes Thema eignet sich dafür, solange Sie wirkliches Interesse dafür aufbringen. Es geht darum, dass Sie sich selbst für etwas entscheiden, dass niemand Sie dazu drängt und dass Ihr Interesse nicht beruflich bedingt ist. Dadurch schaffen Sie einen Freiraum, in dem Sie Ihre eigene Kreativität entfalten und pflegen können. Ein solches Projekt erleichtert es Ihnen, sich selbst ernst zu nehmen und den eigenen Plänen treu zu bleiben. Überdies bereitet es mehr Befriedigung

400 Übungen für die Selbststeuerung

als eine nur oberflächliche und flüchtige Beschäftigung. Sie werden bemerken, dass solche Dinge das Leben reicher machen und dass Sie sich auch besser von den üblichen berufsbedingten Angelegenheiten frei machen können.

20.6 Übung: Aktives Staunen

Finden Sie einen ruhigen Ort in der Natur. Suchen Sie sich eine Stelle, wo Sie mehr oder weniger ungestört sitzen können. Nehmen Sie sich zehn Minuten, um ganz bewusst Ihre Sinne anzuwenden:

- Was sehen Sie, wenn Sie sich umschauen, welche Formen und Farben, welche Bewegungen? Welche Geräusche hören Sie, welche Gerüche riechen Sie? Berühren Sie die Dinge um sich herum – wie fühlt sich das an? Wie warm ist es, wie feucht ist die Luft? Nehmen Sie weitere Dinge wahr – die Bewegungen der Luft, Licht und Schatten ... noch subtilere Dinge?
- Schließen Sie die Augen. Was nehmen Sie im Innern wahr? Können Sie sich die Landschaft, die Sie umgibt, vor das innere Auge rufen?
- Wie verhalten Sie sich zu Ihrer Umgebung? Das kann sehr unterschiedlich sein, je nachdem, ob Sie die Augen geöffnet haben oder sie schließen. Erkunden Sie es.
- Fühlt es sich so an, als ob Sie sich in einer aufrechten oder horizontalen Lage befinden, oder fühlen Sie sich treibend, schwebend, wiegend?
- Wie weit entfernt oder wie nahe fühlen sich die Dinge in Ihrer Umgebung an, wenn Ihre Augen geschlossen sind?

Diese Übung kann Ihnen helfen, die eigenen Sinneswahrnehmungen wirklich »für wahr« zu nehmen, die Ganzheit der Außenwelt in der Ganzheit Ihrer Innenwelt wiederzuerkennen und umgekehrt.

Zeichnend wahrnehmen **401**

20.7 Übung: Aufmerksam mit offenen Sinnen spazieren gehen

- Machen Sie schöne Spaziergänge in der Natur. Versuchen Sie Ihre Aufmerksamkeit nach außen zu lenken, auf die Dinge, die Sie umgeben. Was sehen Sie? Was hören Sie? Was riechen Sie? Was fühlen Sie?
- Verlangsamen Sie, wenn Sie es möchten, Ihren Schritt, sodass Sie immer gemächlicher laufen.»Lockern« Sie Ihren Blick, indem Sie ein bisschen auf den Weg vor sich starren. Bewegen Sie sich auf diese Weise eine Weile ganz langsam fort, sodass Sie sich jeden Schritt bewusst machen können: wie Sie Ihr Gewicht von einem Fuß auf den anderen verlagern und wie der Moment des Übergangs von einem Fuß zum andern beschaffen ist. Versuchen Sie zu erfahren, dass die Luft, die Sie einatmen, bis zu Ihren Füßen in Sie eindringt.
- Versuchen Sie nun, so aufmerksam wie möglich weiterzugehen, aber lenken Sie Ihre Aufmerksamkeit jetzt auf die Natur um Sie herum. Was nehmen Sie an Farben, Formen, Geräuschen, Kräften und Berührungen wahr?
- Nun gehen Sie wieder ein paar Minuten mit nach innen, auf Ihren Körper gerichteter Aufmerksamkeit weiter.
- Wechseln Sie einige Male zwischen den beiden Orientierungen hin und her. Wenn Sie von Ihren Gedanken abgelenkt werden, verurteilen Sie dies nicht, sondern richten Sie Ihre Aufmerksamkeit in Ruhe von Neuem auf das, womit Sie beschäftigt waren.

20.8 Übung: Zeichnend wahrnehmen

Dies ist eine einfache und angenehme Weise, sich im Hier und Jetzt zu bewegen.

Sie brauchen keine Vorkenntnisse, das Zeichnen ist lediglich ein Mittel, um die Wahrnehmung zu schulen.

Sie benötigen:
- Papier (DIN A4) – eventuell auf einen festen Untergrund geklebt
- einen weichen Bleistift (B2)

402 Übungen für die Selbststeuerung

- Wählen Sie einen einfachen Gegenstand, nicht zu groß oder zu klein (einen Apfel, einen Stein, eine Zahnbürste, einen Schuh).
- Untersuchen Sie ihn mit so vielen Sinnesorganen wie möglich: Betrachten Sie ihn aus verschiedenen Perspektiven, schmecken Sie ihn (freiwillig), horchen Sie, riechen Sie ihn, wie bewegt er sich? Berühren Sie ihn, fühlen Sie seine Oberfläche, seine Temperatur, seine Elastizität, sein Gewicht.
- Stellen Sie ihn vor sich hin, drehen Sie ihn so lange, bis Sie der Ansicht sind, dass er an der richtigen Stelle steht und Sie ihn aus der richtigen Perspektive sehen.
- Betrachten Sie hauptsächlich den Gegenstand und werfen Sie nur ab und zu einen Blick auf Ihr Blatt Papier. Zeichnen Sie aus der Bewegung heraus (also kreisend oder schraffierend oder in einer anderen Weise, die Ihnen dazu passend erscheint) die grobe Form des Gegenstands inklusive des Schattens, den er auf den Untergrund wirft. Versuchen Sie den Gegenstand genauso groß zu zeichnen, wie er in Wirklichkeit ist.
- Betrachten Sie abwechselnd den Gegenstand und Ihre Zeichnung: Verzögern Sie die Bewegung und passen Sie die Zeichnung an, sodass die Form stärker erkennbar wird.
- Schauen Sie weiterhin abwechselnd den Gegenstand und Ihre Zeichnung an – und fügen Sie Licht- und Schattenstellen hinzu, sodass die Form noch deutlicher wird und mehr Substanz bekommt. Dabei können Sie mal stärker, mal schwächer mit dem Bleistift aufdrücken.
- Nun betrachten Sie vorwiegend Ihre Zeichnung, nur ab und zu werfen Sie einen Blick auf das Objekt. Fügen Sie weitere Details hinzu.
- Geben Sie Ihrer Zeichnung einen Titel – einen, der nicht nur ctwas über das Äußere des Gegenstands sagt, sondern auch etwas über den inneren Aspekt, über das, was Ihnen darin begegnet ist.

Noch schöner ist es, eine Blüte oder einen grünen Zweig, der noch Knospen trägt, oder eine junge Tomatenpflanze als Vorlage zu nehmen und diese jeden Tag zu zeichnen, während sie wächst, blüht, heranreift und verwelkt. So können Sie wunderbare Details entdecken und Zeuge eines kleinen Stückchens des großen Lebensgeheimnisses werden.

Wenn Sie sich einige Male in dieser Weise mit einem bestimmten

Gegenstand verbunden haben, kann es auch Spaß machen, etwas aus der Erinnerung zu zeichnen. Schließen Sie eine Minute lang die Augen und rufen Sie das innere Bild des Gegenstandes auf. Versuchen Sie alle Sinne zu aktivieren, um das innere Bild so lebendig wie möglich zu bekommen. Zeichnen Sie danach den Gegenstand, wie er in Ihrer Erinnerung lebt. Währenddessen können Sie immer wieder die Augen schließen, um das Bild von Neuem aufzurufen, wenn es verblasst.

20.9 Übung: Vorausblick und Rückblick

Eine gute Methode, Struktur in das eigene Leben zu bringen beziehungsweise diese zu verstärken, besteht darin, einen Vorausblick und einen Rückblick vorzunehmen. Beim Vorausblick lassen Sie morgens den kommenden Tag einen Moment lang so bildhaft wie möglich durch Ihre Vorstellung ziehen. Stellen Sie sich sich selbst vor, wie Sie zu Ihrem Arbeitsplatz fahren, vor der Klasse stehen oder die Kinder von der Schule abholen. Was sind Ihre Pläne, welche Termine haben Sie, gibt es Dinge, die Sie nicht vergessen dürfen? Sie brauchen keine Stunden damit zu verbringen, eine Viertelstunde genügt völlig.

Durch diese Übung bereiten Sie Ihren Lebensleib auf das Kommende vor, und Sie werden bemerken, dass die Tage weniger chaotisch verlaufen und Sie weniger vergessen.

Den Rückblick machen Sie abends, bevor Sie zu Bett gehen. Lassen Sie die Bilder des vergangenen Tages und von sich selbst an sich vorüberziehen, und zwar aus der »Zuschauerperspektive« – ohne Urteil oder Kommentar, Sie »betrachten« lediglich, wie alles verlaufen ist: Was haben Sie getan, welche Begegnungen hatten Sie, wie saßen Sie am Tisch? Sie können diese Übung stark ausbauen und alle Details an sich vorüberziehen sehen, Sie können sie auch mit einer bestimmten Frage verbinden und sich darauf konzentrieren: Welche Dinge habe ich heute besonders genossen? Welche Begegnungen hatte ich heute? Wie war heute die Farbe des Lichts?

Diese Übung stärkt Ihren Lebensleib, vor allem wenn Sie sie nicht im normalen Zeitverlauf durchführen, sondern umgekehrt, das heißt

404   Übungen für die Selbststeuerung

rückwärtsgehend in der Zeit. Sie beginnen beim Abend und enden am Morgen. Dabei ist es wichtig, dass Sie unbefangen und mit Interesse wahrnehmen und nicht urteilen.[93]

Sie können den Vorausblick und den Rückblick auch über einen längeren Zeitraum ausdehnen, zum Beispiel auf ein Wochenende oder eine ganze Woche. In gleicher Weise können Sie auch auf eine bestimmte Phase in Ihrem Leben zurückschauen.

20.10 Leben im Jetzt: Geistesgegenwart üben

Eckhart Tolle, ein moderner Mystiker, sagt in seinem Buch »Jetzt! Die Kraft der Gegenwart«: »Das Jetzt kann als der Hauptzugang [zum Sein] angesehen werden. Es ist ein essenzieller Aspekt aller anderen Portale, auch des inneren Körpers. Du kannst nicht *in deinem* Körper sein, ohne zugleich intensiv im Jetzt gegenwärtig zu sein.«[94]

Natürlich leben wir im Jetzt, das ist selbstverständlich. Erstaunlicherweise sieht die Sache aber, wenn wir wahrzunehmen beginnen, wie stark wir tatsächlich im Jetzt präsent sind, ganz anders aus. So viele unserer Gedanken sind mit Dingen und Vorgängen verknüpft, die bereits stattgefunden haben, mit denen wir im Innern aber noch beschäftigt sind, und so häufig denken wir an das, was erst noch kommt, dass wir das Jetzt praktisch kaum wahrnehmen. Und dies, während das Jetzt das Einzige ist, worüber wir wirklich etwas zu sagen haben. Wir können die Zukunft einladen, uns bestimmte Dinge zu schenken, doch das, was uns aus ihr entgegenkommt, liegt größtenteils außerhalb unseres Einflussbereiches. Die Vergangenheit ist vorbei, sie ist etwas Gewesenes, wir können daran nichts mehr ändern. Jeder neue Moment aber gehört ganz uns, wir können damit tun, was wir wollen.

Das Jetzt enthält sogar ein so großes Potenzial, dass es einen starken Einfluss sowohl auf die Zukunft wie auf die Vergangenheit hat. Wir können keine schmerzlichen oder traurigen Erfahrungen der Vergangenheit ändern oder gar auslöschen, aber wir können in jedem Moment aufs Neue bestimmen, wie wir aus dem Jetzt heraus mit den Erinnerungen daran umgehen. Diese Erkenntnis kann ein starkes Gefühl der Befreiung und der Selbstbestimmtheit vermitteln. Wenn wir nicht mehr im

Spannungsfeld zwischen Vergangenheit und Zukunft leben, sondern aus der Erkenntnis des Jetzt, wird unser Zeiterleben eine neue Qualität annehmen. Das Jetzt wird dann viel weiter und umfänglicher und ist nicht länger etwas, das zwischen Vergangenheit und Zukunft gewissermaßen »ausgespart« wurde.

Fast alle Übungen in diesem Buch sind solche, durch die wir lernen, im Jetzt anwesend zu sein. Es ist eigentlich ganz einfach, dennoch erweist es sich paradoxerweise als sehr schwierig, dies zu erreichen. Bevor Sie sich's versehen, denken Sie wieder voraus oder zurück. Das Geheimnis liegt im Moment. Sie brauchen nicht den ganzen Tag im Jetzt zu sein. Es genügt, regelmäßig einen Augenblick oder eine kurze Zeit im Jetzt zu verweilen. Diese Momente erweitern sich dann von selbst.

Eine ganz einfache Hilfe kann darin bestehen, einen kleinen Zettel mit dem Wort »Jetzt« im Portemonnaie oder im Terminkalender bei sich zu tragen oder an den Monitor, einen Spiegel oder den Küchenschrank zu kleben. Wenn Sie ihm begegnen, so atmen Sie einige Male ruhig ein und aus; seien Sie sich dieses Moments bewusst. Mehr bedarf es nicht.

20.11 Wenn Sie Synchronizität erleben wollen, ziehen Sie eine Karte

Wir haben von Kindesbeinen an gelernt, im Sinne der »Kausalität« zu denken, das heißt in Ursachen und Folgen. Kausalität bewegt sich mit dem Zeitstrom mit. Sie offenbart sich in den Folgen von etwas, das einmal gewesen ist. Das Jetzt wird dadurch zum Resultat der Vergangenheit. Wir können aber auch in einer anderen Weise auf den Zusammenhang von Ereignissen blicken, nämlich auf dasjenige, was gleichzeitig geschieht. C.G. Jung sprach in diesem Zusammenhang vom Gesetz der Synchronizität: dem, was gleichzeitig geschieht.[95] Synchronizität widersetzt sich dem Zeitstrom und offenbart sich durch dasjenige, was uns aus dem zu-fällt, was noch nicht geworden ist. Das Jetzt trägt dann das Versprechen der Zukunft in sich.

Wir können uns der Synchronizität bewusst werden, indem wir auf

406 Übungen für die Selbststeuerung

die kleinen Ereignisse achten, die zeitlich zusammenfallen und eine Bedeutung für uns persönlich haben. Ein Beispiel: Sie denken gerade an Ihren Bruder, der in Frankreich lebt, als Ihre Freundin fragt: »Wie geht es übrigens deinem Bruder in Frankreich?« – und abends ruft dieser zudem noch »einfach so« an. Über die Gesetze der Synchronizität können wir eine Verbindung mit unserem eigenen Unbewussten, der Schicht unserer Träume, erfahren, aber auch mit dem kollektiven Unbewussten. Geschehnisse in unseren Träumen lassen sich übrigens nur selten kausal verstehen, es geht im Traum immer um den symbolischen Zusammenhang der Ereignisse und Bilder.

Viele Menschen legen sich gerne gelegentlich oder täglich Karten (es sind heute viele ansprechende Karten-Sets im Handel erhältlich). Wenn Sie eine Karte ziehen, erzeugen Sie eine Synchronizitäts-Erfahrung: Sie besinnen sich einen Moment lang und stellen sich dabei, wenn Sie möchten, eine Frage oder rufen sich ein bestimmtes Thema ins Bewusstsein. Dann, während Sie sich auf das konzentrieren, was in diesem Augenblick für Sie wesentlich ist, ziehen Sie eine Karte. Je nach Art des Kartenspiels lesen Sie beispielsweise das Wort »Reinheit« oder die Mitteilung: »Es ist letztlich weniger schmerzhaft, seinen Illusionen ins Auge zu blicken, als sich an sie zu klammern.« Vielleicht sehen Sie ein Bild von einem Märchenprinzen, einen weißen Hirsch, ein Schwert oder eine Eiche. Dieses Bild kommt Ihnen heute zu. Es ist Ihr Geschenk für diesen Tag oder diese Situation. Machen Sie sich klar, dass dieses Bild keine logische Antwort auf Ihre Frage ist: Das Ziehen einer Karte hat überhaupt nichts mit gewissen magischen Verfahren zur Zukunftsprognose zu tun. Sie können dieses Bild im Lauf des Tages mit sich tragen, es noch ein paarmal innerlich aufrufen, ohne es zu analysieren oder erklären zu wollen. Manchmal beginnt das Bild oder der Text zu »sprechen« und verschafft Ihnen eine neue Erkenntnis. Auf einer tieferen Ebene üben Sie so, sich in spielerischer Weise für die Prozesse hinter den Dingen zu öffnen, die sich auf einer Ebene abspielen, die mit unserem Lebensleib verwandt ist.

21 »Notfallkoffer« bei Stress

Die nachfolgenden kleinen Übungen dienen dazu, ein besseres Gleichgewicht zwischen Aktivität und Anspannung und Momenten der Ruhe und Entspannung im Alltag zu schaffen. Wir können davon ausgehen, dass Anspannung von selbst auftritt – daher zielen unsere Übungen auf eine Entspannung ab. Das Leben ist voller stressreicher Momente und Situationen, die sich häufig unerwartet ergeben. Deswegen kann es nützlich sein, einige einfache Übungen zur Hand zu haben, die man jederzeit anwenden kann, um auf diese Weise im Gleichgewicht zu bleiben.

21.1 Wahrnehmen und eine eigene Realität schaffen in Wartesituationen

In unserem hektischen Leben ist es häufig unerwünscht und unangenehm, warten zu müssen. Wir werden ungeduldig und beginnen uns zu ärgern – vor roten Ampeln, im Stau, in der Schlange vor der Kasse, im Wartezimmer des Zahnarztes. Doch der Ärger und die Ungeduld bringen nichts: Sie machen die Schlange oder den Stau nicht kürzer und führen nicht dazu, dass der Zahnarzt schneller arbeitet. Statt sich zu ärgern, können Sie die Wartezeiten, die das Leben bietet, dazu benutzen, sich momentweise zu entspannen:

- Einige Augenblicke an nichts beziehungsweise an etwas Schönes denken (ein erfülltes Wochenende, eine lustige Begebenheit ...).
- Sie können sich auch bewusst umschauen und ohne zu urteilen wahrnehmen: Was sehen Sie, was fühlen Sie, was riechen Sie, was hören Sie? Öffnen Sie die Sinne für Ihre Umgebung (siehe auch die Übung Aktives Staunen, Seite 400).
- Wenn Sie vor einer roten Ampel warten müssen, können Sie solange eine kurze Erdungs- oder Atemübung machen.

408 »Notfallkoffer« bei Stress

- In einem überfüllten Laden können Sie, während Sie in der Schlange vor der Kasse stehen, einen Moment lang an Ihren Partner oder Ihre Partnerin denken, sich erden und den Kontakt zu Ihren Füßen herstellen und sich dabei etwas Angenehmes vor das innere Auge rufen. Ihr Körper wird sich dadurch unmittelbar entspannen.

21.2 Reise-Nahrung für die Seele

Zeiten, in denen Sie unterwegs sind, zu Fuß, auf dem Fahrrad, im Auto oder im Zug, lassen sich gut nutzen, um die Umgebung wahrzunehmen: Vielleicht sehen Sie ja eine besondere Pflanze oder einen seltenen Vogel, vielleicht fällt Ihnen das besonders schöne Licht auf. Vielleicht erleben Sie im Bus oder im Zug einen schönen kurzen Moment der Begegnung mit einem Kind oder einem Mitreisenden. Auch können Sie, statt sich die Nachrichten und die Börsenberichte anzuhören und Mitteilungen über eingegangene E-Mails zu checken, sich ein Hörbuch zu Gemüte führen.

21.3 Aufspüren und Zurückgeben von Projektionen

Was andere über Sie denken und fühlen, braucht nicht unbedingt wiederzugeben, wer Sie sind oder sein möchten. Die Projektion gehört zum anderen.

Im Zusammenleben mit anderen Menschen projizieren wir allesamt positive und negative Eigenschaften und Qualitäten auf den anderen, die dann unser Verhalten und unsere Gefühle diesem anderen gegenüber stark beeinflussen. Manchmal sind wir uns dessen bewusst: Sie wissen, dass Sie die Frau im Gemüseladen nicht ausstehen können, weil sie Sie an Ihre Ex-Schwiegermutter erinnert. Oder Sie wissen, dass Sie große Bewunderung für eine bestimmte Kollegin hegen, weil sie etwas besonders gut kam, was Sie sich nicht zutrauen. Meistens jedoch sind Projektionen unbewusster Natur – wir denken, dass wir den anderen sehen, doch in Wahrheit sehen wir uns selbst (oder eines unserer Selbste) in dem Spiegel, den der andere in diesem Moment für uns darstellt.

Aufspüren und Zurückgeben von Projektionen   **409**

Wir können uns solche Projektionen bewusst machen, wenn wir immer dann, wenn wir einem anderen Menschen gegenüber starke positive oder negative Gefühle empfinden, einen Moment lang bewusst bei der Bedeutung innehalten, die der Betreffende für uns hat: An wen erinnert der- oder diejenige Sie? Was erwarten Sie von ihm/ihr? Was, glauben Sie, hält der oder die Betreffende von Ihnen? Wie alt fühlen Sie sich in Bezug auf ihn oder sie? Fühlen Sie sich stark oder hilflos? Fühlen Sie sich groß oder klein? Und so weiter.

Umgekehrt ist es natürlich so, dass andere Menschen alles Mögliche auf uns projizieren. Hierzu ein paar Beispiele: Juttas Nachbarin kommt regelmäßig vorbei, um sich bei ihr allen Kummer von der Seele zu reden. Auf Partys erzählt sie gerne, dass sie eine fantastische Nachbarin hat, die jederzeit für andere da ist; sie projiziert also den »geduldigen Zuhörer« auf Jutta, den »Retter«, der alles wiedergutmachen kann.

Früher war Marika zu Hause das Kind, das bei Schlägen oder Enttäuschungen niemals weinte, und in ihrer Firma bemerkt sie, dass ihre Kollegen schwierige Aufgaben und heikle Verhandlungen immer an sie delegieren, weil sie vermeintlich »darin so besonders tough« ist. Offenbar projizieren die anderen Kraft und Stärke und eine gewisse Durchsetzungsfähigkeit auf sie. In solchen Fällen ist es dann schwierig, noch zu spüren, dass man selbst solche Aufgaben wie einen großen Berg vor sich sieht, dass man keine Lust hat, sie anzugehen, oder sich nur nicht anmerken lassen möchte, dass man eigentlich Angst vor ihnen hat.

Philipp wird von seinem Chef oft gebeten, Überstunden zu machen, weil Philipp nie ein Problem damit hat und immer »so sozial« ist.

Der »übergangene« Kollege von Chris ist wütend: Er erlebt ihn als arrogant und unnahbar. Was immer Chris auch unternimmt, um zu einer Annäherung zu kommen, das Verhältnis scheint immer schwieriger zu werden.

Derartige positive oder negative Eigenschaften und Qualitäten können durch einen oder mehrere Menschen auf uns projiziert werden. Projektionen verstärken häufig von Kindesbeinen an unsere dominanten Selbste, aber dadurch können sie auch immer stärker als beklemmend und einschränkend erlebt werden. Negative Projektionen können, wenn sie zu einer kollektiven Erscheinung werden, zu Mobbing und Ausgrenzung führen. Positive Projektionen stellen Menschen auf ein Podest.

410 »Notfallkoffer« bei Stress

Projektionen können uns viel Energie rauben. Sie können uns »zwingen«, uns immer nach einem bestimmten alten Muster zu verhalten; sie können uns Angst vor bestimmten Menschen machen, oder sie können dafür sorgen, dass wir immer wieder irgendjemanden »retten« müssen, auch wenn wir erschöpft sind und überhaupt keine Lust dazu haben. Dies macht uns unfrei und häufig auch unglücklich und kann auf diese Weise zu einem Burnout beitragen.

Projektionen in einer Ehe oder einer beruflichen Beziehung (Chef/Sekretärin; Lehrer/Hausmeister; Mitarbeiter/Filialleiter) ergänzen einander häufig perfekt. Erst wenn sich einer der beiden Betroffenen ändert und sich nicht mehr im Sinne der Projektion des anderen verhalten will (Beispiele: Philipp weigert sich, auf diese Weise weiterzuarbeiten; Marika setzt sich gegen ihre Eltern durch), kommt es zu Problemen, weil der andere jetzt durcheinandergerät, wütend oder unglücklich wird und die alten Verhältnisse mit aller Kraft wiederherzustellen versucht. Es kann also sein, dass unsere Standfestigkeit auf eine harte Probe gestellt wird, wenn wir beschließen, uns nicht länger im Sinne bestimmter Projektionen zu verhalten. Gelingt es dennoch, führt das meistens zu einer freieren Situation für beide Parteien beziehungsweise zu einer besseren Beziehung zwischen ihnen.

Wenn Sie in Ihrem Arbeits- oder Privatleben unter bestimmten ausgeprägten Ansichten und Meinungen leiden, die andere von Ihnen haben und angesichts derer Sie spüren beziehungsweise immer klarer bemerken, dass sie Sie in ein bestimmtes Verhaltensmuster zwängen und dadurch unfrei machen, ist es gut, die nachfolgende Übung durchzuführen. Sie können die Übung auch dazu verwenden, Ihre eigenen Projektionen auf andere zu erkennen und diese aufzugeben.

Die Übung dauert ungefähr eine halbe bis Dreiviertelstunde, danach sollten Sie sie im Alltag anwenden.

Sie benötigen dafür:
- einen ruhigen Ort, wo Sie ungestört sind
- ein paar Blätter Papier (DIN A4)
- Zeichenmaterial
- und einen Stift.

Aufspüren und Zurückgeben von Projektionen   **411**

Schritt 1: • Fertigen Sie eine Art Karikatur an, auf der Sie sich selbst in einer charakteristischen Situation zusammen mit einer Person abbilden, bei der Sie die Empfindung haben, dass diese etwas auf Sie projiziert. Übertreiben Sie die Eigenschaften, Gesten, Verhältnisse der beiden Figuren in Bezug aufeinander, sodass deutlich spürbar wird, welche Rolle/Qualität/Charaktereigenschaft auf Sie projiziert wird. Dabei geht es nicht darum, die objektive Situation wiederzugeben, sondern vielmehr um das subjektive Erleben: wie Ihrer Empfindung nach der andere auf Sie blickt und was er über Sie denkt und von Ihnen erwartet, was er in Bezug auf Sie fühlt. Sie können eventuell mehrere Skizzen anfertigen. Zeichnen Sie sich auch selbst, in welcher Beziehung Sie zum anderen stehen und wie Sie auf ihn reagieren.

Schritt 2: • Ordnen Sie der Figur der anderen Person (wie in einem Comic) einen passenden Text zu. Dieser kann aus Worten bestehen, die diese Person tatsächlich gesagt hat; es können aber auch Äußerungen sein, die nicht wörtlich so ausgesprochen wurden, aber ausdrücken, wie der andere Sie (in Ihrem Erleben) sieht. Geben Sie eventuell auch sich selbst einen Text, der als Reaktion auf die Worte des anderen entsteht.

Schritt 3: • Betrachten Sie nun die beiden Figuren und fragen Sie sich, welche Qualität zu dem »gesprochenen« Text passt; welche Qualität wird durch den anderen auf Sie projiziert?
 • Dann schreiben Sie unten auf das Blatt: *XXX* (= Name der Person) *projiziert ...* (= die Qualitäten, von denen Sie denken/fühlen, dass sie auf Sie projiziert werden) *auf mich.*
 • Fassen Sie auch Ihre eigene Reaktion zusammen: *Und ich werde mich ... verhalten* (tragen Sie hier die entsprechende Qualität ein: unterwürfig, arrogant, mutig, liebevoll – oder eines Ihrer Selbste, zum Beispiel: Ich werde mich wie ein Friedensstifter, Retter, Rebell, Schmeichler verhalten).
 Jutta kann hier beispielsweise Folgendes schreiben: Die

412 »Notfallkoffer« bei Stress

Nachbarin projiziert einen Retter auf mich, und ich werde mich wie ein Retter verhalten. Im Falle von Chris: Mein Kollege projiziert das Bild eines bösen, arroganten Chefs auf mich, und ich werde mich wie ein Friedensstifter verhalten, um das auszugleichen. Und Marika: Meine Kollegen projizieren »Kraft« auf mich, und ich werde mich immer mutiger und resoluter verhalten.

Schritt 4:
- Lesen Sie dies nun ein paarmal durch und versuchen Sie zu spüren, ob es stimmt. Wenn das der Fall ist, prüfen Sie, ob Sie dies auch wirklich wollen. Dabei ist es wichtig, sich klarzumachen, dass das, was andere über Sie denken und fühlen, nicht unbedingt wiederzugeben braucht, wie und wer Sie sind und sein wollen. Die Projektion (sei sie nun »positiv« oder »negativ«) gehört zu dem anderen. Sie brauchen sie nicht zu akzeptieren und zu leben. Sie brauchen sich nicht ihr entsprechend zu verhalten, sich zu entschuldigen oder irgendetwas gutzumachen.
- Schreiben Sie nun einen Satz auf, durch den Sie die Projektionen an den anderen zurückgeben, und sprechen Sie dabei aus, was Sie künftig ihm gegenüber anders machen wollen.
- Schreiben Sie auf ein anderes Blatt und mit einer anderen Farbe beispielsweise Folgendes: *Ich gebe dir, XXX* (= Name der Person), *die Projektion des ... zurück, sie gehört dir, ich werde mich nicht mehr ihr entsprechend verhalten. Ich bin YYY* (= Ihr Name) *und werde ...* (hier steht, was Sie tun werden).

Im Fall von Jutta kann dies so aussehen: Ich gebe dir, Nachbarin, die Projektion des Retters zurück. Sie gehört dir, ich werde mich nicht mehr ihr entsprechend verhalten. Ich bin Jutta, ich werde mich nicht länger als Retter verhalten, wenn du bei mir klingelst, sondern mehr Raum für mich selbst einfordern.

Chris: Ich gebe dir, Kollege, die Projektion der Arroganz und des unerträglichen Chefs zurück. Sie gehört dir, ich werde mich nicht mehr ihr entsprechend verhalten. Ich bin Chris, ich werde mich künftig nicht mehr als Friedensstifter verhalten, sondern aussprechen, was Sache ist.

Marika: Ich gebe euch, Kollegen, die Projektion der starken Frau, die vor nichts zurückschreckt, zurück. Sie gehört euch, ich werde mich nicht mehr ihr entsprechend verhalten. Ich bin Marika und werde künftig deutlicher sagen, was ich wirklich fühle.

Beim nächsten Mal, wenn die Nachbarin wieder klingelt, kann Jutta dann zum Beispiel sagen:»Nein, heute passt es mir gerade nicht« und die Tür wieder schließen; sie kann aber auch in einem Gespräch mit der Nachbarin darlegen, dass sie es eigentlich nicht so prickelnd findet, sich stets ihre Probleme anhören zu müssen.

Chris kann sich bei den Bemerkungen seines Kollegen immer sagen, dass es nicht an ihm liegt, und ihn »in seinem eigenen Saft schmoren lassen«, statt immer mehr Energie in Wiedergutmachungsversuche zu stecken. Er kann aber auch einmal wütend den Raum verlassen und autoritär reagieren.

Marika kann sich einen Vorwand ausdenken und die Übernahme der Präsentation ablehnen; sie kann aber auch laut sagen, dass sie nicht ständig Präsentationen übernehmen will, dass sie genauso viel Angst wie alle anderen hat, solche Verhandlungen zu führen, und gerne eine Begleitung dabei hätte.

Und was geschieht danach?

Denken Sie sich – wenn Sie dies eine Weile geübt haben und spüren, dass die Zeit reif dafür ist – ein kleines Ritual aus, um von einer Projektion Abschied zu nehmen. Sie können die Skizze verbrennen oder zerschneiden und vom Wind wegtragen lassen. Sie können sie begraben oder dem Meer übergeben. Nehmen Sie sich Zeit dafür und nehmen Sie eventuell jemanden mit, der Ihr Zeuge sein möchte und Ihnen helfen kann, wenn Sie doch wieder einmal in das alte Muster zurückfallen sollten. Um sich konkret an Ihren Entschluss zu erinnern, können Sie auch ein humoristisches kleines Gedicht verfassen, das Sie irgendwo aufhängen, oder einen Gegenstand in Ihrer Tasche bei sich tragen, den Sie kurz berühren können, wenn sich das alte Muster wieder meldet.

414 »Notfallkoffer« bei Stress

Projektionsmuster sind sehr hartnäckig. Es kann durchaus sein, dass Sie den Satz, mit dem Sie die Projektion an ihren Urheber zurückgegeben haben, über längere Zeit hinweg mehrmals am Tag laut aufsagen müssen und dass Sie sich jeden Tag aufs Neue vornehmen müssen, Ihren Vorsatz auch wirklich auszuführen.

Wie Sie aufhören können, etwas auf andere zu projizieren

Sie können diese Übung in derselben Weise anwenden, wenn Sie herausfinden wollen, welche Qualitäten Sie auf andere projizieren.

- Bei den Schritten 1 und 2 legen Sie dann den Akzent auf Ihr eigenes Verhalten, Ihre Gefühle und Gedanken über die Person, die Sie zeichnen; schreiben Sie Ihre eigenen ausgesprochenen und unausgesprochenen Worte dazu. Geben Sie auch dem anderen Texte, die deutlich machen, wie dieser reagiert.
- Bei Schritt 3 schreiben Sie jetzt: *Ich projiziere ...* (= die jeweilige Qualität) *auf XXX* (= Name der Person).
- Nun können Sie sich fragen, welche Auswirkungen diese Projektion auf Ihr eigenes Verhalten und Ihr Selbstbild hat; Sie können sich fragen, wie real diese Projektion ist, ob Sie sie tatsächlich aufrechterhalten wollen oder ob Sie auch anders über die betreffende Person denken und fühlen könnten. Sie können sich ferner fragen, was diese Projektion mit dem anderen macht.
- Dann können Sie zu sich selbst Folgendes sagen: *Ich nehme ...* (= Beschreibung der Projektion) *jetzt zurück und projiziere dies nicht länger auf dich.*
Es kann sein, dass Sie sich dies über längere Zeit einige Male am Tag sagen müssen und dass Sie sich jeden Tag aufs Neue vornehmen müssen, Ihren Vorsatz auch wirklich auszuführen. Und auch diesen Vorsatz können Sie durch ein kleines Ritual bekräftigen.

21.4 Tief durchatmen, ein Lied singen und lächeln

Wenn Sie sich wütend, verärgert oder frustriert fühlen, bedeutet das einen Angriff auf Ihre Stressbalance. Sie können trainieren, Situationen, über die Sie sich ärgern, an sich vorbeigehen zu lassen und weniger reizbar zu sein. Es klingt fast zu simpel, um wahr zu sein, doch das Singen oder Summen eines Liedes kann Balsam für die gestresste Seele sein und Ihre Stimmung sofort verbessern. Wenn Sie also Ärger aufsteigen spüren: Atmen Sie einmal tief durch, lächeln Sie[96] und summen Sie ein kleines Lied.

21.5 Herzbalance

Das Herz ist das Organ, das am unmittelbarsten Harmonie und deren Störung wahrnimmt. Alle Entspannungs- und Meditationsübungen wirken unmittelbar harmonisierend auf die Herzkohärenz (siehe Seite 131 ff.). Andere Tätigkeiten oder Situationen, die kohärenzfördernd wirken, sind: genießen, Aufenthalt in der Natur, sinnend mit der Katze auf dem Schoß im Lehnstuhl sitzen oder entspannte Zweisamkeit mit dem Partner. Es gibt kleine Apparate, die es ermöglichen, über einen Clip im Ohr oder am Finger wahrzunehmen, in welchen Situationen unser Herz kohärent schlägt oder chaotisch. So kann jeder – der die Sicherheit eines Messgerätes schätzt – prüfen, in welchen Situationen er körperlichen Stress erfährt, während er sich dessen möglicherweise überhaupt nicht bewusst ist, und in welchen Situationen er in Harmonie ist.[97] Damit ist es auch möglich, sich entsprechend zu trainieren, um leichter wieder in Harmonie zu kommen und in stressgesättigten Situationen wie zum Beispiel Firmenkonferenzen, während eines Staus oder eines Konflikts mit dem Partner in einem kohärenten Herzrhythmus zu bleiben.[98]

21.6 Sich gegen die Umgebung schützen

Auf einem überfüllten Bahnsteig oder im Gedränge in einem Supermarkt können wir manchmal das Gefühl haben, dass die Fülle der Eindrücke, die da auf uns einstürmt, uns mit sich fortreißt. Überall sind Menschen, Geräusche, Gerüche, Licht. Wir spüren, wie wir förmlich aus unserem Körper herausgezogen werden und ermüden. Dann kann es hilfreich sein, eine kurze »begrenzende« Visualisierungsübung zu machen.

Wir können üben, bewusst mit dem Raum, den wir in Anspruch nehmen, umzugehen. Wir fühlen, wie viel von den Raum, der uns umgibt, zu uns gehört, und füllen ihn mit unserer Gegenwart (wenn wir den Raum nicht füllen können, haben wir ihn zu weit angesetzt, dann müssen wir die Grenze etwas näher an unseren Körper heranrücken). Wir können uns vorstellen, dass dieser Raum in unserer unmittelbaren Nähe mit unserer »Färbung« oder dem Duft von Rosen oder frisch gemähtem Gras angefüllt ist. Sehen Sie die Farbe vor sich, riechen Sie den Duft. Wenn Sie Ihren Raum mit Ihrer eigenen Anwesenheit füllen können, werden Sie bemerken, dass Sie sogar in einer turbulenten Einkaufsstraße weniger häufig angerempelt werden und die Passanten Ihnen mehr Freiraum lassen.

Wenn Sie unter Umgebungslärm leiden, können Sie eine Hörübung machen. Horchen Sie zunächst bewusst auf die Geräusche Ihrer Umgebung und verlagern Sie dann Ihre Aufmerksamkeit schrittweise hin zu den Geräuschen, die weiter weg sind. Verweilen Sie mit Ihrer Aufmerksamkeit eine Zeit lang dort. Probieren Sie aus, ob Sie einen Vogel oder den Wind vernehmen können, vielleicht auch das Lachen eines spielenden Kindes ... Wenn Sie in der Lage sind, am Busbahnhof, unterbrochen vom Lärm dreier Dieselfahrzeuge, plötzlich den Gesang von Vögeln wahrzunehmen, der sich darüber erhebt, oder das Läuten einer Kirchenglocke, werden Sie sofort mehr Raum und Freiheit erleben.

21.7 Konzentrieren Sie sich auf Ihr Ziel

Erkennen Sie Folgendes: Sie laufen durch einen Supermarkt, und Ihre Aufmerksamkeit wird von zahlreichen grellen Farben, Slogans, Sonderangeboten, Geräuschen und strategisch platzierten Produkten in Anspruch genommen. Bevor Sie sich's versehen, werden Sie in alle möglichen komplizierten Preisvergleiche und Abwägungen hineingezogen. Außerdem werden Sie von einem attraktiven Produkt nach dem anderen verführt und kämpfen ständig mit den verschiedensten (Kauf-) Impulsen. Wenn Sie schließlich irgendwann an der Kasse gelandet sind, waren Sie eine halbe Stunde länger als geplant im Laden, und Ihr Einkaufswagen ist voller als ursprünglich beabsichtigt.

Versuchen Sie es einmal anders: Bevor Sie den Supermarkt betreten, wissen Sie genauestens, was Sie benötigen und wo es zu finden ist. Gehen Sie geradewegs auf Ihr Ziel zu. Sie haben sich vorgenommen, sich nicht ablenken zu lassen, und diesem Vorsatz bleiben Sie treu. Sie greifen gezielt nach den gewünschten Produkten, laufen auf direktem Weg zur Kasse und bezahlen. Was für ein Unterschied!

21.8 Humor

Nicht ohne Grund hatten die – im Allgemeinen durchaus ernsten – Könige früher Narren in ihrem Dienst, die sie daran erinnerten, dass alles relativ ist und Lachen gesund ist und die Menschen verbindet. Humor ist ein probates Antistressmittel. Aber wenn Sie auf dem besten Wege sind, in ein Burnout zu geraten, und verärgert kurz vor Ladenschluss durch die Geschäfte rasen oder über Ihre Kinder fluchen, die ständig so ein Durcheinander anrichten, wenn Ihnen Ihr Chef oder Ihre Partnerin auf die Pelle rückt oder Ihre Aufgaben und Pflichten ins Unermessliche angewachsen sind – dann bleibt der Humor oft auf der Strecke. Gerade dann sollten Sie regelmäßig den Narren in sich aufspüren und ihm Nahrung geben. Gehen Sie ins Kino und schauen Sie sich eine Komödie an, besuchen Sie einen lustigen Freund oder eine Freundin, die Sie zum Lachen bringt. Sorgen Sie dafür, dass Sie mindestens einmal am Tag aus tiefstem Herzen lachen können. Es wird Ihnen helfen, die Dinge zu relativieren und sich zu entspannen.

Danksagung

Bei der Arbeit an diesem Buch wurde ich von vielen Menschen unterstützt. An erster Stelle möchte ich mich bei Marko van Gerven bedanken, der mir Anfang der Neunzigerjahre, als ich mich selbst festgefahren hatte und ein Burnout erlitt, half, daraus einen sinnvollen Prozess zu machen, durch den ich schließlich einen neuen Weg einschlagen konnte, der in viel stärkerem Maße mein eigener war. In der Praxis, die sich daraus ergab, habe ich im Verlauf der Jahre viele Menschen mit Burnout und stressbedingten Beschwerden begleitet. Sie ließen mich an ihrem Ringen mit ihrer Arbeit, ihrem Leben und sich selbst teilnehmen. Ich danke ihnen für das Vertrauen und die Erkenntnisse, die sie mir geschenkt haben. Sie lehrten mich, was notwendig ist, um am Ende wie ein Phönix aus der Asche aufzusteigen. Kursteilnehmern in den Niederlanden und im Ausland danke ich für ihre Begeisterung; in der Interaktion mit ihnen konnte ich die Ideen, die diesem Buch zugrunde liegen, weiterentwickeln.

Mit meinen Kollegen von der Intervisionsgruppe konsultativ arbeitender Ärzte konnte ich viele Gespräche führen, die mir eine Vertiefung meiner Kenntnis der anthroposophischen Medizin und der praktischen Ideen, die daraus hervorgehen, ermöglichten. Peter Dellensen und Trilby Fairfox danke ich für die inspirierenden Jahre der Ausbildung im Voice Dialogue (www.transformingdialogue.com). Jon Kabat-Zinn und Rob Brandsma vermittelten mir Erkenntnisse und Praxis in Mindfulness. Natalie Peters danke ich für ihre Freundschaft, ihren Humor und ihre Einsichten, für das Mitdenken beim Inhalt des sechsten Kapitels und für die gemeinsame Entwicklung und Ausarbeitung der Übungen in diesem Buch. Uke Wijmans danke ich für ihre Wärme, für das gründliche Durchlesen des Manuskripts und die vielen Anregungen, die die Lesbarkeit des Textes stark verbesserten. Josephine Levelt, Leo Beth und Jaap van de Weg steuerten ihre Erfahrungen mit und ihre Ideen zum Burnout durch Interviews bei, die Arianne Collee sensibel mit ihnen führte. Arwen Peters, Bahar Farschi Jamshidabady und Jorine Broos

420 Danksagung

lieferten willkommene Kommentare zu einzelnen Teilen des Textes. Femke Boshuisen, meine Lektorin, gab mir mit ihrer herzerwärmenden Begeisterung und positiven Kritik viele Anregungen. Meinem Verleger, Jaap Verheij, danke ich für seinen Optimismus und seine unverwüstliche gute Laune und Geduld. Hanno Niemeijer und Lida van der Maat von der Lievegoed Zorggroep bin ich sehr dankbar für ihre anregende Unterstützung in der Endphase dieses Projektes. Und last but not least danke ich meinem Partner und Kameraden Bas Pedroli für seine Liebe und sein Vertrauen in meinen Lebensweg.

Nun tritt dieses Buch seinen Weg in die Welt an. Ich hoffe, dass es vielen Menschen eine Hilfe sein kann und ihnen Erkenntnisse und Mut sowie praktikable Übungen und Ideen für die Genesung und Vorbeugung eines Burnouts vermittelt.

Annejet Rümke
Amsterdam, 31. Oktober 2008

Übersicht über die Fallbeispiele

In diesem Buch wird eine Reihe von Fallbeispielen angeführt, die das im Text Dargestellte in den persönlichen Erlebnissen von Betroffenen widerspiegeln. Im Folgenden finden Sie eine Liste aller Personen, die dabei auftreten:

Bernd	150 f., 174, 189
Chris	50, 89, 102, 103, 150, 162, 208, 209 f.
Erich	55, 57, 164 f., 178, 271 f., 274
Henk	87 f., 101, 175, 186
Jan	170 f., 187
Johanna	54, 92 f., 93 f., 141 f., 184 f., 268, 312
Jutta	58 f., 61, 64, 67, 85, 99, 163, 179, 253 f., 290, 308 f.
Klaus	44 f., 48, 53, 90, 152 f., 191, 252, 268, 272 f., 284 f., 314
Lara	68 f., 144, 176, 278, 314
Leonie	104, 201 f., 302
Lisbeth	49 f., 60, 72, 90, 151 f., 168, 252, 262, 291 f.
Luise	224, 255
Marika	51 f., 56, 66, 167, 183, 195, 250, 269, 313 f., 316
Meike	166, 286
Paul	105, 169, 172 f., 315
Philipp	70 f., 190, 286
Roxane	45 ff., 51, 56 f., 61, 63 f., 67, 149, 154 f., 180 f., 204, 209, 291, 293
Susanne	64 f., 66, 97 f., 182, 270, 291, 311
Tom	62 f., 172, 188, 287 f., 303 f.

Anmerkungen

1 Laut einer Studie der Deutschen Gesellschaft für Psychiatrie, Psychotherapie und Nervenheilkunde (DGPPN) wurden bei 3,3 Millionen Menschen von insgesamt 10 Millionen Testpersonen im Zeitraum von drei Jahren eine oder mehrere psychische Erkrankungen diagnostiziert. 22 Prozent der Erkrankten wurden aufgrund einer psychischen Erkrankung arbeitsunfähig, 1,5 Prozent aufgrund einer psychischen Störung berentet. Siehe den Beitrag von Wolfgang Gaebel u.a. im *Deutschen Ärzteblatt* 2011; 108(26): A-1476 / B-1245 / C-1241 oder www.aerzteblatt.de/archiv/95498.

2 Bevölkerungsbefragung der Technikerkrankenkasse: *Ausmaß, Ursachen und Auswirkungen von Stress in Deutschland*, hrsg. vom F.A.Z.-Institut für Management-, Markt- und Medieninformationen, Frankfurt a.M. 2009, Seite 4.

3 *Der Job-Infarkt. Psychische Belastungen und Doping am Arbeitsplatz*, Pressemappe der DAK, Hamburg 2009, Seite 2.

4 Siehe den Beitrag von Wolfgang Gaebel u.a. im *Deutschen Ärzteblatt* 2011; 108(26): A-1476 / B-1245 / C-1241 oder www.aerzteblatt.de/archiv/95498.

5 *Der Job-Infarkt. Psychische Belastungen und Doping am Arbeitsplatz*, Pressemappe der DAK, Hamburg 2009, Seite 2.

6 Vgl. Claus Leggewie, »Die Ohnmacht der Getriebenen«, in: *Psychologie heute*, 9 (2011), Seite 33.

7 *DAK-Gesundheitsreport 2011*, Hamburg 2011, Seite 7.

8 ICD-10-WHO, Version 2011, siehe www.dimdi.de/static/de/klassi/diagnosen/icd10/htmlamtl2011/block-z70-z76.htm (Deutsches Institut für Medizinische Dokumentation und Information).

9 Siehe z.B. Hans-Peter Unger, Carola Kleinschmidt, *Bevor der Job krank macht. Wie uns die heutige Arbeitswelt in die seelische Erschöpfung treibt – und was man dagegen tun kann*, München 2006; Diana Drexler, *Gelassen im Stress. Bausteine für ein achtsameres Leben*, Stuttgart 2010.

10 Siehe die Übung »Aktives Staunen« in Kapitel 20.6, Seite 400.

11 Roxane und die Personen der anderen Fallbeispiele werden im Verlauf des Buches weiterverfolgt.

12 Siehe z.B. Hans-Peter Unger, Carola Kleinschmidt, *Bevor der Job krank macht. Wie uns die heutige Arbeitswelt in die seelische Erschöpfung treibt – und was man dagegen tun kann*, München 2006; Luise Bartholdt, Astrid Schütz, *Stress im Arbeitskontext. Ursachen, Bewältigung und Prävention*, Weinheim 2010.

Anmerkungen   **423**

13 Siehe Eckhard Roediger, *Depression – die Sehnsucht nach Zukunft. Ein Ratgeber für Betroffene und Angehörige,* Stuttgart 2008.

14 Siehe z.B. die Pressemitteilung des Wissenschaftlichen Instituts der AOK (WIdO) vom 19.4.2011.

15 Daniel Goleman, Richard Boyatzis, Annie McKee, *Emotionale Führung,* München 2003.

16 Siehe Mihaly Csikszentmihalyi, *Flow. Das Geheimnis des Glücks,* Stuttgart 2008.

17 Heinz Leymann, *Mobbing. Psychoterror am Arbeitsplatz und wie man sich dagegen wehren kann,* Reinbek bei Hamburg 1993.

18 B. Meschkutat, M. Stackelbeck, G. Langenhoff, *Der Mobbing-Report. Eine Repräsentativstudie für die Bundesrepublik Deutschland,* hrsg. von der Bundesanstalt für Arbeitsschutz und Arbeitsmedizin, Dortmund/Berlin 2002, Seite 23.

19 Im Internet gibt es hierzu einen wunderbaren Film mit den Erfahrungen der amerikanischen Neurowissenschaftlerin Jill Taylor, die eine Gehirnblutung erlitt: http://www.ted.com/talks/lang/eng/jill_bolte_taylor_s_powerful_stroke_of_insight.html.

20 Die durchschnittliche mit einem IQ gemessene Intelligenz nimmt seit dem Zweiten Weltkrieg mit jeder Generation zu. Durch unsere heutigen Schulsysteme und Erziehungsverfahren wird diese Intelligenz offenbar trainiert und gesteigert.

21 Siehe J.D. Mayer, P. Salovey, A. Capuso, »Models of emotional intelligence«, in: R.J. Steinberg (Hrsg.), *Handbook of intelligence,* Cambridge 2000 und das mehr populärwissenschaftlich geschriebene Buch *Emotionale Intelligenz, EQ* von Daniel Goleman, München 2009.

22 Dies wird als sichere Bindung bezeichnet. Menschen mit einer unsicheren Bindung fällt es im Allgemeinen schwerer, sich in Beziehungen und im Umgang mit ihren Emotionen und heftigen Gefühlen zu behaupten. Dadurch ist ihre Anfälligkeit für Stressbeschwerden erhöht.

23 NLP (neurolinguistisches Programmieren) ist eine lösungsorientierte Coachingmethode. Siehe z.B. Ronald P. Schweppe, Aljoscha A. Schwarz, *NLP Praxis. Neurolinguistisches Programmieren – die besten Techniken und Übungen für die optimale Kommunikation,* München 2009.

24 Das gilt übrigens nur für Menschen mit einer normalen Intelligenz. Für zahlreiche Lebens- und Arbeitssituationen sind das rationale Denken und die analytischen Fähigkeiten, die sich mittels des IQ messen lassen, allerdings von hoher Bedeutung für das Maß des Erfolgs. Handelt es sich jedoch einseitig um einen hohen IQ in Verbindung mit einem niedrigen EQ (wie zum Beispiel bei manchen Formen von Autismus), hat die betref-

424 Anmerkungen

fende Person Schwierigkeiten, sich in sozialen Situationen zu behaupten. In Anbetracht der Tatsache, dass unsere ganze Gesellschaft auf sozialen Zusammenhängen und der Fähigkeit zur Zusammenarbeit beruht, ist der EQ für den gesellschaftlichen Erfolg, ein gutes Familienleben sowie für das Gefühl des Glücks und des Dazugehörens von entscheidender Bedeutung. Siehe auch u.a. Daniel Goleman, *Emotionale Intelligenz, EQ*, München 2009.

25 Empathie ist die Fähigkeit, sich in die Gefühle eines anderen einzuleben, auch dann, wenn man diese Gefühle nicht teilt oder aus eigener Erfahrung nicht kennt.

26 Siehe Anmerkung 20.

27 Siehe z.B. David Servan-Schreiber, *Die neue Medizin der Emotionen. Stress, Angst, Depression. Gesund werden ohne Medikamente*, München 2006.

28 Siehe z.B. Jon Kabat-Zinn, *Gesund durch Meditation. Das große Buch der Selbstheilung*, München 2011.

29 Siehe Bernhard Kleine, Winfried G. Rossmanith, *Hormone und Hormonsystem. Lehrbuch der Endokrinologie*, Berlin ²2010, Seite 172.

30 Adrenalin und Acetylcholin sind ebenfalls Hormone.

31 Siehe auch Kapitel 4.4: »Die HHN-Achse«; diese läuft auf vollen Touren weiter.

32 Der Nervus vagus, der zehnte Gehirnnerv, ist dabei maßgeblich.

33 Die zwei Systeme, die aktiviert werden, sind der Sympathikus und die HHN-Achse (siehe die Abschnitte 4.3 und 4.4).

34 Eine gut lesbare Einführung hierzu findet sich bei Jon Kabat-Zinn, *Gesund durch Meditation. Das große Buch der Selbstheilung*, München 2011.

35 Der Placeboeffekt ist der Effekt von Mitteln, die nach der Definition der Schulwissenschaft keine wirksamen Stoffe enthalten. Wenn die Wirkung von Heilmitteln durch den sogenannten »Doppelblindversuch« erforscht wird, wobei weder der Arzt noch der Patient weiß, ob es sich um ein testweise verabreichtes Heilmittel oder um ein Placebo handelt, zeigt sich, dass Placebos bei einer großen Anzahl von Patienten dieselben Effekte auslösen wie die »echten« Pillen. Dieser Effekt wird heute auch als die »Selbstheilungsreaktion des Körpers« bezeichnet.

36 In letzter Zeit wurde dieser Effekt zunehmend unter dem Namen »self healing response« (Selbstheilungsfähigkeit) erforscht. Offenbar können Mittel, die keine wirksamen Stoffmengen enthalten, dennoch auf der Ebene des Gehirns Reaktionen auslösen, welche die Schmerzstillung oder Heilung fördern. Siehe z.B. Robert Bosnak, *Embodiment: Creative Imagination in Medicine, Art and Travel*, London/New York 2008.

37 Siehe z.B. Jon Kabat-Zinn, *Gesund durch Meditation. Das große Buch der Selbstheilung*, München 2011.

Anmerkungen **425**

38 Mindfulness oder Achtsamkeitstraining ist eine auf östlichen Meditationstechniken und westlicher Wissenschaft basierende Methode der Entspannung und Meditation, die heute weltweit praktiziert und erforscht wird.
Siehe z.b. Jon Kabat-Zinn, *Achtsamkeit für Anfänger*, Freiamt 2009.

39 Siehe für Hintergrundinformationen z.B. David Servan-Schreiber, *Die
neue Medizin der Emotionen. Stress, Angst, Depression. Gesund werden ohne
Medikamente*, München 2006 sowie http://www.heartmathbenelux.com/
index.php?lang=de.

40 Siehe z.b. David Servan-Schreiber, *Die neue Medizin der Emotionen. Stress,
Angst, Depression. Gesund werden ohne Medikamente*, München 2006 sowie
z. B. www.portabioscreen.de.

41 Siehe z.B. Wolfgang Goebel, Michaela Glöckler, *Kindersprechstunde. Ein
medizinisch-pädagogischer Ratgeber*, Stuttgart [18]2010.

42 Es wurden verschiedene Methoden entwickelt, um diese Erforschung der
Seele zu betreiben, angefangen bei der Jung'schen Psychoanalyse über
Transaktionsanalyse, Voice Dialogue und Psychosynthese bis hin zu einer
speziell für das Coaching von Arbeitnehmern entwickelten Methode ZKM
(Selbstkonfrontationsmethode nach Hubert Hermans). Im Folgenden be-
ziehe ich mich vor allem auf Theorie und Technik, wie sie im Voice Dialogue
entwickelt wurden. Siehe u.a. die Webseite www.en.voicedialogueworld.com
sowie die Bücher von Sidra und Hal Stone, den Begründern dieser Methode,
z.B. *Du bist viele. Das 100-fache Selbst und seine Entdeckung durch die Voice-
Dialogue-Methode*, München 1994, oder das Buch *Den Energien eine Stimme
geben. Transformationsarbeit in der Voice-Dialogue-Methode* von Robert Stamboliev, Essen 1992.

43 Zum Phänomen der »fleißigen Ameise« siehe Abschnitt 6.3, Seite 161 f.

44 Siehe auch Teil III und die Übungen in Teil IV.

45 Siehe z.B. Ronald van Aggelen, Eelco van de Stolpe, *Dertigers in crisis. Werk
en leven uit balans, herkennen en aanpakken*, Utrecht 2001.

46 Bevölkerungsbefragung der Technikerkrankenkasse: *Ausmaß, Ursachen
und Auswirkungen von Stress in Deutschland*, hrsg. vom F.A.Z.-Institut für
Management-, Markt- und Medieninformationen, Frankfurt a.M. 2009,
Seite 12 bzw. 15.

47 Umfrage des Marktforschungsinstituts Forsa und der KKH Allianz vom
Mai 2010, siehe www.kkh-allianz.de/index.cfm?pageid=2669&pk=112674.
Schlafstörungen treten vor allem bei älteren Menschen auf; Frauen in den
Wechseljahren leiden sehr darunter. Auch bei Eltern von kleinen Kindern
wird der Schlaf sehr häufig unterbrochen.

48 Die Psychotherapeutin und Psychologin Martine Delfos warnt in diesem
Zusammenhang davor, sich vom biologischen Strom zu emanzipieren. Sie

426 Anmerkungen

weist in ihren Büchern auch immer wieder auf den großen Unterschied in den Veranlagungen zwischen Jungen und Mädchen hin, der bereits in der vorgeburtlichen Phase existiert. Siehe z.B. Martine Delfos, *Verschil mag er zijn. Waarom er mannen en vrouwen zijn* (Unterschiede erlaubt. Warum es Männer und Frauen gibt) und *De Schoonheid van het verschil. Waarom mannen en vrouwen verschillend én hetzelfde zijn* (Die Schönheit des Unterschieds. Warum Männer und Frauen anders und dennoch gleich sind), beide Amsterdam 2008.

49 Testosteron ist das männliche Geschlechtshormon, das in viel geringeren Mengen auch von Frauen produziert wird. Es fördert unter anderem auf der körperlichen Ebene das Muskelwachstum und auf der seelischen die Tatkraft.

50 S. Taylor u.a., »Biobehavioral responses to stress in females: tend-and-befriend, not fight-or-flight«, in: *Psychological Review*, 2000(107);3:411–429. Bei Männern und Frauen wird das Hormon Vasopressin ausgeschieden.

51 Bei Männern wird Bindung eher durch Adrenalin und Noradrenalin gefördert, die bei aktiven Tätigkeiten, Leistungen und in gefährlichen Situationen freigesetzt werden.

52 Siehe Anmerkung 50.

53 ALSPAC Study Team, »Prenatal mood disturbance predicts sleep problems in infancy and toddlerhood«, in: *Early Human Development,* July 2007;83:451–458.

54 Siehe z.B. Daniel Goleman, Richard Boyatzis, Annie McKee, *Emotionale Führung*, München 2003.

55 Ebd.

56 George Miller Beard, »Neurasthenia, or nervous exhaustion«, in: *Boston Medical and Surgical Journal,* 1869;80:217–221.

57 Herbert Freudenberger, »Staff Burnout«, in: *Journal of Social Issues* 1974;60:159–165.

58 In den Niederlanden gibt es die europaweit höchste Quote von krankheitsbedingt Arbeitsunfähigen, mehr als ein Drittel von ihnen aus psychischen Gründen.

59 Siehe das wunderbare Buch *Das Jahrhundert meines Vaters* von Geert Mak, München 2005.

60 Dies hängt mit der Einführung der Elektrizität zusammen; seither schlafen die Menschen insbesondere im Winter viel weniger als früher.

61 Schlafprobleme sind eine sehr verbreitete Erscheinung. Inzwischen gibt es viele spezielle Schlafkliniken, die sich ausschließlich mit der Therapie von Schlafstörungen und Schlafforschung befassen.

62 Laut einer Umfrage des Statistikunternehmens Statista verbrachten im Jahr

Anmerkungen **427**

2010 Kinder zwischen 3 und 13 Jahren bereits täglich etwas mehr als 90 Minuten vor dem Fernseher, 14- bis 29-Jährige knapp zweieinhalb Stunden, Erwachsene zwischen 30 und 49 Jahren fast vier Stunden, Menschen über 50 Jahren sogar knapp fünf Stunden. Die Zeit vor dem Computerbildschirm ist in diesen Angaben nicht enthalten. Siehe http://de.statista.com/statistik/daten/studie/1525/umfrage/durchschnittliche-fernsehdauer-pro-tag/.

63 Über die Auswirkungen von Bildschirmen und Medien siehe Rainer Patzlaff, *Der gefrorene Blick. Physiologische Wirkungen des Fernsehens und die Entwicklung des Kindes,* Stuttgart ⁵2009, und Manfred Spitzer, *Vorsicht Bildschirm! Elektronische Medien, Gehirnentwicklung, Gesundheit und Gesellschaft,* München 2006. – Der niederländische Kinderarzt und Buchautor Edmond Schoorel schreibt hierzu: »Es besteht eine dosisabhängige Beziehung zwischen der Anzahl von Stunden Bildschirmzeit bei Kindern und der Gefahr einer Aufmerksamkeitsstörung. Für Kinder bis zu 3 Jahren gilt: Jede Stunde pro Tag, die sie vor dem Bildschirm verbringen, vergrößert die Gefahr, an ADHS zu erkranken, um 9 Prozent. Die Erklärung dieser Wirkung ist unterschiedlich.« Auch die Gefahr der Epilepsie nimmt zu, wenn Kinder viel Computerspiele spielen.

64 Studie des Düsseldorfer Medienwissenschaftlers Professor Dr. Jo Groebel, zitiert nach: *Jugend und Gewaltmedien,* Memorandum des Interessenverbands des Video- und Medienfachhandels in Deutschland IVD, Düsseldorf 2003.

65 Dave Grossman, Gloria DeGaetano, *Wer hat unseren Kindern das Töten beigebracht? Ein Aufruf gegen Gewalt in Fernsehen, Film und Computerspielen,* Stuttgart ²2003, Seite 17.

66 Bekannt ist die Langzeitstudie der Amerikaner Leonard Eron und Rowell Huesmann, die ergab, dass sich Jungen, die 1982 im Alter von 8 Jahren viel Gewalt in Medien konsumierten, im Durchschnitt während der Pubertät viel aggressiver verhielten als ihre Altersgenossen und mit 30 Jahren häufiger wegen Straftaten verfolgt und inhaftiert worden waren, die sie als Erwachsene begangen hatten.

67 Es wurden weltweit Hunderte von aufwendigen und vertrauenswürdigen wissenschaftlichen Studien durchgeführt, deren überwiegender Teil zu dem Ergebnis gelangt, dass ein Zusammenhang zwischen der Zunahme der virtuellen Gewalt in den Medien und der Zunahme der echten Gewalt in der Gesellschaft besteht. Wir nennen hier nur stellvertretend für viele ähnliche Titel das Buch *Wer hat unseren Kindern das Töten beigebracht? Ein Aufruf gegen Gewalt in Fernsehen, Film und Computerspielen* von Dave Grossman und Gloria DeGaetano, Stuttgart ²2003. – Auf der Webseite www.sosparents.org/Gamewashed.html können Bilder von Gehirnscans

betrachtet werden, an denen die physiologischen Folgen des Konsums von gewaltverherrlichenden Filmen sichtbar gemacht wurden.

68 Siehe hierzu Niels Peter Rygaard, *Schwerwiegende Bindungsstörung in der Kindheit: Eine Anleitung zur praxisnahen Therapie*, Wien 2006.

69 Aufmerksamkeitsdefizitstörung mit Hyperaktivität. Das Wort Defizit bezieht sich nicht auf einen Mangel an Aufmerksamkeit, den diese Kinder aufweisen, sondern auf ihre Unfähigkeit, ihre Aufmerksamkeit ausreichend auszurichten und sich auf ihre Tätigkeiten zu konzentrieren.

70 Dies kommt häufig bei Veganern vor.

71 Bei manchen Schlafstörungen, insbesondere bei Einschlafstörungen und solchen, bei welchen man nur spät einschlafen und wieder aufwachen kann (Verzögertes Schlafphasensyndrom), kann die Einnahme von Melatonin als Schlafmittel helfen. Dies ist ein körpereigenes Hormon, das eine wichtige Rolle im Zusammenhang unser »biologischen Uhr« spielt. Im Internet finden sich reichlich Informationen hierzu (z.B. http://www.wissenschaft.de/wissenschaft/news/264461.html).

72 Siehe z.B. Michael Soyka, Heinrich Küfner, begr. v. Wilhelm Feuerlein, *Alkoholismus – Missbrauch und Abhängigkeit. Entstehung – Folgen – Therapie*, Stuttgart [6]2008.

73 Heileurythmie ist eine Bewegungstherapie, die auf den Angaben Rudolf Steiners und der anthroposophischen Medizin basiert.

74 Es handelt sich um die Bewegung der sogenannten integrativen Medizin. 20% der amerikanischen medizinischen Fakultäten befassen sich mit ihr; es wird ein außerordentlicher Forschungsaufwand betrieben. So haben z.B. Jon Kabat-Zinn und seine Kollegen Forschungen über die Auswirkungen von Aufmerksamkeitstraining auf das Gehirn und das Immunsystem unter besonderer Berücksichtigung von Stressreaktionen vorgenommen. Kabat-Zinn veröffentlichte u.a. Resultate zu den Wirkungen bei Depressionen, Psoriasis und Borderline-Patienten. Siehe auch David Servan-Schreiber, *Die neue Medizin der Emotionen. Stress, Angst, Depression. Gesund werden ohne Medikamente*, München 2006 und Eckhart Tolle, *Jetzt! Die Kraft der Gegenwart*, Bielefeld [3]2011.

75 Siehe z.B. Mark Williams, *Der achtsame Weg durch die Depression*, Freiamt im Schwarzwald 2010.

76 In der anthroposophischen Medizin gibt es frei erhältliche Präparate, die besonders auf die Pflege und den Erhalt der Vitalität abzielen (z.B. Levico comp. Globuli von Wala, welche die allgemeine Vitalität unterstützen) und auf die Harmonisierung der Organfunktionen und Biorhythmen (wie z.B. Hepatodoron, das die Leberfunktion unterstützt und häufig bei Schlafproblemen hilft, oder Cardiodoron zur Herzstärkung, beide von Weleda). Da-

Anmerkungen · 429

neben ist es ratsam, auch nach spezielleren Mitteln zu suchen, die zu Ihrer persönlichen Konstitution und Ihren speziellen Beschwerden passen. So wird z.b. bei Depressionen vielfach Johanniskraut gegeben, eine Substanz, deren Wirkungen eingehend erforscht wurden und die in der richtigen Dosierung genauso gut wirkt wie chemische Antidepressiva.

77 Eine Verbesserung der Funktion des Nervensystems kann vor allem Fischöl in einem Verhältnis von Eicosapentaensäure (EPA) zu Docosahexaensäure (DHA) von 3:1 bewirken; bei Herzbeschwerden muss der Anteil an DHA höher sein. Im Internet gibt es vielfältige Informationen über die Wirkung von Omega-3-Fettsäuren und Fischöl.

78 Z.B. Rosenöl, Malvenöl oder Schlehenöl.

79 Auch Qi Gong und Tai Chi arbeiten mit vorgeschriebenen Bewegungen und Übungen, die auf ein bestimmtes Gebiet wirken.

80 Siehe auch z.B. Paul Mason und Randi Kreger, *Schluss mit dem Eiertanz: Für Angehörige von Menschen mit Borderline*, Bonn ⁵2010.

81 Nelson Mandela, *Der lange Weg zur Freiheit*, Frankfurt am Main ¹⁰2006.

82 Zum Thema Familienaufstellung im Zusammenhang mit Krieg und Traumata bei Eltern siehe Daan van Kampenhout, *Die Tränen der Ahnen: Opfer und Täter in der kollektiven Seele*, Heidelberg ²2010.

83 Dieses ruhige Anwesendsein im Jetzt wird in vielen Meditationsschulen gelehrt. Sie hierzu u.a. Eckhart Tolle, *Jetzt! Die Kraft der Gegenwart*, Bielefeld ³2011, und Jon Kabat-Zinn, *Gesund durch Meditation. Das große Buch der Selbstheilung*, München 2011 sowie Rudolf Steiner, *Meditationen für Tag und Jahr*, Dornach ²2010.

84 Dr. Aaron Antonovsky (1923–1994) war ein amerikanisch-israelischer Soziologe und Forscher, der den Zusammenhang von Stress und Gesundheit untersuchte. Er führte 1979 den Terminus »Salutogenese« ein. Siehe auch Aaron Antonovsky, *Salutogenese. Zur Entmystifizierung der Gesundheit*, Tübingen 1997.

85 Pathologie und Pathogenese sind deshalb Pflichtfächer in der medizinischen Ausbildung von Ärzten. Salutogenese als Fach existiert nicht. Auch die Krankheitsprävention geht vom pathogenetischen Konzept aus, weil es sich dabei um ein Vermeiden von Krankheit und die Bekämpfung krankmachender Faktoren handelt. Bei einer Infektionskrankheit lautet die Frage unter dem Aspekt der Pathogenese: Wodurch bzw. durch wen wird die Krankheit übertragen, welche Medizin kann sie bekämpfen? Beim salutogenetischen Konzept wird gefragt: Warum hat gerade diese Person die Krankheit bekommen, während andere gesund geblieben sind? Was hat diese anderen davor geschützt? Wie kann ich die Quellen von Gesundheit beim Kranken stärken? So betrachtet ergänzen sich Pathogenese und Salutogenese.

430 Anmerkungen

86 Dies kommt nicht nur uns selber zugute, sondern auch der Qualität von Landschaft und Natur.

87 Es gibt auch eine häufig angewandte Entspannungsübung unter dem Namen »body check«, welche man beispielsweise im Internet downloaden kann und die an das Buch von Mark Williams, *Der achtsame Weg durch die Depression,* Freiamt im Schwarzwald 2010, gekoppelt ist.

88 Rudolf Steiner, *Anweisungen für eine esoterische Schulung,* Sonderausgabe, Dornach 1999, Seite 80.

89 Aus: Christian Morgenstern, »Und aber ründet sich ein Kranz«, in: ders., *Werke und Briefe, Band 1: Lyrik 1887–1905,* hrsg. v. Martin Kießig, Stuttgart 1988, Seite 399.

90 Milch enthält Tryptophan, eine Aminosäure, die das Einschlafen fördert. Natürliche Einschlafhilfen sind Avena sativa comp. von Weleda oder Humulus lupulus von Weleda. Wenn Sie regelmäßig frühmorgens um etwa vier Uhr aufwachen, kann es helfen, am Vorabend Hepatodoron einzunehmen. Das ist ein natürliches Mittel von Weleda, das den Biorhythmus der Leber unterstützt.

91 Jon Kabat-Zinn, *Gesund durch Meditation. Das große Buch der Selbstheilung,* München 2011, Seite 78.

92 Siehe Rudolf Steiner, »Okkulte Wissenschaft und okkulte Entwickelung – Einweihung«, in: ders., *Vorstufen zum Mysterium von Golgatha,* Vortrag vom 1. Mai 1913, Dornach 1991, Seite 25.

93 Siehe auch Rudolf Steiner, *Rückschau. Übungen zur Willensstärkung,* hrsg. von Martina Maria Sam, Dornach 2009.

94 Eckhart Tolle, *Jetzt! Die Kraft der Gegenwart,* Bielefeld ³2011, Seite 160.

95 Nach C.G. Jung handelt es sich um Synchronizität, wenn zwei oder mehr Ereignisse mehr oder weniger gleichzeitig in einem für den Beteiligten sinnvollen Zusammenhang auftreten, der nicht notwendigerweise als kausal erfahren wird. Einfach ausgedrückt: Wir erleben dieses Zusammentreffen als einen mehr als alltäglichen Zufall, weil die beiden Ereignisse mit uns zusammenhängen zu scheinen, allerdings nicht so, dass das eine das andere hervorgebracht hat.

96 Sowohl ein paarmal tief durchatmen wie auch lächeln hat auf dem Weg über neurologische Kreisläufe einen unmittelbar positiven Effekt auf die Stressbalance und die Herzkohärenz.

97 Siehe z.B. www.portabioscreen.de.

98 Siehe David Servan-Schreiber, *Die neue Medizin der Emotionen. Stress, Angst, Depression. Gesund werden ohne Medikamente,* München 2006 sowie die Webseite www.heartmathbenelux.com/index.php?lang=de.

Literatur

Antonovsky, Aaron, *Salutogenese. Zur Entmystifizierung der Gesundheit*, Tübingen 1997

Bartholdt, Luise; Schütz Astrid, *Stress im Arbeitskontext. Ursachen, Bewältigung und Prävention*, Weinheim 2010

Csikszentmihalyi, Mihaly, *Flow. Das Geheimnis des Glücks*, Stuttgart 2008

Dahlem, Hilmar; Hölzer-Hasselberg, Renate; Schopper, Christian; Steinmann-Lindner, Solveig, *Burnout – mit der Krise wachsen. Wege zu neuer, individueller Lebensgestaltung*, Berlin 2011

Drexler, Diana, *Gelassen im Stress. Bausteine für ein achtsameres Leben*, Stuttgart 2010

Goleman, Daniel; Boyatzis, Richard; McKee, Annie, *Emotionale Führung*, München 2003

Goleman, Daniel, *Emotionale Intelligenz. EQ*, München 2009

Grossman, Dave; DeGaetano, Gloria, *Wer hat unseren Kindern das Töten beigebracht? Ein Aufruf gegen Gewalt in Fernsehen, Film und Computerspielen*, Stuttgart [2]2003

Kabat-Zinn, Jon, *Achtsamkeit für Anfänger*, Freiamt im Schwarzwald 2009

Ders., *Gesund durch Meditation. Das große Buch der Selbstheilung*, München 2011

Kampenhout, Daan van, *Die Tränen der Ahnen. Opfer und Täter in der kollektiven Seele*, Heidelberg [2]2010

Leymann, Heinz, *Mobbing. Psychoterror am Arbeitsplatz und wie man sich dagegen wehren kann*, Reinbek bei Hamburg 1993

Mason, Paul; Kreger, Randi, *Schluss mit dem Eiertanz: Für Angehörige von Menschen mit Borderline*, Bonn [5]2010

Meckel, Miriam, *Brief an mein Leben. Erfahrungen mit einem Burnout*, Reinbek bei Hamburg 2010

Meschkutat, B.; Stackelbeck, M.; Langenhoff, G., *Der Mobbing-Report. Eine Repräsentativstudie für die Bundesrepublik Deutschland*, hrsg. von der Bundesanstalt für Arbeitsschutz und Arbeitsmedizin, Dortmund/Berlin 2002

Patzlaff, Rainer, *Der gefrorene Blick. Physiologische Wirkungen des Fernsehens und die Entwicklung des Kindes*, Stuttgart [5]2009

Roediger, Eckhard, *Depression – die Sehnsucht nach Zukunft. Ein Ratgeber für Betroffene und Angehörige*, Stuttgart 2008

432 Literatur

Rygaard, Niels Peter, *Schwerwiegende Bindungsstörung in der Kindheit. Eine Anleitung zur praxisnahen Therapie*, Wien 2006

Schweppe, Ronald P.; Schwarz, Aljoscha A., *NLP Praxis. Neurolinguistisches Programmieren – die besten Techniken und Übungen für die optimale Kommunikation*, München 2009

Servan-Schreiber, David, *Die neue Medizin der Emotionen. Stress, Angst, Depression. Gesund werden ohne Medikamente*, München 2006

Soyka, Michael; Küfner, Heinrich; begr. v. Feuerlein, Wilhelm, *Alkoholismus – Missbrauch und Abhängigkeit. Entstehung – Folgen – Therapie*, Stuttgart ⁶2008

Spitzer, Manfred, *Vorsicht Bildschirm! Elektronische Medien, Gehirnentwicklung, Gesundheit und Gesellschaft*, München 2006

Stamboliev, Robert, *Den Energien eine Stimme geben. Transformationsarbeit in der Voice-Dialogue-Methode*, Essen 1992

Steinberg, R.J. (Hrsg.), *Handbook of intelligence*, Cambridge 2000

Steiner, Rudolf, *Meditationen für Tag und Jahr*, Dornach ²2010

Ders., *Rückschau. Übungen zur Willensstärkung*, hrsg. von Martina Maria Sam, Dornach 2009

Stone, Sidra; Stone, Hal, *Du bist viele. Das 100-fache Selbst und seine Entdeckung durch die Voice-Dialogue-Methode*, München 1994

Tolle, Eckhart, *Jetzt! Die Kraft der Gegenwart*, Bielefeld ³2011

Unger, Hans-Peter; Kleinschmidt, Carola, *Bevor der Job krank macht. Wie uns die heutige Arbeitswelt in die seelische Erschöpfung treibt – und was man dagegen tun kann*, München 2006

Williams, Mark, *Der achtsame Weg durch die Depression*, Freiamt im Schwarzwald 2010

Adressen

Krankenhäuser

Asklepios Westklinikum Hamburg
Anthroposophische Medizin
Suurheid 20
D-22559 Hamburg
Tel. 040-81 91 20 00
Fax 040-81 91 20 01
E-Mail: westklinikum.hh-rissen@asklepios.com
www.asklepios.com/klinik/default.aspx?cid=683&pc=0402&did3=4714 >>

Belegklinik für Homöotherapie
am Klinikum Heidenheim
Schlosshausstraße 100
D-89522 Heidenheim
Tel. 07321-33-2502
Fax 07321-33-2048
www.kliniken-heidenheim.de

Filderklinik
Anthroposophische Akut- und Ganzheitsmedizin
Im Haberschlai 7
D-70794 Filderstadt
Tel. 0711-77 03-0
Fax 0711-77 03-1620
E-Mail: mail@filderklinik.de
www.filderklinik.de

434 Adressen

Friedrich-Husemann-Klinik
Fachklinik für Psychiatrie und Psychotherapie
Friedrich-Husemann-Weg 8
D-79256 Buchenbach bei Freiburg i.Br.
Tel. 07661-392-0
Fax 07661-392-400
E-Mail: info@friedrich-husemann-klinik.de
www.friedrich-husemann-klinik.de

Gemeinschaftskrankenhaus Havelhöhe
Klinik für Anthroposophische Medizin
Kladower Damm 221
D-14089 Berlin
Tel. 030-365 01-0
Fax 030-365 01-366
E-Mail: info@havelhoehe.de
www.havelhoehe.de

Gemeinschaftskrankenhaus Herdecke
Gerhard-Kienle-Weg 4
D-58313 Herdecke/Ruhr
Tel. 02330-62-0
Fax 02330-62-3995
E-Mail: kontakt@gemeinschaftskrankenhaus.de
www.gemeinschaftskrankenhaus.de

Ita Wegman Klinik
Pfeffingerweg 1
CH-4144 Arlesheim
Schweiz
Tel. 0041-61-705 71 11
Fax 0041-61-705 71 00
E-Mail: info@wegmanklinik.ch
www.wegmanklinik.ch

Klinik Lahnhöhe
Überregionales Zentrum für Ganzheitsmedizin
Am Kurpark 1
D-56112 Lahnstein
Tel. 02621-915-0
Fax 02621-915-335
E-Mail: info@lahnhoehe.de
www.lahnhoehe.de

Klinik Öschelbronn
Zentrum für Integrative Medizin
Am Eichhof 30
D-75223 Niefern-Öschelbronn
Tel. 07233-68-0
Fax 07233-68-110
E-Mail: info@klinik-oeschelbronn.de
www.klinik-oeschelbronn.de

Paracelsus-Krankenhaus
Krankenhaus für innere Medizin und Allgemeinmedizin
Burghaldenweg 60
D-75378 Bad Liebenzell-Unterlengenhardt
Tel. 07052-925-0
Fax 07052-925-2650
E-Mail: info@paracelsus-krankenhaus.de
www.paracelsus-krankenhaus.de

Psychosomatische Klinik Sonneneck
Wilhelmstraße 6
D-79410 Badenweiler
Tel. 07632-752-400
Fax 07632-752-499
E-Mail: info@kliniken-sonneneck.de
www.kliniken-sonneneck.de

Regionalspital Langnau
Komplementärmedizinische Abteilung
Dorfbergstraße 10
CH-3550 Langnau i.E.
Schweiz
Tel. 0041-34-421 31 31
Fax 0041-34-421 31 99
E-Mail: info@rs-e.ch
www.rs-e.ch

Kurkliniken

Casa di Cura Andrea Cristoforo
Via Collinetta 25
CH-6612 Ascona
Schweiz
Tel. 0041-91-786 96 00
Fax 0041-91-786 96 61
E-Mail: mail@casa-andrea-cristoforo.ch
www.casadicura.ch

Casa di Salute Raphael
Piazza de Giovanni, 4
I-38050 Roncegno (TN)
Italien
Tel. 0039-461-77 20 00
Fax 0039-461-76 45 00
E-Mail: mail.info@casaraphael.com
www.casaraphael.com

Centro de Terapia Antroposófica
Calle Salinas, 12
E-35510 Puerto del Carmen, Lanzarote
Spanien
Tel. 0034-928-51 69 55
Fax 0034-928-51 69 55
E-Mail: therapeutikum@centro-lanzarote.de
www.centro-lanzarote.de

Eridanos
Zentrum für Salutogenese
Calle Vence, 35
E-38530 Candelaria, Tenerife
Spanien
Tel. 0034-922-50 62 96
E-Mail: info@eridanos.org
www.eridanos.org

Kurhaus am Stalten
Reha-Klinik für Allgemeinmedizin
und anthroposophische Medizin
Staltenweg 25
D-79585 Steinen-Endenburg
Tel. 07629-91 09-0
Fax 07629-91 09-29
E-Mail: haus-am-stalten@t-online.de
www.stalten.de

Kurheim Alpenhof
Mutter/Vater und Kind Kurheim
Hinterberg 7
D-87549 Rettenberg
Tel. 08327-923-0
Fax 08327-923-33
E-Mail: info@alpenhof-alberga.de
www.alpenhof-kranzegg.de

Adressen

Reha-Klinik Schloss Hamborn
Schloss Hamborn 85
D-33178 Borchen
Tel. 05251-38 86-0
Fax 05251-38 86-702
E-Mail: rehaklinik@schlosshamborn.de
www.schloss-hamborn.net

Reha-Klinik Sonneneck
für Psychosomatik und anthroposophisch erweiterte Naturheilkunde
Kanderner Straße 18
D-79410 Badenweiler
Tel. 07632-752-0
Fax 07632-752-177
E-Mail: info@kliniken-sonneneck.de
www.kliniken-sonneneck.de

Die Autorin

Annejet Rümke, geboren 1955, ist Hausärztin in einer anthroposophischen Gemeinschaftspraxis in Zaandam/Niederlande. Nach dem
Medizinstudium und einer Weiterbildung in Psychiatrie arbeitete sie
lange Zeit in der Kinder- und Erwachsenenpsychiatrie. Frau Rümke
ist ausgebildete Familien- und Paartherapeutin und war als Dozentin
für Psychiatrie in den Niederlanden, Deutschland, Großbritannien und
Russland tätig. Seit sie vor einigen Jahren selbst ein Burnout erlitt, ist es
ihr besonderes Anliegen, Menschen auf ihrem Weg aus dem Burnout
zu begleiten.

Mathias Wais

Biografiearbeit
Lebensberatung

384 Seiten, gb.

Biografiearbeit als Grundlage einer zeitgemäßen Lebensberatung erweist sich zunehmend als entscheidende Hilfe in zahllosen Krisensituationen: bei bevorstehenden oder vollzogenen Trennungen, Schwierigkeiten mit dem Partner, in der Ehe, mit den heranwachsenden Kindern, im Berufsleben bis hin zur Konfrontation mit schweren Schicksalsschlägen, Krankheit und Tod.

Es ist jedoch nicht Aufgabe der Biografieberatung, konkrete Verhaltensratschläge zu geben. Die Hinweise, die hier gegeben werden, beziehen sich auf den übenden Umgang mit Lebensthemen, auf Fragen der Selbsterziehung und auf mögliche Wege der Besinnung auf sich selbst. Der Berater versucht im partnerschaftlichen Gespräch, den Blick des Klienten für die innere Dynamik der Ereigniszusammenhänge zu schulen, mit allen nicht verwirklichten Möglichkeiten, Wendepunkten und den sich eröffnenden Zukunftsperspektiven.

Ausgehend von der gegenwärtigen Situation sucht die Biografiearbeit die positiven, konstruktiven Kräfte im Menschen herauszuarbeiten und ihn anzuregen, Aktivität gegenüber dem eigenen Leben zu entwickeln. Auch das Negative und Problematische kommt dabei zur Sprache, allerdings nicht als Hauptgegenstand der Arbeit, sondern als Hinweis auf Entwicklungsnotwendigkeiten.

Ein umfassender Ratgeber für den
schöpferischen Umgang mit Krisensituationen

URACHHAUS